日本監査研究学会リサーチ・シリーズ XVII

監査の品質
に関する研究

町田祥弘 編著

Japan Auditing Association

同文舘出版

は し が き

　監査（Audit）は，特異な性質を有する業務（サービス）である。

　一般に，財とサービスのうち，財は，事前に，かつ，供給者（生産者）自ら
が，その品質の評価ができるのに対して，サービスの品質は，その提供時に，
サービスの提供を受ける者（利用者）が評価することとなる。

　監査も広くサービスの一種である。しかしながら，監査の場合，真の利用者
である株主や投資家は，直接，監査人から直接，業務の提供を受けるのではな
く，業務の結果としての監査報告書を受け取るにすぎないことから，利用者が，
その監査の品質を評価することはできない。また，監査は，職業専門家たる監
査人によって行われる業務であることから，業務内容の専門性が非常に高く，
監査人を目の前にしている被監査企業の監査受入担当者においても，品質の良
し悪しを把握することは困難である。

　そのため監査の品質は，被監査企業が経営破綻等に至り，粉飾決算が行われ
ていながら，適正意見が表明されていた場合に，はじめて，当該監査が品質の
悪い業務を提供していたことが判明することとなる。

　他方で監査は，財務諸表の信頼性を担保するために実施され，資本市場の重
要なインフラとなっていることから，その品質は，常に社会的な関心を集める
重要な課題となっている。

　例えば，監査の品質管理制度は，監査チーム内及び監査事務所内における管
理を通じて，監査が一般に公正妥当と認められる監査の基準に準拠して行われ
ることを監視・監督することを求め，その管理の状況を，日本公認会計士協会
の品質管理レビュー及び公認会計士・監査審査会の検査等によって，外部から
モニタリングすることで監査の品質を一定水準以上に確保しようとしてきたも
のである。

　また，学術的には，捕捉することができないとされる監査の品質を，それを
代替する代理変数（サロゲート）によって，間接的にであっても把握し，評価
しようと試みてきた歴史的経緯がある。

　監査に投入された時間やスキルの総和からなる監査報酬はその典型的な指標
である。その他にも，監査人の評判（監査事務所の規模や国際的なネットワー
クの有無，監査事務所の専門性等），訴訟（訴訟件数，行政処分及び自主規制

の処分件数等），監査意見の厳格さ（限定意見の表明件数，継続企業の前提に関する追記の記載件数等），あるいは，財務会計領域の測度を援用した指標（利益の質，資本コスト等）もサロゲートとされる。

　これらの代理変数の多くは，アーカイバルデータとして提供されるものであることから，実証的な研究を試行する監査研究者の多くが，監査の品質をテーマとして研究を進めてきたともいえる。

　このように，監査の品質に関する関心は，制度上，実務上，及び学術的にも，非常に高いものがある。さらに，近年では，国内外において，監査の品質の問題を改めて問い直す契機となる事態が生じることとなった。

　このうち，海外については，2008年に顕在化した世界金融危機のことである。わが国では比較的影響が少なかったとされるものの，英米においては，銀行の取付け騒ぎをはじめとして，社会不安を惹起させる事態であった。その中で，「監査人は何をしていたのか」という疑念が突き付けられたのである。結果，従来の監査報告書を大幅に改める監査報告書の拡充が図られ，監査手続においても，職業的懐疑心の強調や，見積りの監査手続の厳格化等が進められてきている。

　一方，わが国では，2015年に発覚した東芝による巨額粉飾決算事件の問題である。同事件は，わが国の監査に対して再び内外から不信の眼が向けられる契機となった。わが国では，2005年のカネボウ事件や2011年のオリンパス事件等が社会問題化するたびに，様々な監査上の対応を図ってきた。今回，金融庁では，「会計監査の在り方に関する懇談会」を設置し，2016年３月に「提言―会計監査の信頼性確保のために―」を公表して，わが国の監査規制について短期及び長期の施策を示したのである。その後，金融庁では，その提言に沿って，監査法人のガバナンス・コード（2017年３月），監査法人のローテーションに関する第１次報告（2017年７月），監査報告書の拡充に関する改訂監査基準（2018年７月）が公表され，現在，監査基準等の再改訂が進められている。また，日本公認会計士協会においても，同提言を受けて，自主規制としての各種の取組みが行われてきている。

　こうして，国内外で監査の品質に対する取組みが精力的に進められる中，私たちの共同研究が開始されたのである。

　本書は，日本監査研究学会課題別研究部会「監査の品質に関する研究」部会（研究期間：2016年９月～2018年８月）による研究の成果である。2018年８月

に近畿大学で開催された同学会全国大会における最終報告の内容を基にして，大幅に加筆修正を行っている。

しかしながら，私たちの研究は，同学会の課題別研究部会としての活動に先立って，2015年12月より自主的な研究会として開始された。図らずもそのタイミングは，東芝事件において，担当していた監査人が正当な注意義務を履行していなかった，すなわち，一般に公正妥当と認められる監査の基準に準拠した監査を実施していなかったとして，金融庁から行政処分を受けた時点であった。

本研究会のメンバー構成は，本書の最終章において述べているように，監査研究者と監査実務家からなる。特に，メンバーの先生方には，「今後10年間の監査の実務又は研究に関わる方」という条件の下，参加していただいた。監査の品質の問題を通じて将来の監査の在り方を考えるときに，その将来に自らの問題として関与している方々と共同研究を進めたいと考えたからである。

私たちの研究会では，まず，監査の品質の指標として，アメリカの公開会社会計監督委員会（PCAOB）から提案された28件の監査品質の指標（AQI）を学術的に検討することから研究に着手した。その成果は，2017年12月に，『監査品質の指標（AQI）』（同文舘出版）として，先に上梓している。

続いて，本研究会では，先の「提言」において，主要な施策とされている3つの課題——監査法人のガバナンス・コード，監査法人のローテーション制，及び監査報告書の拡充——について，研究者メンバーによって，制度，先行研究，及び実態に関する研究を進めることとした。それらの成果は，本書の第Ⅱ部，第Ⅲ部及び第Ⅳ部に所収している。あわせて，主要各国における監査の品質管理に関する制度及び自主規制についても，実務家メンバーによって，それらのメンバーが所属する監査法人のグローバルなネットワークを通じて情報を収集・整理し，本書の第Ⅰ部として纏めている。

これらの一連の制度研究を通じて，本書では，現在の品質管理制度，及び今後の監査規制の在り方について，総合的な見取り図を提供できているのではないかと考えている。

そうした一連の研究の後に，本研究会では，本書の第Ⅵ部に所収している幾つかの共同研究を実施した。それらの共同研究は，研究者と実務家によるものであると同時に，単に制度や基準等の検討によらず，監査の実務に対して，何らかの形でアプローチして，実際の監査の品質を捉えようとする点が共通の特徴である。

監査の品質を考えるときに，単に制度やアーカイバルデータだけによって検討するのでは甚だ不十分と言わざるを得ない。本研究会によって取り組んだそれらの共同研究は，監査の品質に対して監査実務に直接アプローチする研究への私たちなりのチャレンジとして提示したい。

　以上のように，本書には，本研究会が，学会の課題別研究部会として2年間，自主的な研究会から本書の刊行までの間をとれば約3年半の間にわたって，まさに精力的に取り組んできた成果が所収されている。研究会の代表者たる私が，本研究会を発足した際に構想したテーマや，企画したプロジェクトのほとんどは実施することができた。私としては，本書は，先に述べた監査の品質が問題視される状況に対して，監査の品質に関心を有する研究者と実務家による共同研究を通じて，現時点で提示することができる全力での回答の1つであると考えている。その評価は，読者諸氏に委ねたい。

　最後に，謝辞を申し上げたい。
　まずは何より，メンバーの先生方には，本書の刊行に至るまで，多くの時間と相当の労力を本研究会の活動に費していただいた。深く感謝申し上げたい。
　また，本研究会の実態調査等に当たっては，多くの監査人，監査役等，及び関係者の方々にご協力を賜った。その点についても，改めて御礼申し上げたい。
　さらに，本書の出版に当たっては，同文舘出版株式会社 代表取締役 中島治久氏に手厚いご支援をいただいた。編集作業に際しては，同社編集部の青柳裕之氏，大関温子氏，及び有村知記氏に多大なご尽力をいただいた。ここに記して心より感謝申し上げたい。

　　2019年7月

　　　　　　　　　　わが国の監査実務における監査の品質の一層の向上と
　　　　　　　　　　それを対象とする監査研究の更なる進展を期待して

　　　　　　　　　　　　　　　　　監査の品質に関する研究部会
　　　　　　　　　　　　　　　　　代表　町田 祥弘

本書における各論稿は，各執筆者の個人の責任により，執筆及び掲載しているものであり，各論稿中の個人の判断や見解に該当する部分は，各執筆者が所属する機関等とは一切関連ありません。

vii

監査の品質に関する研究●目次

はしがき　i

第1章 序論 —監査の品質に関する研究の枠組み— 1

1．会計不正と監査の品質 1
2．監査の品質の性質と意義 2
3．本書の研究方法と構成 9

第 I 部　監査品質に関する制度

第2章 国際監査・保証基準審議会（IAASB） 15

1．本章の目的 15
2．国際監査・保証基準審議会（IAASB）の監査品質フレームワークの議論の背景と，公表までの経緯 15
3．監査品質のフレームワークの目的・用途 18
4．国際品質管理基準第1号（ISQM1）の改訂に関する議論の経緯と内容 19
5．IAASB等の今後の動向 29

第3章 日本 31

1．監査制度の概要 31
2．品質管理制度 32
3．規制機関の適用するルールと実施する業務 35
4．規制機関による品質管理業務の結果 45
5．監査法人の監査品質に関する報告 47

第4章 アメリカ　49

1．監査制度の概要 ･･ 49
2．品質管理制度 ･･ 49
3．品質管理のレビュー又は検査のプロセス ･･････････････････････････ 52
4．品質管理のレビュー又は検査の結果 ･･････････････････････････････ 56
5．アメリカにおける品質管理制度について ････････････････････････ 59

第5章 イギリス　61

1．監査制度の概要 ･･ 61
2．品質管理制度 ･･ 64
3．FRCによる品質管理のレビュープロセス ･･････････････････････ 70
4．品質管理のレビューの結果 ･･ 72
5．イギリスにおける品質管理制度について ････････････････････････ 73

第6章 カナダ　76

1．監査制度の概要 ･･ 76
2．品質管理制度 ･･ 77
3．CPABの検査 ･･ 77
4．州の会計士団体の検査 ･･ 83
5．カナダにおける品質管理制度について ･･･････････････････････････ 84

第7章 ドイツ　86

1．監査制度の概要 ･･ 86
2．品質管理制度 ･･ 89

目次　ix

第 8 章　フランス　97

1．監査制度の概要 ………………………………………………………… 97
2．品質管理制度 …………………………………………………………… 101
3．品質管理の検査のプロセス …………………………………………… 102
4．品質管理の検査の結果 ………………………………………………… 103
5．フランスにおける品質管理制度について …………………………… 105

第 II 部　監査品質規制の動向（1）：監査法人のガバナンス・コード

第 9 章　「監査法人のガバナンス・コード」の意義と課題　109

1．議論の目的 ……………………………………………………………… 109
2．「コード」導入の背景と経緯 ………………………………………… 109
3．「コード」の内容，特徴及び課題 …………………………………… 115
4．監査品質の向上に向けて ……………………………………………… 127

第10章　監査法人のガバナンス・コードに関する先行研究及び実態　132

1．問題提起 ………………………………………………………………… 132
2．先行研究のレビュー …………………………………………………… 132
3．日本におけるガバナンス・コードの適用実態 ……………………… 134
4．日本における透明性報告書のAQI開示実態 ………………………… 136
5．要約 ……………………………………………………………………… 139

第11章　監査事務所のガバナンスに関する意識調査　141

1．調査の目的と概要 ……………………………………………………… 141
2．調査結果の概要 ………………………………………………………… 143
3．むすびにかえて ………………………………………………………… 162

第12章 監査品質指標の意義と課題 164

1．監査品質指標に関する背景と本章での分析概要 ……………………………… 164
2．アンケートの概要 ……………………………………………………………… 168
3．全体の統計量 …………………………………………………………………… 169
4．事務所群別の比較 ……………………………………………………………… 179
5．PCAOB（2015a）に対するコメントとの比較 …………………………… 183
6．日本公認会計士協会（2018b）との比較 ………………………………… 185
7．議論の要約 ……………………………………………………………………… 187

第 III 部　監査品質規制の動向（2）：監査法人のローテーション制度

第13章 監査法人のローテーション制度 191

1．研究の背景と目的 ……………………………………………………………… 191
2．問題の所在 ……………………………………………………………………… 192
3．監査人のローテーションに関する議論の推移 …………………………… 194
4．今後の課題 ……………………………………………………………………… 197

第14章 監査法人のローテーション制度に関する 先行研究及び実態 201

1．問題の所在 ……………………………………………………………………… 201
2．諸外国の監査事務所のローテーション制度の導入状況 ……………… 202
3．監査事務所のローテーション制度導入の影響 …………………………… 204
4．イタリアにおける監査事務所のローテーション制度 ………………… 205
5．イタリアにおける監査事務所のローテーション制度の影響 …………… 208
6．要約 ……………………………………………………………………………… 210

第15章 監査法人のローテーション制度の導入に関する意識調査 214

1. 意識調査の趣旨 214
2. 先行調査・研究 214
3. 仮説の定立 218
4. 検証モデルの提示 222
5. 調査の実施方法及びサンプルの選択手順 224
6. 結果の提示及び解釈 225
7. むすびにかえて 235

第16章 監査事務所のローテーション制度と強制的入札制度の比較検討に向けて 239

1. 問題の所在 239
2. 先行研究 240
3. 強制的入札制度の導入 241
4. 基本モデル 242
5. ローテーション制度があるケース 244
6. 強制的入札制度があるケース 248
7. むすびにかえて 255

第**IV**部 監査品質規制の動向（3）：監査報告書の拡充

第17章 監査報告書の拡充 259

1．監査報告書の拡充にかかる監査基準の改訂 259
2．監査報告書の見直しの背景と経緯 260
3．ISAにおける監査報告書の拡充の議論 264
4．わが国における監査報告書の拡充の議論 268
5．改訂監査基準における「監査上の主要な検討事項」 271
6．改訂監査基準の審議の論点と結論 273
7．監査報告書の拡充に向けての関係者の課題 281
8．むすびにかえて 284

第18章 監査報告書の拡充に関する先行研究及び実態 287

1．検討の対象 287
2．監査報告書の構造 288
3．開示の実態 291
4．むすびにかえて 299

第19章 「その他の情報」に対する監査報告 301

1 国際動向 301
2 わが国の現状 310

第20章 監査人による情報提供の充実 317

1．「会計監査についての情報提供の充実に関する懇談会」報告書の検討対象 317
2．通常とは異なる監査意見等についての説明・情報提供 318
3．監査人の交代に関する説明・情報提供 330
4．報告書を受けての対応と今後の課題 332

第 **V** 部　わが国の監査品質の課題

第21章　監査報酬に対する監査人の訴訟リスク等の影響　337

1．問題の背景 ……………………………………………………… 337
2．監査報酬決定における考慮要因 …………………………… 337
3．リスク・プレミアムの構成要素 …………………………… 340
4．むすびにかえて ……………………………………………… 343

第22章　監査環境が監査の品質に及ぼす影響　344

1．問題意識 ………………………………………………………… 344
2．監査品質の枠組み …………………………………………… 344
3．監査品質に影響を及ぼす要因 ……………………………… 345
4．監査環境としての背景的要因 ……………………………… 345
5．監査環境の複合的関係 ……………………………………… 347
6．むすびにかえて ……………………………………………… 349

第23章　被監査企業に対する監査人の交渉力　350

1．問題の所在 ……………………………………………………… 350
2．先行研究 ………………………………………………………… 350
3．監査の品質と交渉力 ………………………………………… 352

第 **VI** 部　監査品質に関する個別研究

第24章　監査事務所のネットワークにおける監査の品質　357

1. 問題の所在と研究の目的 ··· 357
2. 調査の概要 ·· 359
3. 調査結果の概要 ··· 361
4. グループ監査特有の品質管理 ·· 376
5. むすびにかえて ··· 391

第25章　会計事務所のビジネス・モデル　393

1. 問題の所在 ·· 393
2. リサーチデザイン ·· 399
3. 証拠の提示及び解釈 ··· 401
4. 結論 ·· 406

第26章　監査事務所の組織文化と監査の品質　409
―アンケート調査に基づく検証―

1. 問題の所在 ·· 409
2. 先行研究 ··· 411
3. 調査方法 ··· 412
4. 結果 ·· 414
5. おわりに ··· 433

第27章 監査事務所の人事に関する意識調査　435

1．調査の目的 ……………………………………………………………………………… 435
2．調査の方法 ……………………………………………………………………………… 436
3．全般的事項 ……………………………………………………………………………… 436
4．若手の公認会計士や公認会計士試験合格者等の退職問題 ……………… 440
5．人事評価 ………………………………………………………………………………… 443
6．組織モデル ……………………………………………………………………………… 451
7．AQI ……………………………………………………………………………………… 455
8．むすびにかえて ……………………………………………………………………… 457

第28章 監査チームにおける意思決定　459

1．問題提起 ………………………………………………………………………………… 459
2．先行研究のレビューと分析内容 …………………………………………………… 460
3．分析の概要と結果 …………………………………………………………………… 463
4．結論 ……………………………………………………………………………………… 471

第29章 監査判断のバイアス　475

1．問題の所在 ……………………………………………………………………………… 475
2．先行研究 ………………………………………………………………………………… 476
3．研究方法の概要 ……………………………………………………………………… 479
4．調査結果 ………………………………………………………………………………… 484
5．本研究の貢献と課題 ………………………………………………………………… 487

第30章 結論　―監査の品質の向上に向けて―　491

1．総括 ……………………………………………………………………………………… 491
2．今後の課題 ……………………………………………………………………………… 494

索引　496

凡　例

●機関名

略語	原文	日本語
AICPA	American Institute of Certified Public Accountants	アメリカ公認会計士協会
CAQ	Center for Audit Quality	監査品質センター
COSO	Committee of Sponsoring Organizations of the Treadway Commission	トレッドウェイ委員会支援組織委員会
EC	European Commission	欧州委員会
EU	European Union	欧州連合
FRC	Financial Reporting Council	（英国）財務報告評議会
GAO	Governmental Accountability Office／General Accounting Office	会計検査院
IAASB	International Auditing and Assurance Standards Board	国際監査・保証基準審議会
ICAEW	Institute of Chartered Accountants in England and Wales	イングランド・ウェールズ勅許会計士協会
IESBA	International Ethics Standards Board for Accountants	国際会計士倫理基準審議会
IFIAR	International Forum of Independent Audit Regulators	監査監督機関国際フォーラム
IOSCO	International Organization of Securities Commissions	証券監督者国際機構
PCAOB	Public Company Accounting Oversight Board	公開会社会計監督委員会
POB	Public Oversight Board	公共監視審査会
SEC	Securities and Exchange Commission	アメリカ証券取引所委員会

●法律，基準，その他用語

略語	原文	日本語
AQI	Audit Quality Indicators	監査品質の指標
IFRS	International Financial Reporting Standards	国際財務報告基準
ISA	International Standards on Auditing	国際監査基準
KAM	Key Audit Matters	監査上の主要な検討事項
PIE	Public Interest Entities	公益に係わる事業体
SOX法	Sarbanes-Oxley Act of 2002	サーベンス＝オクスリー法（企業改革法）

監査の品質に関する研究

第1章

序論
―監査の品質に関する研究の枠組み―

1．会計不正と監査の品質

　2015年に発覚した株式会社東芝（以下，東芝）の不正な財務報告問題は，担当監査人に対する懲戒処分等が課され，再びわが国における「監査の在り方」が問われる契機となった。金融庁では，「会計監査の在り方に関する懇談会」（以下，懇談会）を設置し，2016年3月8日に，「提言―会計監査の信頼性確保のために―」（金融庁，2016；以下，「提言」）を公表した。同提言には，全部で17の具体的な施策が述べられているが，それらに通底しているのは，「監査の品質」を高めるための制度改革が企図されているという点である。

　東芝が日本を代表する企業ということで，新聞や雑誌等における取り上げられ方も大きいことから，東芝に注目が集まる傾向があるが，会計不正は，東芝に限った問題ではない。東京商工リサーチ（2015）によれば，「2015年度（2015年4月‐2016年3月）に「不適切な会計・経理」を開示した上場企業は58社（58件）で，2007年4月の調査開始から年度ベースで最多を記録した」という。同調査によれば，不適切会計の内容は，業績や営業ノルマ達成を目的とした事実上の「粉飾」が22社（構成比37.9％），経理ミスなどの「誤り」が20社（同34.4％），会社資金の「着服」が14社（同24.1％）となっている。

　中でも注目されるのに，それらの企業のうち，東証一部に属する企業が29社で全体の半数を占めたことであろう。わが国のいわば最上位の市場に属する企業が，会計情報を歪めて，投資家を誤導しようとしたとも解される。同時に，これらの問題のうち，一定の程度は，会計監査の品質が問われる事案であって，改めて健全な資本市場，信頼し得る会計情報の開示に対する会計監査の役割が課題となっているともいえよう。

　懇談会の設置に当たって示された設置の「趣旨」においても，その点が次のように述べられている。

「1．趣旨

　　会計監査については，これまで，その充実に向けて累次の取組みが行われてきたところである。しかしながら，近年のIPO（株式新規公開）を巡る会計上の問題や会計不正事案などを契機として，改めて会計監査の信頼性が問

われている状況にある。

　このため，今後の会計監査の在り方について，経済界，学者，会計士，アナリストなど関係各界の有識者から提言を得ることを目的として，『会計監査の在り方に関する懇談会』を設置する。」(金融庁, 2015)

このように，社会問題となるような会計不正が発覚すると，必ず，監査の品質の問題が問い直される。2005年にはカネボウ社の粉飾決算事件，2011年にはオリンパス社の粉飾決算事件があった。オリンパス社の事件では，諸外国には例のない「監査における不正リスク対応基準」まで新設され，不正への取組みに十全を期したはずである。

たしかに，巧妙に隠蔽された不正は，見抜くことが困難である。しかしながら，少なくとも監査人が不正を発見できなかったことは事実であり，その点においては「監査の失敗」に他ならない。今後，仮に同様の事態に直面した際に，いかにして同様の監査の失敗が生じないようにするかを検討し，取り組むことが，会計プロフェッションとして求められているように思われる。

不正に対する監査人の責任の議論において，「不正の発見・摘発は監査人の第一義的責任ではない」とする見解が示されることがある。すなわち，監査は会計基準に従って財務諸表の適正性を検証するのが目的であり，不正の発見は第二義的な問題であること，また，監査には固有の限界があり，巧妙に隠された不正は発見することはできないという意味である。

しかしながら，監査基準には，「第一　監査の目的」において，「財務諸表の表示が適正である旨の監査人の意見は，財務諸表には，全体として重要な虚偽の表示がないということについて，合理的な保証を得たとの監査人の判断を含んでいる。」との規定が置かれている。1991年改訂監査基準，あるいは，遅くとも2002年改訂監査基準においては，「重要な虚偽表示を看過してはならない」ということは明確に規定されている。したがって，何を第一義とするにしても，不正（重要な虚偽表示）の発見は，もはや現在の監査における監査人の役割であるといわざるを得ないのである。

2．監査の品質の性質と意義

⑴　捕捉できない監査の品質

　一般に，監査の品質は，外部から捕捉できないといわれている。それは，監査業務は高度な専門性を伴うものであること，監査業務（サービス）の受け手

である財務諸表利用者に提供されるのは，標準化された短文式の監査報告書のみであること，及び監査業務は被監査企業と監査人の間の守秘義務契約の下で実施されること等による。したがって，監査の品質が外部に明らかになるのは，被監査企業が破綻して粉飾決算が明らかになったとき，又は，公的な検査等によって監査業務の不適切さが指摘されたとき等に限られる。

　そうした状況にあって，監査研究の領域では，監査の品質の代理変数（サロゲート）によって，個別の監査の質を捕捉又は測定しようとする試みが行われてきた。例えば，監査報酬は，業務実施者の職位に応じた監査時間当たり単価の総和に監査業務にかかる固定費を加えたものとして計算されることから，監査報酬の多寡が重要なサロゲートとされてきた。さらには，そこから派生して，監査報酬と非監査報酬の割合や監査時間の多寡等が調査され，検討されてきたのである。その他にも，監査人の評判（監査事務所の規模や国際的なネットワークの有無，監査事務所の専門性等），訴訟（訴訟件数，行政処分及び自主規制の処分件数等），監査意見の厳格さ（限定意見の表明件数，継続企業の前提に関する監査意見の表明件数等），あるいは，財務会計領域の測度を援用した指標（利益の質，資本コスト等）もサロゲートとされる。

　他方，制度又は監査規制の領域では，監査の品質の向上は，かねてより重要な課題であり，主に監査事務所に対する品質管理の要請と，監査の品質に影響を及ぼす事項についての規制強化という形で対応が図られてきている。前者は，監査の品質が外部から捕捉できないという前提に基づいて，監査事務所による管理，いわば監査事務所における内部統制に期待又は依存して，監査の品質の向上を図るというものである。また後者については，独立性規制の強化や，監査基準における実施手続の規定の追加等が挙げられる。

　さらに，現在，国際監査・保証基準審議会（International Auditing and Assurance Standards Board: IAASB）では，監査の品質に関する討議文書を公表し，関係者の間における監査の品質にかかる共通のフレームワークを構築しようとしている。国際的にみても，監査の質の問題は，現在もなお取組みが求められる課題なのである。

⑵　監査の品質の定義
　しかしながら，監査の品質を捕捉又は測定することができないということと，監査の品質を定義できないということは異なる問題である。

本書の執筆者全員による結論ということではなく，あくまでも議論の出発点又は手掛かりとして，編著者の私見に基づいて，次のような暫定的定義を置くこととしよう。

　監査の品質とは，主に財務諸表監査を前提とするとき，監査人が，監査手続によって，重要な虚偽の表示を発見すること，かつ，それについて，経営者に対して修正させることによって適正な財務報告を実現するか，あるいは，監査報告を通じてそのことを明らかにして不適正な財務報告によって利用者が誤導されることを防ぐことの程度である。

　この定義には，先行する研究がある。

　すなわち，Watts and Zimmerman（1986）では，契約理論（エージェンシー理論）を基礎として，以下のような監査の品質に関する問題設定を行っているのである（下線は原著に同じ）[1]。

「契約不履行が発生する場合に監査人がそれを報告する確率は，次のことに依存している。

　　1．監査人がその契約不履行を発見する確率

　　2．発見された契約不履行を監査人が報告する確率

　最初の（発見する）確率は，監査人の能力（competence）と監査に費やされるエネルギーの投入量に依存する。2番目の（報告する）確率は，依頼人に対する監査人の独立性（independence）に関連している。契約不履行が発見され，依頼人がそれを公開しないよう監査人に圧力をかけたとき，監査人は依頼人の圧力に抵抗できるかどうかが問題となる。」

　上記の引用文中の「契約不履行」というのは，企業の所有者（principal）たる株主と，その株主から企業の経営を委任された代理人（agent）たる経営者との間における契約関係において，経営者が裏切ることをいう。ここでは，経営者による不正，すなわち，不正な財務報告や資産の流用を想定すればよいであろう。

1）Watts and Zimmerman（1986）には，これに先立つWatts and Zimmerman（1978）においても，同様の問題意識が提示されているが，ここでは，彼らの最終的な考え方として，上記の文献によることとした。

Watts and Zimmerman（1986）は，上記の監査人の専門的能力[2]と監査人の独立性という2つの概念に影響を与えるものとして，監査人の評判（reputation），監査人の職業団体の存在，監査事務所の組織形態と規模，及び監査人が被監査企業の産業に特化すること等を検討している。これらの事項は，監査の品質の代理変数と呼ばれるものである。

彼らによれば，監査人の能力と監査人の独立性という2つの概念は，監査人が経営者の契約不履行を報告する確率を構成する要素であり，それらは，監査が資本市場において需要される際の中心的な価値を構成することとなる。現在の用語でいえば，監査の品質の中心的な属性と位置付けられているものと解される。

Watts and Zimmermanの示す2つの概念のうち，まず，後者の独立性については，単に「報告する」ということだけではなく，経営者に「指導」して，適正な財務報告を実現することを含めて考える必要がある[3]。

例えば，日本公認会計士協会が監査人を対象に行った意識調査（日本公認会計士協会，2014）によれば，「過去10年程度における『不正等との遭遇』の件数」に関して，1件以上と回答した監査業務経験者は48.8％に及び，1人当たり2.02件の不正等に遭遇した経験があるとの結果が示されている。もちろんこれらの不正等が世間に「公開」されたわけではなく，未然に経営者に修正を求めて適正な財務報告を実現したものと考えられるからである。

そこで，先の暫定的な定義では，「経営者に対して修正させることによって適正な財務報告を実現するか，あるいは，監査報告を通じてそのことを明らかにして不適正な財務報告によって利用者が誤導されることを防ぐ」としたのである。

また，前者の監査人の専門的能力の点についても，上記の記述を読む限り，「監査人がその契約不履行を発見する確率」は，「監査人の専門的能力」と「監査に費やされるエネルギーの投入量」に依存するものとされている。このうち，「監査人の専門的能力」からは，監査資源を多く抱えた大規模監査事務所の方が監査の品質が高いのか，という問題が識別され，「監査に費やされるエネルギーの投入量」からは，監査時間，あるいはそのサロゲート（代理）としての監査

---

[2] 松本（2002）においては，当該概念を「適格性」と称している。
[3] 松本（2004）では，独立性の概念は，さらに「指導性」と「独立性」の結合概念（両者を乗じた積）として論じられている。

報酬の多寡が監査の品質に影響を与えるのか，という問題が設定される。

　ところが，ここで，一定水準以上の能力を有する監査人が，所定の監査時間をかけて監査を実施した場合には，100%ではないものの，監査の固有の限界[4]を踏まえた合理的な水準において，不正を発見できるという前提が置かれていることが指摘できる。

　しかしながら，監査人が自ら有する専門能力を十全に発揮しない場合，すなわち，職業的懐疑心を発揮せず，重要な虚偽表示を発見しようとしなかったとすれば，どうであろうか。

　Watts and Zimmermanは，能力として規定していることから，主に専門性があれば，重要な虚偽表示は発見できるものと捉えていたのかもしれない。それに対して，上記の暫定的な定義では，「監査手続によって，重要な虚偽の表示を発見する」として，能力だけではなく，職業的懐疑心の発揮も含めて考える必要があると考えるのである。

　ところで，監査は，監査の固有の限界がある中で実施されることから，一定のリスクは回避できない。監査基準においても，「『監査リスク』とは，監査人が，財務諸表の重要な虚偽の表示を看過して誤った意見を形成する可能性をいう」[5]とされており，監査は，「監査リスクを合理的に低い水準に抑える」ことが目的とされる。このとき，合理的に低い水準以下に抑えられた監査リスクが発現したとしても，監査人は正当な注意義務を行使したならば，すなわち，一般に公正妥当と認められる監査の基準に従って監査を実施していた限りにおいて，監査人の法的責任は問われるものではない。

　しかしながら，監査リスクが発現し，財務諸表の重要な虚偽の表示を看過してしまった場合，財務諸表利用者は，重要な虚偽表示の看過ごしに直面するのであって，その監査は，失敗といわざるを得ない。ここに監査の失敗と，監査

---

4) 監査は，合理的な保証を提供するのみであって，絶対的な保証を提供することはできない。その理由として，監査には固有の限界があることが挙げられる。すなわち，第1に，監査対象とある財務諸表が，経営者による会計方針や手続の選択，様々な会計上の見積りによって作成されているものであり，相対的な真実性を示すものであること，第2に，監査人は，経営者による財務諸表の作成にかかる判断を記録や証憑書類等に基づいて裏付ける証拠を入手するにすぎず，財務諸表の信頼性を保証するために得られた心証は相対的なものとならざるを得ないこと，及び第3に，現代の監査は，企業規模の拡大等により試査によっており，試査の下で生じ得る一定のサンプリング・リスク（抜取の対象とならなかった部分に重要な虚偽表示の原因となる事項が含まれている可能性）は避けられないこと等である。

5) 金融庁（2002），「監査基準の改訂について」，三　主な改訂点とその考え方・3リスク・アプローチの明確化について・(2)リスクの諸概念及び用語法。

人の責任とは明確に区別される必要があると思われる。監査の品質を，監査人が「社会に向かって保証し，責任を負う」という観点から定義付けること[6]も可能であるが，本書では，そうした立場はとっていない。

　本書では，上述のとおり，Watts and Zimmerman（1986）の定義を基礎として，監査人の専門能力に関して，監査人の職業的懐疑心の観点を考慮すること，並びに，監査人の狙立性に関して，財務諸表及び監査報告書が公表されるまでの監査人と被監査会社の経営者との交渉を考慮することによって，前述のような定義を措定することとしたい。

⑶　職業的懐疑心の議論

　今日，問題となっているのは，この「監査手続によって，重要な虚偽の表示を発見する」という点の問題なのではないかと考えられる。

　ここで再び，「会計監査の在り方に関する懇談会」の提言をみてみると，以下のような記述を発見することができる[7]。

　「監査業務は個別性・専門性が高く，企業の機密情報の取扱いを伴うことから，時に『ブラックボックス』とも言われるように，その過程や結果の適正性を外部からチェックすることが困難である。その結果，特に企業と監査人の関係が長期間にわたる場合，監査人の独立性が損なわれたり，職業的懐疑心の発揮が鈍らされたりすることとなり，適正な会計監査が確保できないおそれがある。

　　最近の不正会計事案においても，長期間にわたって同じ企業やその子会社の監査を担当した者が監査チームの中心となっていたことにより，企業側の説明や提出資料に対して職業的懐疑心に基づく検証が十分に実施できなかったことが，不正会計を見逃した一因として指摘されている。

　　適正な職業的懐疑心の発揮を促し，会計監査の品質・信頼性を確保するためには，監査人の独立性の確保を徹底することや，当局や協会といった独立

---

6)　日本公認会計士協会（2018，7頁）はこうした立場を採用して，監査の品質を次のように定義している。
　　「監査の品質とは，監査が一般に公正妥当と認められる監査の基準に準拠して実施され，かつ，社会から求められている監査人の役割が適切に遂行された程度である。」
　　この定義は，日本公認会計士協会の研究会による定義ということも影響してか，監査人の観点からの定義，あるいは，少なくとも監査人の責任に焦点を絞った定義となっているといえよう。
7)　金融庁（2016），Ⅱ．会計監査の信頼性確保のための取組み・4．「第三者の眼」による会計監査の品質のチェック。

した「第三者」による監査の品質チェックの実効性を向上させることが不可欠である。」

上記の記述にみられるように，同提言では，東芝事件を含む「最近の不正事案」を踏まえて，監査人が企業側の説明等を鵜呑みにしてしまうことを問題視しており，職業的懐疑心の発揮を促すべく各種の施策を提示しているのである。

こうした状況を背景として，監査研究の領域においても，職業的懐疑心の研究は，近年，最も関心を集めている課題の１つである[8]。その背景には，2008年に頂点に達したグローバルな金融危機において監査/監査人は十分な役割を果たさなかったのではないか，という問題提起がある。そこでは，監査人は，専門的能力もあり，独立性にも問題がなかったにもかかわらず，被監査企業のリスクに対して必ずしも十分に対応していなかったのではないか，との批判がなされたのである。

従来であれば，監査人が不正等を発見できるかという問題は，監査人の専門的能力によって検討されるか，さらにいえば，専門的能力の前提として，監査人の精神的独立性が発揮されていたか，という問題で捉えられてきた。しかしながら，一定水準以上の専門的能力を有する監査人が，所定の監査時間をかけて監査を実施した場合であっても不正等を発見できない事態については，従来の枠組みでは十分に捉えられない。そこで，「職業的懐疑心」という概念枠組みを用いることで，それらを捉え直そうとしているように思われる。

専門的能力もあり，独立性も有している監査人において，不正等に対する指摘ができないというのは，不正を発見する専門的能力と発見した不正を報告する独立性との間に，自らの専門的能力を十分に行使することにかかる新たな属性を措定する必要があるということであろう。この自らの能力を十分に行使するというのが，「誤謬又は不正による虚偽表示の可能性を示す状態に常に注意し，監査証拠を鵜呑みにせず，批判的に評価する姿勢」（日本公認会計士協会，2013）という職業的懐疑心の問題に他ならない。

職業的懐疑心の問題を，監査人の能力又は適格性に帰すことも，監査人の独立性のうち精神的独立性に帰すことも，それらの定義の仕方によっては可能かもしれない。概念枠組み自体は必ずしも決定的な問題ではない。問題は，今般問われている監査の品質に関する規制の議論，特に，監査法人のローテーショ

8）職業的懐疑心に関する詳細な議論は，増田（2015）を参照されたい。

ン制の導入や監査法人のガバナンス・コードの設定等の議論が，職業的懐疑心を発揮させようとして新たな規制の導入を図ろうとしている点にある。

前掲の「提言」においては，監査法人の強制的交代制はあくまで独立性の文脈で論じられてはいるものの，具体的な記述をみれば，「企業と監査人の関係が長期間にわたる場合，監査人の独立性が損なわれたり，職業的懐疑心の発揮が鈍らされたりする」と述べられ，また，「監査法人等が実効的なガバナンスの下で有効にマネジメントを機能させ，企業とともに高品質で透明性の高い会計監査を実施する」という「会計監査の在り方」が提示されている。言い換えれば，今般の不正事案を踏まえ，また長期の継続監査が数多くみられる現状，及び肥大化した組織形態となった監査法人においては，監査規制によって，職業的懐疑心の発揮を促すための措置が必要だと考えられているのである。

なお，職業的懐疑心の定義に関していえば，前掲の「誤謬又は不正による虚偽表示の可能性を示す状態に常に注意し，監査証拠を鵜呑みにせず，批判的に評価する姿勢」という現在の監査基準の委員会報告書における規定の仕方で，監査基準について，少なくとも規定されていることを最低限の行動規範として実施するということまでも含まれているのかどうかについては，一定の議論が必要であろう。すなわち，「監査基準に規定されている事項を専門能力を発揮して実施すること」については，現行の定義では必ずしも十分に包含していないとするならば，新たな定義を模索する必要があると考えられるのである。

3．本書の研究方法と構成

本書では，監査の品質をテーマとして研究を進めるものである。しかしながら，その範囲は広く，ある程度，焦点を絞らざるを得ない。

まず，制度面に関しては，「第Ⅰ部 監査品質に関する制度」において，国際監査・保証基準審議会における監査の品質管理の枠組みを検討することからはじめて，日本，アメリカ，イギリス，カナダ，ドイツ，フランスの各国における品質管理等の制度を検討する。ここで主要国としてカナダを含めているのは，わが国の品質管理レビュー制度が，かつてカナダの制度を参考にして導入されたことによる。

次に，わが国において，直近の課題とされている3つの課題を取り上げている。東芝事件その他の会計不正問題を受けて，会計監査の在り方を検討してき

た懇談会では，先に述べたように，2016年3月8日に提言をまとめている。本提言は，監査規制の多岐にわたる内容を含むものとなっているが，少なくともその後数年間のわが国の“監査規制の在り方”を提示したものと解される。特に，明示的に，喫緊の課題として示されているのが，「監査法人のガバナンス・コードの策定」，「監査法人の強制的交代制度についての調査の実施」，及び「監査報告書の透明化」の3点である。

これらについて，「第Ⅱ部 監査品質規制の動向(1)：監査法人のガバナンス・コード」，「第Ⅲ部 監査品質規制の動向(2)：監査法人のローテーション制度」及び「第Ⅳ部 監査品質規制の動向(3)：監査報告書の拡充」において取り上げている。それぞれの部では，これらの点について，わが国における制度の検討，先行研究及び実態という章構成で検討を行っている。

このうち，第Ⅱ部と第Ⅲ部では，それぞれわが国の監査法人，わが国の上場企業の監査役等に対して意識調査を実施し，その結果をまとめている。さらに，第Ⅱ部のうち，第12章「監査品質指標の意義と課題」では，アメリカの公開会社会計監督委員会（Public Company Accounting Oversight Board: PCAOB）が提案した監査品質の指標（Audit Quality Indicators: AQI）について，わが国の監査法人に対して実施した意識調査の結果を取り上げている[9]。

一方，第Ⅳ部については，監査報告書の制度の実施前であることから，意識調査に変えて，わが国の監査基準の改訂時に問題となり，将来の課題として審議が先送りとなった「その他の情報」に対する監査対応の問題を検討している。

第Ⅴ部では，わが国の監査の品質を考えるうえで考慮すべき事項として，個別に3つの問題，すなわち，「第21章 監査報酬に対する監査人の訴訟リスク等の影響」，「第22章 監査環境が監査の品質に及ぼす影響」及び，「第23章 被監査企業に対する監査人の交渉力」を取り上げている。

最後に，第Ⅵ部では，主として研究者と実務家の組合せによって，いくつかの共同研究を設定し，それぞれに実施した成果を所収している。これらのテーマは，いずれも監査の品質に接近する課題であることはもちろんであるが，同時に，法規や基準等の比較や影響等の検討ではなく，いわば制度や基準によって規定でき

9）AQIの提案は，学術的な背景があって行われているものであり，特に，アーカイバルデータを使った実証的な研究の対象となることから，本書の執筆者のうち，学者メンバーによって，PCAOBが提案する28件のAQIの検討を中心に，先行研究を渉猟し，わが国において制度として導入する場合の課題等について検討を行った。その成果は，町田（2017b）として刊行している。

ない監査の品質問題を検討しているところに共通点がある。ただし，それぞれの分析結果は，各共同研究のチームの分析と検討の結果であって，必ずしも本書の執筆者全員の間で見解の一致をみたものではないことに留意されたい。

参考文献

Watts, Ross L. and Jerold L. Zimmerman（1978），Towards a Positive Theory of the Determination of Accounting Standards, *The Accounting Review* 53（January）: 112-134.

―――(1986), *Positive Accounting Theory*, Prentice Hall.（須田一幸［訳］(1991)『実証理論としての会計学』白桃書房。）

監査の品質に関する研究会［編］(2018)『監査の現場からの声―監査品質を高めるために―』同文舘出版。

金融庁（2002），企業会計審議会「監査基準の改訂に関する意見書」，1月25日。

―――(2015)「『会計監査の在り方に関する懇談会』の設置について」，9月18日。<http://www.fsa.go.jp/news/27/singi/20150918-2.html>

―――(2016)，会計監査の在り方に関する懇談会「提言―会計監査の信頼性確保のために―」，3月8日。<http://www.fsa.go.jp/news/27/singi/20160308-1.html>

㈱東京商工リサーチ（2015）「2015年度『不適切な会計・経理を開示した上場企業』調査」，4月14日。<http://www.tsr-net.co.jp/news/analysis/20160414_01.html>

㈱東芝第三者委員会（2015）「調査報告書」，7月20日，286頁。<http://www11.toshiba.co.jp/about/ir/jp/news/20150721_1.pdf>

日本公認会計士協会（2013），監査基準委員会報告書200「財務諸表監査における総括的な目的」，6月17日最終改正。

―――(2014)「監査業務と不正等に関する実態調査」，5月23日。

―――(2018)，品質管理を中心とした自主規制の在り方研究会「品質管理を中心とした自主規制の在り方研究会報告書」，1月15日。(https://jicpa.or.jp/news/information/2018/20180216xxd.html)。

増田宏一［編著］(2015)『日本監査研究学会リサーチ・シリーズ XⅢ 監査人の職業的懐疑心』同文舘出版。

町田祥弘（2015）「監査規制をめぐる新たな動向と課題―監査事務所の強制的交代の問題を中心として―」，『会計・監査ジャーナル』725号，12月，81-92頁。

―――(2016)「監査法人のガバナンス・コードの在り方」，『青山アカウンティング・レビュー』6巻，9月，42-50頁。

―――(2017a)「監査報告書の拡充」，『月刊監査役』662号，1月，64-76頁。

―――［編著］(2017b)『監査品質の指標（AQI）』同文舘出版。

―――(2018)『監査の品質―日本の現状と新たな規制―』中央経済社。

松本祥尚（2002）「第7章 特記事項と監査人のディスクロージャー選好」，盛田良久［編］『監査問題と特記事項』中央経済社。

―――(2004)「第11章 ディスクロージャーと監査情報の品質」，須田一幸［編著］『ディスクロージャー戦略と効果』森山書店，251-269頁。

（町田 祥弘）

第 I 部

監査品質に関する制度

第2章

国際監査・保証基準審議会（IAASB）

1．本章の目的

　本章は，2000年代後半から議論されてきた，新しい監査の品質管理の枠組みの構築とそれに基づく監査事務所の品質管理基準の改訂の状況に関して，国際監査・保証基準審議会（International Auditing and Assurance Standards Board: IAASB）が2014年12月に公表した「監査品質のフレームワーク（A Framework for Audit Quality）」の概要及びこれに関連する国際品質管理基準第1号（ISQM1）[1]改訂の状況から公開草案の概要に関して，報告を行うものである。さらに，わが国及びアメリカの動向についても言及することとする。

　ISQM1の改訂作業は，2016年初頭より本格的に行われ，IAASBの定時会議において数々の議論が重ねられてきた。そして，2018年12月の定時会議において，公開草案の最終化・承認が行われている。そこで，本章では2016年から2年間に行われた議論の経緯と2018年12月の定時会議に提出された，公開草案の概説を説明することとする。なお，ISQM1改訂版（公開草案）は，変更は全く加えられずに，2019年2月8日に公表され（IAASB, 2019），2019年7月1日までコメント募集が行われている。

2．国際監査・保証基準審議会（IAASB）の監査品質フレームワークの議論の背景と，公表までの経緯

　品質管理（若しくは監査品質）そのものの議論は，その概念及び範囲の研究を中心として古くから存在する（Balsam et al., 2003）。しかし，監査品質は多面的で複雑な主題であり，国際的にも確立した定義は存在しないとされている（日本公認会計士協会, 2015）。さらに，フレームワークの議論そのものは比較的新しいといわれており，監査品質のフレームワークに監査監督機関等の注目が本格的に集まってきたのは，2008年の金融危機以降である（Rene Herman, 2013）。その議論のはじまりは，2008年2月に公表された英国財務報告評議会

1）国際品質管理基準第1号は，従来，International Standard on Quality Control（ISQC）1と称されていたが，2018年12月の定時会議において，その名称がInternational Standard on Quality Management（ISQM）1に変更されている。

図表2-1 監査品質のフレームワーク

出所:日本公認会計士協会(2015);IAASB(2015)

(Financial Reporting Council: FRC)の「監査品質フレームワーク(The Audit Quality Framework)」である(FRC, 2008)。当該FRCのフレームワークの概要は次のとおりである。

このフレームワークは、FRCが2006年11月に公表した、監査品質の促進(Promoting Audit Quality)の概念に基づいて作成されており(FRC, 2006)、監査品質に強く影響を及ぼす要素(Key Drivers)として次の項目を挙げている[2]。

①監査事務所内の文化
②監査担当パートナー及びスタッフの知識及び技能
③監査プロセスの効率性
④監査報告の信頼性と有効性
⑤監査品質に影響を与える監査人の統制外の要因

この後も、監査の品質に関して、監査監督機関や監査基準設定機関の間で議論が行われていた。そのような環境下において、IAASBは、2013年5月に公開草案として、「監査品質のフレームワーク(A Framework for Audit Quali-

---

[2] FRCは具体的な要因を討議資料の中で挙げているが、ここでは、紙面の都合上省略する。

第２章　国際監査・保証基準審議会（IAASB）　**17**

図表2-2　財務報告プロセスに係る関係者の相互関係

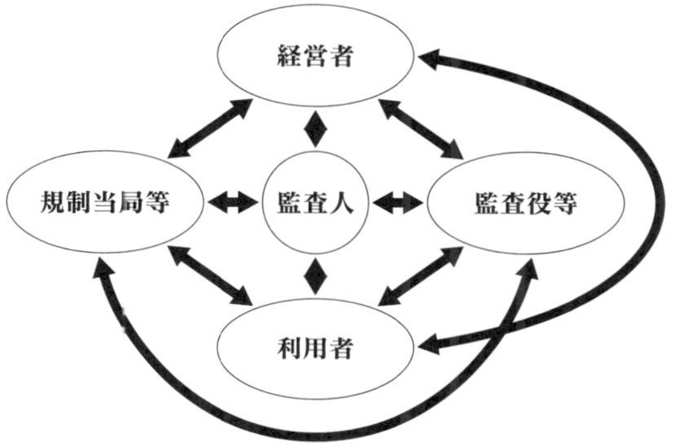

経営者

規制当局等　監査人　監査役等

利用者

出所：日本公認会計士協会（2015）；IAASB（2014）

ty）」（IAASB, 2013）を公表し，公表後76のコメントが寄せられ，それに基づき，加筆修正が行われ，2014年２月に最終基準が公表している。

　この報告書では，監査品質に影響を及ぼす要因を，

・インプット（監査人の価値観・倫理・姿勢，監査人の知識・技能・経験）

・プロセス（監査プロセス及び品質管理手続）

・アウトプット（監査報告書，経営者等への結果報告，監査概要書及び監査監督機関等の検査結果報告他）

・監査の利害関係者間の主な相互作用

・背景的要因

に分類し，図表2-1を示してフレームワークを説明している。

　さらに，インプット，プロセス及びアウトプットの各要因を主体別に，監査業務レベル，監査事務所レベル及び国レベルの三階層に分けて体系化を行い，それぞれに関してどのような要因（Factors）を考慮しなければならないかを説明している。

　また，監査の利害関係者間の主な相互作用として，高品質の監査を提供するのは，監査人の責任であるのは間違いないが，監査の品質は，財務報告プロセスにかかる関係者（経営者，監査役等，利用者，規制当局等）との相互作用に影響を受け，関係者の適切な協力関係が保たれてはじめて，その監査品質の向上が達成されるものとしている。そして，図表2-2を掲げ，当該相互作用の強化を図るべきであるとしている。

図表2-3　背景的要因の説明

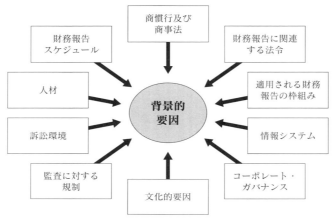

出所：日本公認会計士協会（2015）；IAASB（2014）

　最後に，背景的要因について説明している。この背景的要因（環境要因）は，財務報告の内容と品質，及び直接的又は間接的に監査品質に影響を及ぼす可能性があり，監査人は，十分かつ適切な監査証拠を入手するための最善の方法を判断する際に，図表2-3に示すように必要に応じてこれらの背景的要因を考慮するものである。

3．監査品質のフレームワークの目的・用途

　前述のFRCのフレームワークによれば，①会社が監査プロポーザルを評価するため，②監査委員会が，外部監査の有効性を評価するため，③監査事務所が品質の高い監査を実施するために用いた方針及び行動を評価するために，そして④監査監督機関が監査専門家（監査事務所）の監視を行い，その結果を報告するために，有効なものがこのフレームワークである（FRC, 2008）。

　また，IAASBの「監査品質のフレームワーク」によれば，企業の財務報告制度全体における監査の位置付けや役割を再確認し，以下を通じて，監査品質の向上に資することが期待される。
　　・監査事務所（又はネットワーク・ファーム）における監査品質又は監査品質に関するコミュニケーションの改善方法の検討
　　・監査の利害関係者間における，監査品質に重要な影響を及ぼす要因に関す

る認識と理解の向上，及び監査品質を高めるために優先的に留意すべき要因の識別

・監査の利害関係者間の対話及び協力

が挙げられており，監査品質のフレームワークは，このような目的を有し，また，当該用途に使われることを前提にしている。しかしながら，公表後，具体的に，どのように利用されたかを示す資料等を確認することはできなかった。そして，それも起因して，次のようなISQM1の改訂につながったと理解している。

4．国際品質管理基準第 1 号（ISQM1）の改訂に関する議論の経緯と内容

　IAASBは，前述の監査品質のフレームワークを公表後，監査品質の向上（Enhancing）に焦点をあてた，2015-2016年の作業計画（Work plan）を2014年12月に公表し（IAASB, 2014），このフレームワーク等に合わせて，当時のISQC1及び国際監査基準第（ISA）220号「財務諸表監査の品質管理」の改訂に取り組むこととした（IAASB, 2014）。

　2015年 7 月から12月にかけて，品質管理やグループ監査など別々のテーマであったものを「公共の利益の観点を明確に意識した監査品質の向上（Enhancing Audit Quality with a Clear Public Interest Perspective）」の掛け声の下，1つのコメント募集文書に編纂している（IAASB, 2015）。そして，これを2015年12月に，コメント募集文書（ITC）「公共の利益における監査品質の向上」（Invitation to Comment（ITC）"ENHANCING AUDIT QUALITY IN THE PUBLIC INTEREST"）として公表し，2016年 5 月までコメント募集を行った。

　このITCは，最終的にはISQM1，ISA200，ISA600及びそれに関連して，ISA315等の改訂を行うものであるが，このITCの中で新しい概念（アプローチ）が提唱されている。これが今回のISQM1の改訂の中心となっていると理解している。次にこの新しい概念についてその概要を説明する。

⑴　品質管理アプローチ（Quality Management Approach）導入の背景

　リーマンショックの経験から，多くの企業は環境の変化やコーポレート・ガバナンス上のリスクに対処するために，企業活動や組織に変化を加えてきてい

図表2-4　QMAの具体的な仕組み

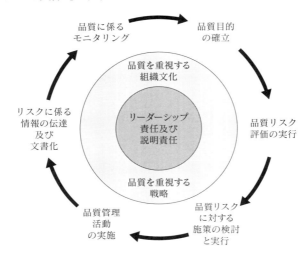

出所：日本公認会計士協会（2015）；IAASB（2015）；Invitation to Comment (ITC), *ENHANCING AUDIT QUALITY IN THE PUBLIC INTEREST*, December.

る。この変化に合わせてISQC1も変更すべきではないかとの議論があがった。また，ISQC1導入後の調査を行った結果，監査監督機関等より，次の項目等について基準の改訂等の要請があった。

- 品質に関する事務所のリーダーシップの責任を強調し，品質の継続的な改善強化に事務所や従業員が焦点をあてるような，適切な経営者の姿勢（Tone at the top）を確立することが事務所のリーダーシップに必要であることを認識させるべきである
- 外部及び内部の検査からの指摘事項に対して，是正処置を取ることにより，これらの指摘事項に対処すべきである
- これらの是正措置の効果を検討し，もし十分にその効果が発揮されていない場合には，当該是正措置の改善を行わせるようにすべきである
- 人的資源にかかる項目に対する手続と，品質管理に関連する方針の責任との明確なつながりを今まで以上に確立すべきである（例：リクルート，研修及び報酬評価）

これらの指摘やコメントを受けて，今回ISQM1の改訂に導入しようとしているのが，品質管理アプローチ（Quality Management Approach: QMA）で

図表2-5　QMAの要素と関連する活動

QMAの要素	関　連　す　る　活　動
品質目的の確立	事務所の品質目的は，全体的な戦略目的の重要な部分であり，ビジネスモデルや企業文化と関連付け，それぞれの事業分野に対して監査品質への影響を考慮できるものである必要がある。
品質リスク評価の実行	品質の目的を成し遂げるための事務所の能力に重要な影響を持つ事項や条件を明らかにすることにより，品質リスクの評価を行う。
品質リスクに対する施策の検討と実行	上記において明らかとなった品質リスクに対して，適切な対応を示すことが必要である。品質目的は，これらの対処を行うためのフレームワークとして使える。例えば，監査において，上記で明確となった品質リスクに対処するための方針や手続は，高品質の監査を提供し得る可能性を増加させることになる。
品質管理活動の実施	品質管理（Quality Management）の方針の確定及び手続の実施。
リスクにかかる情報の伝達及び文書化	事務所の品質管理システムの運営に関して，事務所のリーダーシップに対し，適時に関連する情報を提供するために当該リスク情報を識別し，迅速に伝達する。
品質管理にかかるモニタリング	統合されたあるいは個別のモニタリング活動を実施することが必要となる。さらに，品質管理システムを効率的に継続的な改善を行うために，品質に関して受け取ったフィードバックのすべてを事務所のリーダーシップは検討することとなる。

出所：IAASB（2015）

ある。

⑵　QMAの概要

　最初に，QMAの具体的な仕組みを示すと，図表2-4及び図表2-5のようになる。

　IAASBは，事務所の規模の大小にかかわらず，また，対象業務が監査以外であったとしても適用できるような仕組みがQMAであるとしており，急激に変化するビジネス環境により容易に対処し，品質リスクの管理に関して積極的に，柔軟に対応するためには有効なツールであり，QMAにおいては事務所のリーダーの責任を強調している。

　ISQC1の目的に適合するために，事務所は，事務所の置かれている環境に応じて，様々な方針や手続を適用している。いくつかの会計事務所（Big 4 等）は，監査監督機関の検査結果を受けて，品質管理のためにより積極的に経営者（マネージング・パートナー等のリーダーシップチーム）が関与すべくその手法を強化・変更してきている。しかし，それがすべての監査事務所に浸透している

わけではない。この欠点を補うために導入されたのがQMAである。QMAは，品質にかかるリスクを明らかにし，そのリスクに対処するための方針や手続を確立することを通して，事務所の方針や手続を，品質管理システムに融合させるものであるとしている。

次に，QMAは，すべての段階において品質の向上と維持を図るために，事務所の基礎となる効率的なリーダーシップの重要性及び必要性にISQM1がより焦点をあてることに役立つとしており，これには次の事項が必要としている。

①品質確保のためのリーダーシップの責任及びこれに関連する事務所のリーダーの重要な役割に焦点をあてることを含み，事務所内に適切な組織文化及び姿勢を確立する。

②事務所が業務を行っている環境，道徳的価値観及び誠実性の考慮を含む，品質リスクがどのように事務所及び従業員によって検討され処理されるべきかの基礎を確立する。

そして，組織文化（社風と呼ぶべきか）は，（事務所運営にかかるその他の事項と同様に）業務執行社員やその他の監査チームメンバーに影響を与える。つまり，環境，文化（風土）は，彼らの物の見方，価値観，倫理観，態度及び責任回避の方法にまで影響を与えるものである。

監査は公共の利益に資するように設計されてはいるが，事務所そのものは営利企業である。それぞれの事務所の社風は，業務執行社員及びその他の監査チームメンバーが監査の実施を通して，公共の利益に役立ったうえで，事務所の利益にも貢献することに関して，重要な役割を果たすものである。

したがって，QMAは，事務所のガバナンス構造の一部として，事務所のリーダーシップが企業風土及び戦略の確立，そして，品質管理に関する全体的な責任を有していることを明らかにしてくれると思われる。さらに，QMAは，事務所の品質管理システムを管理体制及びビジネスプロセス（事務処理）の局面に融合させるのに非常に効果的な役割を果たす。したがって，QMAは，品質管理に対する事務所全体での風土，品質管理に関するリーダーシップの責任をさらに強化するのに役立つと思われる。そして，事務所の品質管理システムをコーポレート・ガバナンスやリスク管理システムに融合させることにより，内外の品質管理検査における指摘事項を理解し，対処するための行動がより積極的に取れるようになると考えている。

QMAの利用を具体化するためのISQC1の改訂は，現存するリスク管理の原

則及びガバナンスの枠組み（OECDのガバナンスの原則やCOSO ERM（Enterprise Risk Management）フレームワークをさす）に似通ったアプローチで行われることになる。QMAは抽象的であるため，コメントレターを受け取ってから，さらなる議論を重ね，具体的なものとし，新しいISQM1等に組み込んでいくことを当初より想定していた。その後，ITCに対して，多くのコメントを受け取り，作業部会においてコメントの分析が行われ，2016年12月のIAASBの本会議において，分析結果の報告，質疑応答，今後の方針の話し合いが行われたものである。

　次にその内容等を要約することとする。

⑶　ISQM1改訂への検討状況と公開草案の公表

　それでは，2016年以降IAASBにおける検討状況と2018年12月に最終化され，2019年2月に公表されたた公開草案（ISQM1[3]）の概要について時系列的に説明することとする。

①IAASBにおける2016年12月末までの検討状況

　ここでは，どのように前述のQMA等を現行のISQM1に織り込み，改訂を実施しようとしているのかについて説明することとする。まだ，具体的・詳細なものは作業部会から提出されていないが，2016年12月の会議に提出された資料（IAASB, 2016a）の添付資料に基づくと図表2-6のようになっていた。

　なお，上記以外に，添付資料Cとして，「業務の実施」においてどのようにQMAの概念を導入していくかに関する説明資料が含まれているが，その内容はすでに第2節で説明しているため，ここでは省略する。

　以上が2016年末までの議論である。12月のIAASBの会議において，このQMAは，概念として理解できても，前述のフレームワークとの関連が明確でないとの意見もあり，また，実際にどのように多様な規模・内容の監査事務所に適用するのかも明確でないとの意見があった（IAASB, 2016b）。そこで，前述のように，利害関係者よりガイダンスや事例の提供が求められていた。また，QMAを単に現行のISQC1に付け加えるのであれば，基準の複雑さが増す結果となり，監査事務所にとって取り扱いにくいものとなるとの意見もあり，さらに，監査監督機関からは，これを導入することによって，現行のISQC 1 の厳

---

3) 現行の基準は，International Standard on Quality Control（ISQC）1と称しているが，改訂基準公開草案は，International Standard on Quality Management（ISQM）1と名称を変更している。

24 第Ⅰ部　監査品質に関する制度

図表2-6　改訂案の説明

現行のISQC1	改訂案	説　明（筆者のコメント）
序説		
本国際品質管理基準の範囲（paras.1-3）	本国際品質管理基準の範囲（paras.1-3）	
本ISQCの権威（paras.4-9）	本ISQCの権威（paras.4-8）	
	品質管理（Quality Management）［新規］	作業部会は，品質管理の目的と当該基準の構成を読者に理解してもらうために，当該項において，品質管理の内容と活動を簡単に説明することとしている。また，当該説明を通して。今回の改訂は，会計事務所の大小にかかわらず，柔軟に適用できるものであることを説明することとしている。
発効日（para.10）	発効日（para.10）	
目的		
目的（para.11）	目的（para.11）	作業部会としては，当該目的はこのままで問題がないと考えているが，今後の検討課題であるとの指摘もなされている。
定義		
定義（para.12）	定義（para.12）	
要求事項		
関連する要件の適用及び遵守（paras.13-15）	関連する要件の適用及び遵守（paras.13-15）	
品質管理システムの諸要素（paras.16-17）		
品質に対する事務所内部の指導的責任（paras.18-19）	ガバナンスとリーダーシップ（para.18） ・品質を重視した組織，文化及び戦略	この項において，QMAの説明がなされ，会計事務所の規模に応じたQMAの導入が検討されることとなる。

	品質管理システムの情報，伝達及び文書化（paras.57-58から移動）	作業部会は，この部分が新しい品質管理において非常に重要であると考えており，品質管理の機能をサポートする情報としての根幹をなすとしている。当該項は，要求事項の改訂を伴って大きく変更される予定である。非常に，重要性が強調された文言となる模様である。
	品質管理プロセス［新規］ ・品質目的の確立 ・品質リスク評価の実行 ・品質リスクに対する施策の検討と実施 ・監視活動と識別した欠陥の評価，伝達及び是正（para.48-56及び59から移動）	このプロセスというのは，今回のリスク・ベース・アプローチの導入を支え，品質管理目的を達成するために不可欠な業務活動であり，前述のQMAの活動の中心をなすものである。 具体的な要求事項に関しても，QMAの概念を入れて改訂されることとなる。
関連する倫理要件（paras.20-25) クライアントとの関係並びに個別の業務に係る受嘱及び継続（paras.26-28) 人的資源（para.29) 業務の実施（paras.32-47)	品質管理プロセスの適用 ・法律，規則及び関連する倫理要件（paras.20-25) ・クライアントとの関係並びに個別の業務に係る受嘱及び継続（paras.26-28) ・資源（para.29) ・業務の実施（paras.32-47)	作業部会は，当初現行の左記の項目以外にも，新しい項目を設けるべきかの検討を行っている。しかしながら，作業部会としては，現存の項目に，QMAの概念を付け加えて改訂することとし，項目の新設は行わないこととしている。
モニタリング（paras.48-56)		
品質管理システムの文書化（paras.57-59)		

出所：IAASB（2016a），Appendix Bを基に説明を加筆している。

格さが損なわれるものとなってはならないとの意見も述べられていた（IAASB, 2016c）。

一方，国際会計士連盟（International Federation of Accountants: IFAC）の中小会計事務所委員会（Small and Medium Practices Committee: SMPC）からの指摘にもあるように，中小監査事務所にとり，使い勝手の悪いものにならないように，スケーラビリティ（Scalability）を考慮したシンプルでわかりやすい基準の改訂を図るべきであり，今回の改訂が負荷の増加につながってはならないとしている（IAASB, 2016d）。さらには，グループ監査において，QMAをグループ監査チームだけでなく，構成単位の監査人までにどのように浸透させるかが不明確であり，ISA600との関連性をもっと明確にすべきとの指摘もなされていた[4]。

②2017年及び2018年のIAASB会議における検討状況

その後も議論は続き，2017年6月の会議においては，主要テーマとして取り上げられていた。以下，当該内容をIAASBのPodcast[5]他に基づき紹介することとする。

まず，事務所レベルの品質管理の基準であるISQC1について議論がなされた。品質管理の作業部会が作成したISQC1の改訂にかかるワーキングドラフトが提出され，それに基づいて監査事務所の行動の変化がどのように期待されるかについて議論がなされている。また，当該議論には，前述のQMAがISQC1の改訂案に生かされているか，そしてQMAのそれぞれの要素が織り込まれ，それぞれがどのように関連付けられているかに関し，検討が行われた。さらには，前述のように，2016年12月の会議で問題となった中小監査事務所に適合した基準とワーキングドラフトとの関係に関して議論が行われていた。また，ガバナンスやリーダーシップ等の品質管理の諸要素に関しても検討が加えられていた。

IAASBは，当該ワーキングドラフトに関して，全体としての方向性には賛成している。しかしながら，品質管理の作業部会に対して，新基準の導入及び適用がスムーズにいくように参考資料や事例の開発を求めていた。また，IAASBは監査業務の品質管理レビューに関する基準をISQC2としてISQC1とは

---

4) Meeting Highlights and Decisions, December.
5) インターネット上で音声や動画のデータファイルを公開する方法を意味し，IAASBは会議の要旨をこのシステムを使い，毎回公開している（IAASB（2017），Meeting Summary IAASB Podcast, June 19-22.）。

別途作成することに同意した。この段階より，基準が2本に分かれることとなった次第である。

2017年12月の会議において，ISQC1（改訂）の公開草案のドラフトが提出され，この内容について議論がされていた（IAASB, 2017）。前述のように，作業部会は2017年6月にISQC1の改訂にかかるワーキングドラフトが提出し，それに基づき，2017年8月に「品質管理プロセス（例えば，品質管理の目的，品質管理リスクとそれに対する対応）」に関して，さらに，同年9月に「文書化」について作業部会において検討が重ねられ，この公開草案のドラフトが提出された。ただ，この段階においても，（ア）透明性報告書（Transparency Reporting）に関する事項，（イ）業務執行パートナーの評価と報酬，コンピテンシーと人的資源，（ウ）国際会計士倫理基準審議会（International Ethics Standards Board for Accountants: IESBA）の倫理規定に与える影響等について十分な検討がなされていないとしていた。また，合理的保証（Reasonable Assurance）という用語が，現在のISQC1では，すべての構成要素において使用されているが，それが改訂基準の草案では使わなくなっていることなどに関して，その妥当性が議論されていた。この時点において，特にIAASBが留意していたのが，①個人事業者も含む様々な規模の会計事務所に幅広く適用できるように，公開草案の添付資料として，ガイダンスやアペンディックスの開発を作業部会に要請したこと，②この新しいISQC1がどのようにして会計事務所の規模にかかわらずすべてに対応できるか，をわかりやすく示すにはどうしたらよいかをさらに調査研究すること，③新しいISQC1に準拠して監査事務所が実施する監査業務の性質と環境にどのようなものがあるのかをさらに明確に示すことなどについてであった。つまり，この時点において一番IAASBが懸念していたのは，この新しいISQC1が規模の異なる監査事務所に対して，特に中小の事務所について，どのようにうまく適用できるかという点にあったと筆者は理解している。さらに，今回の改訂において，前述のようにQMAの概念が導入され，COSOのリスク評価に類似のものである品質管理プロセスが導入されているが，これとは別に，当該品質管理システムが有する欠陥のモニタリング及び修復プロセス（Monitoring and Remediation Process）を設定しているのが，大きな特徴となっている。

その後，2018年3月及び6月の会議において上記のような点に関して，さらなる議論が重ねられ，品質管理システム及び当該システムの要素である職業的

専門家としての判断（Professional Judgement）の概念について修正が加えられ，ISQC1の構成要素の順番を変え，不明瞭な品質リスク評価プロセスや重層すぎる欠陥のモニタリング及び修復プロセスについて，再度修正が加えられている。その後，2018年12月のIAASBの会議において，前述のようにISQM1として，公開草案が承認された次第である。

③2018年12月の定時会議において承認された改訂品質管理基準（ISQM）1号の概要

　上記のような議論を経て，2018年12月にやっとISQM1が承認されたわけである。以下では，重複する部分も多く出てくるが，整理をする意味で，今回の改訂の概要を述べることとする。

　まず，ISQC1が，品質管理レビューにかかる部分が分離され，ISQC2となり，これらの基準の名称が，International Standard on Quality Control（ISQC）からInternational Standard on Quality Management（ISQM）に変更されたことを挙げることができる。この変更は，今回の改訂において品質管理（Quality Management）アプローチが強調されており，この影響が大きいと思われる。また，基準を2つに分けたのは，品質管理レビュー体制の整備・運用の重要性を強調するためといわれている[6]。

　次に，ISQM1（公開草案）の概要について述べることとする。
・前述のように，中小監査事務所にとり，使い勝手の悪いものにならないように，スケーラビリティ（Scalability）を考慮したシンプルでわかりやすい基準の改訂を図るべきであり，今回の改訂が負荷の増加につながってはならないとの指摘があり，これを受けて，スケーラビリティの項が設けられ，様々な規模及び複雑性を考慮して，それに合った品質管理体制を整備・運用することが求められている。ISQM1は，財務諸表監査だけでなく，レビュー業務やその他保証業務を行う場合も適用される。このため，中小監査事務所においても適用しやすい内容にすることが求められている。現行にISQC1は，中小監査事務所にとって使いやすいものではないとの意見を受けての改訂といえる
・前述のITCにおいて強調されていた，公共の利益（Public Interest）に関

6）IAASBのProject Status-ISQM 2 <www.iaasb.org/projects/engagement-quality-reviews-isqm-2>より抜粋。

して，質の高い監査業務を継続的に実施することにより，達成できることが強調されている
・上記以外は，既に述べてきたことばかりであるが，品質管理アプローチ（QMA）の導入に伴う基準の改訂が主な変更点となっている。このQMAの中心をなすのが，前述の品質管理プロセスである。現行のISQC1は，品質管理にかかる方針と手続に焦点をあてている。この現行のISQC1に対する批判の主なものは，現行のISQC1は，チェックリスト方式ともいえるようなものであり，監査事務所の規模や特性をあまり考えず，すべてに同じように適用しようというものであり，中小監査事務所にそのまま適用するのは困難であるというものであった。そこで，QMAを導入し，監査事務所の規模及び特性に合った品質管理体制の構築を行うというものである。このQMAの内容については，前述から変更は行われていない
・上記のQMAの導入を除く，改訂基準（ISQM1）の大きな特徴として，QMAが有する欠陥（Deficiencies）のモニタリング及び修復プロセス（Monitoring and Remediation Process）を設定・強化していることが挙げられる。また，品質管理の透明性を高めるため，透明性報告書を通して，外部の利害関係者に品質管理体制を報告するとともに，双方間の情報交換を求めていることを挙げることができる

5．IAASB等の今後の動向

　以上が，IAASBが2014年12月に公表された「監査品質のフレームワーク（A Framework for Audit Quality)」の概要及びISQM1改訂の現状である。前述のように，2018年12月の定時会議において公開草案の承認決議が行われ，2019年2月8日に公表されている。この公開草案は，2019年7月1日までコメント募集が行われる。また，最終的な適用時期は，ISQM1に関して，2022年6月15日までに各監査事務所はISQM1において規定されている品質管理体制を整備することが求められる予定となっている。

参考文献

American Institute of Certified Public Accountants（AICPA）（2014），*Enhancing Audit Quality: Plans and Perspectives for the U.S. CPA Profession*, August.
―――（2015），*Enhancing Audit Quality: A 6-point Plan to Improve Audit*, June.

30 第Ⅰ部　監査品質に関する制度

————(2016), *Annual Update for Accountants and Auditors*, April.

Balsam, S., Krishnan, J., and Yang, J. S. (2003), Auditor industry specialization and earnings quality, *Auditing: A Journal of Practice & Theory*, 22(2): 71-97.

Financial Reporting Council (FRC) (2006), Discussion papers, *Promoting Audit Quality*, November.

————(2008), *The Audit Quality Framework*, February.

International Auditing and Assurance Standards Board (IAASB) (2013), Exposure Draft, *Framework for Audit Quality*, January 15.

————(2014), *Work Plan for 2015-2016 - Enhancing Audit Quality and Preparing for the Future*, December.

————(2015), presentation paper, *Framework for audit quality*, February.

————(2016a), Agenda Item 6-A, Quality Control (ISQC 1) – Quality Management – Issues and Working Group Views, December.

————(2016b), Podcast in December 9.

————(2016c), Main Agenda: Item 9-A, December.

————(2016d), SMPC Feedback, December 6.

————(2016e), Meeting Highlights and Decisions, December.

————(2017), Agenda Item 6, Quality Management (Firm Level) : Considerations in Relation to the Draft Exposure Draft of Proposed ISQC 1 (Revised), December.

————(2018a), Agenda Item 7, Quality Management (Firm Level) – Proposed ISQC 1 (Revised) : Issues, March.

————(2018b), Agenda Item 5, Quality Management (Firm Level) – Proposed ISQC 1 (Revised) : Issues Paper, June.

————(2018c), Agenda Item 2, Quality Management (Firm Level) – Proposed ISQMC 1 : Issues, December.

————(2018d), Agenda Item 4, Proposed ISQM 2 – Engagement Quality Reviews: Issues, December.

————(2019), Press Releases, *Global Consultation on Quality Management for Firms and Engagements Now Open*, February.

PricewaterhouseCoopers (2015), *2015 AICPA Conference: Highlights of the 2015 AICPA Conference on Current SEC and PCAOB Developments*, December.

————(2016), *2016 AICPA Conference: Highlights of the 2016 AICPA Conference on Current SEC and PCAOB Developments*, December.

Rene Herman (2013), *IAASB's A Framework for Audit Quality*, Charter, August.

日本公認会計士協会 (2015)「監査基準委員会・監査基準委員会報告　第 4 号『監査品質の枠組み』」, 5 月。

（小澤　義昭）

第 **3** 章

日本

1．監査制度の概要

⑴　法規等

　日本において法令等によって監査が義務付けられ，公認会計士が監査実施者とされているものには，金融商品取引法，会社法に基づくものの他，保険相互会社，特定目的会社等に対するものがある[1]。

　監査業務の実施者である公認会計士については，公認会計士法が定められ，業務の範囲，資格，試験，監査法人，公認会計士・監査審査会，処分等の規定が設けられている。

　公認会計士は監査業務の遂行に当たり，公認会計士法の他，会計基準や開示に関する規則の他，企業会計審議会が定める監査基準やそれに関する監査に関するルールを遵守することが求められている。後述する監査の品質管理制度は，これらのルールを遵守して業務が行われていることを検証する目的で実施されている。

⑵　対象企業と市場規模

　公認会計士・監査審査会によれば，監査法人が行う監査証明業務の種別の状況は図表3-1のとおりである。

　これ以外に，共同事務所及び個人事務所が法定監査業務を行っているが，その数は，金商法・会社法の区分で96社，会社法の区分で625社，学校法人の区分で4,150法人となっている。

図表3-1　監査証明業務の種別の状況

種別	法定監査						任意監査	計
	金商法・会社法	金商法	会社法	学校法人	労働組合	その他		
社　数	3,871	333	5,219	1,769	461	2,189	4,569	18,411
割合(%)	21.0	1.8	28.3	9.6	2.5	11.9	24.8	100

出所：公認会計士・監査審査会（2018a, 22頁）

---

1) 日本公認会計士協会「日本の監査制度」。<https://jicpa.or.jp/cpainfo/introduction/organization/jpaudit/>

32 第Ⅰ部　監査品質に関する制度

図表3-2　監査事務所等の数

	事務所等の数	区分要件（人）	
		社員数	常勤職員数
大　手	4	100超	2,500超
準大手	6	～100	～600
中　小	212	～30	～50
計	222		

出所：公認会計士・監査審査会（2018a）から抜粋。

　なお，金融商品取引法に基づく監査の主たる対象は上場会社であり，2019年4月30日現在，日本取引所グループ傘下の取引所には延べ3,664社が上場している[2]が，このうち東証1部，2部，マザーズ，JASDAQに上場する約3,600社の時価総額は約600兆円である[3]。

　一方，監査を実施する公認会計士の数は2018年3月末現在で30,350人，うち監査法人所属者が13,901人，さらにそのうち大手監査法人所属者が10,562人となっており，公認会計士の約3分の1が大手監査法人所属者となっている。また，監査事務所の数は図表3-2のとおりとなっている。

　大手監査法人の占める割合については，金商法又は会社法に基づく被監査会社等で76.4%，所属公認会計士数で76.3%，監査業務収入で84.8%となっている（公認会計士・監査審査会，2018a）。

2．品質管理制度

(1)　枠組み

　規制機関による監査業務にかかる品質管理の枠組みは図表3-3のとおりである。日本公認会計士協会が監査事務所に対して行う品質管理レビューと，公認会計士・監査審査会が監査事務所及び被監査会社等に対して行う検査，この2つが監査業務にかかる品質管理の主な枠組みであり，金融庁は公認会計士・監査審査会の検査・モニタリング結果に基づく処分勧告を受けて，業務改善の指示・命令及び懲戒処分を行う。

---

[2] 日本取引所グループ「上場会社数・上場株式数」。<https://www.jpx.co.jp/listing/co/index.html>
[3] 日本取引所グループ「基準時価総額・銘柄数」。<https://www.jpx.co.jp/markets/indices/related/value/index.html>

第3章 日本 **33**

図表3-3 監査業務にかかる品質管理の枠組み

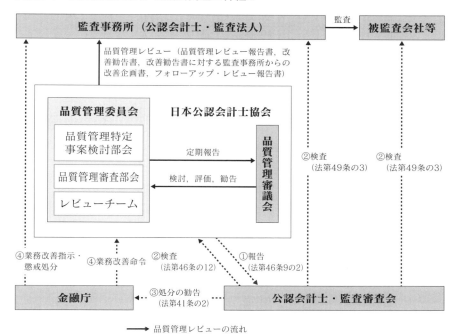

出所：日本公認会計士協会「自主規制の取り組み」 3．品質管理レビュー制度 (3)品質管理レビュー制度の位置付け 品質管理レビュー制度と公認会計士・監査審査会のモニタリングの関係。

(2) 規制機関と設置根拠

図表3-3のとおり，品質管理の規制機関として，金融庁，公認会計士・監査審査会及び日本公認会計士協会がある。

①金融庁

金融庁は金融庁設置法第2条に基づき内閣府の外局として設置され，同法第3条1項において，わが国の金融の機能の安定を確保し，預金者，保険契約者，有価証券の投資者その他これらに準ずる者の保護を図るとともに，金融の円滑を図ることを任務とする，とされている。

所掌事務は同法第4条で定められており，そのうち同条18項で「公認会計士及び監査法人に関すること」と規定されている。

②公認会計士・監査審査会

金融庁設置法第6条では審議会等の設置を規定しており，同条2項で公認会計士・監査審査会が公認会計士法第35条1項の定めにより金融庁に設置されることが規定されている。

③日本公認会計士協会

公認会計士法第6章の2において日本公認会計士協会の設立，目的，会則等が規定されており，同法第43条2項で設置目的として「公認会計士の品位を保持し，第二条第一項の業務の改善進歩を図るため，会員の指導，連絡及び監督に関する事務を行」うことが挙げられている。

(3)　品質管理における規制機関の役割

①金融庁

図表3-3のとおり金融庁は，公認会計士・監査審査会が公認会計士法第41条の2の規定により実施した報告徴収及び立入検査の結果，公認会計士等の行う業務の適正な運営を確保するため行うべき行政処分その他の措置について内閣総理大臣に行う勧告を受け，同法第34条の21及び第34条の29に基づき，監査事務所に対して，業務改善指示，業務改善命令の発出及び懲戒処分を行う。

また金融庁は，会員（公認会計士及び監査法人）が法令等に違反する行為をしたにもかかわらず，当該会員に対し法令等を遵守させるために公認会計士協会が公認会計士法，同法に基づく命令若しくは当該会則その他の規則により認められた権能を行使せずその他必要な措置をすることを怠った場合において，公認会計士協会の適正な運営を確保するため必要があると認めるときは，その事務の方法の変更を命じ，又は会則その他の規則に定める必要な措置をすることを命ずる（公認会計士法第46条の12の2）。

②公認会計士・監査審査会

公認会計士・監査審査会がつかさどる監査業務にかかる品質管理に関する事務として，公認会計士及び外国公認会計士に対する懲戒処分並びに監査法人に対する処分に関する事項を調査審議すること（公認会計士法第35条2項1号），公認会計士，外国公認会計士及び監査法人の第2条1項の業務（財務書類の監査又は証明）の業務，外国監査法人等の同項の業務に相当すると認められる業務並びに日本公認会計士協会の事務の適正な運営を確保するため行うべき行政

処分その他の措置について内閣総理大臣に勧告すること（公認会計士法第35条2項2号），この2つが規定されている。

また，勧告については，同法第49条の4第2項又は第3項の規定に基づき第46条の12第1項，第49条の3，第49条の3の2の規定による権限を行使し検査等を行った結果，必要があると認めるとき，内閣総理大臣に対して行うことができる，と規定されている（公認会計士法第41条の2）。

③日本公認会計士協会

図表3-3のとおり，日本公認会計士協会では，監査業務の公共性に鑑み，監査業務の適切な質的水準の維持，向上を図り，監査に対する社会的信頼を維持，確保することを目的として，監査法人又は公認会計士（以下，監査事務所）が行う監査の品質管理の状況をレビューする制度（品質管理レビュー制度）を公認会計士法（第46条の9の2）の下で自主規制として運用している。

また，監査事務所のうち上場会社と監査契約を締結している監査事務所の監査の品質管理の状況の一層の充実強化を図るため，品質管理委員会内に上場会社監査事務所部会を設置し，上場会社監査事務所名簿，準登録事務所名簿及び上場会社監査事務所名簿等抹消リストを備え，広く一般に公開しており，これらの名簿への登録の可否や監査事務所への登録に関する措置は，品質管理レビュー制度に組み込んだ制度（上場会社監査事務所登録制度）として運用している。

3．規制機関の適用するルールと実施する業務

前項のとおり，金融庁が行う監査業務の品質管理における役割は，主として公認会計士・監査審査会の勧告を受けた処分であることから，ここでは公認会計士・監査審査会及び日本公認会計士協会が行う監査業務の品質管理に関して実施する業務とその根拠となるルールについて整理する。

⑴ 公認会計士・監査審査会

公認会計士・監査審査会の行う監査業務の品質管理にかかる業務については，基本方針（公認会計士・監査審査会，2016），基本計画（公認会計士・監査審査会，2017）によって，その目的，内容，実施方法等が示されている。これらは公認会計士・監査審査会運営規程第5章審査，第6章検査で策定されることが規定されている。

36 第Ⅰ部　監査品質に関する制度

①監査事務所等モニタリング基本方針（審査・検査基本方針）

　公認会計士・監査審査会は2004年4月の発足から，3年を1期として事業を行っており，2016年度からの3年が第5期となる。第5期の事業（審査・検査）を行うに当たっての基本方針は2016年5月13日に公表されている（公認会計士・監査審査会, 2016）。公表された基本方針（以下，2016基本方針）の特徴として次の点が挙げられる。

（ⅰ）「視点」「目標」が明示されていること

　2016基本方針では，視点として「近年の上場大企業の会計不正事案や新規公開株に関する不適切事例を契機として，改めて監査の信頼性が問われており，これを受けて，監査法人のガバナンス・コードの策定などを今後検討する」とされている。また「目標」として「監査事務所自らの行動を促すような実効性のあるモニタリングを行うこととする。また，監査事務所の実施する監査が，形式的に監査の基準に準拠しているというだけでなく，会計不正等を見抜くような適切な職業的懐疑心を発揮しているか，常に被監査会社の事業上のリスクを注視して監査上のリスクを評価しているかなど，実質的に監査の品質の確保・向上に向けたものとなっているかを重視する。」としており，実施者の意図が明確に示されている。

（ⅱ）従来と基本方針の構成が変更されたこと

　2013年に公表された基本方針（以下，2013基本方針）のタイトルは「審査及び検査の基本方針」だったが，2016基本方針では「監査事務所等モニタリング基本方針」とされている。

　2016基本方針において「モニタリングとは，オンサイト・モニタリングとオフサイト・モニタリングの両方を包含している。また，オンサイト・モニタリングは検査を指し，オフサイト・モニタリングは，公認会計士又は監査法人（以下，「監査事務所」。）に係る報告徴収，ヒアリング，監査事務所及び関係先との意見交換・連携等を通じた情報収集など検査以外の活動を指すものとする。」と定義付けている。

　従来「審査」としていた日本公認会計士協会や監査事務所からの報告徴収及びその検証業務だけでなく，監査実施主体や自主規制機関との様々なコミュニケーションを，目標達成向けて積極的に行うことが「モニタリング」に込められていることがわかる。

　それに伴い，基本方針全体の構成も図表3-4のように変わっている。

図表3-4　基本方針の違い

2016基本方針	2013基本方針
１．オフサイト・モニタリングに係る基本方針 （１）協会による品質管理レビューの検証 （２）報告徴収 ２．検査基本方針 （１）検査の実施 （２）検査にあたっての留意事項 ３．モニタリング情報の提供方針 ４．外国監査法人等に対する報告徴収・検査基本方針	１．審査基本方針 （１）審査の枠組み （２）審査の実施 　　①監査の品質管理の確実な定着 　　②審査における実効性の確保 ２．検査基本方針 （１）検査の枠組み （２）検査の実施 （３）検査の手順 ３．外国監査法人等に対する報告徴収・検査基本方針

(iii)　検査実施の明確化

　2016年基本方針では，主に「大規模な監査法人及び大規模な監査法人に準ずる規模の監査法人については，資本市場における役割等を勘案し，品質管理レビューの結果の報告も踏まえつつ，定期的に検査を実施する。中小規模監査事務所については，品質管理レビューの結果等を踏まえ，必要に応じて検査を実施する。」及び「監査事務所の内部管理体制を早急に確認する必要がある場合には，機動的に検査を実施する。」が明記され，「視点」や「目標」との関係がより明確に示された（2.検査基本方針(1)検査の実施①，②)。

②2018事業年度（平成30事業年度）監査事務所等モニタリング基本計画

　公認会計士・監査審査会が事業年度ごとに公表する基本計画については，2015事業年度から従来の「審査基本計画及び検査基本計画」から「モニタリング基本計画」と改称され，2016基本方針が公表される前年から公認会計士・監査審査会が審査から「モニタリング」を指向していたことがわかる。

　2018事業年度の監査事務所等モニタリング基本計画（以下，2018基本計画）の構成は，監査事務所をめぐる環境，モニタリング基本計画の考え方，オフサイト・モニタリングにかかる基本計画，検査基本計画，モニタリング情報の提供，これら５つの項目によっている。2018基本計画の特徴は以下のとおりである。

(i)　「監査事務所をめぐる環境」の記載

　冒頭「１　監査事務所をめぐる環境」においては，「監査業務の動向」「不正

会計等への対応」「監査事務所における品質管理の現状」「監査法人のガバナンス・コードを踏まえた態勢整備等」「IT化の進展に伴うセキュリティ対策」及び「国際的な監査監督機関の動向」の6項目が具体的な問題認識として挙げられている。

このうち「IT化の進展に伴うセキュリティ対策」については，平成29年度のモニタリング結果の報告である「平成30年版 モニタリングレポート」（公認会計士・監査審査会，2018a）でも「ITを活用した監査手法とサイバーセキュリティに関する取り組み状況」という項目が新たに設けられているなど，大量かつ秘匿性の高い情報を取り扱うことが監査法人にとって経営上のリスクであり，検査の重要な視点であることが示されている。

また「監査法人のガバナンス・コードを踏まえた態勢整備等」についても，2017年3月31日に金融庁から「監査法人の組織的な運営に関する原則」（監査法人のガバナンス・コード）が公表されたことから，すでに平成30年版 モニタリングレポートで「Ⅲ.監査事務所の運営状況 1．業務管理態勢と監査法人のガバナンス・コードを踏まえて構築した態勢」という整理がすでになされており，さらに「⑵監査法人のガバナンス・コードを踏まえて構築した態勢の状況」が具体的な項目として挙げられている。2018基本計画においても，引き続き実行的なマネジメント機関による法人全体の組織的な運営，監督・評価機能における独立第三者の知見の活用など，監査品質の向上のためのガバナンス態勢の構築にかかる取組みの進捗が重要な視点であることが示されている。

⑾ 「モニタリングにおいて重視する事項」について

「2 平成30年事業年度監査事務所等モニタリング基本計画の考え方」においては，⑴モニタリングにおいて重視する事項，⑵国際的な監査監督の連携強化，⑶オフサイト・モニタリングの強化，⑷モニタリング実施態勢の強化，⑸日本公認会計士協会の品質管理レビュー制度の総括的検証等，の5項目が挙げられている。

このうち「⑴モニタリングにおいて重視する事項」では，さらに具体的に①監査品質の向上に向けた監査事務所経営層のコミットメント，②監査法人のガバナンス・コード等を踏まえた態勢の整備，③監査をめぐる動向を踏まえた状況把握（ア 海外子会社に係るグループ監査，イ 監査契約の新規受嘱），④ITを活用した監査とサイバーセキュリティ対策等の状況把握，の4つが示されており，前述⑾の整理に基づき整理されていることがわかる。

⒤　「オフサイト・モニタリングに係る基本計画　⑴報告徴収」の項目

前々事業年度から，従来の監査事務所に対する協会の品質管理レビュー結果を踏まえた適時報告の徴収に加え，大規模な監査法人に対して「ガバナンス等経営管理態勢や業務管理態勢等の検証に必要な定性・定量の情報を報告徴収において継続的に求めること」とされた他，検査結果通知後，一定期間を経過した監査事務所について，「必要に応じて報告徴収を行い，品質管理の改善状況を検証する。その際，金融庁関係部局と連携し，不備の内容や重要性に応じた検証に努める。」とされ，公認会計士・監査審査会が大規模監査法人と直接のコミュニケーションをとることが強調された。

③公認会計士・監査審査会の実施する検査に関する基本指針（2015年4月）

公認会計士・監査審査会が行う検査について整理されたものであり，Ⅰ　検査の基本事項，Ⅱ　検査実施手続等，Ⅲ　検査結果等の取り扱い等，Ⅳ　情報管理上の留意点，Ⅴ　施行日，によって構成されている。

このうち「Ⅰ　検査の基本事項」では，目的，対象先，検査事項・検査方法及び基本原則，検査官の自己研鑽及び関係部局との連携が規定されている。また「Ⅱ　検査実施手続等」では，全般的留意事項，検査予告，立入検査の留意事項，検査資料の徴求，検査モニター制度，立入検査の終了，検査事項確認手続，意見申出制度及び検査結果の通知の9項目が規定されている。被検査者だけでなく検査官に対する指導も含まれており，検査手続全般にかかる手順やルールを示したものである。

⑵　日本公認会計士協会

日本公認会計士協会は，自主規制団体として，公認会計士業務の質的水準の維持・向上を図り，もって公認会計士業務に対する社会的信頼を確保するため，図表3-5のように自主規制の取り組みを行っている。

監査業務の品質維持・向上のためには，公認会計士の独立性の確保や自己研鑽の継続，事後的な監査業務の審査等を含めた総合的な取組みが必要であることを図表3-5は示しているが，本章ではこのうち「3．品質管理レビュー制度」を中心に整理する。

①品質管理レビュー制度

日本公認会計士協会の品質管理レビュー制度については，品質管理委員会年

図表3-5 日本公認会計士協会における「自主規制の取り組み」

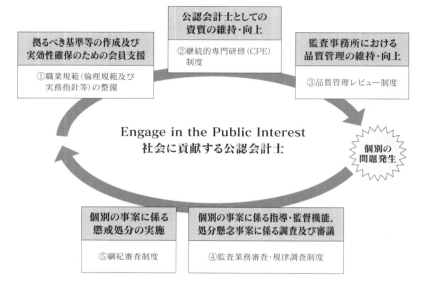

出所：日本公認会計士協会「自主規制の取り組み」

図表3-6 品質管理レビュー基準で規定されるレビューの種類等

レビューの種類	実施の頻度		レビューの目的	レビュー対象監査事務所
通常レビュー	定期的	3年に1回（大手監査法人は2年に1回）【定期レビュー】	監査事務所全体の品質管理の状況	公認会計士法上の大会社等及び一定規模以上の信用金庫等を監査している監査事務所
	機動的	定期レビューを補完する必要があると判断される場合【機動レビュー】		
特別レビュー	臨時的	監査に対する社会的信頼を損なうおそれがある事態に陥った場合	①特定の監査業務の品質管理の状況 ②監査事務所の特定分野に係る品質管理の状況	監査契約を締結しているすべての監査事務所
フォローアップ・レビュー	通常レビュー，特別レビューに係る改善計画書提出後		改善計画書に記載の改善措置の是正状況	通常レビュー，特別レビュー実施対象監査事務所

第3章　日本　**41**

図表3-7　日本公認会計士協会の品質管理レビュー手続改正までの対応

日付	対　　応
2016/1/27	公認会計士監査の信頼回復に向けた監査業務への取組（会長通牒）
2016/3/31	特別レビューの実施概要について
2016/6/2	平成27年度品質管理委員会活動に関する勧告書（品質管理審議会）
2016/7/27	「品質管理レビュー手続」の改正について 「平成27年度 品質管理委員会年次報告書」，「平成27年度品質管理委員会活動に関する勧告書」及び「品質管理レビューの概要（平成27年度）」

図表3-8　2016年に追加・改正された主な品質管理レビュー手続

項	改正後
2	⑮大手監査法人とは，レビュー対象期間に属する日付を付した監査報告書に係る上場会社の監査業務数が100社以上又は専門要員が1,000人以上の監査法人をいう。当該基準により大手監査法人と定義された監査事務所は，原則として，それ以降のレビュー対象年度において継続して大手監査法人として取り扱う。 ⑯大規模な監査対象会社とは，監査報酬2億円以上又は監査時間2万時間以上の上場会社をいう。なお，監査報酬は，監査契約を締結している上場会社の有価証券報告書の「監査公認会計士等に対する報酬の内容」の監査証明業務に基づく報酬の提出会社と連結子会社の「計」，監査時間は，監査概要書に記載された「監査の実施状況等」の「合計（内部統制監査に係る時間を含む）」とする。
174-3	大手監査法人における大規模な監査対象会社に対する個別業務のレビュー期間は，2週間以上としてレビュー暫定計画を策定する。
236-2	大手監査法人について，個別業務の選定に関する指針を設ける必要がある場合には，主席レビューアーは，委員会の承認を得て，当該指針を設けることができる。
271-5	担当主査レビューアーは，発見事項となった原因及び根本的な原因について，品質管理責任者，必要に応じて最高経営責任者と協議を実施し，意見交換する。また，以下の場合には，監査事務所の品質管理のシステムに関する重要な不備が生じている可能性等について，最高経営責任者等との追加協議を実施し，監査事務所の品質管理のシステムについての発見事項記録シートの作成の要否及び既に作成した発見事項記録シートの記載内容の適否について，副主席レビューアーと協議する。 ①レビュー手続を実施した結果，職業的専門家としての基準及び適用される法令等に対する重要な準拠違反が発生している重大な懸念又は相当程度の懸念がある事項が発見されている場合 ②複数の発見事項記録シートが作成されている場合 ③共通の発見事項が複数のレビュー対象監査業務で発見されており，監査事務所の品質管理のシステムに影響を与える可能性がある場合
284-2	担当主査レビューアーは，大手監査法人におけるレビュー対象として選定した個別業務について，必要に応じて，品質管理レビューの対象年度を含む2期間の監査調書を準備することを監査事務所に要請することができる。
289-4	主席レビューアーは，担当主査レビューアーに対して，選定したレビュー対象会社等の規模，当該個別業務のリスクに応じて，経営者による不正リスクへの対応状況を確認するための詳細なレビュー計画の策定を指示する。

項	改正後
289-5	詳細なレビュー計画は以下の事項を検討して策定される。 ①前回の通常レビューの結果等が品質管理のシステムの状況等と個別業務に与える影響 ②選定した会社の財務分析，不適切な会計処理，訂正有価証券報告書等の発行の有無 ③監査業務プロフィール（QCQ400等）及び監査概要書等の情報 ④重要な検討項目 ⑤①から④を考慮したレビュー上のリスク
300-2	大手監査法人において，選定された個別業務については，審査担当者へのインタビューを実施しなければならない。
342-2	担当主査レビューアーは，第271-5項に記載の協議をしたのち，監査事務所が分析した発見事項となった原因及び根本的な原因について，終了会議時に協議し，最高経営責任者等と十分に意見交換する必要がある。担当主査レビューアーは，原因及び根本的な原因に応じた適切な改善措置を検討するように促し，適切な改善計画書を作成できるように指導する必要がある。

次報告書（2017年度）に詳しいが，主に品質管理レビュー基準において以下のようなレビューの種類とその目的等が規定され，品質管理レビュー手続において具体的なレビュー手続及びその目的等が規定されている。直近では2015年6月に改正され，2015年7月から適用されている。

②品質管理レビュー手続

　品質管理レビュー手続は，品質管理委員会規則第2条4項に基づいて品質管理の状況のレビューに関する手続を定めるものであり，品質管理委員会規則及び品質管理レビュー基準を品質管理の状況のレビューの実務に適用するための解釈指針を提供するとともに，品質管理の状況のレビューの運用あるいは実施に必要な手続を定めるものである（日本公認会計士協会，2016）。

　品質管理レビュー手続は図表3-6の各手続について，目的，実施手続，報告手続等について詳細が規定されている。2016年7月25日付で大幅な改正が行われている。これに先立ち，日本公認会計士協会は図表3-7のような対応を行った。そして，2016年7月の改正においては2016年1月27日付で発出された「会長通牒平成28年第1号『公認会計士監査の信頼回復に向けた監査業務への取組』」で挙げた項目及び3月8日に公表された「提言―会計監査の信頼性確保のために―」（会計監査の在り方に関する懇談会）を踏まえ，主に図表3-8のような追加・改正が行われた。

第3章　日本　**43**

図表3-9　2017年の品質管理レビュー手続の主な変更点

項	変更点
391	品質管理レビューの結論について限定事項付き結論となる事例を踏まえて，現行第391項に記載の限定事項の例示を見直し以下の事項を追加した。 ・第391項③に不正が発覚した後で，監査人交代により，監査契約を締結し，短期間で監査意見を表明している場合でそれらの問題点を解決していないケースを想定した例示 ・第391項④に審査の他，監査業務の定期的な検証が実施されていない場合を例示に追加し，「監査対象とした財務諸表における重要な虚偽表示を看過している相当程度の懸念がある。」場合に限らず，「監査に関する品質管理の基準に対する重要な準拠違反が発生している相当程度の懸念がある。」場合の例示 ・第391項⑤に第391項⑥から⑧に該当する要因がある個別業務における審査等の実施状況に著しい不備があると認められた場合を例示 ・第391項⑥及び⑦に内部統制報告書に関連する事項を追加記載するとともに，不正リスクへの対応を明らかにするため「不正を含む」を追加した
496	改善勧告事項を記述するための指針において留意すべき事項に掲げられている第496項④文書化の問題と実質的手続に係る問題の識別に関して，以下の事項を明確化した。 ・文書化の問題と実質的手続に係る問題を識別する目的を明確にした ・レビューアーに対して，実質的手続に係る問題を安易に文書化の問題としてはならない旨を明確化した
515-2	監査事務所が作成する改善計画書に関して，改善勧告事項については全ての監査業務で実施する必要がある点を強調するため，改善計画書の検討に当たってレビューアーが留意すべき重要な事項を第515-2項として新設した。 また，付録Ⅵ：品質管理レビューに係る改善計画書の記載様式の冒頭に「以下に記載した改善措置は，専門要員への研修等による周知及び改善措置の的確な実施の確認等により，全ての監査業務に対して適切な対応を図ります。」を追加記載した。

　上記のほか，2015年度の品質管理レビュー結果を踏まえ，監査業務審査会等の勧告への対応の確認の実施，事後判明事実に対する手続の追加，会長報告「極めて重要な準拠違反の懸念がある限定事項付き結論を表明する場合」の記載の明確化，フォローアップ・レビューの強化のための手続の追加，等の改正がなされた。

　その後，品質管理レビュー手続は2017年6月13日及び2018年6月13日にも改正され，現在の手続は2018年7月1日から適用されている。両年度の主な変更点は図表3-9，図表3-10のとおりである。

③品質管理委員会

　監査業務の公共性に鑑み，会員の監査業務の適切な質的水準の維持，向上を図り，もって監査に対する社会的信頼を維持，確保するため，会員が行う監査

44 第Ⅰ部 監査品質に関する制度

図表3-10 2018年の品質管理レビュー手続の主な変更点

変更点
1. 改善計画書において，改善勧告事項に関して，監査事務所による監視によって発見された不備と同様の対応（不備の評価，伝達及び是正（品基報 48 項等））について記載を求める（第 515 項⑩，第 553 項③ⅹ）。   ＜改正理由＞   通常レビューによって発見された不備の評価結果に基づいた改善措置の周知と実施を明確にするため。   2. 改善計画書において，改善勧告事項ごとの原因分析の記載を限定事項付き結論等の監査事務所だけでなく全ての監査事務所に求める（第 515 項⑪，第 553 項③）。   ＜改正理由＞   原因分析に基づいた効果的な改善措置の立案に繋げるため。   3. その他   ・機動レビューを実施した場合の次の定期レビューの実施時期を機動レビュー実施年度から 3 年後のレビュー実施年度に実施することを明確化した（第 96 項）。

の品質管理状況をレビューし，その結果を通知し，必要に応じ改善を勧告し，当該勧告に対する改善状況の報告を受ける。

品質管理委員会にはレビューチームが設置され具体的なレビュー業務を実施する。レビュー結果は品質管理審査部会又は品質管理特定事案検討部会で審査・検討され，委員会で評価や追加の対応等が決定される。

2017年度の委員会は委員長1名，外部委員3名，公認会計士委員7名の計11名で構成されていた。

④品質管理審議会

品質管理委員会の活動状況の報告を定期的に受け，品質管理レビューが適切に行われているかどうかを検討，評価し，その結果を品質管理委員会に勧告する。また，上場会社監査事務所の登録に関する事項を所掌する。

2016年度の審議会は会長1名，外部委員5名，会員委員1名の計7名で構成されていた。

⑤監査業務審査・規律調査制度

図表3-5の日本公認会計士協会における「自主規制の取り組み」のうち，「4. 監査業務審査・規律調査制度」に該当するものとして，監査業務審査会と規律調査会がある。

監査業務審査会は，(a)会員の監査実施状況及び監査意見の妥当性について調

査し，必要と認めたときは会員に勧告又は指示することを会長に意見具申する，
⒝会員の監査実施状況及び監査意見の妥当性について調査し，監査制度に重要
なかかわりがあると認めたときは監査問題調査会の設置を会長に意見具申する，
⒞会員の監査実施状況及び監査意見の妥当性について調査の結果，より深度あ
る調査の必要があると認めたときは，会長の承認を得て，規律調査会に案件を
回付する，の３つの業務を行っている。

　規律調査会は，監査業務審査会から回付された事案並びに会員及び準会員の
倫理にかかわる事案及び会則の規定により付託される事案について，法令，会
則及び規則違反事実の有無の調査及び審議をし，当該関係会員に対する懲戒処
分の要否について会長に意見具申することが業務である。

　品質管理レビュー制度が監査業務全体の品質維持・向上を目的としており，
個別の案件だけでなく監査事務所の仕組み等を対象としているのに対して，監
査業務審査・規律調査制度は，特に調査が必要とされる個別の案件を対象とし
ており，事後的な検証の仕組みである。

４．規制機関による品質管理業務の結果

⑴　公認会計士・監査審査会

　公認会計士・監査審査会は，毎年，監査事務所の検査で確認された指摘事例
等について，「監査事務所検査結果事例集」として取りまとめ，公表している（公
認会計士・監査審査会，2018c）。

　2018年版の特徴として，「監査事務所に求められる対応　２．組織的な対応」
において，監査法人のガバナンス・コードを踏まえて「各監査事務所が構築・
強化したガバナンス態勢が実効的なものとなっているか引き続き検証を行って
いく予定である。」とされている点が挙げられる。前述のモニタリングレポー
トやモニタリング基本計画でも，この監査法人のガバナンス・コードを踏まえ
たガバナンス態勢の構築・強化と実効的な運用について言及されており，大手
監査法人の監査事務所としての品質管理においては，極めて重要性の高い項目
であると認識されていることがわかる。

　また，前年度から引き続き30頁以上を割いて準大手監査法人及び中小規模監
査事務所の品質管理業務の実施状況について言及している。

　なお，公認会計士・監査審査会の検査件数の推移は図表3-11のとおりである。

46 第Ⅰ部　監査品質に関する制度

図表3-11　直近 5 年間の検査実施状況（着手日ベース）

（単位:事務所数）

事業年度	2013	2014	2015	2016	2017
大手監査法人	2	2	2	4	4
準大手監査法人	2	1	1	2	2
中小規模監査事務所	9	11	6	5	3
外国監査法人	0	1	0	1	0
合計	13	15	9	12	9

出所：公認会計士・監査審査会（2018a）

図表3-12　日本公認会計士協会が2017年度に行った品質管理レビューの件数

（単位:事務所数）

区分	実施先	結論の状況			改善勧告事項の有無	
		限定事項の ない結論	限定事項 付き結論	否定的結論	有	無
監査法人	72	66	4	1	66	5
公認会計士	24	21	3	0	24	0
計	96	87	7	1	90	5

出所：公認会計士・監査審査会（2018a）

⑵　日本公認会計士協会

　品質管理委員会は毎年「品質管理委員会年次報告書」を公表し，実施事項と結果及び今後の行動計画等が整理されている。通常レビューの実施結果の要約によれば，品質管理レビュー報告書を交付した98の監査事務所のレビューの結果別の内訳は，「限定事項のない結論」88事務所（前年度83事務所），「限定事項付き結論」 9 事務所（前年度17事務所）であり，「否定的結論」は 1 事務所（前年度 1 事業所）であった。また，フォローアップ及び再フォローアップ対象事務所を含めたレビュー実施事務所は，レビュー対象となる197事務所に対して158事務所，約80％に及ぶことがわかる（日本公認会計士協会, 2018）。

　2017年度のレビュー件数の内訳は図表3-12のとおりである。なお，レビュー件数は着手日ベースであり，前述のレビュー結果98件との差異は，前年度からの繰り越しが 3 件，次年度への繰り越しが 1 件あるために生じている。

　また，2018年 6 月 4 日に提出された品質管理審議会による「品質管理委員会活動に関する勧告書」では，「勧告事項 1 ．品質管理レビューの一層の充実」

として「⑴会長通牒平成28年第1号及び監査提言集（特別版）への対応状況の確認（継続）」が挙げられており，引き続き，リスク・アプローチに基づく監査，職業的専門家としての懐疑心，経営者による内部統制を無効化するリスク，会計上の見積りの監査，監査チーム内の情報共有，審査，監査時間・期間の確保の7点を中心に不足のないことを確認するよう勧告している。

さらに「⑵監査事務所の品質管理のシステムの整備・運用状況の確認（継続）」においては，監査業務の品質を重視する風土，監査事務所のガバナンスや組織運営，専門要員の採用，教育・訓練，評価及び選任の3点について，引き続き重点項目として対応するよう勧告している。

また新規の勧告事項として「⑶慎重な品質管理レビューの審査及びレビューアーの能力の向上を目的とした取組の計画的な実施」及び「⑷オフサイトモニタリングによる情報収集・分析の一層の強化と品質管理レビューの実効性の向上」が挙げられている。

5．監査法人の監査品質に関する報告

監査法人における監査業務にかかる品質管理体制が，公認会計士・監査審査会の重点検査対象項目であることは，前述のとおりである。監査法人はこれらの項目に対応し，信用回復を図るため，様々な取組みを行っている。

大規模事務所4法人が2018年に公表した，監査業務の報告に関する報告書は以下のとおりである。

EY新日本有限責任監査法人：監査品質に関する報告書（2018年版）[4]
有限責任あずさ監査法人：AZSA Quality 2018[5]
有限責任監査法人トーマツ：Tohmatsu Audit Quality Report2018（監査品質に関する報告書）[6]
PwCあらた有限責任監査法人：監査品質に関する報告書2018[7]

いずれも各法人が考える品質向上への取組みが整理されている。品質管理体

---

[4] \<https://www.shinnihon.or.jp/about-us/our-profile/stakeholder/audit-quality-report/\>
[5] \<https://home.kpmg.com/jp/ja/home/about/azsa/azsa-quality.html\>
[6] \<https://www2.deloitte.ccm/jp/ja/pages/about-deloitte/articles/news-releases/nr20181106.html\>
[7] \<https://www.pwc.com/jp/ja/about-us/member/assurance/transparency-report.html\>

48 第Ⅰ部　監査品質に関する制度

制の違いについて本章で詳細の分析は行わないが，法人によって，「監査事務所のガバナンスや組織運営」に軸足を置いていると思われるものと，「監査業務の品質を重視する風土」が主として述べられているものと，違いがみられる。これはそれぞれの法人の成り立ちや事業環境等が反映していると考えられる。

　これらの報告書が存在しなかった数年前と比較して，公表される情報が格段に増え，各法人の監査業務に対する姿勢等が明確に示されることになったと考えられ，監査を利用される被監査会社の方，監査報告書の利用者である投資家等に対して，一定の有用な情報を提供できているものと考える。

参考文献
公認会計士・監査審査会（2016）「監査事務所等モニタリング基本方針」，5月13日。
──（2018a）「平成30年版 モニタリングレポート」，7月31日。
──（2018b）「平成30事業年度　監査事務所等モニタリング基本計画」，7月31日。
──（2018c）「平成30事業年度　監査事務所検査結果事例集」，7月31日。
日本公認会計士協会（2016）「品質管理レビュー手続」，7月25日。
──（2018）「平成29年度　品質管理委員会年次報告書」，6月26日。

（那須 伸裕）

第**4**章

アメリカ

1. 監査制度の概要

　最初に，アメリカにおける監査制度について述べることとする。アメリカにおいては，企業を対象とした財務諸表監査に関して，証券取引所法（1934年）等に基づく監査が，強制的に行われているのみである。日本や欧州等で広く行われている会社法監査というのは，アメリカにおいて要請されておらず，銀行等からの資金調達の条件として，非公開会社を対象に任意の監査が行われているのみである。

　アメリカにおいて，証券取引所法（1934年）等に基づく監査が要請されるのは，アメリカ内の株式公開企業や登録証券の発行体，さらに，特定数以上の株主及び特定の金額以上の総資産の企業に対してだけである。これらの企業は，監査済みの財務諸表を含むForm10-K（わが国でいう有価証券報告書に該当するもの）を毎年，米国証券取引委員会（Securities and Exchange Commission: SEC）への提出しなければならない。アメリカにおいては，これらの企業を公開会社（Public Companies）と称している[1]。なお，2018年4月9日付のブルームバーグ（Bloomberg, 2018）によれば，2017年12月31日現在の上場会社数は，3,618社となっており，ピークであった1997年の7,607社に比べて半分以下となっている。また，上場会社を含む，監査の対象となる公開会社の総数も，2016年12月31日現在で，4,331社となっている（Les Brorsen, 2017）。

2. 品質管理制度

　アメリカにおける財務諸表監査に対する第三者による品質管理体制は，2002年以降大きく変化を遂げている。それ以前は，公開会社・非公開会社の監査等の種類を問わず，米国公認会計士協会[2]（American Institute of Certified Public Accountants: AICPA）が自主規制として行ってきたピア・レビューが品質

---

1) Form10-K等は，SECのEDGARシステム<https://www.sec.gov/edgar/searchedgar/companysearch.html>において検索することができる。
2) AICPAは，1887年に設立された，世界最大の会計専門家の団体であり，2017年12月末現在で431千人の会員がいる。

50・第Ⅰ部　監査品質に関する制度

管理レビューの中心であった。

　まず，2002年以前のアメリカにおける品質管理体制の歴史を簡単に振り返ることとする。アメリカにおいて，大手会計事務所の各地方事務所間のピア・レビューがはじまったのが，1960年代であるが，その後，SECによる大手事務所に対する指導により，監査法人間のピア・レビュー[3]を行われるようになったといわれている。そして，1977年にSEC等の規制当局の指導もあり，AICPAを中心としたピア・レビュー制度が確立された。当時も，SECプラクティス・セクション（The AICPA's SEC Practice Section）と私企業プラクティス・セクション（Private Companies Practice Section）に所属するメンバーのピア・レビューは，一般に公開されていた。

　1988年に，AICPAは，継続専門教育の実施とともに，ピア・レビューの強制適用等も開始したものの，会員からの強い要請に基づき，ピア・レビューは懲罰的なものではなく，指導的・救済的なものであることを明記し，また，その結果は，前述のSECプラクティス・セクションに所属する会計事務所等を除き，事務所が希望しない限り，外部に公表しないこととしていた。なお，2004年にピア・レビューの結果は，すべて公開するように変更されている。

　Mason（2005）によれば，このように，ピア・レビューは強制適用になったとはいえ，職業専門家の自主規制にすぎず，社会的信用を勝ち得るには難しい面もあったとのことである。そして，2001年秋，2002年春にあいついで発覚した，エンロン，ワールドコム等の企業不正により，自主規制の信頼が失墜したという次第である。

　つまり，両社の監査人はアーサーアンダーセンであったことはあまりにも有名であるが，アーサーアンダーセンのピア・レビューアは，デロイト・トッシュであり，当該年度に「改善すべき点がない」（unmodified peer review）という合格のお墨付きを発行していたのが話題となった。その後，ピア・レビュー制度に関しては，Sarbanes-Oxley Act of 2002[4]（以下，SOX法）に基づき公開会社会計監督委員会（Public Company Accounting Oversight Board: PCAOB）が設立され，PCAOBが公開会社の監査事務所の監視・監督を行う

---

[3] このピア・レビューとは，個人の仕事あるいは業務の評価を同業者，専門家が行うことを意味する。
[4] 正式名称は，"Public Company Accounting Reform and Investor Protection Act" and "Corporate and Auditing Accountability, Responsibility, and Transparency Act "であり，2002年7月に第26代米国証券取引委員会（SEC）委員長であるハーヴェイ・ピットの下で成立したアメリカ合衆国の連邦法である。

図表4-1　アメリカの品質管理制度

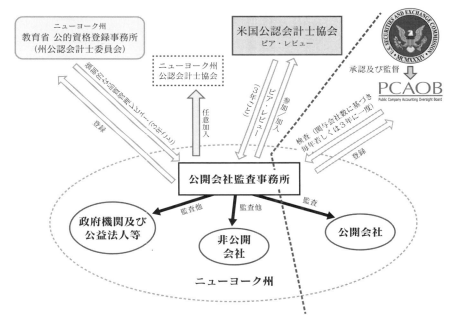

出所：筆者作成

ように変更されることとなった。それに合わせる形で，SECプラクティス・セクションは，公開会社監査事務所センター（The Center for Public Company Audit Firms）と名称を変更した。そして，公開会社の品質管理レビューに関して，PCAOBが行うこととなり，当該部門の役割が，公共政策に影響を与えることに特化することとなったため，名称を公開会社監査人フォーラム（The Public Company Auditors' Forum）に再度変更された。最終的には，監査品質センター（Center for Audit Quality: CAQ）に統合されたと筆者は理解している。

これらの過程を経て，現在では，AICPAのピア・レビューとPCAOBの検査の2本立ての品質管理体制となっている。これらに関して，ニューヨーク州に所在する大手会計事務所（公開会社監査事務所）を例にして具体的に図示すると図表4-1のようになる。

では，次にAICPAのピア・レビューとPCAOBの検査について，具体的に内

52 第Ⅰ部　監査品質に関する制度

容をみていくこととする。

3．品質管理のレビュー又は検査のプロセス

⑴　AICPAのピア・レビュー

　AICPAのピア・レビューにおいては，監査等を行っている会員（監査事務所等）5)が登録し，少なくとも3年に一度，会計や監査業務他の品質管理レビューを受けることとなっている。この監査等の業務には，監査基準書（SASs），会計・レビュー業務に関する基準書（SSARSs），保証業務に関する基準書（SSAEs），政府監査基準（イエローブック）及びPCAOBの監査基準に基づいて実施する業務が含まれる。ただし，PCAOBの検査の対象となる業務は除外される。また，レビュー業務等のみを行っている会計事務所はこのプログラムに参加しなくてもよいが，州の公認会計士法に基づき，ライセンスの維持のためにピア・レビューを受けることが求められている場合は対象外とはならない。このピア・レビューは，システム・レビューとエンゲージメント・レビューに区分され，通常の監査業務等を行っている監査事務所は，システム・レビューの対象となる6)。エンゲージメント・レビューの対象となるのは，前述のレビュー業務，合意された手続，会計・レビュー業務基準書（SSARSs）に基づく財務諸表のレビュー業務，財務諸表の調整業務及び財務諸表の作成業務である。

①システム・レビュー

　システム・レビューは，監査事務所の対象業務にかかわる品質管理システムのピア・レビューを意味する。このシステムとは，会計や監査業務を実施するに当たり，監査事務所により規定され，順守すべき方針や手続を意味している。レビューアの目的は，このシステムが職業基準に基づいているか，システムが適切に運用されているかを確かめることにある。なお，個別監査業務のレビュー対象には，PCAOBの検査対象となる監査業務は含まれない。システム・レビューにおける実施手続の例としては，次のようなものがある。

　・監査事務所の従業員へのインタビュー

　・継続専門教育（CPE）の記録の検査

---

5)　AICPA（2018, p.1）によれば，2018年1月現在，約27,000の会計事務所がこのプログラムに参加しているとのことである。

6)　システム・レビューとエンゲージメント・レビューの説明に関しては，AICPA（2018）に基づいて記載している。

第4章 アメリカ **53**

　　・独立性の妥当性の検査
　　・ハイリスクな契約と重要なリスク領域に焦点をあてて，監査事務所の個別
　　　の監査業務のレビュー

②エンゲージメント・レビュー

　エンゲージメント・レビューは，会計事務所の個々の会計業務及び報告書を
サンプルベースで抽出し，調書等をレビューアがレビューするというものであ
る。エンゲージメント・レビューを受けている会計事務所は，監査やその他の
保証業務を行っておらず，監査よりもサービスの提供水準が低いレビューや財
務諸表の調整を含む他の会計業務を行っている事務所である。当該ピア・レビ
ューアの目的は，会計事務所が報告書を適切に発行しているかどうか，適用す
べき職業基準に従って適切に手続が実行されているかどうかを評価することに
ある。したがって，エンゲージメント・レビューの目的は，システム・レビュ
ーの目的とは異なる。

⑵　PCAOBの検査
①検査の概要

　次に，PCAOBの検査についてその概要を述べることとする。SOX法に基づき，
アメリカの公開会社（外国会社でアメリカにおいて株式等を公開している会社
を含む）の監査報告書の発行は，PCAOB登録監査事務所に限定されている。
当該登録監査事務所は，すべてPCAOBの定期的な検査を受けなければならな
いとされており，公開会社101社以上の監査報告書を発行する監査事務所（2018
年4月末現在，11事務所[7]）は，毎年検査を受け，それ以外（約600事務所[8]）は，
原則として3年に一度検査が行われる。前述のように，PCAOBは公開会社の
監査に関連する部分しか検査の対象としていない。現在，わが国の監査事務所
15法人がPCAOBに登録をしており，そのうち5法人がアメリカ公開会社の監
査報告書を発行している。これ以外にもアメリカ公開企業の日本子会社の監査

---

7) 11事務所とは，BDO USA, LLP, Cohen & Company, Ltd., Crowe Horwath LLP, Deloitte & Touche
　LLP, Ernst & Young LLP, Grant Thornton LLP, KPMG LLP, MaloneBailey, LLP, Marcum LLP,
　RSM US LLP, PricewaterhouseCoopers LLPを指す。
8) PCAOBに登録している会計事務所は，2018年7月末現在で1,862事務所あるとされているが，実際
　に公開会社及び重要な子会社の監査に従事している事務所の数は多くなく，合計で560事務所前後と
　いわれている。つまり，多くの事務所は，ただ登録しているだけにすぎない。なお，便宜上，当該
　数からは，証券取引業者の監査のみに従事している会計事務所約530事務所は除外している。

54 第Ⅰ部 監査品質に関する制度

に従事し，PCAOBの検査を受けている日本の監査法人もある。なお，2010年より，ドッド＝フランク・ウォール街改革・消費者保護法に基づき，SECに登録された証券業者は，PCAOBの検査の対象に追加されている。

②PCAOBの検査のプロセス[9]

　検査の内容としては，監査事務所の品質管理体制のレビューと個別監査業務のレビューに分かれ，個別監査業務のレビュー対象となるのは，前述の公開会社の監査業務のみである。まず，個別監査業務のレビューに関するPCAOBの検査のプロセスについて述べることとする。

　検査を開始する前に，PCAOBのスタッフは，対象会計事務所にコンタクトを取り，検査を行うこと及び対象監査業務，当該監査に従事する監査スタッフ及び事務所の品質管理体制についての情報を要求する。通常は，対象監査事務所において検査を実施するが，小規模の事務所の場合は，監査調書等PCAOBの事務所に送ってもらい，質問は電話で行うことがあるとのことである。

　次に，監査対象業務をどのように選ぶかであるが，大規模会計事務所を対象とする場合，リスクベースで抽出しており，決して，サンプルベースではないとのことである。また，小規模の会計事務所を対象とする場合，当該事務所が従事しているすべての公開会社監査業務が対象となる。また，対象監査業務の検査においても，すべての監査調書を検査の対象とするのではなく，PCAOBが特に注目している監査領域，つまり，監査において困難な領域に焦点をあてて検査を実施することとしている。

　なお，いうまでもないことであるが，この場合の監査調書とは，PCAOB監査基準第3号「監査調書」付録A13，査閲可能性の基準に基づき，経験豊富な監査人であれば，当該監査業務に従事していなくても，手続の種類，時期及び範囲，入手した監査証拠及び結論を理解できるものでなければならないとされているので，調書をレビューして検査官が理解できないものは監査調書に値しないとされている。PCAOBの検査官（チーム）は，担当監査チームと会合を持ち，調書を検査する。この場合の検査官の目的は，監査がどのように遂行されたかを分析することにあり，例示列挙ではあるが，次のような質問事項に対して回答を得ることにあるとされている。

9）当該検査のプロセスに関しては，CAQが2012年9月に発刊した'Guide to PCAOB Inspections'に基づき，筆者がその内容を要約して記載している。

・会計事務所が，PCAOBの監査基準において要求されている手続を行っているかどうか

・財務諸表が，重要な局面において一般に公正妥当と認められる会計原則（GAAP）に準拠していない領域について，認識しているかどうか

・財務諸表に対する想定される修正を会計事務所はどのように取り扱ったか

・SECやPCAOBのルールにおいて要求されているような，独立性を会計事務所が有していないということを示唆するような事象が存在しているかどうか

　検査官が要求されるべきと考える特定の手続を監査人が実施したことを示す証跡が監査調書に残されていない場合には，当該監査手続等を実施したがその証跡が文書化されていないことを会計事務所が，PCAOBに対して陳述する機会を監査人に与えることとなっている。検査官が，PCAOBの基準に準拠して監査が実施されていないかもしれないという事実を発見した場合，検査官は会計事務所と意見交換を行う必要がある。検査官は，指摘事項（Audit deficiency）に関して当該意見交換を通して解決することができないと判断した場合には，指摘事項に対する会計事務所の見解を文書で入手するために，当該事務所に対して「コメントフォーム」を発行することとなる。コメントフォームを検査官が発行するということは，会計事務所は，検査官の指摘事項に対して，正式に抗弁する機会を与えられたことを意味する。

　次に，監査事務所の品質管理体制のレビューについて述べることとする。品質管理体制のレビューにおいて，検査官が留意して検査すべき事項としては下記のような項目があるとされている[10]。

・経営トップの姿勢（Tone at the top）を含む，経営管理体制及び手続

・監査パートナーの監査業務の監視・管理体制

・監査等の契約の受け入れ若しくは継続体制

・外国のネットワークファーム等によって実施された監査業務を利用する場合の当該管理体制

・監査業務の実施過程に関する会計事務所の監視体制

---

10) 当該品質管理体制のプロセスに関しても，CAQが2012年9月に発刊した'Guide to PCAOB Inspections'に基づき，内容を要約して記載している。

56 第Ⅰ部　監査品質に関する制度

4．品質管理のレビュー又は検査の結果

⑴　AICPAのピア・レビューにおけるレビューアの選定とレビュー結果の分析

　この品質管理レビューを行うピア・レビューアは，レビューアとして登録を認められた監査事務所の中から，レビューを受ける側が選ぶこととなり，レビュー費用もレビューを受ける監査事務所がレビューアに直接支払うこととなっている。つまり，わが国の場合，レビュー担当チームを協会内に設けているが，AICPAの場合，会員相互間のレビューとなっている点が異なっている。ピア・レビューの結果には，合格（Pass），要改善点付合格（Pass with Deficiencies），不合格（Fail）の3種類がある。このレビューアの発行したピア・レビュー結果報告書及びAICPAの最終認定書は適時に公表されており，現在では，誰でも閲覧できるようになっている[11]。このピア・レビューの結果は，図表4-2のようになっている。

図表4-2　種類別ピア・レビュー結果の推移

システム・レビュー	2009年度 件数	%	2010年度 件数	%	2011年度 件数	%	合　計 件数	%
合格	3,995	88	3,461	89	3,680	89	11,136	89
要改善点付合格	446	10	341	9	350	8	1,137	9
不合格	86	2	97	2	96	2	279	2
小計	4,527	100	3,899	100	4,126	100	12,552	100

エンゲージメント・レビュー	2009年度 件数	%	2010年度 件数	%	2011年度 件数	%	合　計 件数	%
合格	4,212	90	4,723	91	3,920	79	12,855	87
要改善点付合格	387	8	405	8	795	16	1,587	11
不合格	60	1	55	1	239	5	354	2
小計	4,659	100	5,183	100	4,954	100	14,796	100
合計	9,186	100	9,082	100	9,080	100	27,348	100

出所：AICPA（2012）

11）Public File Search <https://peerreview.aicpa.org/public_file_search.html >において，事務所名他を入力することにより検索できるシステムとなっている。

(2) PCAOBの検査の結果
①検査結果報告書の内容

　前述の検査プロセスが終了し，検査官が検査結果をまとめ，前述のコメントフォームに対する回答を対象事務所から入手したのちに，検査官は指摘事項をまとめて，報告書の草案を作成する。その後，PCAOB内の査閲を受け，加筆修正が行われ，対象事務所に渡される。これに対して，当該事務所は答弁書を作成し，答弁書はPCACBの検査結果報告書の一部分（後述のPart Ⅳ）を構成することとなる。また，答弁書を受けて検査官が，検査結果報告書を修正することもあるとのことである[12]。最終的に，検査官はこれらの書類をPCAOBの役員会（Board）に提出し承認を受ける。承認後に，最終版の検査結果報告書は対象事務所に送付されるが，その際に対象事務所はSECに対して当該報告書の見直しを求めることができる。対象事務所がSECによる見直しを求めなければ，検査結果報告書は，ウェブサイトに直ちに掲載される。

　この検査結果報告書（Inspection Report）は，次の4つのパートに分かれている。

　　Part Ⅰ………監査対象事務所の概要，検査の概要，個別監査業務検査の結果（指摘事項等）

　　Part Ⅱ………個別監査業務の指摘事項の詳細，事務所の品質管理システムに関する指摘事項

　　Part Ⅲ………検査後の事務手続の説明

　　Part Ⅳ………ドラフトレポートに対する事務所のコメント

　この4つパートのうち，Part ⅠとPart Ⅳは，適時に公表されるが，Part Ⅲに関しては公表されることはない。さらに，Part Ⅱに関しては，報告書発行後1年以内に品質管理システムに関する指摘事項の改善が十分になされなかった場合にのみ公表されることとなっている。

②検査結果報告書の分析

　前述のように，検査結果報告書のPart 1は公表されており，これを分析した記事・論文がたくさん存在する。ここでは，最近の分析資料である，Boland et al.（2017）に基づき概要を記載することとする。

---

12) 上記のGuide to PCAOB Inspections，p.8によれば，［In some case］と表現されているので，検査官が修正するケースはあまり多くないのではないかと考える。

図表4-3　PCAOBの検査結果の分析

	平　均　値		
	Big 4	準大手 6事務所	3年に一度の 検査対象事務所
検査の対象となった監査業務数	1,091	496	266
対象監査業務に対する検査割合	4 %	11%	20%
検査対象業務における指摘事項の割合	36%	44%	35%
重要な指摘事項が検出された割合	2 %	1 %	1 %
Part II（品質管理システムの欠陥）が対象期間に公表された回数	8	3	2

平均値及び回数の計算対象となっている期間は，Big4と準大手に関しては2010年から2014年，3年に一度の検査対象事務所に関しては2009年から2015年となっている。

出所：Boland et al.（2017, p.53）より引用。

　前述のように，現在は公開会社101社以上の監査報告書を発行する監査事務所は11事務所となっているが，昨年までは，Cohen & Company, Ltd.を除く10事務所となっていた。当該論文では，この10事務所を4大会計事務所と準大手の6事務所に分けて，図表4-3のように分析を行っている。

　これをみてもわかるように，指摘事項の割合は高く，また，1年の猶予期間に品質管理システムの改善が間に合わず，Part II（品質管理システムの欠陥）が公表されるケースもかなりあった。

　次に，指摘事項の内容であるが，PCAOB Release 2015-007，PCAOB Staff Inspection Bulletins 2016/1 & 3等において，多くの会計事務所において，共通的な指摘事項が次のように報告されている。

- ・会計上の見積りの監査にかかわる指摘事項（例：企業結合，無形資産の減損，金融商品の評価，収益に関連する見積りや引き当て，棚卸資産評価引当金，繰延税金資産等にかかわる見積り）
- ・内部統制監査に関する監査基準（AS 5）が不適切に提供されているという指摘事項
- ・監査基準第13号「重要な虚偽表示リスクへの監査人の対応」が不適切に適用されているという指摘事項
- ・監査基準第14号「監査結果の評価」が不適切に適用されているという指摘事項
- ・監査基準第15号「監査証拠」が不適切に適用されているという指摘事項

検査対象事務所は，これらの指摘事項を受けた場合には，前述の品質管理システムの欠陥だけではなく，すべての指摘事項に対して対処しなければならないのは当然である。

③PCAOBの処分

PCAOBは，SOX法他に基づき，前述の検査を登録会計事務所及び個人に対して実施する権利を有すると同時に，処分（処罰）する権利を有する。

PCAOBは重要な違反行為を発見した場合には，適切な処分を行うことができ，その処分は，SOX法105条c(4)項に基づき，次のように区分されている。なお，この処分とはPCAOBへの登録に関する処分を意味するものであり，公認会計士資格自体の登録抹消等を意味するものではない。公認会計士資格自体の登録・抹消を行えるのは，各州の公認会計士委員会である。

(a)登録の一時停止若しくは抹消

(b)他の登録監査事務所との連携等の一時あるいは永久的な禁止

(c)（従業員の教育を除く）業務の一時停止若しくは永久的な禁止

(d)罰金

(e)懲戒

(f)再教育の要請

(g)その他

この処分に関しては，過年度において，日本の監査法人のパートナーに対して一時的な業務停止が課されている（PCAOB, 2014）。また，筆者がカウントしただけでも，2017年に54件の懲戒処分が下されている[13]。このようにかなり厳しく検査が実施され，多くの処分が行われている。

5．アメリカにおける品質管理制度について

以上が，アメリカにおける品質管理制度の概要であるが，わが国との最大の差異は，公認会計士協会が，公開会社の監査にかかわる品質管理レビューに従事しているかどうかであると理解している。前述のように，アメリカにおいては，PCAOBが公開会社の監査にかかわるレビュー（検査），AICPAが，それ以外の保証業務のレビューを行うこととし，明確に区分している。しかし，わ

---

13) 詳しくはPCAOBのEnforcementの項を参照されたい。<https://pcaobus.org/Enforcement/Decisions/Pages/default.aspx>

が国においては，公認会計士協会が，監査事務所（公認会計士・監査法人）の監査業務に対して品質管理レビューを行い，公認会計士・監査審査会がこれをモニタリングする形をとっている。また，公認会計士・監査審査会は，必要に応じて，監査事務所の検査も直接行うこととしている。このわが国の体制について，監査事務所には，公認会計士・監査審査会と公認会計士協会が二重に検査を行っているような印象を与えているようである。それ以外の差異としては，公認会計士協会のレビューの体制に関して，アメリカはピア・レビュー，わが国が協会の職員による直接レビューとなっている点であろう。

参考文献

American Institute of Certified Public Accountants（AICPA）（2012），Annual Report on Oversight Issued October 9.

――（2018），*Question and Answers about the Peer Review Program−Update NO.18*, January.

Bloomberg（2018），*Where Have All the Public Companies Gone?* April, Bloomberg.

Boland, Colleen M., Daugherty, Brian, Dickins, Denise. and Johnson-Snyder, Anna J. (2017), Not All PCAOB Inspections Are Created Equal, *The CPA Journal* 87(8): 52-56.

Center for Audit Quality（CAQ）（2012），*Guide to PCAOB Inspections*, September.

Church, B.K. and L.B. Shefchik（2012），PCAOB Inspections and Large Accounting Firms, *Accounting Horizons* 26(1): 43-63.

DeFond, M.L.（2010），How should the auditors be audited? Comparing the PCAOB Inspections with the AICPA Peer Reviews, *Journal of Accounting and Economics* (49): 104-108.

Gramling, A. A. and M. G. Watson（2009），Analysis of Peer Review Reports: A Focus on Deficiencies of the Top 20 Triennially Inspected Firms, *Current issues in Auditing*(3)2: A1-A14.

Les Brorsen,（2017），*Looking Behind the Declining Number of Public Companies*, Harvard Law School Forum, May.<https://corpgov.law.harvard.edu/2017/05/18/looking-behind-the-declining-number-of-public-companies/>

Mason, E.（2005），Peer review: reality or fiction? *Accounting Today*: 6-9.

Public Company Accounting Oversight Board（PCAOB）（2014）Release No. 105-2014-024, December.

（小澤 義昭）

第 **5** 章

イギリス

1. 監査制度の概要

(1) 監査に関する法規

　イギリスにおいて，現段階の法定監査制度を規定している主な法規は，2006年会社法（Companies Act 2006；以下，会社法）及び法定監査人及び第三国の監査人に関する規則（The Statutory Auditors and Third Country Auditors Regulations 2016；以下，SATCAR2016）である。これらは，欧州における法定監査制度改革に関連して2014年5月に欧州連合により公布された，「年次財務諸表及び連結財務諸表の法定監査に関する指令2006/43/ECを改正する，欧州議会及び欧州連合理事会の指令」[1]（以下，指令）及び「社会的影響度の高い事業体の法定監査に関する規則」[2]（以下，PIE規則）を国内法化したものであり，2016年6月に改正が施行されている。

(2) 対象となる企業

　イギリスでは，有限責任会社（Public Limited Company及びPrivate Limited Company）は，以下を除き法定監査の対象となる[3]。
　・休眠会社
　・清算中の会社
　・小規模会社（ただし，上場会社・金融機関等の規制業種がグループに含まれる場合は除く）
　・被保証子会社
　このうち，小規模会社の判定は，親会社若しくは子会社を有すれば企業グループで行われ，2期連続で以下の要件のうち2つ以上を満たしている必要がある。
　・売上高が10.2百万£を超えない（企業グループではグロスで12.2百万£を

---

1) 英文名称は，DIRECTIVE 2014/56/EU OF THE EUROPEAN PARLIAMENT AND OF THE COUNCIL of 16 April 2014 amending Directive 2006/43/EC on statutory audits of annual accounts and consolidated accounts。
2) 英文名称は，REGULATION（EU）No 537/2014 OF THE EUROPEAN PARLIAMENT AND OF THE COUNCIL of 16 April 2014 on specific requirements regarding statutory audit of public-interest entities and repealing Commission Decision 2005/909/EC。
3) 会社法セクション477他で規定されている。

62 第Ⅰ部　監査品質に関する制度

図表5-1　イギリスにおけるPIEの範囲[注]

- 欧州経済領域の規制された市場で取引することが許可された譲渡可能証券（資本/負債）を発行するイギリス法人
- 金融機関（他のカテゴリーに含まれないイギリスで設立された銀行）
- 金融機関（イギリスの住宅金融組合（building societies））
- その他の金融機関（イングランド銀行に認可されたイギリスの銀行及び住宅金融組合以外）
- 保険会社（イングランド銀行に認可され，ソルベンシーⅡ指令に準拠することが求められているイギリスの非上場の保険会社）
- ザ・ソサイエティー・オブ・ロイズ

注：AQR Inspection Scope（Financial Reporting Council）のうちScope CategoryがPublic Interest Entities（PIEs）に分類されている事業体企業を記載している。

　　超えない）
- 総資産が5.1百万£を超えない（同6.1百万£を超えない）
- 平均従業員数50名を超えない

　上記の法定監査対象会社のうち，社会的影響度の高い事業体（Public Interest Entity: PIE）は，SATCAR2016において規定されている[4)]が，具体的には，図表5-1のとおりとなる。Accountancy Europeの2017年の調査によると，イギリスのPIEの数は1,750である[5)]。

(3)　監査市場
①株式市場

　ロンドン証券取引所の一般投資家向けマーケットは，メインマーケットとAIMマーケットで構成されている。メインマーケットは通常の上場市場であるのに対して，AIMマーケットは小規模・成長企業に向けた市場であり，メインマーケットとは異なる規制が設けられており，メインマーケットよりも上場規則も緩やかである。このため，AIMマーケットは，PIEの定義における欧州経済領域の規制された市場には該当しない。それぞれのマーケットに登録されている会社数及び時価総額は図表5-2のとおりである。

---

4) SATCAR2016 PART 1 Introduction Interpretationに規定されている。
5) Definition of Public Interest Entities in Europe -State of play after the implementation of the 2014 Audit Reform- Survey（Accountancy Europe, 2017）の5頁に記載のTable2より。

第5章　イギリス　**63**

図表5-2　ロンドン証券取引所の規模注

	登録会社数			時価総額（百万£）		
	イギリス企業	それ以外	合計	イギリス企業	それ以外	合計
メインマーケット	933	225	1,158	2,369,478	1,398,075	3,767,553
AIMマーケット*	773	140	913	合計のみ公表		96,175

＊Primary Marketの数値を記載している。
注：ロンドン証券取引所のホームページよりダウンロードしたエクセルファイル（lsemainmarketfact-sheet-feb2019.xlsx（メインマーケット）及びaim-statistics-feb-2019.xlsx（AIMマーケット）を基に作成した。

②職業会計士及び監査事務所の規模

　Financial Reporting Council（FRC）の調査によると，イギリスの７つの職業会計士団体[6]の2017年12月末の登録会員数は，イギリス及びアイルランドで360千人[7]，世界全体では532千人[8]であり，過去５年間でそれぞれ年ベースで2.4%から3.2%の増加を遂げている。一方で，Recognized Supervisory Body（2.（1）①参照）とされる職業会計士団体に登録している監査事務所の数は，2017年12月末時点で5,660事務所である。これは，2016年12月末の6,010事務所から減少しており，2014年から継続して年間５％前後減少している[9]。

　同じくFRCの調査によると，PIEの監査を行っているイギリスの監査事務所が得ている監査・非監査の報酬総額は，2017年の１年間で12,586百万ポンドであり，このうち監査報酬が2,662百万ポンド，被監査会社に対する非監査報酬が1,283百万ポンド，被監査会社以外の非監査報酬が8,641百万ポンドである[10]。これを2016年の同様の調査と単純に比較すると，監査報酬は5.0%の増加，被監査会社に対する非監査報酬が8.9%の減少，被監査会社以外の非監査報酬が8.4%

---

6) Association of Chartered Certified Accountants（ACCA），Institute of Chartered Accountants in Ireland（ICAI/CAI），Chartered Institute of Public Finance and Accountancy（CIPFA），Chartered Institute of Management Accountants（CIMA），Institute of Chartered Accountants in England and Wales（ICAEW）and Institute of Chartered Accountants of Scotland（ICAS），Association of International Accountants（AIA）の７つである。
7) Key Facts and Trends in the Accountancy Profession（FRC, 2018b），４頁に記載のFigure1より。
8) 同５頁に記載のFigure2より。
9) 同25頁に記載のFigure21より。
10) Developments in Audit 2018（FRC, 2018c），26頁に記載のTable3の数値と単純比較している。

64 第Ⅰ部　監査品質に関する制度

の増加となり，全体では5.6%の増加となっている[11]。被監査会社に対する非監査報酬が減少しているのは，PIE規則等による影響とFRCは分析している。

2．品質管理制度

⑴　イギリスにおける第三者による品質管理の規制及び体制の変遷
①イギリスにおける第三者による品質管理の規制の担い手

　イギリスにおける法定監査に対する第三者による品質管理の規制は，EUにおける監査規制とも協調しつつ，変革を遂げており，その担い手も，職業会計士団体からより中立的な組織へとシフトしてきた。2019年3月には，品質管理の担い手である規制当局として，新たな法定の機関を設立することが提案されている[12]。

　イギリスには，複数の職業会計士団体があり，このうち会社法等により政府若しくは委譲された機関（現在であればFRC）に認められた（recognized），Recognized Supervisory Body（RSB）とされる職業会計士団体が，品質管理の規制において役割の一部を担っている。RSBは，以下の4つの団体である。

　　・Association of Chartered Certified Accountants（ACCA）
　　・Institute of Chartered Accountants in England and Wales（ICAEW）
　　・Institute of Chartered Accountants in Ireland（ICAI）
　　・Institute of Chartered Accountants of Scotland（ICAS）

　イギリスにおいては，監査事務所（若しくは個人）はRSBに登録し，監視を受けるとともに，Recognized Qualifying Body（RQB）とされる職業会計士団体（すべてのRSBはRQBでもある）による資格認証を有している必要がある。

　また，2004年からは，職業会計士団体や財務諸表作成者が資金を拠出しているFRC[13]が主に上場会社の監査を直接監督しているほか，RSB及びそれ以外の職業会計士団体の監督も行う等の大きな役割を担っている。

②FRC移行前

　1984年のEUの第8次指令及びその後のイギリス国内の議論を経て，英国貿易産業省は，資格付与，監督及び懲戒をRSBに委譲することとした。これを受

11）Developments in Audit 2016/17（FRC, 2017b），14頁に記載のTable1の数値と単純比較している。
12）詳細については，本節(3)を参照されたい。
13）その後，FRCの職務範囲の拡大により，年金数理人，年金基金，保険会社等も資金を拠出しているが，拠出の大半は，職業会計士団体及び財務諸表作成者である。

けて，ICAEW，ICAI及びICASの3つの地域の職業会計士団体は1991年に
Joint Monitoring Unitを結成し，監査業務の監督を行うようになった。また，
ACCAは独自のモニター部門を形成し，会員の監査業務の監督を行った。なお，
この頃は，法律及び規則において，上場企業と非上場企業の監査のモニターに
区別は設けておらず，監査事務所への立入検査の頻度のみが差異となっていた。

　その後，職業会計士団体が会員組織でありつつ，政府に代わって規制を行う
ことの是非について問題が提起され，この懸念を解消するために，2000年に職
業会計士団体が資金を拠出してAccountancy Foundationが設立された。この
Accountancy Foundation自体のボードの構成員は会計士ではなく，また，そ
の下部の4つのボード，すなわち，Review Board，Auditing Practices Board，
Ethics Standards Board，Investigation and Disciplinary Board，のそれぞれの
ボードの構成員に占める会計士の員数に制限を置き，中立性を担保した。Ac-
countancy Foundationが創設された後も，Joint Monitoring Unit及びACCAの
モニター部門はそれぞれに所属する監査事務所の監督を行っていた。

③FRCへの移行

　アメリカにおけるエンロン事件及びこれに対応した国際的な監査規制の強化，
また，イギリスにおける当時の職業会計士団体の自主規制にかかる問題意識か
ら，職業会計士に対する規制体制の見直しが行われ，イギリスの品質管理の規
制にFRCが大きな役割を果たすようになった。FRCは，従来の会計基準の設
定主体等としての役割に加え，2004年からは，独立した規制機関として位置付
けられるとともに，Accountancy Foundationの機能を引き継ぎ，現在のFRC
の原型となる組織が形成された。機能が拡大した後のFRCの組織は図表5-3の
とおりである。

　監査の品質の規制に携わるのは，FRCの下に設置されたProfessional Over-
sight Board（POB）であり，POBは2004年に以下の業務を実施するとされた。
　　・RSB及びRQBが実施する監査業務にかかる規制の独立的監督
　　・経済的に重要な影響がある企業体の監査業務のモニター
　　・職業会計士団体が実施する職業会計士にかかる規制の独立的監督
　上記のうち，「RSB及びRQBが実施する監査業務にかかる規制の独立的監督」
は，英国貿易産業省からその責任を引き受けたものである。また，経済的に重
要な影響がある企業体の監査業務のモニターは，Joint Monitoring Unitや

図表5-3　FRC Annual Report 2004/05に掲載された当時の組織図[注]

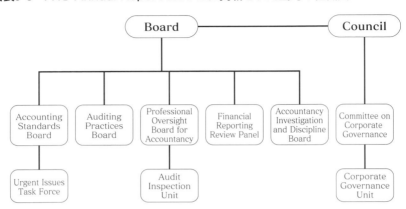

注：Annual Report 2004/05（FRC, 2005a），p.72に記載のAnnex Cより。

ACCAのモニター部門が担っていた役割であり，POBではAudit Inspection Unit（AIU）が担うこととなった。さらに，「職業会計士団体が実施する職業会計士にかかる規制の独立的監督」は，Accountancy FoundationのReview Boardの役割をより拡大したものである。なお，AIUの設立を契機に，Joint Monitor Unitは解散され，各RSBが独自にモニターを行うこととなった。

2010年には，監査事務所のガバナンスの強化を確実にし，公共の利益の観点から監査事務所のリスクがマネージされることを目的として，FRCとICAEWが共同で，20の原則及び31の指針からなる監査事務所のガバナンス・コードを他国に先駆け策定している（2016年7月に改正）。原則の中には，独立非業務執行役員の招へいが盛り込まれ，コンプライ・オア・エクスプレインアプローチの採用，透明性報告書の中でコードの遵守状況を報告するなど，わが国の監査法人のガバナンス・コードで参考にされていると思われる内容である。なお，この監査事務所のガバナンス・コードの遵守状況はFRCのモニタリング対象となっている。

(2) **現在のイギリスにおける品質管理の規制及び体制**
①指令及びPIE規則のイギリスにおける国内法化

監査の品質の規制がFRCに移ったのちも，品質管理の規制にいくつかの変更が行われているが，現在の品質管理の規制及び体制は，前述のように，指令

及びPIE規則をイギリスにおいて国内法化した会社法及びSATCAR2016等によって規定されている。指令及びPIE規則の主な内容としては，監査報告，監査報酬（非監査報酬のキャップ），禁止される非監査業務の提供の拡大，いわゆるローテーション等多岐にわたるが，本章では，監査規制について焦点をあてる。

②監査業務にかかる規制

指令により，FRCはイギリスのCompetent Authorityとして監査を規制し監督することに最終的な責任を有することとなった。従来は，FRCの監督の下でRSBが責任を有していた監査業務にかかる規制についても，Competent AuthorityとしてFRCが責任を有することとなった。ただし，FRCとRSBとの間に法的に結ばれた委譲にかかる合意に基づき，以下の業務については引き続きRSBが担っており，FRCはこれらの委譲した業務が適切に行われているかをモニターすることとなった。

・法定監査人の登録関連業務
・職業専門家の継続的教育
・FRCが実施する以外の法定監査業務のモニタリング
・FRCが実施する以外の法定監査人への調査・懲戒等の執行

③監査品質レビュー

FRCが直接モニターする，すなわち監査品質レビューを実施する個別監査業務及び監査事務所の範囲も変更されている。

2016年6月以降，FRCが直接監査品質レビューを実施する個別監査業務は，以下のとおりとなった[14]。

・図表5-1のPIE
・時価総額200百万ユーロ以上のAIM/NEX銘柄
・ロイズシンジケート
・イギリスの監査人によって監査されている欧州経済領域の規制された市場で取引することが許可された譲渡可能証券（資本/負債）を発行する欧州経済領域外の事業体

また，PIEの範囲も変更されており，従前のEUの管理された市場に登録さ

---

14) AQR Inspection Scope（Financial Reporting Council, 2017）より。

68 第Ⅰ部　監査品質に関する制度

図表5-4　政府，FRC，RSB の役割

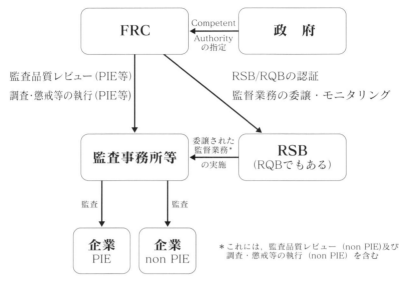

出所：筆者作成

れている証券を発行している企業に加え，金融機関が範囲に含められた。さらに，FRCが直接品質管理レビューを実施する対象から，大規模な年金基金や慈善団体が範囲から外れることとなった。

　FRCが直接モニターする監査事務所の範囲の変更は次のとおりである。従前は，会社法で認められていた免除規定を用いて，FRCが直接監査品質レビューを実施する対象となる個別監査業務数が10以下の監査事務所の監査品質レビューはRSBに委譲していた。しかしながら，改正により，すべてのPIEを監査している監査事務所はFRCが直接監査品質レビューを実施する対象となった。なお，改正後においても，RSBによる監査事務所の個別監査業務へのモニターも引き続き行われており，例えばICAEWは，PIEの監査を担当しているためFRCが直接モニターする対象となる監査事務所に立入ることもあるが，その際にはPIE以外の監査業務のレビューを行うものの，これに関連して監査事務所全体にかかる手続についてレビューする必要がある場合もあるとしている。政府も含めたFRC，RSB，監査事務所との関係は図表5-4で示される。

⑶ 監査・報告・ガバナンス庁設立の提案

Carillion社の破綻に端を発した監査の信頼性についての議論の中で，規制当局の在り方についても議論が行われた。これを受けて，ビジネス・エネルギー・産業戦略大臣の命により，キングマン卿がFRCの独立レビューを行い，2018年12月に，その結果をIndependent Review of the Financial Reporting Council（以下，キングマンレポート）として公表した。FRCは，監査・報告・ガバナンス庁と呼称される独立した法的な規制当局に取り替えられ，新たな規制当局は，議会に対して説明責任を負い，新たな任務，明確な使命，リーダーシップ及び権限を有することが提言された。キングマンレポートを受けて，ビジネス・エネルギー・産業戦略省（Department for Business, Energy and Industrial Strategy: BEIS）は，品質管理の担い手である規制当局として，新たな法定の機関，監査・報告・ガバナンス庁（Audit, Reporting and Governance Authority）を設立することを2019年3月に提案し，2019年6月まで意見募集を行っている。また，BEISは新たな規制当局が設置されるまでの間，キングマンレポートの83の提言のうち，48の提言についてFRCとともに取り組むことも表明している。

キングマンレポートは7つの章にわたり，83の提言を行っており，その内容はFRCの成り立ちに基づく問題点（当初設立目的が規制当局ではなく，法定の組織ではない，法的な権力・任務がない等）や，政府及び国会の監督の在り方，新たな規制当局のガバナンス，職業会計士団体の自主規制の在り方等，多岐にわたっている。

キングマンレポートに基づくBEISの提案における新たな規制当局は，規制機関としてははじめて以下の姿となることを企図している。

- 裁判所に申請することなく財務数値を修正させる権限を有し，より透明性を高めるため，より包括的かつわかりやすいレビューを実施する法的機関
- 監査，財務報告及びコーポレートガバナンスの質の高い基準を設定し，企業及び職業専門家に説明させる責任を持たせることにより，直接的な利害関係者や公共の利益を守るための戦略的な方向性や義務を有する
- 委任ではなく，直接的に大手監査事務所を規制する
- 新たに，多様性を有したボードと強いリーダーシップにより組織風土を変え，規制当局に対する敬意を再構築する

70　第Ⅰ部　監査品質に関する制度

図表5-5　直近4年間で監査品質レビューの対象となった個別監査業務数[注]

	2014/15	2015/16	2016/17	2017/18	2018/19 [planned]
監査品質レビューを実施した 個別の監査業務	126	137	140	145	160-170

注：Developments in Audit 2018（FRC, 2018c），3頁による。なお，件数は，UK and Crown De-
　　pendency audit firmsのみならず，Third Country Auditors, Local Public Audit and the National
　　Audit Officeの件数を含む。

3．FRCによる品質管理のレビュープロセス

⑴　監査品質レビューの実施区分

　FRCによる監査品質レビューは，個別の監査業務及び当該監査業務を実施
している監査事務所にかかるレビューと，これに加えて，監査事務所横断的に
特定のテーマにかかるレビューとで構成されている。

⑵　個別の監査業務にかかるレビュー

　個別の監査業務の選定は，リスク評価に基づくものの，FTSE350については，
平均して5年に1回以上監査品質レビューの対象になるように行われている。
また，注力したいセクターも考慮しており，2017/18年においては，不動産，
旅行及びレジャー，金融機関，及びビジネスサポートサービスがこれらのセク
ターに該当する。

　直近に公表されている過去4年間及び今後FRCが実施した（する）個別の
監査業務にかかるレビューの件数の推移は図表5-5のとおりであり，件数が126
件から170件に増加していることが読み取れる。これは，指令及びPIE規則に
よるPIEの範囲及びFRCが直接監査品質レビューを実施する対象の拡大，
KPMGの監査業務にかかるレビューのための資源の投入等によるものである。

　個別の監査業務の監査品質レビューにおいては，意見形成上重要な監査判断
及び十分かつ適切な監査証拠が入手されているか否かに焦点をあてている。監
査事務所全体の手続は広範なものであり，監査品質に影響する文化風土の評価
も含まれている。個別の監査業務のレビューにおいて，改善すべき点が発見さ
れた場合には，セーフガード，監査品質改善を求め，必要な改善に至るまでの
アクションプランに合意するようにしている。また，発見事項への対応が適切

図表5-6　レビューが行われた特定のテーマ

実施年月	テーマ
2013年12月	重要性
2014年1月	不正リスクと法律・規制
2014年12月	銀行業と建設業における貸付金の引当にかかる監査と関連するITコントロール
2016年1月	監査事務所の品質管理
2016年2月	審査制度
2016年9月	根本原因分析
2017年1月	財務諸表監査におけるデータアナリティクスの活用
2017年3月	監査事務所における品質管理手続とその他の監査品質にかかる施策
2017年12月	重要性
2018年5月	監査風土にかかるテーマレビュー
2018年12月	アニュアルレポートにおけるその他の記載内容

図表5-7　良好若しくは限定的な改善が必要に分類された監査業務の割合[注]

	FTSE350	Non-FTSE350
2017/18	73%	71%
2016/17	81%	72%
2015/16	77%	74%
2014/15	70%	63%
2013/14	69%	53%
2012/13	68%	48%
2011/12	56%	―

注：Developments in Audit 2018（FRC, 2018c），p.3に記載のTable 1より。

に行われているか，定期的に評価している。

　個別の監査業務の監査品質レビューを行う際には，すべての被監査会社の監査委員会の議長等に，直接にレビュー結果を外部に公表しない報告内容まで提供している。

⑶　特定のテーマにかかるレビュー

　特定のテーマにかかるレビューは，監査事務所横断的に，監査品質の継続的な改善を促進するために，監査品質にかかる特定のテーマについて行われて，

72 第Ⅰ部　監査品質に関する制度

当該テーマにかかる洞察やベストプラクティスを提供している。過去に行われた特定のテーマにかかるレビューは，図表5-6のとおりである。

4．品質管理のレビューの結果

(1)　個別の監査業務にかかる監査品質レビュー結果の評価

個別の監査業務にかかる監査品質レビュー結果は，以下の4つに分類される。

・良好（Good，カテゴリー1）
・限定的な改善が必要（Good with limited improvements required，カテゴリー2A）
・改善が必要（Improvements required，カテゴリー2B)
・重大な改善が必要（Significant improvements required，カテゴリー3）

直近に公表されている過去5年間にFRCが実施した個別の監査業務にかかる監査品質レビューで良好若しくは限定的な改善が必要に分類された監査業務の割合の推移は図表5-7のとおりである。

(2)　監査品質レビュー結果の報告

監査品質レビューにかかる報告は，年次では，全体を取りまとめた年次報告，大手6監査事務所[15)]についての監査事務所ごとの報告が公表されている。また，特定のテーマにかかるレビューの結果も，随時公表されている。

監査品質レビューに関連する年次報告は，Developments in Auditと称し，直近では2018年3月末で終了する年度版が2018年10月に公表されている。その記載内容は，「監査品質」からはじまり，「行政処分」，「英国の監査市場」，「ステークホルダーの監査に対する信頼」，そして「監査の未来」で構成されている。また，巻末には，大手6監査事務所の監査品質にかかる情報が示されている。Developments in Auditでの情報に加え，大手6監査事務所については年次で公表される監査事務所ごとの報告であるAudit Quality Inspectionにおいて，さらに詳細な内容が記載されている。なお，個別の監査業務の監査品質レビュー結果は，Audit Quality Inspectionでは公表されず，担当している監査事務所及び被監査会社の監査委員会の議長にのみ提供されているが，監査品質レビューの対象となった個別の監査業務名は，対象となった決算期と担当する監査

---

15)　いわゆるBig4 Deloitte LLP, PwC LLP, Earnst & Young LLP, KPMG LLPの他，BDO LLP, Grant Thornton UK LLPの6つの監査事務所である。

事務所の名称とともに定期的に公表されるようになった。

5．イギリスにおける品質管理制度について

　イギリスにおける品質管理制度とわが国の品質管理制度とでは，相違点がみられた。例えば，規制当局と自主規制団体の上場会社にかかる監査品質レビューの分担も相違しているし，監査品質レビュー結果の公表の仕方等も相違するとともに現在のわが国よりは，充実した内容が公表されていると考えられる。また，監督当局であるFRCが被監査会社の監査委員会の議長に直接に提供するレビュー結果において，外部に公表しない内容まで含んでいる点が興味深い。これが，会計監査人の選任にどのように影響しているか，また，被監査会社のコーポレート・ガバナンスの向上に貢献しているかについては測る術はないものの，それぞれに何らかのプラスの効果を及ぼしているであろうことは想像に難くない。

　本章執筆時点では，イギリスでは新たな規制当局の設立に向けた，大きなステップが踏まれようとしているところである。また，イギリスの品質管理制度の変遷はEUの加盟国として大きな影響を受けていた期間も長いが，EU離脱により，イギリス独自の品質管理制度を構築することになると考えられる。このように，大きな節目を迎えたイギリスの品質管理制度が，今後もどのように変遷していくのか，またその変遷がわが国にどのような影響を及ぼしていくのかを，注意深く見守りたい。

参考文献

Accountancy Europe（2017），Definition of Public Interest Entities in Europe-State of play after the implementation of the 2014 Audit Reform-Survey. <https://www.accountancy-europe.eu/wp-content/uploads/171130-Publication-Definition-of-Public-Interest-Entities-in-Europe-published-version-1.pdf（2018.08.11）>

Audit Firm Governance Working Group（2010），THE AUDIT FIRM GOVERNANCE CODE; A PROJECT FOR THE FINANCIAL REPORTING COUNCIL. <https://www.frc.org.uk/getattachment/6464d708-24c6-4299-8365-ec952bc1a56f/The-Audit-Firm-Governance-Code.pdf（2019.05.29）>

Companies House（2018），Guidance Company accounts guidance. <https://www.gov.uk/government/publications/life-of-a-company-annual-requirements/life-of-a-company-part-1-accounts#audit-exemption-for-small-companies-and-micro-entities（2018.08.11）>

Deloitte LLP（2017）『イギリスの税制と投資 Tax and Investment Profile the United King-

74 第Ⅰ部　監査品質に関する制度

dom2017』Deloitte LLP.

Department for Business, Energy & Industrial Strategy（2019）, INDEPENDENT REVIEW OF THE FINANCIAL REPORTING COUNCIL Initial consultation on the recommendations.

Department for Business, Energy & Industrial Strategy and The Rt Hon Greg Clark MP（2019）, Audit regime in the UK to be transformed with new regulator. <https://www.gov.uk/government/news/audit-regime-in-the-uk-to-be-transformed-with-new-regulator>

Fearnley, S. and Hines, T.（2002）, The regulatory framework for financial reporting and auditing in the United Kingdom: the present position and impending changes, *The International Journal of Accounting* 38（2003）: 215-233.

Financial Reporting Council（FRC）, Audit Quality Review. < https://www.frc.org.uk/auditors/audit-quality-review（2018.08.12）>

――, Oversight of the Accountancy Profession. <https://www.frc.org.uk/auditors/professional-oversight/oversight-of-the-accountancy-profession（2018.08.12）>

――（2005a）, Annual Report 2004/05. <https://www.frc.org.uk/getattachment/95391813-3567-4ca2-873b-791b773fc8be/FRC-Annual-Report-2004-05.pdf（2018.08.11）>

――（2005b）, Report to the Secretary of State（Year to 31 March 2005）. <https://www.frc.org.uk/getattachment/df4c32d9-489e-4fcc-92d2-e10dde242c44/Report-to-Secretary-of-State.pdf（2018.08.13）>

――（2016）, Developments in Audit 2015/16. <https://www.frc.org.uk/getattachment/411373c8-b346-49bf-ad19-349bbfbddd89/Developments-in-Audit-2015-16-Full-report.pdf（2018.08.11）>

――（2017a）, Developments in Audit Update―February 2017. <https://www.frc.org.uk/getattachment/14945e43-de5f-4b92-9a7f-3ece9b3a23f8/Developments-in-Audit-%e2%80%93-February-2017-update.pdf（2018.08.11）>

――（2017b）, Developments in Audit 2016/17. < https://www.frc.org.uk/getattachment/915c15a4-dbc7-4223-b8ae-cad53dbcca17/Developments-in-Audit-2016-17-Full-report.pdf（2018.08.11）>

――（2017c）, AQR Inspection Scope. <https://www.frc.org.uk/getattachment/d097697e-3b7c-4c46-8549-7844f77ca3fa/AQR-Scope-of-Retained-Inspection-27-09-2017.pdf（2018.08.11）>

――（2018a）, Strategy 2018/21 Budget and Levies 2018/19. <https://www.frc.org.uk/getattachment/644a8555-41b3-45c8-8f09-51114f2183ff/FRC-Strategy-2018-21-(March-2018).pdf（2018.08.11）>

――（2018b）, Key Facts and Trends in the Accountancy Profession July 2018. <https://www.frc.org.uk/getattachment/27725654-8bd9-4623-a410-ef1661a69649/Key-Facts-and-Trends-2018.pdf（2018.08.11）>

――（2018c）, Developments in Audit 2018.<https://www.frc.org.uk/getattachment/5e1ac2d1-f58c-48bc-bb91-1f4a189df18b/Developments-in-Audit-2018.pdf（2019.03.14）>

London Stock Exchange（2019）, aim-statistics-feb-2019.xlsx. <https://www.londonstockexchange.com/statistics/markets/aim/aim.htm（2019.03.14）>

――(2019), lsemainmarketfactsheet-feb2019.xlsx.<https://www.londonstockexchange.com/ statistics/markets/main-market/main-market.htm（2019.03.14)

――(2003), *Review of the Regulatory of the Regime of the Accountancy Profession: Report to the Secretary of the State for Trade and Industry.*

UK Government（2018), *Review of the Financial Reporting Council.*

甲斐幸子（2014)「欧州連合　改正法定監査指令及び社会的影響度の高い事業体の法定監査に関する規則について」，『会計・監査ジャーナル』710号，21-33頁。

（永山 晴子）

第**6**章

カナダ

1. 監査制度の概要

(1) 法規等

　カナダでは憲法により立法権が連邦と州に分割されている。例えば，連邦議会は銀行法や競争（反トラスト）法，移民法に関する権限を，州議会は証券取引法や財産権，雇用基準に関する権限を有する（JETRO, 2014, p.1）。

　しかし，会社法については連邦法と州及び準州の法律が併存しており，いずれかの法律に従って会社が設立される。

　カナダ連邦会社法（Canada Business Corporation Act）では，設立後第1回定時株主総会までに監査人を選任しなければならないとされており（同法第104条1項（e）），発行報告者（上場会社等，distributing corporation）以外の会社は，株主全員の同意により次の定時株主総会まで監査人を選任しないことが認められている（同法第163条）。

　同様の規定は州会社法にもある。オンタリオ州会社法（Business Corporation Act, R.S.O.1990, CHAPTER B.16）によれば，同法第149条で定時株主総会での監査人選任が求められており，同法第148条では公開会社（offering corporation）以外の会社は株主総会の同意により次の定時株主総会まで監査人を選任しないことが認められている。

　なお，両法とも準拠すべき会計基準及び監査・証明基準をカナダにおける一般に公正妥当と認められる基準とすることを，それぞれ定めている。

(2) 対象企業と市場規模

　前述(1)のとおり，カナダでは州議会が証券取引法に関する権限を有しているため，証券法が各州及び準州で定められている。

　カナダ最大の証券取引所はトロント証券取引所（Toronto Stock Exchange: TSX）であり，TSXベンチャー取引所（TSX Venture Exchange: TSXV）とモントリオール取引所（Motreal Exchange: MX）等とともにTMXグループを構成している。TSXには1,560社，TSXVには1,962社が登録されており，時価総額はTSXが2,948,965百万カナダドル（1カナダドル＝83円換算で，約245兆

円），TSXVが53,029百万カナダドル（同，約4兆円）となっている[1]。

これに対して，公認会計士の登録数は210,000人を超えている（CPA Canada, 2018, p.4）。

2．品質管理制度

(1) CSQC1に基づく会計事務所の品質管理

財務諸表の監査及びレビュー，その他の保証業務を行う会計事務所に対する具体的な品質管理の基準はカナダ品質管理基準（Canadian Standard on Quality Control: CSQC1）で規定されている。具体的には，事務所内の品質に対するリーダーシップの責任，関連する倫理的要件，顧客との関係や特定の業務に関する受嘱と継続，人的資源，エンゲージメントのパフォーマンス，モニタリングに区分され規定されている。

(2) 第三者による品質管理

カナダは10州，3準州で構成される連邦国家であり，会計士団体は各州及び準州にある。各会計士団体がそれぞれ規則を設けており，その中に業務に対する検査の規定がある。連邦レベルの団体はCPA Canadaであるが，CPA Canadaが独自に設ける業務に対する検査の規定はなく，検査結果の開示もされていない。

上場会社等はカナダ公共責任委員会（the Canadian Public Accountability Board: CPAB）に登録（CPABと契約）している会計事務所の監査を受けなければいけないとされており，上場会社等の財務諸表を監査する会計事務所の検査は，CPABが行っている[2]。

3．CPABの検査

(1) CPABの成り立ち

2003年にカナダ証券管理当局（Canadian Securities Adominstrators: CSA），カナダ金融機関監督局（Office of the Superintendent of Financial Institutions: OSFI）及びカナダ勅許会計士協会（Canadian Institute of Chartered Accountants: CICA）は，カナダの各証券取引委員会に報告する提出者

---

1) TMX Group Equity Financing Statistics Feb.2019. <https://www.tmx.com/resource/en/683>
2) CPAB Rule 401.

78 第Ⅰ部　監査品質に関する制度

（上場企業）の監査人に対して独立した公的監督を行うため，CPABを設立した。CPABはカナダ連邦会社法（The Canada Business Corporations Act）によって設立された非営利企業である。

　証券管理当局の連邦規制（The CSA National Instrument）では，Chapter5 Rules and Policies　52-108 Auditor Oversightが規定され，CPABの活動が規定されている[3]。

(2)　体制・財源

　ガバナンス体制は，6人のCouncilと9人のBoardで構成されている。

　Councilの6名は，カナダ金融監督当局トップ，オンタリオ州証券委員会議長，ケベック州証券委員会議長，カナダ証券管理当局（CSA）議長，CSAの選任者及び監督経験のある会計士で構成される。

　Board9名のうち会計士は2名であり，議長と副議長は第三者の出身者となっている。

　一方，執行体制は9人のExecutiveによって構成され，元職は，会計士6名，その他3名である（CPAB, 2018, p.48-49）。

　CPABの収入は，カナダの各証券取引所に上場している企業等から得られるものであるが，徴収方法は，上場会社等を監査している会計事務所に対してCPABが請求を行い，請求を受けた会計事務所が被監査会社等からそれを収受しCPABに支払う，という仕組みになっている。

　検査要員は約30名の専門家によって構成されている。

(3)　検査対象

　カナダの各証券取引所に対する発行報告者（上場企業及び投資信託）の監査は，CPABと契約した会計事務所が行うこととされており，CPABの検査対象はこの上場会社等を監査する会計事務所になる。136の国内会計事務所と137の海外会計事務所が登録している[4]。

　100以上の報告発行者を監査するすべての会計事務所は毎年CPABの検査を受ける。

　50～99の報告発行者の監査を行っている会計事務所は，少なくとも2年に一

---

[3] CPAB About CPAB Background. <http://www.cpab-ccrc.ca/en/About/Backgrounder/Pages/default.aspx>

[4] CPAB HOME. <http://www.cpab-ccrc.ca/en/Pages/default.aspx>

第6章　カナダ　79

図表6-1　CPABが検査した事務所数等の推移

		2015	2016	2017	2018
検査事務所数	*1	4	4	4	4
	*2	4	4	4	4
	*3	6	6	6	6
	*4	25	31	31	18
	計	39	45	45	32
検査ファイル数	*1	93	87	86	80
	*2	28	24	23	23
	*3	23	24	19	19
	*4	35	32	26	18
	計	179	167	154	140
重要検出件数	*1	24	11	6	16
	*2	9	5	6	10
	*3	10	8	3	8
	*4	28	19	13	8
	計	71	43	28	42
要修正事項数	*1	0	0	2	0
	*2	1	1	0	1
	*3	3	1	1	0
	*4	7	2	0	3
	計	11	4	3	4

＊1：Deloitte, EY, KPMG, PwC
　2：BDO, Grant Thornton, MNP, Raymond Chabot Grant Thornton
　3：Davidson&Company, DMCL, Manning Elliott, RSM Canada, Smythe, UHY McGovern Hurley
上記＊1～＊3は毎年検査の対象事務所
　4：上記＊1～＊3以外の事務所
出所：CPAB Annual Inspection Report（2015; 2016; 2017; 2018）を基に作成。

度検査を受ける。さらに3年に一度，CPABに登録されたカナダ国内の会計事務所の大部分が検査される[5]。

　外国会計事務所の多くは，その管轄地域の他の監査監督当局によって監視・監督されることがあるため，CPABはリスク分析に基づいて定期的に検査する。

---

5) CPAB Rule 403-404.

80 第Ⅰ部　監査品質に関する制度

⑷　検査方針等[6]
①リスクベースのアプローチ
　発行報告者にかかるリスク分析やメディア監視を含む調査，評価を行い，投資家にとって重大なリスクを示す発行報告者を検査対象とし，CPABのリソースを振り向けている。このリスク評価モデルでは，一般経済，発行報告者の業界，財務の安定性，規模と外国におけるエクスポージャー，経営陣の実績，監査事務所のリスクプロファイル，過去の検査結果を含むエンゲージメントパートナーの経験が考慮される。

②品質管理の要素
　各会計事務所に対する検査の準備において，CPABは品質管理の次の6つの要素に関する情報をあらかじめ対象事務所に質問する。
　　・事務所内の品質に対するリーダーシップの責任
　　・倫理要件（独立性を含む）
　　・顧客関係と特定の契約の受諾と継続
　　・人的資源（訓練を含む）
　　・エンゲージメントのパフォーマンス
　　・モニタリング（品質管理システムとその適用状況）
　検査チームは，事前の検査結果を含む対象事務所の複合的なリスクに照らして，提供された情報を評価しレビューする要素を決定する。チームは特にプロセスの変更に関心があり，毎年検査される事務所の場合，変更等が反映され文書が常に更新されていることが確認の対象となる。
　個々の業務の検査結果は，法人レベルの検査を行う際の要素の決定にも役立つ。審査の主な焦点は監査ファイルに示されているように，監査業務の質に関するものであるが，識別された欠陥により，検査官は事務所の品質管理プロセスを確認する可能性がある。

③個別業務の検査
　選択された個々業務については，エンゲージメントチームに対して，シニアエンゲージメントチームメンバーの名前，使用されたスペシャリスト，従事時間などの主要なメトリクスを説明するプロファイルを作成するよう要請する。

---

6)　CPAB Inspection Inspection Process. <http://www.cpab-ccrc.ca/en/About/Inspections/InspectionProcess/Pages/default.aspx>

エンゲージメントのプロフィールは，通常，個別業務検査の2週間前までにCPABに提出され，検査チームとエンゲージメントチームの最初の会合の前に，発行報告者に関する事項の把握がなされる。

検査チームは個別業務の全体を検査するわけではなく，通常，検査官は，選択された個別業務の監査作業の品質を評価するための基礎として，2つから4つの重点領域を検討する。これらの分野は，一般的に，発行報告者経営陣によるより複雑な見積りと判断（例えば，長期性資産の減損，金融商品の公正価値，保証の提供など）を必要とする重大かつハイリスクの財務諸表項目であり，これらに対する検査は，監査計画，評価，内部統制への依拠，手続の実施，結果の評価，財務諸表の表示と開示，監査委員会への報告など，監査プロセスの様々な段階をカバーする。

また，重点領域に加えて，選択された主要な領域として重要性，リスクアセスメントなどの項目が検査対象に含まれる。

④調査結果と検査報告まで

検査官は重要な検査結果を取りまとめる前に，CPABに利用可能なすべての監査証拠が提供されていることをエンゲージメントチームに確認する。検査官は，該当する特定の分野の専門家を有する他のCPABスタッフと相談し，提案された検査結果を検査チームリーダーと話し合う。

検査チームは，重要な検査結果が確認されたと判断した後，審査のためにCPAB幹部会に提出する。これは検査自体の品質管理として機能し，すべての検査で同様の結果が一貫して処理されるようにするためのものである。審査対象となった事項が重大な検査結果であることが合意されると，検査官はエンゲージメント所見報告書（EFR）に書面でその結果を文書化する。その後，EFRは審査され，チームリーダーとCPAB幹部によって承認され，エンゲージメントチームに提示される。

CPABは通常，10営業日以内に重要な検査結果に対する検査対象事務所の書面による回答を受け取ることとしている。

多くの場合，CPABは，財務諸表の修正を必要とするような重大な誤りがないことを確認するために，エンゲージメントチームに今年度より多くの監査業務を依頼する必要がある。エンゲージメントチームはまた，CPABに証拠を提供し，追加の監査作業の結果を実施する必要がある。修正が必要であると判断

図表6-2　CPABの検査モデル（Five Criteria for Assessing Quality）

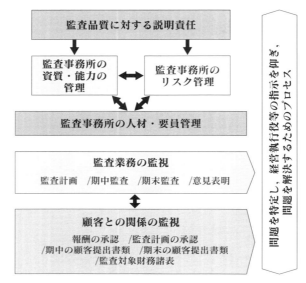

出所：CPAB（2017b）を基に筆者訳。

された場合，CPABは検査対象事務所に対して，修正が必要とされる発行報告者及びその監査委員会に対してその旨を助言することを要求する。

検査対象事務所はCPABの勧告を適時に実施する必要があり，遵守しない場合は懲戒処分につながる可能性がある。

⑤**検査報告**

検査の終了時に，CPABは事務所全体の検査結果を審議するための責任者と会い，検査報告書を発行する。検査報告書には，検査結果の概要と，監査品質を向上させるための推奨事項が含まれており，特に上位3～5項目を強調している。

検査報告書を受け取った事務所は，検査対象個別業務の重要な検査結果や検査所見とCPABの公的検査報告書を顧客の監査委員会と共有する。公的検査報告書には，経営陣，会計事務所及び監査委員会間のより突っ込んだ議論を促し，監査委員会が監督責任を果たすことを支援することにも資する所見や質問が含まれる。

監査実施事務所は、通常180日以内の所定期間内にCPABの推奨事項を実施する必要がある。また、一般的にCPABは、次年度の監査業務において勧告が十分に反映されていることを確実にするため、フォローアップする。

⑥検査戦略の改訂[7]

2018年からアプローチが改められ、積極的な監査問題の識別や問題解決のための上スカレーションメカニズムや会計事務所の組織構造、説明責任、品質プロセス、及び文化の有効性に関する追加の運用レビューを組み込むために、一貫した実行によって監査品質の確保・向上を実現すると考えられる5つの主要機能に焦点を当てた検査アプローチを採用している（図表6-2）。

4．州の会計士団体の検査

⑴　カナダの会計士団体の概要

カナダの会計士団体に、2012年まで以下の3つが存在した。
- カナダ勅許会計士協会（the Canadian Institute of Chartered Accountants: CICA）
- カナダ管理会計士協会（the Society of Management Accountants of Canada：CMA Canada）
- カナダ公認一般会計士協会（Certified General Accountants of Canada: CGA-Canada）

2013年1月1日にCICAとCMA Canadaが統合し、カナダ会計士協会（Chartered Professional Accountants of Canada: CPA Canada）が設立され、2014年10月1日にCGA-Canadaがさらに加わり、現在のCPA Canadaとなった[8]。

旧3団体の州別団体も統合し、各州に1つのCPA団体が置かれている。

⑵　州の検査制度（オンタリオ州の例）

①規程等

オンタリオ公認会計士法（Chartered Professional Accountants of Ontario Act, 2017）及びそれに付随する内規、規則（Regulation）、指針・規範（Policy）が定められている。

内規としては行動規範（CPA Code of Professional Conduct）が定められ、

---

7) CPAB, 2016-2018 Strategic Plan.
8) CPA Canada. <https://www.cpacanada.ca/en/the-cpa-profession/about-cpa-canada>

84 第Ⅰ部 監査品質に関する制度

規則の1つとして「業務に対する検査」が定められている。

②検査対象

　検査制度に関する規定はRegulation10-1で定められている[9]。

　検査対象は公的機関に対する監査及び会計サービスを行っている会計事務所あるいは個人であり，新規開業登録社については登録後1年経過時点から検査が行われる。継続登録事務所等については，前回検査から3年以内に検査対象になる。

　規則上はCPABの検査対象となる上場企業等の監査を行う会計事務所は除外されておらず，CPAB登録事務所であることを理由として州が検査を必要とした場合には他と同様にこれを受ける必要がある。

③検査手法

　検査手法には，検査対象事務所に往訪して行うもの，検査官の事務所で行うものがある。

④検査結果

　検査結果については，CPA Ontario全体の結果として公表されている[10]。

　これによれば，2017-2018事業年度において509の保証業務に対して検査が行われた。そのうち56％は追加の対応不要，35％が適切な追加の対応がなされたとして，検査が終了している。残りの8％は再検査の対象，1％は規律委員会の審議対象とされている。

　上記以外に701のコンピレーション業務の検査も行っており，こちらは99％以上の業務が追加対応不要又は追加対応済の業務となっている。

5．カナダにおける品質管理制度について

　当初，日本の品質管理制度は，アメリカのピア・レビュー制度を採用せず，自主規制団体が検査を行うことを主としたカナダの制度を参考にしたとされているが，その後カナダはアメリカがPCAOBを設置したことと同様にCPABを設置し，上場会社等を監査する事務所の検査主体を別途設けている（図表6-3）。

　前述のとおり，カナダの品質管理制度は，上場会社等を監査する事務所に対

---

9) Chartered Professional Accountants of Ontario（CPA Ontario），Regulation10-1, Practice Inspection.
10) CPA Ontario, Focus on Practice Inspection Reportable Deficiencies 2017-2018.

図表6-3　カナダの監査業務にかかる品質管理の枠組み

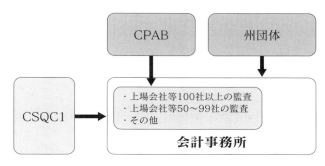

してはCPABが主として検査を行い，上場会社等を除く監査業務については各州の会計士団体が検査を実施する，という役割分担がなされている。

　これに対して日本の検査は，公認会計士・監査審査会は監査事務所を直接検査する権限を有しているため，大手監査法人にはフォローアップ検査を含め，毎年検査の対象となっているが，日本公認会計士協会の品質管理レビューも公認会計士・監査審査会のレビューとは特に関係なく会員事務所に対して行われるため，大手監査法人に対しては，両者が入れ替わり，入検している状況であり，現在ではカナダの検査制度とは大きく異なるものとなっている。

　検査資源の有効活用，被検査事務所の対応（例えば，提出書類の内容や様式の差異への対応など）の効率化を踏前，アメリカ，カナダ式の検査体制への移行も検討に値すると考える。

参考文献

CPA Canada (2018), Annual Report 2017-2018. <https://www.cpacanada.ca/en/the-cpa-profession/about-cpa-canada/annual-reports/2017-2018>
Canadian Public Accountability Board (CPAB) Rules.
——(2017), 2017 Annual Report.（2018年3月27日）。
独立行政法人日本貿易振興会（JETRO）(2014)「カナダ事業関連法ガイド」，10月. <https://www.jetro.go.jp/ext_images/jfile/report/07001907/canada_business_201410rev.pdf>

（那須 伸裕）

第 **7** 章

ドイツ

1．監査制度の概要

(1)　法定監査要件

　ドイツ会社法（Handelsgesetzbush）第267条及び第293条の規定に基づき，2015年12月31日以後開始事業年度より以下の法定監査要件が適用されている。

①個別財務諸表

　図表7-1に示す会社区分の外形基準のうち，2つ以上が2期連続して該当した場合，法定監査の適用が定められている。ドイツ経済監査士会議所が発行している2017年品質管理委員会活動報告によれば，2017年12月31日現在，ドイツには12,236の監査事務所が存在し，そのうち3,417の監査事務所が法定監査の実施を承認されている（2016年は3,699事務所が承認を受けていた）。

図表7-1　個別財務諸表における会社区分

会社区分	大会社 (会社法第267条第3項)	中会社 (会社法第267条第2項)	小会社 (会社法第267条第1項)
総売上高	4,000万ユーロ超	1,200万ユーロ超 4,000万ユーロ以下	1,200万ユーロ以下
総資産額	2,000万ユーロ超	600万ユーロ超 2,000万ユーロ以下	600万ユーロ以下
従業員数	250人超	50人超 250人以下	50人以下
法定監査の要否 (会社法第316条ff)	必要	必要	不要

図表7-2　連結財務諸表における法定監査要件

形態	単純合算表	連結財務諸表
総売上高	4,800万ユーロ超	4,000万ユーロ超
総資産額	2,400万ユーロ超	2,000万ユーロ超
従業員数	250人超	250人超

②連結財務諸表

　連結財務諸表は法定監査を必要とする。ただし，会社法第291条及び第292条の定めにより，連結財務諸表作成義務の免除が認められている。

　なお，連結財務諸表の作成は，前期末及び当期末において，図表7-2に示す3つの要件のうち，2つを満たしている親会社に義務付けられている。

(2)　法定監査の担い手

　ドイツ経済監査士会議所（Wirtschaftsprüferkammer: WPK）は，EU法定監査指令（the Directive on Statutory Audit, the European Commission）第15条により，経済監査士（Wirtschaftsprüfer）又は監査法人の公開登録並びに法定監査登録を維持管理している。現在，これらの登録は電子的様式により一般に公開されている。

　また，法的に以下の情報開示が求められている。なお，人数及び事務所数は，2019年1月1日現在のものである。

　　1）　ドイツ経済監査士（Wirtschaftsprüfer）14,560名，又はドイツ宣誓帳簿監査士（vereidigte Buchprüfer）2,516名

　　2）　ドイツ経済監査法人（Wirtschaftsprüfungsgesellschaften）2,986事務所，又はドイツ宣誓帳簿監査法人（Buchprüfungsgesellschaften）80事務所

　　3）　EU又はEU経済圏の監査法人

　　4）　第三国の監査人，又は第三国の監査法人

　　5）　協力関係にある監査人協会（genossenschaftliche Prüfungsverbände），又は協力関係にある貯蓄及び決済銀行協会（Prüfungsstellen der Sparkassen-und Giroverbände）の監査事務所

(3)　職業監査人団体

①ドイツ経済監査士会議所（WPK）

　1961年にWPKが設立された。これは当時州毎に定められていた職業監査人を統一する経済監査士法が1961年に制定されたことにともない，職業監査人団体が設立されたものである。

　経済監査士及び経済監査法人はその活動のために，WPKへの登録が求められている。

　職業監査人団体としてのWPKは，法令により以下の各項目を義務付けられ

ている。
- ・公衆及び政策立案当局に対する専門職としての公益と地位の代表
- ・会員同士の接点としての役割
- ・監査法人の識別，監査人の任用及び取り消し
- ・法定監査人としての登録，並びに第三国及びEU／EEA監査人の登録
- ・ドイツ会社法第319条aに定める上場企業等（PIEs）1,150社に対する監査業務を除く，懲戒及び監督にかかる事項
- ・PIEsを除く，監査法人レベルの品質保証手続の実施
- ・全国レベルの職業専門家への専門試験の実施
- ・職業憲章の形式での職業規則の制定

②ドイツ経済監査士協会（IDW）

1954年に社団法人ドイツ経済監査士協会（Institut der Wirtschaftsprüfer in Deutschland: IDW）として改組・発足した。IDWは経済監査士個人と経済監査法人の両方を含む会員の利益に応えるために設立された非公開組織である。またIDWは，ドイツ法に基づき設立されたのではなく，会員が自発的に設立した。

定款に従い，IDWは営利事業を営んでおらず，非営利団体である。IDWは，国際会計士連盟（International Federation of Accountants: IFAC）の正会員であると同時に，会計ヨーロッパ（Accountancy Europe）の正会員でもある。会計ヨーロッパは，欧州36ヵ国，51の職業団体，約100万人の職業会計専門家が登録している。パブリックあるいはプライベートセクターの意思決定権者が正しい判断を下すための情報の信頼性を担保するため，登録者は会計士，監査人，アドバイザーとして活動している。

IDWは，WPKとともに，現在，国際監査・保証基準審議会（International Auditing and Assurance Standards Board: IAASB），国際会計士倫理基準審議会（International Ethics Standards Board for Accountants: IESBA）のメンバーの後援組織である。2018年12月31日現在，IDWに登録しているドイツ経済監査士は11,989名，ドイツ経済監査法人は1,089事務所である。

IDWは，以下の各項目を義務付けられている。
- ・国内及び国際レベルの両方で，登録会員の職業的利益の追究
- ・登録会員の活動分野に関連する技術的な業務の引受

・研修生向けのトレーニングコースとサポートの提供，並びに経済監査士の
　ための継続的専門能力開発
・日常業務におけるテクニカルな問題についての登録会員の支援

　WPKに登録しているドイツ経済監査士14,560名のうち，上記のとおり11,989
名はIDWにも登録しており，また，WPKに登録しているドイツ経済監査法人
2,986事務所のうち，上記のとおり1,089事務所はIDWにも登録し活動している。
WPKは経済監査士法に基づき設立された団体であり，IDWは会員が設立した
非営利団体である。

⑷　IDW監査基準からの逸脱

　ドイツの監査制度を特徴付けているものとして，監査人は，職業専門家とし
て，独立した責任の範囲内で，正当な理由のある個々の事案において，IDW監
査基準から逸脱できる点が挙げられる。その場合，長文式監査報告書で強調し，
詳細に説明し，監査報告書の範囲区分に記載する。これについては後述する。

２．品質管理制度

⑴　監督・規制当局の活動

　ドイツ連邦経済エネルギー省（Bundesministerium für Wirtschaft und En-
ergie）の管轄する行政機関の１つであるドイツ連邦経済・輸出管理庁（Bunde-
samtes für Wirtschaft und Ausfuhrkontrolle: BAFA）の下に，監査人監視機
構（Abschlussprüferaufsichtsstelle: AOB，ドイツ語名APAS）が設置されて
いる。AOBは，ドイツの監査品質維持と法定監査の職業上の基準を果たす重
要な役割を担っている。

　ドイツでは，2016年３月31日にドイツ監査改革法が施行された。同改革法は
2014年５月27日に欧州議会とEU閣僚理事会から公布された「改正法定監査指
令」，「PIEの法定監査に関する規則」の２つを履行するために行われたもので
ある。

　新組織設立の際，監査人監督委員会（Auditors Oversight Commission:
AOC）及びWPKから人員が移管された。AOCはAOBとして，2016年６月17
日に発足した。現在，約100の監査事務所と，約1,150社の上場企業等がAOBの
監督対象である。

図表7-3　AOBの監督及び組織機構

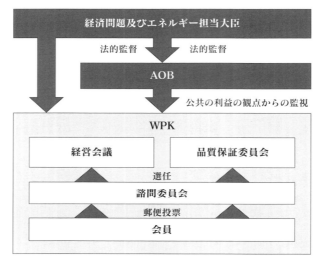

出所：https://www.wpk.de/eng/wpk/general-remarks/#c7736.

　AOBはさらに2つの下位組織に分かれ，各下位組織はそれぞれ4つの部門を有している。

①**検査及び品質管理局（Inspection and Quality Control Directorate）**
　こちらの組織は，主に以下の役割を担っている。
　1）　監査対象の上場企業等の定期的な検査の指揮
　2）　WPKが執り行っている品質管理システムの監視

②**執行及び政策問題局（The Enforcement and Policy Matters Directorate）**

　こちらの組織は，主に以下の役割を担っている。
　1）　監査対象先への職業上の義務に関する違反に対し，明確な証拠がある場合，特別調査の決定
　2）　IDWに付託された権限に含まれる業務に対する監督責任
　3）　政策課題や監査人監督に関する国際的な協調の取組みに関する責任
　ドイツ連邦経済エネルギー省が，AOBの内部的な組織と手続上の規則を決定している。AOBメンバーの独立性と誠実性を確保するとともに，AOB助言

委員会にも同様の役割を持たせている。

AOBは、「検査」と「執行（職業上の監視）」の2つの委員会を有する。各委員会は委員長と4名の委員とで構成され、いずれも委員長は管轄する局長が就任し、4名の委員はAOBの幹部以外で構成され、うち2名は上級公務員、2名は裁判官の資格を有する者が就任する。いずれのメンバーも法定監査に関する十分な知見を有することが求められる。

また、AOBに助言を与えるアドバイザリー委員会が設置され、同機構の義務の遂行と監視業務全般に対する助言を行う。連邦経済エネルギー省が委員会メンバーを任命し、委員の任期は4年である。

個々の監査法人に対する検査結果と検査結果に関する処分は公表されない。しかしながら、米国公開会社会計監督委員会（Public Company Accounting Oversight Board: PCAOB）とAOBとの共同検査におけるドイツ監査人に対しての検査結果は公表される。

公的監視機関であるAOBの主要な活動と、WPKやIDWに対する権限移譲を概観すると、図表7-4のとおりとなる。

公的監視機関であるAOBの活動範囲と主な責務は、監査人の職業専門家業務の倫理規則違反を含む、諸法令通達の遵守状況に関する義務違反に対する処分である。

AOBの上場会社等に対する定期検査は、ドイツ会社法第319条aに基づき、最低限以下の検査が行われる。

図表7-4　ドイツにおける監査の監督

主要な活動	諸活動の担当機関	
	上場企業等（PIEs）	上場企業等以外（non-PIEs）
法定監査人と監査事務所の承認及び登録	WPKが担当	
関係する基準の適用	・倫理規則はWPKが担当 ・監査基準の開発はIDWが担当	
継続的専門研修制度	WPKが担当	
品質管理システム	AOBが担当	WPKが担当
検査及び懲戒制度	AOBが担当	WPKが担当

- 監査事務所の内部品質管理システム構造の評価
- 内部品質管理システムの有効性の決定のために，上場企業等の監査調書及びその査閲により，品質管理基準に適合しているかどうかの適切な評価
- 検査結果に照らし，対象監査事務所の最新の年次透明性報告書に対する評価

上場企業等の監査に関連した検査として，AOBは，上場企業等に対する監査人の法定監査の遂行にあたり，職業専門家の義務違反の十分な証拠を入手した場合は，非定期の執行又は監視活動を開始する。職業専門家の義務違反は，検査官と監査人との対話，ドイツ財務報告執行委員会（Deutschen Prüfstelle für Rechnungslegung: DPR）及び連邦会計検査院（Bundesanstalt für Finanzdienstleistungsaufsicht: BaFin）又は内部通報もしくは外部通報により発見される。

公的監視機関の品質管理基準の内容は拡大しており，処分内容として，けん責，戒告，50万ユーロ以下の罰金，一時的な違反対象業務に関する業務停止，監査人登録抹消が定められている。

(2) 職業専門家団体への権限移譲

AOBは，上場企業等以外のすべての企業の法定監査の品質に関してもモニタリングの義務を有している。上場企業以外については専門的自主規制の観点から，AOBはWPKにその権限を委譲している。

AOBは，WPKが下した判断に対し，最終的な責任を負っており，意思決定権限を有している。

AOBは，自身が持つ権利能力に関し，ドイツ公開会計士法（Wirtschaftsprüferordnung）Sec.4 Section 1 により，以下に列記した業務を職業専門家団体であるWPKに権限移譲することを認められている。

- 職業専門家としての能力検査
- 登録に関する事項
- 職業倫理基準の設定主体
- 継続的専門研修及び認定の監視
- 品質管理に関する事項
- 専門業務に関する規則の発行
- 職業専門家の監視

なお，監査基準の開発はIDWが担っている。

⑶　ドイツ経済監査士会議所（WPK）の活動
①品質保証レビュー

　WPKの品質保証システムは，予防的なモニタリングプロセスとして，法定監査に関するリスク分析に基づき，少なくとも6年ごとに独立した監査人からの審査（ピアレビュー）を受ける。なお，はじめて法定監査が開始された場合に限り，開始後3年以内にピアレビューを受ける（ドイツ公開会計士法Sec.57a⑵ Sentence 1）。

　品質保証レビューは，各々の業務に関する内部品質管理システムの評価を含み，職務の適切性と実効性に関して評価を実施している。これらは特に，職業上の要求事項への適合（ドイツ公開会計士法の職業憲章，及びその他の職業上の規制），独立性の要件，報酬水準と同様，人材の質と量とも関係がある。

　WPK内に品質保証委員会が設置されており，その主たる責務は以下に記載のとおりである。

- ・リスク分析に基づく品質保証レビューの実施
- ・品質保証レビューアーの決定
- ・品質保証レビューレポートの評価
- ・不備の是正及び法定監査人としての登録抹消を目的とした措置の決定
- ・品質保証レビューアーの登録及び品質保証レビューアーとしての登録の撤回又は取消しに関する決定
- ・品質保証レビュー担当者に対する監督だけでなく，品質保証レビューに関連する上訴の決定

　品質保証レビューのシステムは，BAFAにおけるAOBの監督対象となる。AOBは品質保証委員会の決定に関し，最終的な意思決定権を保持している。PIEsの法定監査を行う監査法人の内部品質管理システムの評価は，AOBの検査を通じて行われる。

　品質保証委員会は，その活動に関する年次報告書を発行している。直近の2017年の報告書の要旨に以下のとおりである（WPK, 2017, pp.8-9）。

- ・2017年は589件の品質管理報告書を評価した
- ・うち，374件（63.5%）の実務では不備は検出されなかった
- ・しかしながら，215件（36.5%）の実務では，欠陥が検出された。そのうち

44件の実務では是正措置を決定した

②懲戒・監督

WPKは，監査人及び監査法人の懲戒・監督を担当しているが，懲戒・監督の最終的な意思決定権限は，BAFAに設置されているAOBが有しており，AOBはWPKの業務執行を監視している。

③懲戒手続

WPKは，会員の職業上の違法行為の疑いがある事案を調査する。ただ，これには職務上の義務に違反した可能性があることを十分に立証する必要がある。懲戒手続におけるWPKの調査により，職業上の義務の違反が確認された場合，WPKは制裁を下す責任を有する。

可能な制裁措置は，懲戒，最大50万ユーロの罰金，一時的な職務の停止，又は職務のはく奪である。WPKはまた，複数の措置を同時に課すことができる。違反が繰り返された場合，WPKは禁止命令を宣言することもできる。

WPKは懲戒・監督に関する年次報告書を発行しており，WPK Magazineに，職業上の問題に関する裁判所の決定や懲戒処分に関連する記事が掲載される。

(4) ドイツ経済監査士協会（IDW）の活動
①IDW監査基準

IDWは監査基準（IDW Auditing Standards），監査実務報告（IDW Auditing Statements）を発行している。IDW監査基準は，可能な範囲の限り国際監査基準（ISA）の要件を置き換え，それに加えドイツの法的要件から生じる相違点の記述を含み，また監査の技術的問題に関し，基準開発への貢献のため経済監査士としての見解を述べている。IDWのQS 1 は，国際監査基準のISQC 1 を置き換えている。

監査人は，職業専門家としての独立した責任の範囲内で，正当な理由のある個々の事案においてのみIDW監査基準から逸脱できる。もし逸脱がある場合は，長文式監査報告書で強調し，詳細に説明し，監査報告書の範囲区分に記載する。

ドイツの経済監査士が正当な理由なしにIDW監査基準を遵守しない場合，職業専門家の見解による逸脱は，損害賠償請求，専門監督機関の前に提起された訴訟又は刑事訴訟に関する蓋然性を高めることとなる。

第7章　ドイツ　**95**

②IDW会計原則

　IDWは会計基準（IDW Accounting Principles），会計実務報告（IDW Accounting Statements）を発行している。IDW会計原則は，監査会計委員会（IDWのMain technical Committee）又は他の技術委員会によって適宜発行され，特定の会計問題に関する経済監査士の知見が盛り込まれている。ドイツの経済監査士は，IDW会計原則が特定の個々の監査業務と適合しているかどうかを慎重に検討する必要がある。

　IDW会計原則からの逸脱は，詳細な正当化をともなって書面で（例えば，長文式監査報告書に）適切に開示される。

　ドイツの経済監査士が正当な理由なしにIDW会計原則を遵守しない場合，職業専門家の見解による逸脱は，損害賠償請求，専門監督機関への提起又は刑事訴訟に関する蓋然性を高めることとなる。

③会員に対するサービス提供

　IDWは登録会員向けに以下のようなサービスを提供している。

- ・国内及び国際的に，政府その他機関に対する職業監査人としての関心事の効果的な表明
- ・均一で高品質なサービスを保証するための技術標準の開発
- ・問い合わせ応答サービスを通じた会員の日常業務のための技術サポート
- ・水準の高い教育プログラムと広範な要求に応える継続的な専門能力開発
- ・専門的試験の受験生に向け，準備するためのコース
- ・文献やその他サービスの研究のための効率的な情報センターの提供

⑸　ドイツ品質管理制度の要約と課題

　以上みてきたように，ドイツの品質管理制度は，2014年に欧州議会とEU閣僚理事会から公布された「改正法定監査指令」，「PIEの法定監査に関する規則」に端を発し，その履行のため2016年にドイツ監査改革法が施行され，AOB主導で実行されてきた。これと並行し，法令に基づく伝統あるWPKと，職業専門家の自主団体（非営利法人）であり，監査基準や会計基準の開発主体であるIDWが併存している。

　その特徴は，職業専門家としての独立の責任の範囲内で，正当な理由のある個々の事案においてのみIDW監査基準から逸脱でき，その場合，長文式監査報告書で強調し，詳細に説明し，監査報告書の範囲区分に記載することができ

ることである。

PCAOBとAOBとの共同検査におけるドイツ監査人に対しての検査結果は公表されるが，それ以外の個々の監査法人に対する検査結果と検査結果に関する処分は公表されない。そのため，検査結果の指摘事項を，各監査事務所が具体的に監査実務にどのように落とし込むのかという点が課題と考えられる。

参考文献

Abschlussprüferaufsichtsstelle（AOB）web site. <https://www.apasbafa.bund.de/APAS/DE/Aufsicht_WPK/aufsicht_wpk_node.html（2019.5.24）>

Accountancy Europe(2018), Organisation of the Public Oversight of the audit profession in Europe. State of affairs after the implementation of the 2014 Audit Reform. <https://www.accountancyeurope.eu/topic/audit/(2019.5.24)>

Bundesamtes für Wirtschaft und Ausfuhrkontrolle（BAFA）web site. <https://www.bafa.de/DE/Home/home_node.html（2019.5.24）>

Institut der Wirtschaftsprüfer in Deutschland（IDW）web site. <https://www.idw.de/the-idw（2019.5.24）>

KPMGドイツ（2018）「ドイツ日系企業における最新トピックス2018/2019」，9月。<https://assets.kpmg/content/dam/kpmg/jp/pdf/2018/jp-germany-latest-topics-2018.pdf（2019年5月24日閲覧）>

Wirtschaftsprüferkammer（WPK）web site. <https://www.wpk.de/(2019.5.24)>

――(2017), Tätigkeitsbericht der Kommission für Qualitätskontrolle für 2017. <https://www.wpk.de/uploads/tx_templavoila/Taetigkeitsbericht-KfQK-2017.pdf（2019.5.24）>

（會田 将之）

第8章

フランス

1. 監査制度の概要

(1) 監査制度の変遷

　まず本論の前提として，フランスの監査制度について概観しておきたい。会社に関するフランスの監査制度は，会社に関する1867年7月24日の法律（Loi du 24 juillet 1867 sur les sociétés commerciales）にその起源を求めることができる。この法律は，当時の産業資本の急拡大を受けて制定されたイギリスの会社法（The Companies Act 1862）の影響を受けて制定されたものであり，その中で会計監査に関する基本的なルールが定められた。その後，いくつかの法改正を経て，1966年に大規模企業や資本を一般大衆から調達する企業における財務的透明性と安全性を強化することを目的として，1966年商事会社法（Loi n°66-537 du 24 juillet 1966 sur les sociétés commerciales）が制定され，今日のフランスの監査制度の原型が確立されている。その後，2度のオイルショック及びEC/EU内の調和といった社会的・経済的要請に基づき，数度の法改正を経て，現在に至っている。

　直近の改正は，EUの監査制度改革（The European Audit Reform）の影響を受け，2016年6月17日に行われている。この改正の背景には，EU域内の監査監督当局により監査の不備や虚偽表示が発見されたことや，金融危機に際して財務諸表の信頼性への要請が高まったこと等がある。この時期にEU域内で生じた深刻な会計不祥事への対応が，フランス国内の監査制度の変革を促すこととなり，会計事務所の強制ローテーション制度の導入や外部検査の強化といった改革が行われている。

　フランスにおける会計監査は，会計監査役（Commissaire Aux Comptes: CAC）によって行われる。上述の1966年商事会社法によって会計監査の主たる目的や会計監査役の職務や責任等が明確化されるとともに，共同会計監査役制度が導入された。会計監査役は会社の機関の1つとして位置付けられているが，経営から独立した職業的専門家であることが求められている点で特徴的である。また，会計監査役は，その自主規制団体である会計監査役全国協会（Compagnie Nationale des Commissaires aux Comptes: CNCC）及び同協会

98 第Ⅰ部　監査品質に関する制度

図表8-1　法定監査の対象となる基準

	日　本	フランス
会社法監査の対象	大会社（資本金が５億円以上又は負債が200億円以上の会社）	株式会社（SA[1]）の場合は，必須 有限会社（SARL[2]）及び単純型株式会社（SAS[3]）の場合は，下記の要件のうち，２つ以上を満たす会社

	SARL	SAS
総資産	€1.55m 超	€1m 超
売上高	€3.1m 超	€2m 超
従業員	50人 超	20人 超

注：SASの場合はさらに，親会社又は子会社を有する場合も監査が必須となる。

の地方拠点である会計監査役地方協会（Compagnie Régionale des Commissaires aux Comptes: CRCC）に所属することが求められている。CRCCに所属するためには，Commissaire aux Comptesの資格取得と継続的専門研修の履修が求められており，その職業的専門家たる地位が与えられている。

　監査品質の監督・規制は，フランス会計監査役高等評議会（Haut Conseil du Commissariat aux Comptes: H3C）が担当している。H3Cはまた，監査監督機関国際フォーラム及び欧州の監査監督団体である欧州審査員監督団体（European Group of Auditors' Oversight Bodies: EGAOB）の一員でもある。

⑵　監査の実施状況

　日本では，金融商品取引法及び会社法が株式会社に関する監査の主たる法的根拠となるのに対して，前述のとおり，フランスの株式会社の監査の根拠となるのは商事会社法である。日本との比較で特徴的なのは，フランスの法定監査の対象となる基準は図表8-1のとおりであり，小規模企業も含め幅広く監査が求められている点である。

　なお，2017年度のH3Cの年次報告書によると，監査人の監査対象となる会社約212,000社を担当する登録監査人は12,715名，会計事務所は6,206法人で，計18,921名が存在する。

　上述のように監査の対象会社数は日本に比べて多いが，中小企業（Small

1）SA:Société anonyme.
2）SARL: Société à responsabilité limitée.
3）SAS: Société par actions simplifiée.

第8章 フランス **99**

図表8-2　EUとフランスにおけるPIEの比較

EUにおけるPIEの定義	フランスにおけるPIEの定義
1．株式又は債券を上場している会社 2．金融機関 3．保険会社	1．株式又は債券を上場している会社 2．金融機関 3．保険会社 4．下記の会社のうち，売上基準を満たすもの 　(1)　金融機関を子会社に持つ純粋持ち株会社 　(2)　PIEを子会社に持つ事業持ち株会社 　(3)　保険会社グループ，相互保険会社グループ等

and Medium-sized Enterprise: SME）[4]に対する監査については，CNCCが簡素化した監査手続の基準を設けており，監査の品質と保証のレベルを一定水準以上に保ちつつ，企業の規模に応じた監査の実施に関する取扱いを認めている。その結果として，監査時間数は会社の規模により，大きな開きがある。フランスの主要な経済新聞であるLes Echosの調査（Un coup dur pour l'image des commissaires aux comptes）では，SMEに対する監査時間は20時間以下であることもあるが，一方で大企業に対する監査時間は通常700時間を超えることが報告されている（Les Echos, 2016）。

　2017年度のH3Cの年次報告書によると，公益に係わる事業体（Public Interest Entity: PIE）の数は，2015年時点で2,470社あり，これに関連する3,431の監査契約のうち，約60%に相当する2,021の監査契約を計284の監査人や会計事務所が担当している。なお，PIEの概念はEUの監査制度改革（The European Audit Reform）に基づきフランスにおいても適用された概念であるが，図表8-2のとおり，フランス独自の基準が追加されているため，EUの基準よりもPIEに該当する会社数が多くなっている。

　また，フランス国内で上場している会社（Public Listed Entities: PLE）の数は，Euronext Paris, Equities Directory[5]によると2018年8月時点で829社あり，これらの会社の監査を担当するのは約400の監査人や会計事務所である。上場会社の監査は，大手会計事務所が多く担当している（全体件数の約45%）

---

[4]　フランスの国内法では，SMEは以下の2つの要件を満たす会社と定義されている。
　　―従業員の数が250人未満
　　―年間売上額が50百万ユーロ未満又は総資産額が43百万ユーロ以下
[5]　Euronext Paris, Equities Directory. <https://www.euronext.com/fr/equities-directory（2018.08.06)>

100 第Ⅰ部 監査品質に関する制度

点が指摘されているものの，EU平均（同61%），日本の状況（同約75%）と比較してみると，その比率は低い（Audit Analytics, 2016）。これは後述する共同監査制度の採用により，中小規模の会計事務所が大手事務所と共同して関与することができる点が関係しているものと推測される。共同監査が義務付けられていることにより，他の欧州諸国よりもPIEを監査する会計事務所の数が多いが，このうち大多数はPLEやPIEを1社のみ監査している中小規模の会計事務所であることから，強制ローテーション制度の導入によりマーケットシェアに変動が起こることが予想されている（金融庁, 2017, 21頁）。

(3) 共同監査制度

　フランスの監査制度の特徴的な点として，連結財務諸表を作成する会社の監査を実施する場合には，共同監査が義務付けられている点が挙げられる。共同監査は，2つ以上の会計士又は監査法人が共同して1つの会社の監査を実施することとされている。これは，共同監査人として選任された会計士ないしは会計事務所が重複して監査業務を実施することを意味するものではなく，それぞれの会計士又は会計事務所が協議により担当する分野を決定して実施し，共同で一式の監査報告書を発行する制度である。2015年度においては，CACの登録会計士により計230,713件の監査が実施されたが，うち9.4%に相当する21,261件が共同監査により行われている。

　この共同監査制度は，大手会計事務所による上場企業の監査業務の寡占状況を緩和するとともに，複数の監査人の関与により，監査品質を上げる目的で導入されているものである。共同監査制度が監査品質の向上に及ぼす影響については，様々な考え方があるが，特に大手監査法人と準大手監査法人の組合せによる共同監査は，牽制効果が強く働くと考えられている。

　また，共同監査を実施した場合，共同監査人の間で相互牽制が働くことが期待できるため，監査人のローテーションに関しても，例外的な取扱いが認められている。すなわち，単独の監査法人が会計監査を行う場合，継続可能な最長任期は10年（公開入札を行ったときはさらに6年延長可能）であるのに対して，共同監査の場合は24年に延長されている。強制ローテーション制度の導入に際して，これまで培ってきた知識や経験が中断される懸念が挙げられているが，この点についても共同監査の場合は，交代時期をずらすことにより，知識や経験の中断のリスクを最小限に抑えることができると期待されている（金融庁，

2017, 21頁)。

⑷　従業員の経営監視機能及び利益分配制度

　共同監査の他に，従業員による企業の経営監視に関する諸制度があり，この点もフランス特有の制度である。これは，従業員の経営への関与（取締役会への従業員代表者の出席権及び，経営に関する重要事項の従業員代表者への報告義務など）や，従業員利益分配制度（個人の業績に関係なく，会社の業績に貢献した部分を従業員全体で受け取るもの）が含まれる。この諸制度の存在により，従業員が重要なステークホルダーとして位置付けられている。

２．品質管理制度

⑴　監査品質の監督・規制当局とその検査

　前述のとおり，フランスにおける監査品質の監督・規制は，H3Cが担当している。H3Cは，2003年8月に制定された金融安全法（Loi de Sécurité Financière）により設置された司法省（Ministère de la Justice）が管轄する独立行政機関である。H3Cに，当時の金融危機の影響を受けフランス・テレコム社やビベンティ・ユニバーサル社といった企業が経営危機に陥ったことを背景として，コーポレート・ガバナンス及び金融行政の刷新という目的で設置されている。金融安全法が定めるH3Cの主たる役割は下記のとおりである。

- ・会計監査役全国協会（Compagnie nationale des commissaires aux comptes: CNCC）の協力の下，法定監査に従事する職業的監査人の監督
- ・法定監査人が職業倫理に関する規則及び独立性に関する規則を遵守していることを確かめる

　今日までに至る過程において次第にその機能が強化され，先述の2016年のEUの監査制度改革により，現在の体制となった。

⑵　H3Cによる検査

　H3Cは，法定監査人に従事する職業的監査人の監督機能を果たすため，監査の品質管理に関する検査を実施している。なお，検査対象となる法定監査人の状況に応じて，H3CとH3Cの権限委譲を受けたCNCCが品質管理に関する検査を実施している。なお，H3Cは権限委譲したとしてもその業務の監督について包括的責任を負うものとされている。図表8-3からわかるようにPIE（公益に係わる事業体）を担当する監査人への検査については，原則としてH3Cが担当

図表8-3　H3Cの管轄業務

主要な活動	担当する機関	
	PIE	PIE以外
会計士及び会計事務所の登録の承認	CNCC	CNCC
基準の設定及び施行	H3C / CNCC	H3C / CNCC
継続的専門研修	H3C / CNCC	H3C / CNCC
品質管理システム	H3C	CNCC
検査及び処分	H3C	H3C

出所：Accountancy Europe.（2018, p.31）

し，PIE以外の会社を担当する監査人への検査はCNCC（会計士団体（全国規模））若しくはCRCC（8同地方拠点）が担当する。

　検査の頻度は，PIEに分類される会社の監査人が3年ごと，それ以外の会社の監査人は6年ごとに実施することとなっている。共同監査の場合は，共同監査を担当する複数の監査人に対して同時に検査が行われている。

　H3Cが品質管理レビューで行う業務は，1）検査業務のフレームワーク策定と全般的な統括業務，2）個別の検査業務の統括及び検査のコメントの作成・公表業務の2つに大別できる。前者はH3CのBoardが担当し，後者はSecretary General部門が担当する役割分担となっている。また，当該検査にかかるコストは，H3Cにおいて予算化されており，各登録監査人又は事務所から年会費として徴収されている。

3．品質管理の検査のプロセス

　品質管理の検査の基本方針は，H3CのBoardにおいて決定される。加えて，検査対象の会計士又は会計事務所の規模に応じた個別監査業務の検査件数や属性，集中的に検査を実施する業種やテーマなども決定されている。その後，H3CのSecretary General が具体的な検査プログラムの内容及び検査を実施する会計士及び会計事務所と対象となる個別監査業務を決定する。以下に品質管理レビューのプロセスを記載する。

　　Step1　事前準備：各会計事務所及び個別監査業務のリスクの分析を実施
　　Step2　検査実施：事務所方針と選定した個別監査業務において実施した
　　　　　　　　　　手続の検証

Step3　結果レビュー：実施した検査業務のレビュー

Step4　結果のディスカッション：監査人と検査担当者の意見交換

Step5　結果報告の作成：検査担当者が作成した報告書に監査人が追記する形で作成

Step6　結果の評価：H3Cのコミッションによる結果報告の評価

Step7　結果の報告：H3Cによって取りまとめられ司法省に報告

　また，監査事務所及び個別監査業務について，重点的に実施される検査の項目を例示すると以下のようなものがある。

（重点監査項目の例）

監査事務所の品質管理

・関連法令及び規則への準拠状況，特に独立性及び法令等への非準拠の有無

・法定監査の受嘱及び継続手続

・専門的教育研修

・監査基準に準拠した監査メソドロジー/ツールの存在及び利用状況

・最新のトピックへの対応状況

・その他，独立性の検証及び事務所内の品質管理システムに関するポリシー及び手続の検証

個別監査業務の品質管理

・プロフェッショナルスタンダード，基準及び規則の適用状況

・提供された個別監査業務についての倫理規定への準拠状況

・実施業務の文書化状況（被監査会社が適用した会計基準の検証，開示情報の検証等）

・監査により発見された事項と監査意見の整合性

・会計事務所のポリシーと手続の個別業務への適用状況

4．品質管理の検査の結果

⑴　H3Cの検査結果報告書の内容と分析

　2016年のEUの監査制度改革により，H3Cの検査及び罰則の強化が図られ，同時に罰則が適用された監査人及び会計事務所については，H3Cのウェブサイト等で公表されることとなっている。

　H3Cは，2017年において，683の会計事務所（うちPIEの監査を担当する事

務所数75）を対象とし，977の個別監査業務の検査を行ったことを公表しており，その検査結果は次のとおりである（H3C, 2018）。

- 監査意見に関連する会計基準又は関連法規制の適用に関する誤り：31件（うちPIE 5 件）
- 監査意見に影響を及ぼす監査手続の誤り：124件（うちPIE 47件）
- 主要な財務項目に関する監査手続の誤り：167件（うちPIE 9 件）

また，H3Cは，2016年の法改正を契機とし，2017年度に22の会計事務所に対して臨時検査を実施している。22件のうち，11件について処分が行われた一方で，11件は処分なしと結論付けられた（H3C, 2018）。

この制度変更から現時点に至るまでの公表されている処分案件は，いずれも個人及び小規模の会計事務所の比較的軽微な事例に対するものであり，制度導入による処分案件の増加や新たな課題の提起といった状況はみられていないが，今後の推移を注意深く検討する必要がある。

⑵　検査結果に応じた処分

職業的任務に違反したとみなされる主なケースとその処分の内容をまとめると図表8-4のとおりとなる。

ここでの特筆すべきポイントは，当該違反の認定や罰則の適用に関して，自主規制団体CNCCが関与しないという点である。この点はEU諸国の中でも特徴的であり，フランスと同様に自主規制団体が罰則に関して関与しないのは，デンマークのみである。

処分に関して，異議申し立て手続を含む全体の流れについては，2017年 9 月 8 日に定めたEU指令に基づいて定められている。

第 1 段階として，処分のプロセスの開始の通知及び公表がなされる。これは処分検討のプロセスの開始及びその根拠となる事実の通知と公表を行うことを目的としている。第 2 段階として，公聴会を開催し，当該通知に関して，処分の検討を受けている監査人に対し，公に自らの立場を主張する機会を与える。そのうえで，第 3 段階として，検査を担当しないH3Cの別のチームが，客観的な立場から両者の主張を裁定した最終レポートを取りまとめ，処分することが適当か否かを判断する。第 4 段階として，処分が適当と判断したケースについては，適用すべき罰則を取りまとめた後，最終的に処分内容を決定して通知・公表する。

第8章　フランス　**105**

図表8-4　検査結果に応じた処分

違　反	懲戒処分／罰金
a）以下に関する違反	－注意
－法律及び規則	－戒告
－司法省からの閣僚の命令により承認された職務の基準	－5年以内の業務停止
	－登録抹消
－倫理規定	－罰金
－POBにより規定された，準拠すべき監査実務	個人の場合：最大25万ユーロ
	法人の場合：最大100万ユーロと当期及び過去2期の合計3年間の平均監査報酬額のうちいずれか大きい額
b）重要な注意義務違反，独立性違反	

注：上記は監査業務に関連する業務に関する違反とその罰則についてまとめたものであるが，この他，マネーロンダリングやテロ活動に関する法規制への違反に関してはより厳格な罰則が適用される。

5．フランスにおける品質管理制度について

　フランスにおける品質管理制度は，監査の法的根拠となる商事会社法に基づいて整備されており，品質管理の検査もH3Cにより一元的に行われていることから，比較的シンプルな構造になっている。

　一方で，PIEをEU共通の基準に基づいて幅広く定義し，さらにフランス独自の基準に基づいてその範囲を拡大している。そのため，監査の対象となる会社数は非常に多いが，PIE以外の監査品質に関する検査を自主規制団体であるCNCCに委託するなど，監査品質を一定水準以上に保ちつつ，被監査会社の規模に応じ，検査主体を職業的専門家に委ねる等独自の工夫がなされている。また，フランスの特徴的な監査制度として共同監査制度の存在に言及されることが多いが，これも会計監査役の相互牽制による監査品質の向上を図る制度であり，職業的専門家の自主的な活動を重視した制度設計がなされていると考えられる。

　現時点では，この監査品質の制度体系の中で，監査に関する大きなスキャンダルや検査による処分は公表されていない。これまでの歴史的背景やフランスの国民性と相まって高い監査品質が維持されているとも考えられるし，一方で，他のEU圏でも生じている監査品質の制度を揺さぶるような事態が今後も生じないとも言い切れない。

　日本においても監査報告書に監査上の主要な検討事項（Key Audit Matters: KAM）を記載する制度改正や監査人のローテーション制度の検討等，監査品

質を持続的に向上させるための大きな制度改革が続いてゆくが，フランスの監査制度の中で監査の品質向上に効果を上げていると考えられている事項について，わが国における監査制度に生かすべきものがないか検討すべきと考えられる。

参考文献

Haut Conseil du Commissariat aux comptes（H3C）（2010），*An overview of the French Public Oversight System*:2-28.

──（2016），Suivi du marché du contrôle légal Rapport du Haut conseil du commissariat aux comptes.

──（2017），La procédure de sanction. <http://www.h3c.org/discipline_sanctions.htm（2018.08.06)>

──（2018），Rapport annuel 2017 du H3C.

Accountancy Europe.（2018），*Organisation of the Public Oversight of theAudit Profession in Europe State of affairs after the mplementation of the 2014 Audit Reform*: 31.

Audit Analytics（2016），EU Auditor Market Share: 2016.<https://www.auditanalytics.com/blog/eu-auditor-market-share-2016/(2018.08.06)>

Les Echos（2016），William Saurin: Un coup dur pour l'image des commissaires aux comptes, December.

L'Institut National de la Statistique et des Études Économiques（2016），Suivi du marché du contrôle légal Rapport du Haut conseil du commissariat aux comptes.

──（2017），<https://www.insee.fr/fr/statistiques/2569432?sommaire=2587886(2018.08.06)>

Mazars（2016），The EU audit Reform in France, 2.

伊豫田隆俊（2000）『フランス監査制度論』同文舘出版。

金融庁（2017）「監査法人のローテーション制度に関する調査報告」（第一次報告），21頁。

宮本京子（2017）「フランスの制度・実務から見た監査・保証制度の将来的なあり方」『現代監査』27号，111-122頁。

蟹江章（1997）「フランスのディスクロージャー制度の枠組みと実情」『經濟學研究』（北海道大学経済学部）46巻4号，55-75頁。

──（1999）「フランスの会計監査役の職務と監査基準」『經濟學研究』（北海道大学経済学部）49巻1号，49-62頁。

──（2016a）「フランスにおける内部監査と外部監査の連携」『現代監査』29号，65-74頁。

──（2016b）「フランスの共同監査役制度」『經濟學研究』66巻1号，6月9日，3-12頁。

（柴谷 哲朗）

第 II 部

監査品質規制の動向（1）：
監査法人のガバナンス・コード

第9章

「監査法人のガバナンス・コード」の意義と課題

1．議論の目的

　2017年3月31日に，金融庁に設置された監査法人のガバナンス・コードに関する有識者検討会から，「監査法人の組織的な運営に関する原則」（監査法人のガバナンス・コード）（金融庁，2017a）（以下，「コード」）が公表された。これは，株式新規公開をめぐる会計上の問題や会計不正事案などが続発したことを受けて設置された会計監査の在り方に関する懇談会（以下，懇談会）の提言を受けたものであり，監査の品質を向上させるという観点から，監査法人のマネジメントの強化を狙ったものである。2017年5月末時点ですでに13の監査法人が「コード」の採用を表明していたが，2019年1月31日現在の採用法人数は16に増えている（金融庁，2019）。

　本章では，「コード」に関する実態調査の実施を念頭に置き，その基礎資料として，「コード」導入の背景と経緯，「コード」の内容，関係者の反応と対応などを確認し，今後の課題を考察する。

2．「コード」導入の背景と経緯

　懇談会は，今後の会計監査の在り方について経済界，学者，会計士，アナリストなど関係各界の有識者から提言を得ることを目的として2015年9月に設置された。その背景には，このような様々な取組みを行ってきたにもかかわらず，2015年に東芝による約6年間にわたる粉飾決算事件が発覚したこと等により，会計監査の信頼性が改めて問われているという危機感がある。

　懇談会は2016年3月までに計4回の会合を持ち，2016年3月31日に「提言―会計監査の信頼性確保のために―」（会計監査の在り方に関する懇談会）（金融庁，2016a）（以下，「提言」）を公表した。

(1) 「提言」

　「提言」では，会計監査の信頼性確保に向けて講ずるべき取組みは，①監査法人のマネジメントの強化，②会計監査に関する情報の株主等への提供の充実，③企業不正を見抜く力の向上，④「第三者の眼」による会計監査の品質のチェ

110 第Ⅱ部　監査品質規制の動向（1）：監査法人のガバナンス・コード

図表9-1　監査法人のマネジメントの強化に関する「提言」の骨子

- 最近の不正会計事案においては，大手監査法人の監査の品質管理体制が形式的には整備されていたものの，組織として監査の品質を確保するためのより高い視点からのマネジメントが有効に機能していなかった
- 監査法人は，出資者である各社員（パートナー）が経営に直接に関与し，相互に監視することによって組織の規律を確保することを基本としているが，現実には監査法人の大規模化が進展しており，経営陣によるマネジメントが，このような規模の拡大と組織運営の複雑化に対応しきれていない
- 監査法人の運営について明確な権限と責任を定めた実効的なガバナンスを確立し，組織全体にわたってマネジメントを有効に機能させるとともに，監査法人の運営の透明性を向上させることが必要である
- 監査市場の寡占化に対処するため，大手上場企業等の監査を担う能力を有する監査法人を増やしていくための環境整備に取り組む必要がある

監査法人のガバナンス・コード	・大規模な組織の運営において確保されるべきプリンシプルの確立（職業的懐疑心の発揮を確保するためのリーダーシップの発揮，運営・監督態勢，人材啓発，人事配置・評価等） ・実際のガバナンスやマネジメントの形態は，各法人の規模や特性等に応じて，各監査法人がプリンシプルの実現に向け，創意工夫を行いながら対応をとることが望ましい
	・各法人による組織運営の状況についての開示を充実させることにより，その実効性を確保し，監査法人の切磋琢磨を促していく
大手上場会社等の監査を担える監査法人を増やす環境整備	・「コード」の導入によって，実効的なガバナンスを確立し，マネジメントをより有効に機能させるとともに，その実施状況を市場参加者や当局等が外部からチェックする
	・当局と大手・準大手監査法人との定期的な対話の場を設け（協議会の設置），問題意識の共有を図り，監査業務の水準を向上させていく

出所：金融庁（2016a, 4-5頁）より抜粋して筆者作成。下線は筆者による。

ック，⑤高品質な会計監査を実施するための環境の整備，という5つの柱に整理されている（2頁）。「コード」に直接関連する提言は，「監査法人のマネジメントの強化」としてまとめられており，その骨子は，図表9-1のように整理できる。

　「提言」によれば，最近の不正事案においては，以下の2点が監査の品質を低下させる原因となっているとの認識から，実効的なガバナンスを確立し，組織全体にわたってマネジメントを有効に機能させる必要性が述べられている。

①組織として監査の品質を確保するためのより高い視点からのマネジメントが有効に機能していなかったこと

②少人数のパートナーによる経営への直接関与と相互監視という公認会計士法上の監査法人の設計理念と昨今の監査法人の現実との乖離が大きくなり，

経営陣によるマネジメントが監査法人の規模拡大と組織運営の複雑化に対応しきれていないこと

また併せて，このような組織的な運営の状況を外部からチェックできるようにするとともに，組織的な運営が有効に機能している監査法人が評価されるようにするために，情報開示を通じた監査法人の運営の透明性を向上させることが必要であると指摘している（以上，2-3頁）。

このような基本認識の下で，「提言」では，「監査法人の組織的な運営のためのプリンシプルを確立し，各法人に対して，当該プリンシプルを実現するための自律的・実効的な対応を求めるべきである。その際，各法人による組織運営の状況についての開示を充実させることにより，その実効性を確保し，監査法人の切磋琢磨を促していくことが重要である。」（4頁）との見解が示されている。

これらのことから，「コード」は，監査品質の向上を目的として，「コード」の遵守及び遵守状況の開示を通じて監査法人のマネジメントとガバナンスを一定の望ましい方向へと導くことを意図した，一組の原則であると位置付けられる。

⑵　監査法人の大規模化と国内監査市場の寡占化の状況

ここで，「提言」で指摘されている監査法人の大規模化と国内監査市場の寡占化の状況について，改めて確認しておきたい。図表9-2は大手監査法人及び準大手監査法人の構成員の人数を，図表9-3は監査法人別の上場被監査会社数及び上場被監査会社の時価総額を，それぞれ示している。

図表9-2から，大手監査法人（特に，あずさ，EY新日本，トーマツ）の規模の大きさと，大手監査法人と準大手監査法人との規模の格差が読み取れる。また，同図表の基準日にはばらつきがあるが，2019年2月28日現在の公認会計士数31,199人及び監査法人数233法人（日本公認会計士協会，2018b）を母数として用いて計算すると，監査法人全体の1.7％である大手監査法人に公認会計士のうち34.7％（10,895人）が所属しており，準大手監査法人（大手監査法人と併せて3.9％）を含めると37.5％（11,797人）が所属していることがわかる。

図表9-3からは，上場被監査会社の会社数で約70％，時価総額では約90％を大手監査法人が占めている状況が確認できる。EUの法定監査指令の改正議論においても，法定監査市場の寡占化によるシステミック・リスクの存在が論点

112　第Ⅱ部　監査品質規制の動向（1）：監査法人のガバナンス・コード

図表9-2　大手監査法人及び準大手監査法人の構成員の人数

区分*	法人名**	公認会計士である社員等	特定社員	所属公認会計士	その他の監査実施者	合計***	基準日（年/月/日）
大手	あずさ	539	34	2,746	1,982	5,301	2018/12/31
	EY新日本	551	13	2,642	1,454	4,660	2018/12/31
	トーマツ	536	55	2,855	2,985	6,431	2018/11/30
	PwCあらた	121	28	905	1,441	2,495	2018/12/31
	小計	1,747	130	9,148	7,862	18,887	－
準大手	仰星	46	0	99	41	186	2018/12/31
	三優	27	3	73	53	156	2019/2/1
	太陽	77	3	294	296	670	2018/12/31
	東陽	77	0	88	37	201	2018/12/31
	PwC京都	26	2	95	137	260	2018/12/31
	小計	253	8	649	564	1,473	－
合計		2,000	138	9,797	8,426	20,360	－

＊監査法人の区分は，公認会計士・監査審査会による以下の定義に基づいている（金融庁，2018）。
　大　手：「大手監査法人」上場国内会社を概ね100社以上被監査会社として有し，かつ常勤の監査実施者が1,000名以上いる監査法人。
　準大手：「準大手監査法人」大手監査法人に準ずる規模の監査法人。平成29事務年度まで優成監査法人を準大手監査法人に含めていたが，同法人は2018年7月2日付で太陽有限責任監査法人と合併した。
＊＊各監査法人の正式名称は以下のとおりである。有限責任あずさ監査法人，EY新日本有限責任監査法人，有限責任監査法人トーマツ，PwCあらた有限責任監査法人，仰星監査法人，三優監査法人，太陽有限責任監査法人，東陽監査法人，及びPwC京都監査法人。
＊＊＊人数には非常勤を含む。
出所：日本公認会計士協会（2018a）における各法人・事務所の「上場会社監査事務所の概要」に基づいて筆者作成。

となっており，日本に限った論点ではない。また，大規模株式会社の財務諸表監査の引受け手が限られることは，東芝の2017年3月期決算の監査をめぐって改めて注目された点でもある。

⑶　イギリス及びオランダにおける監査事務所ガバナンス・コード

　「提言」では，イギリス及びオランダにおいてプリンシプルベースの監査事務所ガバナンス・コードが導入されていることに言及し，こうした例を参考にして，監査法人の組織的な運営のためのプリンシプルを確立し，各法人に対して，当該プリンシプルを実現するための自律的・実効的な対応を求めるべきであると述べられている（4頁）。ここでは，両国の監査事務所ガバナンス・コ

第9章 「監査法人のガバナンス・コード」の意義と課題 **113**

図表9-3 監査法人別の上場被監査会社数及び上場被監査会社の時価総額

区分*	会社数				時価総額			
	2017		2018		2017		2018	
	社	%	社	%	金額	%	金額	%
大手**	2,653	72.6	2,646	71.7	5,386,707	91.1	6,101,451	90.4
準大手	429	11.7	449	12.2	301,067	5.1	371,724	5.5
中小規模	570	15.6	595	16.1	225,271	3.8	278,092	4.1
計	3,652	100.0	3,690	100.0	5,913,045	100.0	6,751,267	100.0

＊監査法人の区分は，公認会計士・監査審査会による定義に基づいている（金融庁，2018）。大手及び
　準大手は［図表9-2］と同じであり，中小規模とは，「中小規模監査事務所」であり，大手監査法人
　及び準大手監査法人以外の監査法人・監査事務所をいう。
＊＊大手監査法人と中小規模事務所が共同監査を行っている1社については，便宜的に大手監査法人
　　が行っているものとして計上している。
出所：金融庁（2017c, 36頁; 2018, 24頁）に基づいて筆者作成。

ードの概要を紹介する。日本の「コード」との相違については後述する。

　イギリスにおける監査事務所ガバナンス・コード[1]は，まず2010年1月に公
表され（Audit Firm Governance Working Group, 2010），2010年6月1日以
降開始する事業年度より適用された。その後，2016年7月に改訂版（FRC,
2016）が公表され，2016年9月1日以降に開始する事業年度から適用されてい
る[2]。

　イギリスのコードは，すべての監査事務所が対象ではなく，20社を超える上
場会社の監査を担当する監査事務所を対象としている（任意適用は可能）[3]。イ
ギリスのコードの主たる目的は，上場会社の監査を担当する法人の良好なガバ
ナンスに関する公式のベンチマークを提供し，監査事務所が上場会社の株主に

---

1) イギリスにおける監査事務所ガバナンス・コードの導入の背景，特徴，具体的な内容などについて
　は林（2016）を，また，透明性報告書の開示実態については髙田（2016）を，それぞれ参照されたい。
2) コードの導入時点において，適用開始から4年後に財務報告評議会がコードの適用状況を調査する
　ことが勧告されており，この勧告に従って2014年から2015年にかけてコード適用状況の調査が実施
　された。この調査結果を受けて，財務報告協議会は，とりわけ透明性を強化し，上場会社に対する
　コーポレートガバナンス・コード（UK Corporate Governance Code）からさらにいくつかの規定
　を取り込むという改訂作業を行い，2016年7月に改訂版を公表した。
3) 2010年時点での適用対象は，Baker Tilly LLP，BDO LLP，Deloitte LLP，Ernst & Young LLP，
　Grant Thornton LLP，KPMG LLP，PKF LLP，PricewaterhouseCoopers LLPの8法人であった。
　その後，BDO LLPとPKF LLPが合併し7法人となっている。また，この他にMazarsが任意で適用
　している（FRC, 2015, p.3）。さらに，2015年にBaker Tilly LLPがRSM UK Audit LLPに改称してい
　る。したがって，本章執筆時点での適用会社は，BDO LLP，Deloitte LLP，Ernst & Young LLP，
　Grant Thornton LLP，KPMG LLP，Mazars LLP，PricewaterhouseCoopers LLP，RSM UK Au-
　dit LLPの8事務所である。

114 第Ⅱ部　監査品質規制の動向（1）：監査法人のガバナンス・コード

対してガバナンスに関する報告をできるようにすることであり，具体的には，以下の目的が示されている。
・監査の品質を高めること
・非監査業務を含めて，監査事務所がその評判を確保するのに役立つこと
・監査システム全体にとって有用性を有する大規模監査事務所の倒産リスクを引き下げること

　この目的を達成するために監査事務所トップのリーダーシップの重要性が強調され，コンプライ・オア・エクスプレイン・アプローチが採用されている（以上，FRC, 2016, p.1）。

　オランダでは，イギリスにおける監査事務所ガバナンス・コードの公表に刺激を受けて検討が開始され，2012年1月に「監視と透明性：PIE免許を有する監査事務所のコード」（NICA, 2012）が公表され，2016年6月から適用されている。検討の過程で，監査事務所が公共の利益を保護するために保持すべき独立性や職業倫理などは，当時，すでに様々な法令・規則により規制されていたが，監査事務所内部における監視機能と情報開示に関して改善の余地があると判断され，内部監視機能の強化と透明性報告を主たる要素とするコードが策定されたのである（以上，NICA, 2012, p.4）。

　適用対象は，監査事務所監督法（Audit Firms（Supervision）Act）第6編第2条に基づいて法定監査の実施を認可された監査事務所（PIE免許を有する監査事務所）（NICA, 2012, p.5）[4]であり，2016年7月現在，9つの監査事務所（免許を交付された監査事務所は10事務所であるが，そのうち1事務所は監査業務を行っていない）が該当する（IMF, 2017, para.43）[5]。オランダのコードは，イギリスとは異なり，コンプライ・オア・エクスプレイン・アプローチを採用していない。コードに示された原則は例外なく適用され，監査事務所の規模と性質に応じて調整することができるとの立場から，すべての規程を常に遵守することを要求している（NICA, 2012, p.5）。

---

[4]　2006年10月以降，オランダ国内で設立された会社の法定監査を実施するには，監査事務所の公的監視を担う金融市場局（Authority for the Financial Markets）の認可が必要となった。ここで法定監査とは，監査事務所監督法の付録に示されている規定に基づく会社等の財務諸表の監査をいう。PIE免許の交付には，より厳しい基準が適用される（AFM, 2017）。

[5]　2016年7月現在，PIE免許を有さない監査事務所は342事務所ある（IMF, 2017, para.43）。

第9章 「監査法人のガバナンス・コード」の意義と課題　**115**

⑷　監査法人のガバナンス・コードに関する有識者検討会

「提言」において，監査法人の組織的な運営のためのプリンシプルを確立するため，金融庁のリーダーシップの下で「監査法人のガバナンス・コード」について幅広い意見を参考にしながら検討が進められていくべきであるとされたことを受けて，金融庁は，2016年7月に，「監査法人のガバナンス・コードに関する有識者検討会」（以下，有識者検討会）を設置した。

有識者検討会は，計5回の会合での議論を踏まえて，2016年12月15日に「『監査法人の組織的な運営に関する原則』（監査法人のガバナンス・コード）（案）」（金融庁，2016b）（以下，「コード（案）」）を公表した。意見募集期間は2017年1月31日までであり，18の個人及び団体から意見が寄せられた[6]。そして，寄せられた意見も踏まえて，同年3月31日に「コード」が公表された。

「コード（案）」から「コード」への変更点は，単純な語句の置き換えや挿入を除けば，指針4-5と指針5-1の2カ所であると解される。これらについては後述する。

3．「コード」の内容，特徴及び課題

ここでは，イギリス及びオランダにおける監査事務所ガバナンス・コードとの比較，並びに「コード（案）」に対するコメント及び関係者の見解の紹介などを交えながら，「コード」の内容，特徴及び課題を論じたい。

⑴　構成と特徴

「コード」は，監査法人の組織としての監査の品質の確保に向けた5つの原則と，それを適切に履行するための22の指針から成っている。また，各原則には，理解の助けとなるよう原則の「考え方」が記載されている。

各原則においては，

・監査法人がその公益的な役割を果たすため，トップがリーダーシップを発揮すること，

・監査法人が，会計監査に対する社会の期待に応え，実効的な組織運営を行うため，経営陣の役割を明確化すること，

・監査法人が，監督・評価機能を強化し，そこにおいて外部の第三者の知見

---

6)　公益社団法人日本監査役協会，日本公認会計士協会，及び日本コーポレート・ガバナンス・ネットワークが提出した意見は，それぞれの組織のウェブサイトで公開されている。

を十分に活用すること，

・監査法人の業務運営において，法人内外との積極的な意見交換や議論を行うとともに，構成員の職業的専門家としての能力が適切に発揮されるような人材育成や人事管理・評価を行うこと，

・さらに，これらの取組みについて，わかりやすい外部への説明と積極的な意見交換を行うこと，

などが規定されている。

　「コード」は，大手上場企業等の監査を担い，多くの構成員から成る大手監査法人における組織的な運営の姿を念頭に策定されているが，実際のガバナンスやマネジメントの形態は，監査法人の規模や特性等により異なるものと考えられる。そこで，監査法人の実効的な組織運営の実現のために，「コード」ではルールベース・アプローチではなくプリンシプルベース・アプローチが採用され，各監査法人が「コード」の各原則の趣旨を十分に理解し，創意工夫をこらしながら柔軟に対応することが想定されている（野村，2017，6頁）。

　また，「コード」では，監査法人の規模・特性等に応じた柔軟な対応を許容することで，自律的で実効性のある組織運営の実現を可能とするために，コンプライ・オア・エクスプレイン（原則を実施するか，実施しない場合には，その理由を説明する）の手法が採用されている（1頁）。つまり，一律に体制整備等を求めるとすると形式的な対応に終始してしまい，かえって実効性を伴わないおそれがあるため，実施することが一般に望ましいと考えられる原則を示しつつ，各監査法人が実情を踏まえ，当該法人にとって実施する必要はないと考えられる原則については，十分に説明することで，実効的な組織運営の実現に向けた取組みが促されるものと考えられている（野村，2017，6頁）。

　なお，「コード（案）」に対する意見として，「本原則は，大手監査法人を念頭に策定されており，大手監査法人以外の監査法人においては，本原則の適用の有無をもって監査品質の高低を判断すべきものではないと考える。」という意見，すなわち「コード」を採用しないと監査品質が低いと関係者からみなされるのではないかという懸念が示された（金融庁，2017b）。この懸念に対しては，①重要なのは，監査法人における組織的な運営を確保する等の実質であり，「コード」を採用しているかどうかという形式的なことではない，②「コード」は大手を念頭に作成されているがその他の法人にも参考になるものとして捉え，それぞれの規模，特性などを踏まえて各監査法人において前向きな取

図表9-4　日本，イギリス及びオランダのコードの比較

国	日本 （金融庁，2017a）	イギリス （FRC, 2016）	オランダ （NICA, 2012）
適用 対象	任意適用（大手上場企業等の監査を担い，多くの構成員から成る大手監査法人を想定）	20社を超える上場会社の監査を担当する監査事務所（任意適用可能）	PIE免許を有する監査事務所（限定）
適用 事務所	16法人	8事務所	9事務所
内容	5原則と22指針	20原則と31規程	3原則と18規則
構成	1　監査法人が果たすべき役割	A　リーダーシップ B　価値観	0．価値観
	2　組織体制（経営機能） 3　組織体制（監督・評価機能） 4　業務運営	C　独立非業務執行役員 D　事業運営	1．事業運営の原則 2．監視の原則
	5　透明性の確保	E　報告 F　対話	3．説明の原則

出所：筆者作成

組みが行われていくことが望まれる，③非常に小規模な法人は，「コード」をそのまま採用する必要はなく，自らの組織について今一度確認して，必要な取組みを行っていただきたい，といった見解が示されている（座談会，2017，20-21頁）。

　監査人の選解任に当たって「コード」の採用の有無が判断材料と1つとなる可能性は否定できないが，「コード」を採用しない監査法人は，組織としての監査の品質の確保に向けて組織運営や業務運営にどのように取り組んでいるかを説明することが求められる。また，関係者は，「コード」を採用しているか否かという形式ではなく，取組みの実質を評価することが求められているといえよう。

　最後に，先述のとおり，「コード」を策定するに当たっては，重要な先行事例としてイギリス及びオランダにおける監査事務所ガバナンス・コードを参照している。しかし，当然のことながら，「コード」は日本の監査環境や課題に関する現状認識に基づいて設定されているので，イギリス及びオランダのコードとの逐条比較をする意義は乏しいと考える。そこで，まずは，日本，イギリス及びオランダのコードを比較形式で確認しておこう。図表9-4を参照されたい。

118 第Ⅱ部　監査品質規制の動向（1）：監査法人のガバナンス・コード

　図表9-4から，監査事務所ガバナンス・コードの内容は，国によって表現の
違いはあるものの，組織文化，組織運営，情報開示及び関係者との対話の3つ
に大別できるであろう。日本の「コード」は，イギリス及びオランダのコード
に比べて，組織のマネジメントに重点が置かれている点に特徴がある。

(2)　原則1：監査法人が果たすべき役割

> 原則1　監査法人は，会計監査を通じて企業の財務情報の信頼性を確保し，
> 資本市場の参加者等の保護を図り，もって国民経済の健全な発展に寄与す
> る公益的な役割を有している。これを果たすため，監査法人は，法人の構
> 成員による自由闊達な議論と相互啓発を促し，その能力を十分に発揮させ，
> 会計監査の品質を組織として持続的に向上させるべきである。

　原則1では，監査法人が果たすべき公益的な役割と，この役割を果たすため
に必要な組織としての会計監査の品質向上という理念が謳われているが，これ
は，監査法人に限らず，あらゆる組織に共通する健全な組織体制づくりを求め
る原則といえる。公認会計士個人の使命は公認会計士法第1条に規定されてい
るが，公認会計士の組織体である監査法人も適正な会計監査を通じた公益的な
役訓を担っていることがここで確認され，組織としての監査品質の持続的向上
が求められている。

　会計監査の品質の持続的向上について，具体的には，「監査法人の社員が公
認会計士法に基づく業務管理体制の整備にその責務を果たすとともに，トップ
がリーダーシップを発揮し，法人の構成員の士気を高め，その能力を十分に発
揮させること」と「被監査会社から報酬を得て行うとの会計監査の構造に起因
して，法人の構成員による職業的懐疑心の発揮が十分に行われないということ
にならないよう留意すべきこと」が述べられている。

　原則1の指針では，「トップの姿勢の明示」（指針1－1），「法人構成員共通の
価値観，考え方，行動の指針の明示」（指針1－2），「構成員の適切な動機付け」
（指針1－3），「開放的な組織文化・風土の醸成」（指針1－4），及び「非監査業
務の位置づけの明示」（指針1－5）が求められている。

　指針1－5「監査法人は，法人の業務における非監査業務（グループ内を含む。）
の位置づけについての考え方を明らかにすべきである。」については，「コード

第9章 「監査法人のガバナンス・コード」の意義と課題　**119**

（案）」の段階で「グループ」及び「位置づけ」の意味合いに関する質問が寄せられている。まず，「グループ」には同一ネットワークに加入する日本国内の法人も含まれているが，「組織としての監査の品質の確保」という観点から，監査品質と関連がないような非監査業務に関してまでつぶさに考え方を説明する必要はないと考えられる（金融庁，2017b; 野村，2017，7頁）。また，「非監査業務の位置づけ」については，人材育成などのポジティブな面と利益相反などのネガティブな面の双方を含む考え方や業務に与える影響を意味しているが，「組織としての監査の品質の確保」の観点から，法人の運営や評判等に与える影響についても考慮する必要がある，とされている（金融庁，2017b）。監査法人ごとに，監査品質との関連で非監査業務をどのように位置付けていくのかが問われていると解される。

(3)　原則2：組織体制（経営機能）

> 原則2　監査法人は，会計監査の品質の持続的な向上に向けた法人全体の組織的な運営を実現するため，実効的に経営（マネジメント）機能を発揮すべきである。

　原則2は，実効的な経営機能にかかわる原則である。

　原則2については，法制度の想定とは異なる大規模監査法人が存在する今日において，監査の品質を確保するためには，経営陣によるマネジメントが規模の拡大や組織運営の複雑化に的確に対応することが求められており，法人の組織的な運営に関する機能を実効的に果たすことができる経営機関を設け，法人の組織的な運営を確保することが重要である，との考えが示されており，「実効的な経営機関の設置と組織的な運営」（指針2-1），「経営機関の役割の明示」（指針2-2），及び「適切な経営機関の構成員の選任」（指針2-3）が求められている。

　原則2にかかわる具体的な論点としては，①組織的な監査への対応という趣旨で1966年に導入された従来の組織体制のままで，今日のような大規模監査法人を運営していることの弊害への対応と，②監査法人としての適正な判断が確保されるための組織体制の整備及び重要な事項への法人としての主体的な関与，の2つが指摘できる。

120　第Ⅱ部　監査品質規制の動向 (1)：監査法人のガバナンス・コード

　①の論点については，ほとんどの大手監査法人においては，すでに何らかの形でマネジメント機関が設けられており，「コード」の公表によって経営組織形態自体が大きく変化するということはあまりないという見解がある一方で，有識者検討会の議論では，関係者はそのようには理解していないこと，つまり，認識ギャップの存在が明らかとなっている（座談会，2017，15-16頁）。「コード」は大手監査法人の実態・実務の後追いであるとか，すでに監査法人の実態・実務が先行しているが，規制当局の要請であるので形式的に準拠するというような意識が監査法人側にあるとすれば，「コード」の適用によって監査品質が向上することは期待できないであろう。

　もちろん，「コード」の採用により監査品質が向上するかどうかは定かではない。だからこそ「コード」の趣旨に則って各法人が実態に即した対応を図り，関係者との対話（フィードバック）を通じてベスト・プラクティスを追求するとともに，「コード」そのものも定期的に見直すことが必要であると考える。

　次に，指針2-2の「監査品質に対する資本市場からの信頼に大きな影響を及ぼし得るような重要な事項について，監査法人としての適正な判断が確保されるための組織体制の整備及び当該体制を活用した主体的な関与」については，「コード」の適用によって経営機関の役割を明らかにすることが期待されており，これは有識者検討会の中でも非常に時間をかけて議論された論点である。具体的には，最近の不正会計事案では，監査法人の監査品質の確保に関する組織全体の取組みが監査の現場にまで十分に浸透していない状況を経営に関与する社員が把握しておらず，公認会計士・監査審査会の検査等の指摘事項に対する改善が徹底されていなかったこと等により，組織としての高品質な監査が提供できていなかったことが指摘されている。そのため，有識者検討会では，被監査会社と意見が対立しているような状況では，監査の現場における監査チームの監査判断が最も重要であるが，一方で重要な事項については現場任せではなく，法人としての主体的な関与が必要であるとの議論がなされた。

　しかし，公認会計士法の求めに応じて，各監査法人には審査部が設置されている。また，上場企業の財務諸表監査に適用される「監査における不正リスク対応基準」では，「不正による重要な虚偽の表示」があった場合には，「監査事務所としての審査」が求められている。これらの規定，上記の「監査法人としての…主体的な関与」とは，いかなる関係にあり，「主体的な関与」としてどの範囲までの関与が求められるのかを明らかにする必要があると考える。監査法

人は，公認会計士という専門職業人が集まって設立される法人であって，一般企業とは異なる。有識者検討会の議事にあったような，一般企業のトップであっても，問題があればライン上にある現場の判断に口を出す，というようなことと同一視することはできない。専門職業人の専門的な判断は，個々人の良心と監査規範のみによって制約されるのであって，「心証自由」が担保されるべきである。「主体的な関与」によって，その判断はどこまで制約されるのかに懸念を抱くものである。また，公認会計士法の規定との関係で，「主体的な関与」を行った者は，監査を担当した指定社員と連帯する責任を負うのかという問題もある。「コード」と公認会計士法との関係についても検討の余地があろう[7]。

(4) 原則3：組織体制（監督・評価機能）

> 原則3 監査法人は，監査法人の経営から独立した立場で経営機能の実効性を監督・評価し，それを通じて，経営の実効性の発揮を支援する機能を確保すべきである。

原則3は，経営機能の実効性に関する独立した監督・評価を求める原則である。

原則3では，監査法人の組織的な運営を確保するために，経営機関の機能の強化にあわせて，その実効性について監督・評価し，それを通じて，実効性の発揮を支援する機能を確保することが重要であるとの観点から，監督・評価機関の設置とその役割の明確化（指針3-1），監督・評価機関での独立第三者の選任と知見の活用（指針3-2），独立第三者の役割の明確化（指針3-3），及び，監督・評価機関の実効的な機能発揮のための環境整備（指針3-4）が求められている。監督・評価機関における独立第三者の知見の活用が言及されているが，この独立第三者は，イギリスの監査事務所ガバナンス・コードにおける独立非業務執行役員（Independent Non-Executives）に相当するものと考えられる。

原則3については，「コード（案）」の段階で，指針3-3に対して，「独立第三者の役割」及び「独立第三者が意見交換する対象としての株主の意味」に関する照会があり，いずれに対しても「各法人において判断されるべきもの」と

---

7) この段落は，本書執筆メンバーである松本祥尚氏及び町田祥弘氏とともに「監査研究会」名義で提出した「コード（案）」への意見である。

122 第Ⅱ部　監査品質規制の動向（1）：監査法人のガバナンス・コード

回答されている（金融庁，2017b）。第三者を選任するに当たり，どのような知見や経験などを有している者を選任すればよいのか，選任した第三者にどのような役割を担ってもらうかについては，各監査法人の規模やガバナンス体制，組織の課題等によって異なり，一律的なものではない。したがって，各監査法人が，組織的な業務運営を実現させるために，どのようなことが課題であるかを考え，それに対応するために相応しい第三者を選任し，役割を明らかにすることが重要となる（野村，2017，8頁）。

　監査法人の経営機能の監督・評価機関に外部の独立第三者を加えることにより，利用者との対話が促進されたり，ベスト・プラクティスを追い求めたりして，監査品質の健全な競争を促進する可能性が期待される。

(5)　原則4：業務運営

> 原則4　監査法人は，組織的な運営を実効的に行うための業務体制を整備すべきである。また，人材の育成・確保を強化し，法人内及び被監査会社等との間において会計監査の品質の向上に向けた意見交換や議論を積極的に行うべきである。

　原則4は，業務体制の整備並びに人材育成及び人事管理・評価にかかわる原則である。

　原則4は，原則1及び原則2において，法人トップがリーダーシップを発揮することや，経営機関のマネジメント機能の充実が求められていることを受けたものであり，監査品質を持続的に向上させるためには，経営機関が経営機能を発揮するとともに，経営機関の考え方を監査の現場まで浸透させる必要があることから，そのための体制の整備と業務運営への活用，及び法人内での監査品質向上に向けた意見交換や議論の促進が求められている（指針4-1）。また，経営機関の考え方を，法人の構成員が受け止め，業務に反映するようにするためには，大局的かつ計画的な人材育成や人事管理・評価が極めて重要であるとし，人材育成，人事管理・評価及び報酬にかかる方針の策定と運用（指針4-2）と，バランスのとれた法人の構成員の配置，構成員が会計監査に関連する幅広い知見や経験を獲得する機会の提供，構成員の知見や経験の適正な評価と計画的な活用（指標4-3）が求められている。さらに，経営機関から監査の現場へ

第9章 「監査法人のガバナンス・コード」の意義と課題 **123**

図表9-5 「コード（案）」からの変更点（指針4−5）

「コード（案）」	「コード」
4−5．監査法人は，内部及び外部からの通報に関する方針や手続を整備し，伝えられた情報を適切に活用すべきである。その際，通報者が，不利益を被る危険を懸念することがないよう留意すべきである。	4−5．監査法人は，内部及び外部からの通報に関する方針や手続を整備するとともにこれを公表し，伝えられた情報を適切に活用すべきである。その際，通報者が，不利益を被る危険を懸念することがないよう留意すべきである。

の情報の流れだけではなく，監査の現場から経営機関等への情報の円滑な流れを確保することも重要との観点から，指針4−1の他，被監査会社の経営陣幹部及び監査役等との意見交換（指針4−4），内部及び外部からの通報に関する方針や手続の整備，公表，情報の活用（指針4−5）が求められている。

原則4に対しては，「コード（案）」の段階で2つの意見が寄せられているが，いずれも「コード」には反映されていない。一方で，指針4−5には，図表9-5のような文言の追加が行われている。

これは，内部及び外部からの通報の仕組みが機能するためには，通報に関する方針や手続を整備するだけでなく，それを公表して周知を図る必要があると判断したものと考えられる。

指針4−4では，「監査法人は，被監査会社のCEO・CFO等の経営陣幹部及び監査役等との間で監査上のリスク等について率直かつ深度ある意見交換を尽くすとともに，監査の現場における被監査会社との間での十分な意見交換や議論に留意すべきである。」と述べられている。これは，コーポレートガバナンス・コードにおいて，上場会社に対して外部会計監査人との十分な連携の確保が求められている[8]のに対応して，「コード」においても，適正な監査の確保に向けて，監査法人に対して被監査会社との連携を求めたものである。指針5−1や指針5−3とともに，監査法人は，被監査会社に対して十分な情報提供を行い，両者の間での意見交換や議論を尽くすことが重要であるとの理解を反映したものである（以上，野村，2017，9頁）。

---

8) コーポレートガバナンス・コードの原則3−2（外部会計監査人）において，「外部会計監査人及び上場会社は，…適正な監査の確保に向けて適切な対応を行うべきである」とし，補充原則3−2①において，監査役会は「外部会計監査人候補を適切に選定し外部会計監査人を適切に評価するための基準の策定」及び「外部会計監査人に求められる独立性と専門性を有しているか否かについての確認」を行うべきであるとしている。

124　第Ⅱ部　監査品質規制の動向（1）：監査法人のガバナンス・コード

　しかし，東芝による粉飾決算事件を契機として監査の品質を高めることを目的とした，いわば監査の厳格化を求めるべき「コード」において，「被監査会社のCEO・CFO等の経営陣幹部…との間で監査上のリスク等について率直かつ深度ある意見交換を尽くす」というのは，被監査会社の言い分に耳を傾けること，あるいは，有識者検討会の議論にあったように，監査人は，被監査会社とともによりよい財務報告を実現するために協力することを求めているかのような文言であり，「コード」が規定すべき事項ではないように思われる。イギリスの監査事務所ガバナンス・コードにおいても，ガバナンスに責任を有する者（Those charged with governance）との連携は強く求められているものの，被監査企業のCEO・CFOの意見を聴くことを要請する規定はない[9]。

　「提言」は，その冒頭で「資本市場の信頼性を確保し，成長資金が供給されるようにしていくためには，企業が財務情報を適正に開示することが必要である。また，企業が経営戦略を策定し，持続的な成長・中長期的な企業価値の向上を目指すうえでも，自らの財務状況を的確に把握し，株主・投資家等と共有することが不可欠である。会計監査は，このような企業による財務状況の的確な把握と適正な開示を確保し，その適正・円滑な経済活動を支え，これを日本経済の持続的な成長につなげていく前提となる極めて重要なインフラである。」と述べている。会計監査は企業による財務状況の的確な把握と適正な開示の確保に貢献する，あるいは貢献すべき，という理解に異論はないが，上述のとおり，前者を「コード」に規定する必要はなかったのではないだろうか。

⑹　原則5：透明性の確保

> 原則5　監査法人は，本原則の適用状況などについて，資本市場の参加者等が適切に評価できるよう，十分な透明性を確保すべきである。また，組織的な運営の改善に向け，法人の取組みに対する内外の評価を活用すべきである。

　原則5は，透明性の確保，すなわち「コード」の適用状況等に関する情報開示にかかわる原則である。

9）この段落は，本書執筆メンバーである松本祥尚氏及び町田祥弘氏とともに「監査研究会」名義で提出した「コード（案）」への意見である。

第9章 「監査法人のガバナンス・コード」の意義と課題 **125**

図表9-6 「コード（案）」からの変更点（指針5-1）

意見	「コード（案）」	「コード」
指針5-1の「透明性報告書」は，EU指令の訳語であり混乱を招くため，以下のような記載を提案する。「…取組みについて，一般に閲覧可能な文書において，わかりやすく説明すべきである」	5-1. 監査法人は，被監査会社，株主，その他の資本市場の参加者等が評価できるよう，本原則の適用の状況や，会計監査の品質の向上に向けた取組について，例えば「透明性報告書」といった形で，わかりやすく説明すべきである。	5-1. 監査法人は，被監査会社，株主，その他の資本市場の参加者等が評価できるよう，本原則の適用の状況や，会計監査の品質の向上に向けた取組みについて，一般に閲覧可能な文書，例えば「透明性報告書」といった形で，わかりやすく説明すべきである。

　原則5では，会計監査の品質を持続的に向上させていくためには，資本市場の参加者が監査法人における監査品質の向上に向けた考え方や取組みなどを適切に評価して監査法人を選択し，それが監査品質の向上へのインセンティブの強化や監査報酬の向上につながるという好循環を生むことが重要であるとの観点から，「コード」の適用状況や監査品質の向上に向けた取組みに関する情報開示の充実が求められている（指針5-1及び指針5-2）。また，監査法人内においても，「コード」の適用状況や監査品質の向上に向けた取組みの実効性について評価を行い（指針5-4），情報開示に基づく資本市場の参加者等との意見交換（指針5-3）と合わせ，その結果をさらなる改善に結び付けるべき（指針5-5）であると，PDCAサイクルにも言及している。

　原則5に対しては，「コード（案）」の段階でいくつかの意見が寄せられているが，そのうち「コード」に反映された意見が1つだけある。それは，情報開示媒体にかかわるものである。図表9-6を参照されたい。

　上記のような修正は行われたものの，原則5には，いくつかの課題が残されていると考える。

　まず，「コード」では，「コード」の目的を達成するためには実情に応じた監査法人ごとの判断に基づく柔軟な対応が望ましいとの立場が貫かれており，情報開示の媒体，方法，場所，内容等について具体的な要求事項を示していない。イギリスでは，2006年法定監査指令により，イギリス国内の規制市場に上場している会社の監査人に対して年次透明性報告書の開示が強制され，「法定監査人（透明性）文書2008」（FRC, 2008）により，具体的な開示内容が規定され

126 第Ⅱ部　監査品質規制の動向（1）：監査法人のガバナンス・コード

ている[10]。プリンシプルベース・アプローチによる最善の実務の醸成という理念を否定するものではないが，情報開示の媒体，方法，場所，内容等について，最低限の要求事項は示した方がよいと考える。

　また，透明性報告書等の宛先（想定利用者）の問題もある。指針5−1では，「被監査会社，株主，その他の資本市場の参加者等が評価できるよう」透明性報告書を作成することを求めている。ここで，被監査会社，株主，その他の資本市場の参加者等が並列に置かれているが，透明性報告書は，何よりも監査報告書の利用者，したがって同時に，財務諸表利用者のために作成されることを明記すべきである。イギリスの事例でも，透明性報告書の宛先又は利用者として想定されているのは，第一義的には，監査報告書利用者＝財務諸表利用者であり，より具体的には，株主であり，株主の利害を代表する監査役等である。被監査会社は，監査契約の当事者であるが，少なくとも，監査の品質の向上という観点から，直接的に被監査会社を宛先にすべきではない。また，監査法人の選択に資する情報の提供という文脈において「被監査会社」という用語を用いると誤解が生じる可能性もあるので，「被監査会社の株主及び監査役等，その他の資本市場の参加者等」を宛先とすることも考えられる。

　さらに，わが国固有の事情として，機関投資家による専門的な情報の解釈や分析とその伝達が十分に期待できない状況では，透明性報告書が実態に即したものであるか否かに関する第三者評価のための措置が別途必要になろうと思われる[11]。

　「コード」導入の意義は，あるいは「コード」による監査品質の向上への寄

---

10) イギリスでは，PIEsの監査を担当する監査事務所のほとんどは，エンロン社及びワールドコム社の粉飾決算事件を契機とする監査規制のレビュー結果に基づいて政府が行った勧告に従い，2003年に透明性報告書の自発的な開示に同意した。当時，ほとんどの法人は年次報告書（Annual Report）に資料を追加することによってこの開示要求に対応したとされる。（以上，FRC, 2009, p.2）。その後，2006年にEC会社法第8号指令を改正する法定監査指令（EU, 2006）が制定，施行され，PIEsの監査を実施する法定監査人又は法定監査事務所は，会計年度末日から3か月以内に年次透明性報告書を各自のウェブサイトに公表することが義務付けられた（第40条）。これを受けてイギリスでは，FRCが「法定監査人（透明性）文書2008」を公表してこの規定を国内化し，2008年4月6日以降開始する事業年度から年次透明性報告書の開示が制度化されている 。開示項目として，例えば，監査事務所の法的形態及び所有構造，監査事務所がネットワークに属している場合には，当該ネットワークに関する説明及び当該ネットワークとの法的ないし構造的な取り決め，監査事務所のガバナンス構造などが規定されている（FRC, 2008, Schedule）。

11) 透明性報告書の宛名（想定利用者）及び透明性報告書の第三者評価についての意見は，本書執筆メンバーである松本祥尚氏及び町田祥弘氏とともに「監査研究会」名義で提出した「コード（案）」への意見である。

第9章　「監査法人のガバナンス・コード」の意義と課題　**127**

与は，「コード」を遵守することによる効果と，「コード」の遵守状況に関する
開示情報に基づいて監査の品質が適切に評価されることによる効果にあると考
えられる。情報開示に当たっては，単に「コード」に準拠している旨のみの開
示や他法人と横並びの画一的な開示にならないよう，各法人の監査品質が理解
されるようによりよい開示に向けて創意工夫がなされることが望まれる[12]。また，
被監査会社等の資本市場の参加者等には，積極的な意見交換や情報収集を行い，
監査法人の取組みや組織的な運営について，適切な評価を行うことが望まれる。

4. 監査品質の向上に向けて

　新たな規制の導入の是非は判断が難しい。社会制度の設計（社会選択）に当
たっての判断基準の1つとして，コスト・ベネフィットの比較考量がある。し
かし，一般的に，コストは相対的に把握・測定しやすいが，ベネフィットは特
に測定が難しいことが多い。また，例えば新しい交通システムの導入時に用い
られる実証実験や，新薬の開発における治験のような，実際の運用・使用に先
んじて問題点を検証することも困難である。そのため，制度導入時にはデュー
プロセスに則り，利害関係者の合意を得るという手続がとられるとともに，継
続した改善が図られることになる。同様のことが監査法人のガバナンス・コー
ドにも当てはまる。

　「コード」は，監査法人の自由度を高め，組織の規模や特性などの実態に即
したガバナンス構造やマネジメント形態を選択し，実効的な組織運営が図れる
ように，プリンシプルベース・アプローチとコンプライ・オア・エクスプレイ
ンの手法を採用している。こうした方針の背景には，市場における競争を前提
とし，規制による介入に最小限度に止め，提供する監査業務の品質を高めて，
その品質を市場に適切に伝達する努力は，監査事務所の自発的な取組みに任せ
るという考え方があると解される。すでに16の監査法人が「コード」の採用を
表明し，それぞれに取組みをはじめているところであるが，「コード」の採用
がもたらす効果や関係者の反応を確認するには時の経過を待たなければならな
い。実務において試行錯誤を重ね，経験に基づいて「コード」の継続的な見直
しを行い，ベスト・プラクティスを追求することが必要である。この意味では，

12）日本公認会計士協会は，プロジェクトチームを立ち上げ，監査法人の外部に対する開示について，
　すでに法令等で要請されているものとの関係や重複の有無を確かめ，外部者にわかりやすい開示と
　する検討を行っている（座談会，2017，20頁）。

監査法人と規制当局との対話も重要となってくる。

「コード」には，監査法人のマネジメント及びガバナンスの在り方を示し，「コード」の遵守及び遵守状況の開示によって組織のよりよい運営・管理に資するという対内的効果と，「コード」の遵守状況を含む情報開示によって監査法人ないし監査法人が提供する監査の品質の評価（比較）を可能とし，監査法人の競争的環境の醸成に資するという対外的効果が想定される。まずは各監査法人が，「コード」導入の理念に照らして法人の規模や特性に応じた対応を行い，監査品質の向上を図ることが望まれる。その際には，構成員の意識の方向付け，動機付けが重要であり，経営陣によるリーダーシップが求められる。また，監査法人は，資本市場の参加者等が評価できるように，「コード」の適用状況や監査品質の向上に向けた取組みに関する情報の開示を充実すべきである[13]。もちろん，もう一方のプレーヤーである情報利用者の役割も重要である。特に，監査役等（もちろんその背後には株主が存在する）が監査の品質を適切に評価し，その評価に基づいて監査人を選解任するとともに，品質に応じた監査報酬を支払うようになれば，提言が示した好循環が生まれることが期待できる。

　ここ15年から20年ほど，大学にも改革の嵐が吹き荒れている[14]。かつて「象牙の塔」と揶揄され，現実社会から隔絶された状態で独自の道を歩んでいたとされる大学の姿はみる影もない。大学（学校法人）も研究者という専門家の集団であり，近年の公認会計士業界に対する規制強化という現象は，大学に対する規制強化と相似のように思えてならない。大学の質向上のための重要な施策

13）ただし，専門家が提供する業務（サービス）については，提供者と利用者の情報の非対称性が大きく，また専門家の判断にかかわる情報の理解可能性の問題もあり，市場メカニズムが機能しにくいという性質がある。

14）日本の大学が変革期を迎えるきっかけとなったのは，1991年の大学設置基準の大綱化であるが，大学改革の向けた政策の1つの大きな節目としては，2001年4月の文部科学大臣諮問「今後の高等教育改革の推進方策について」（文部科学省，2001）が挙げられる。この諮問を受けて2002年8月に中央教育審議会から「大学の質の保証に係る新たなシステムの構築について（答申）」（文部科学省，2002）が提出され，日本の高等教育の国際的通用性，共通性の向上と国際競争力の強化を目指すための改革案が示された。また，中央教育審議会が2008年12月に公表した「学士課程教育の構築に向けて（答申）」（文部科学省，2008）では，大学改革が大きく謳われた。最近では，2014年2月に，中教審大学分科会が「大学ガバナンス改革の推進について（審議まとめ）」（文部科学省，2014）を公表している。

として，例えば，①評価システムの構築（自己点検・自己評価・認証評価）[15]，②情報開示の促進（自己評価結果の開示，大学ポートレート）[16]，及び③ガバナンス体制の構築（学長のリーダーシップの確立，経営協議会委員の過半数を学外委員とすること等）[17]があるが，これらは品質管理制度や監査法人のガバナンス・コードと同様の発想に基づくものといえる[18]。

このような改革の動きに対しては，「何が（どこが）悪いのか，そのような批判は的外れではないか」，「なぜ変えなければならないのか，変えることによってさらに悪くなるのではないか」，「すでに改革を行っており，これ以上どうすればよいのか」[19]といった反発がある。また，現実問題として，自己点検・自己評価には膨大な作業が伴い，この点検・評価の結果を受けて行われる対応にも時間をとられる。その結果，研究・教育以外の業務量が以前より増えたことは疑いのない事実である。また，自己点検・自己評価の評価項目・評価基準を満たすことが目標となり，あるいはその結果の情報公開に当たって，定型で

---

15) 2004年度から，すべての大学，短期大学，高等専門学校は，7年以内ごとに文部科学大臣が認証する評価機関の評価（認証評価）を受けることが法律で義務付けられた（学校教育法第69条の3）。それまでは，大学等を設置する際に設置基準による設置審査が行われていたものの，完成後も設置基準が守られているか，研究・教育が適切に行われているかをチェックする公的な仕組みはなかったのである。そこで，大学等に対して，自己点検・評価を行い，それを改善につなげることが求められるとともに，それを第三者によって検証することにしたのが認証評価である。認証評価は，大学等の教職員が所属大学以外の大学を評価しあう，いわゆるピアーレビューの仕組みを採用している。

16) 1991年に大学設置基準が改正され，大学の自己点検・評価が努力義務化され，1999年には自己点検・評価の実施と結果の公表が義務付けられるとともに，その結果の学外者による検証が努力義務化された。そして2002年には，学校教育法が改正され，自己点検・評価の実施と結果の公表にかかる規定が法律上明示され，2002年度から施行されている。

17) 中教審大学分科会「大学のガバナンス改革の推進について（審議まとめ）」（文部科学省，2014）において，各大学は，主体的・自律的にガバナンス体制の総点検・見直しを行い，教育・研究・社会貢献の機能を最大化すること，そのために，学長のリーダーシップの下で，大学の強みや特色を生かしていくことができるようなガバナンス体制を構築することが求められた。そして，これを後押しするために，学校教育法の改正により教授会の権限が弱められ，国立大学法人法の改正により，国立大学法人の経営に関する重要事項を審議する機関である経営協議会の委員の過半数を学外委員とするなどの制度改正が行われている。

18) ①②③のような施策の実行状況や達成度は，補助金の交付や学部等設置申請と連動しており，大学（学校法人）にとっては相当な圧力となっている。

19) これに対しては，「最近10年余りは，国立大学法人や公立大学法人制度の導入，私立学校法（昭和24年法律第270号）の改正，大学の教育情報の公表義務等の重要な制度改正を受け，多くの大学が，学長のリーダーシップの下で様々な大学改革に取り組んできた。しかしながら，このように改革に取り組む大学の姿は，必ずしも社会に対して十分に伝わっているとは言えない。また，大学は我が国の発展の源泉であり，知識基盤社会をリードしていくことが求められていることから，より一層の大学改革を求める声も大きい。大学は，こうした社会の期待に，主体的に応えていくことが期待されている。」（文部科学省，2014，1-2頁）との認識が示されている。この点も監査法人のガバナンス・コードと重なるところである。

形式的な当たり障りのない記述がなされることにより，手間がかかる割に実効性が伴っていないのではないかという批判もある。このような反応は，おそらく監査法人のガバナンス・コードにもみられるであろう。大学に籍を置く者の実感として，このような大学改革の最大の問題は，どのような施策を実施すれば研究・教育の質が向上するのかは，実際のところ誰にもわからないということである。しかし，大学を取り巻く環境や大学に対する社会の認識の変化への何らかの対応は必要であり，また，対応が遅れれば遅れるほど規制が強化されることになる。

　研究・教育の質向上を目指す大学改革と，監査の質向上を目指す監査法人のガバナンス・コードのこのような対比に基づけば，まずは監査法人が主体的，積極的に改革に取り組み，その効果や帰結に基づいて規制当局や市場関係者との対話を積み重ね，ベスト・プラクティスを追求することが肝要であると考える。

参考文献

Audit Firm Governance Working Group (2010), The Audit Firm Governance Code, Institute of Chartered Accountants in England and Wales and Financial Reporting Council.

Authority for the Financial Markets (AFM) (2017), Audit Firm AFM. <https://www.afm.nl/ en/professionals/doelgroepen/accountantsorganisaties (2019.3.12)>

(The) European Parliament and the Council of the European Union (EU) (2006), Directive 2006/43/EC of the European Parliament and of the Council of 17 May 2006 on the statutory audits of annual accounts and consolidated accounts, amending Council Directives 78/660/EEC and repealing Council Directive 84/253/EEC, Official Journal, L157, 9.6.2006, pp.87-107.

Financial Reporting Council (FRC), Professional Oversight Board (2008), The Statutory Auditors (Transparency) Instrument 2008, FRC.

——(2009), Transparency Reporting by the Largest UK Audit Firms: Commentary on 2008 Reports, FRC.

——(2015), Audit Firm Governance Code: A review of its implementation and operation, FRC.

——(2016), Audit Firm Governance Code, Revised 2016, FRC.

International Monetary Fund (IMF), Monetary and Capital Markets Department (2017), Kingdom of the Netherlands-Netherlands: Financial Sector Assessment Program: Technical Note-Securities Supervision-Selected Issues Regarding the Regulators, Auditor Oversight, and Collective Investment Scheme Management, IMF.

Netherlands Institute of Chartered Accountants (NICA) (2012), Oversight and transparency, NICA.

金融庁 (2016a), 会計監査の在り方に関する懇談会「提言―会計監査の信頼性確保のために―」,

金融庁.

――(2016b), 監査法人のガバナンス・コードに関する有識者検討会「『監査法人の組織的な運営に関する原則』(監査法人のガバナンス・コード)(案)の策定について」, 金融庁.

――(2017a), 監査法人のガバナンス・コードに関する有識者検討会「監査法人の組織的な運営に関する原則」(監査法人のガバナンス・コード), 金融庁.

――(2017b), 監査法人のガバナンス・コードに関する有識者検討会「『監査法人の組織的な運営に関する原則』(監査法人ガバナンス・コード)主なパブリックコメントの概要及びそれに対する回答」, 金融庁.

――(2017c), 公認会計士・監査審査会「平成29年版モニタリングレポート」, 金融庁.

――(2018), 公認会計士・監査審査会「平成30年版モニタリングレポート」, 金融庁.

――(2019)「『監査法人の組織的な運営に関する原則』(監査法人のガバナンス・コード)を採用した監査法人のリスト」, 金融庁. <https://www.fsa.go.jp/news/28/sono-ta/20170331-auditfirmgc/4.pdf 2019年3月12日閲覧>

座談会(池田唯一, 大場昭義, 住田清芽, 関哲夫, 関根愛子, 初川浩司, 八田進二)(2017)「監査法人のガバナンス・コードをめぐって(座談会)」, 『会計・監査ジャーナル』744号, 8-24頁.

髙田知実(2016)「監査事務所のガバナンス・コードに関する実態調査」, 『月刊監査役』660号, 15-25頁.

日本公認会計士協会(2018a)「上場会社監査事務所登録情報」日本公認会計士協会. <http://tms.jicpa.or.jp/offios/pub/pre.pareJyojyoMeibo.do 2019年3月12日閲覧>

――(2018b)「会員数等調〔2019年(平成31年)2月28日現在)」日本公認会計士協会. <https://jicpa.or.jp/about/0-0-0-0-20180630.pdf 2019年3月12日閲覧>

野村昭文(2017)「監査法人の組織的な運営に関する原則―監査法人のガバナンス・コード―」, 『商事法務』2136号, 4-11頁.

林隆敏(2016)「イギリスにおける監査事務所のガバナンス・コード」, 『月刊監査役』660号, 2-10頁.

町田祥弘(2016)「監査法人のガバナンス・コードの在り方」, 『青山アカウンティング・レビュー』第6巻, 42-50頁.

――(2017)「監査法人のガバナンス・コードの確定・公表を受けて」, 『ディスクロージャー&IR』第1巻, 8-15頁.

文部科学省(2001)「今後の高等教育改革の推進方策について」, 文部科学省. <http://www.mext.go.jp/b_menu/shingi/chukyo/chukyo0/toushin/07031215/007.htm 2019年3月12日閲覧>

――(2002), 中央教育審議会「大学の質の保証に係る新たなシステムの構築について(答申)」, 文部科学省. <http://www.mext.go.jp/b_menu/shingi/chukyo/chukyo0/toushin/ 020801.htm 2019年3月12日閲覧>

――(2008), 中央教育審議会「学士課程教育の構築に向けて(答申)」, 文部科学省. <http://www.mext.go.jp/b_menu/shingi/chukyo/chukyo0/toushin/1217067.htm 2019年3月12日閲覧>

――(2014), 中央教育審議会大学分科会「大学のガバナンス改革の推進について(審議まとめ)」, 文部科学省. <http://www.mext.go.jp/b_menu/shingi/chukyo/chukyo4/ hou-koku/1344348.htm 2019年3月12日閲覧>

(林 隆敏)

第10章

監査法人のガバナンス・コードに関する先行研究及び実態

1．問題提起

　本章は，監査事務所のガバナンス・コードについて，関連する先行研究をレビューするとともに，日本の監査事務所の情報開示の実態を分析する。本章の分析では，日本において「監査法人の組織的な運営に関する原則（監査法人のガバナンス・コード）」が2017年3月に最終確定される前に公表した髙田（2016）と類似した問題意識をもっているが，当時はイギリスのみに限られた実態調査を日本に適用することが可能になり，監査事務所による情報開示が進んだことで，検討すべき先行研究も増えている。そこで，本章では，必要な範囲で髙田（2016）の議論を要約的に取り込んだ上で，より近年の動向について議論していくことにする。以下では，まず監査事務所のガバナンス及び監査事務所による情報開示についての先行研究をレビューし，続いて，日本の監査事務所による情報開示の実態をみていく。

2．先行研究のレビュー

　監査事務所のガバナンス・コードの適用状況や監査事務所による透明性報告書（transparency report）等の開示に関する研究は，端緒についたところである。最も初期の研究であり，監査事務所のガバナンスに関するデータ分析の道筋をつけた研究にDeumes et al.（2012）がある。彼らの基本的な研究内容は，透明性報告書における監査事務所のガバナンスに関連する情報を対象に，①その開示状況に多様性があるか否か，及び②それらの開示状況が実際の監査の品質と関連しているか否かである。そして，①各国の監査事務所が作成する透明性報告書の開示内容はそれぞれ異なっている一方で，②ガバナンスの充実度合いとクライアントの利益調整には統計的に有意な関係がないことを発見した。つまり，透明性報告書における開示内容は事務所ごとに異なるものの，開示の対象であるガバナンスにおける事務所間のばらつきが，実務においてどのような効果を有しているのかは明らかにされていないのである。

　その後は，監査事務所からの開示情報を用いた研究として，Deumes et al.（2012）による1つ目の研究課題に関連したものがいくつか公表されている。

つまり，透明性報告書の開示内容に関する多様性を論点とする研究である。例えば，Fu et al.（2015）は，透明性報告書の作成と開示が2013年に強制されたオーストラリアにおける制度を対象に，その開示実態を分析している。彼らの研究によると，オーストラリアの監査事務所によって開示された透明性報告書は，要求事項については一律の開示が行われているものの，その実態（つまり，内部の品質管理システムや独立性確保のための取組みなど）には事務所間でばらつきがあるという。制度による強制的な開示が進められると，ボイラープレート型の定型文による開示となり，結果的に開示情報の間で差がみられないという事態に陥る可能性が指摘されることも少なくない（Deumes et al., 2012; Fu et al., 2015）。しかし，Deumes et al.（2012）やFu et al.（2015）の分析結果によれば，監査事務所による透明性報告書では，要求事項を開示するという点で事務所ごとにばらつきが少ない一方で，事務所ごとにその実態は異なることを反映した，内容に多様性のある開示が進んでいるようである。

　その後も，監査事務所のガバナンスを扱った研究では，やはり監査事務所による透明性報告書を対象に，しかし1つ以上の国を対象にした研究が少しずつ進展してきている。具体的には，Girdhar and Jeppesen（2018）やRosa et al.（2019）である。彼らの研究意識は，異なる国の異なる監査事務所によって開示される透明性報告書の開示内容がどのようにばらついているのか，そしてその開示内容を左右している要因は何か，といったものである。Girdhar and Jeppesen（2018）は，イギリス，ドイツ，及びデンマークの大手監査事務所の透明性報告書における開示内容のばらつきの決定要因を分析している。そして，監査事務所ネットワークにおける中枢からのモニタリングの強さ，各国市場における開示制度の厳格さが透明性報告書の開示内容を左右していることを明らかにした。Rosa et al.（2018）は，EU諸国[1]の透明性報告書における開示内容の決定要因を分析しているが，それに加えて，透明性報告書開示の市場における帰結も分析している。開示内容の決定要因としては，各国における監査制度の整備状況が影響を及ぼしていることを明らかにし，帰結としては資本コストで代理した（監査に対する）市場の信頼が改善することを明らかにした。

　以上のように，監査事務所が開示する透明性報告書の開示実態やその帰結は，ガバナンスの観点も含めながら研究が進められている。現在は，EU圏内の監

1）分析対象となったのは，オーストリア，ベルギー，フランス，ドイツ，イタリア，オランダ，ポルトガル，スペイン，スイス，及びイギリスの10か国である。

査事務所による開示の分析が主であるが，今後，EU圏外の監査事務所による情報開示が進めば，同様の問題意識を共有した研究が進展していくかもしれない。

3．日本におけるガバナンス・コードの適用実態

　本節では，日本の監査事務所におけるガバナンス・コードの適用実態をみていく。情報源としては，（いわゆる）透明性報告書の開示実態をみていくことになるが，EU諸国とは異なり，日本の場合は監査事務所からの開示資料に関する名称として「透明性報告書」は一般的ではなく，「監査品質に関する報告書」等と称して情報開示がなされている。ただし，ここでは，議論を簡略化するために，開示された資料の個別名称ではなく，「透明性報告書」として，検討を進めていくことにする。また，監査事務所名についても，識別可能な範囲で事務所の正式名称を省略して記述する。

　PwCあらたのように，「監査法人のガバナンス・コード」が2017年3月に取りまとめられるよりも以前から，透明性報告書を開示していた事務所が存在する。しかし，日本で透明性報告書の開示が実質的に進んだのは，「監査法人のガバナンス・コード」の制定がみえてきた，あるいは確定した頃であり，2018年が2度目から3度目の開示という事務所がほとんどである。ガバナンス・コードの制定によって透明性報告書の開示が進んだ背景には，原則5の「透明性の確保」がある。当該原則では，ガバナンス・コードの適用状況等を「…，一般に閲覧可能な文書，例えば「透明性報告書」といった形で，わかりやすく説明すべきである」と定められている。これにより，透明性報告書の開示が進むとともに，報告書において，原則の対応状況等が開示されることとなった。また，日本における透明性報告書の開示の浸透には，欧州等で透明性報告書の開示が要求されていることも，少なからず影響を及ぼしているものと考えられる。

　金融庁によるガバナンス・コードの情報に関するウェブサイトでは，ガバナンス・コードを適用した監査事務所の一覧が一定の頻度で更新されている。2019年1月31日更新された情報によると，合計16の日本の監査事務所がガバナンス・コードを適用している。コードの適用事務所数は，その開示以来，少しずつ増加している。

　図表10-1は，2017年と2018年に公表された透明性報告書等を基にした，各事務所のガバナンス・コードの対応と情報開示の状況である。2017年のリストは，

図表10-1　監査事務所のガバナンス・コード対応状況（日本）

		原則1		原則2		原則3		原則4		原則5		指針単位	
		17	18	17	18	17	18	17	18	17	18	17	18
大手	あずさ	○	○	○	○	○	○	○	○	○	○	○	○
	新日本	○	○	○	○	○	○	○	○	○	○	○	○
	トーマツ	○	○	○	○	○	○	○	○	○	○	○	○
	PwCあらた	○	○	○	○	○	○	○	○	○	○	○	○
準大手	仰星	○	○	○	○	○	○	○	○	○	○	○	○
	三優	○	○	○	○	△	△	○	○	△	△		
	太陽	○	○	○	○	○	○	○	○	○	○	×	×
	東陽 *17	○	○	○	○	○	○	○	○	○	○	○	○
	PwC京都	○	○	○	○	○	○	○	○	○	○	○	○
	優成	○		○		○		○		○		×	
その他	かがやき	○	○	○	○	○	○	○	○	○	○	○	○
	清陽 *1718	○	○	○	○	△	△	○	○	△	△	×	×
	清稜 *1718	○	○	△	△	×	×	○	○	△	△		
	ひびき	○	○	○	○	○	○	○	○	○	○	○	○
	明治 *1718	○	○	○	○	×	×	○	○	○	○		
	A&A *18		○		○		○		○		○		○
	井上 *18		○		○		×		○		△		×

注：＊がついているのは，情報開示が透明性報告書ではなく，ウェブサイトやガバナンス・コードの対応状況を一覧にした資料でのみ行われている事務所である。アスタリスクの横の数字は，その様な形式での開示が行われた西暦（下二桁）である。なお，清陽監査法人は2018年には透明性報告書を開示していたものの，ガバナンス・コードの対応については，ウェブサイトでの記載であったためアスタリスクをつけている。右端の「指針単位」の欄には，原則単位ではなく，個別の指針単位で詳細にコードへの対応状況を開示しているか否かを示している。

2018年4月18日時点のガバナンス・コード適用事務所について作成したものであり，2018年のリストは，2019年1月31日に更新された情報に基づいている。2017年から2018年の変化は，合併によって優成監査法人が消滅したためにリストから外れ，新たにガバナンス・コードを適用したA&Aパートナーズと井上監査法人が加わっている。なお，判断の客観性を重視し，図表10-1は事務所からの開示情報のみに基づいて作成した。対応状況は，「対応（○）」，「部分的に対応（対応中を含む）（△）」，「非対応（×）」の3段階に分けて識別している。一覧からわかるように，大手の事務所はすべての原則に「対応」しており，個別の指針に対する対応状況が詳細に開示されている。一方，事務所の規模が小

さくなるほど，「部分的に対応（対応中）」又は「非対応」が増加し，指針ごとの対応状況を記述していない事務所が増える。また，図表に示したように，独立した報告書（つまり透明性報告書）ではなく，事務所のウェブサイトで情報開示しているケースも，準大手以下の規模で観察される。これらの事務所では，単にガバナンス・コードの対応状況だけを一覧として提供している場合もある[2]。2017年と2018年で比較すると，2年間で継続的にガバナンス・コードを適用している監査事務所は，コードの対応状況に変化がない。ただし，情報開示という点では，東陽監査法人が2018年から透明性報告書を開示しており，ここには変化がみられる。

　以上の考察は，監査事務所による開示情報に基づく要約であるため，実際の適用状況については，達成度合いなどの実態に差異があるかもしれない。この点には注意が必要であるが，全体としてみると，特に大手の監査事務所については監査事務所ごとのばらつきは基本的に存在しない。その一方で，対応状況，情報開示方法については，規模による差が存在している。このような規模による実態の違いの原因を考えてみると，それは，コード適用の趣旨に関係していると思われる。すなわち，コードでは「大手上場企業等の監査を担い，多くの構成員から成る大手監査法人における組織的な運営の姿を念頭に策定されているが，それ以外の監査法人において自発的に適用されることも妨げるものではない」とされている。つまり，必ずしもコードの適用が想定されていないような事務所についても，自主的にコードを適用している場合に，対応していない原則や指針があったり，透明性報告書による情報開示が行われていないのは，いわば当然の結果である。

4．日本における透明性報告書のAQI開示実態

　本節では，大手の監査事務所が開示した透明性報告を基に，米国公開会社会計監督委員会（Public Company Accounting Oversight Board: PCAOB）（2015）によって開示された監査品質の指標（Audit Quality Indicator: AQI）が，事務所レベルでどの程度開示されているかの実態を分析する。ガバナンス・コードの原則5では，透明性の確保が求められており，開示された情報に基づく利害関係者による意思決定が，監査品質向上の好循環をもたらすことが期待

---

2) ただし，そういった事務所の場合は，監査品質向上のための取組みが事務所のウェブサイトである程度開示されていることが多い。

図表10-2　大手監査事務所の透明性報告書（2018年）におけるAQIの記載状況

				EY新日本	PwCあらた	あずさ	トーマツ
監査人	利用可能性	1	スタッフの比率	■			■
		2	パートナーの作業負担		■		
		3	マネージャー及びスタッフの作業負担		■		
		4	専門的な会計及び監査のリソース	■		■	■
		5	専門的な技能及び知識を有する者	■			
	能力	6	監査専門要員の経験				
		7	監査専門要員の業種における経験				
		8	監査専門要員の交代・離職		■		
		9	サービスセンターで行われる監査作業の量				■
		10	監査専門要員1人当たりの研修時間	■			
	フォーカス	11	監査時間とリスク領域				
		12	監査の各段階における監査時間の配分				
監査プロセス	リーダーシップ	13	監査専門要員に対する独立的な調査の結果				
	動機	14	品質の評価と報酬・給与				
		15	監査報酬，努力，クライアントのリスク				
	独立性	16	独立性に関する要求事項の遵守	■			
	インフラ	17	監査品質を支えるインフラストラクチャーに対する投資				■
	監視と改善	18	監査事務所による内部の品質管理レビューの結果	■			
		19	CPAAOBによる検査の結果	▨	▨	▨	▨
		20	専門的能力のテスト				
監査結果	財務諸表	21	虚偽表示による財務諸表の修正再表示の頻度と影響				
		22	不正及びその他の財務報告の不祥事				
		23	財務諸表の品質の測定指標を利用した監査品質の測定				
	内部統制	24	内部統制の重要な不備の適時の報告				
	継続企業	25	継続企業問題の適時の報告				
	コミュニケーション	26	監査委員会メンバーに対する独立的調査結果			■	■
	執行と訴訟	27	規制当局による執行活動の傾向	▨	▨	▨	▨
		28	民事訴訟の傾向				
			ページ数	80	97	59	56

注：濃い網カケは定量的情報（定性的情報の説明も含む）があるもの，薄い網カケは定性的情報があるもの，斜め格子は定性的に制度の説明がなされた上で該当する定量的情報がないもの（該当する事象の件数が0件のものを含む）。

138 第Ⅱ部　監査品質規制の動向（1）：監査法人のガバナンス・コード

されている。この原則の趣旨に鑑みると，監査事務所は，ガバナンス・コードに示された内容以上に，監査の品質にかかわる情報を幅広く開示することが期待される。本節は，2018年に開示された透明性報告書を対象に，その開示実態を分析するものである。PCAOB（2015）によるAQIと照らし合わせる理由は次の2つである。すなわち，PCAOB（2015）が，同等の取組みの中で最も幅広く，多くの具体的なAQIが提示されていること，及び2015年と2016年に開示された透明性報告書を参照して同様の実態分析を行った井野（2017）との比較可能性を確保するためである。また，ここでは，情報開示が最も充実している大手4つの監査事務所のみを分析対象とする。

　図表10-2が透明性報告書における記載実態の要約である[3]。全体の傾向をみると，「監査人」と「監査プロセス」に関する情報開示は進んでおり，「監査結果」の開示は限定的である。4つの事務所すべてが定量的な情報を開示している指標は7つある。一方，井野（2017）によれば，2016年の開示においてすべての事務所が定量的情報を開示した指標は4つである。評価者が異なるし，開示されている情報の属性が異なる可能性があるため単純な比較はできないが，これらの比較から，控えめにいっても，2016年から2018年の2年間で，大手監査事務所による情報開示は進んだといえる。事務所ごとの開示情報のばらつきをみると，特定の事務所のみが極端に多くの情報を開示しているというような実態はなさそうである。件数のみで相対比較した場合，EY新日本の件数が最も少なくPwCあらたが最も多く，あずさとトーマツが同数でその中間に当たる。

　今回の実態分析で判明したその他の特徴としては，PCAOB（2015）による一覧には存在していないものの，日本の監査事務所が共通して開示している内容があったことが挙げられる。具体的には，①情報技術の活用，②国際化に対する対応状況，及び③従業員のダイバーシティ又は働き方についてである。情報技術の活用という点では，「監査品質を支えるインフラストラクチャーに対する投資」の指標とも関係しているが，この指標が「インフラに対する投資」であるのに対し，監査事務所の開示内容は，「監査の実施における情報技術の活用状況」に焦点があり，基本的には定性的情報が開示されている。また，国際化に対する対応状況としては，グローバルに対応できる人材確保の状況，海外赴任経験者の情報など，幅広い情報が，定性的・定量的情報ともに，すべて

3）図表10-2の作成においては，著者の主観的な判断が入っていることに注意されたい。

の事務所によって開示されている。こういった指標は，英語圏でない国で開示が求められる属性のものかもしれない。最後のダイバーシティや働き方については，近年の時流を受けたものと考えられる。2018年に「働き方改革を推進するための関係法律の整備に関する法律」が成立したが，それ以前から，様々な業種で「働き方改革」が謳われるようになってきた。監査事務所も例外ではなく，フレキシブルな働き方などの導入状況が透明性報告書で定性的に説明されている。また，主には女性の活用状況であるが，従業員のダイバーシティに関する定性的・定量的情報を開示している事務所も多い。PCAOB（2015）では，パートナーやマネージャー等の作業負担が指標として挙げられており，「働き方改革」に関連する情報は，間接的ではあるものの，これらの指標と関連付けて理解することができるかもしれない。

5．要約

　本章では監査事務所のガバナンス・コードについて，先行研究と日本の実態を調査した。具体的には，髙田（2016）を前提として，①その後の研究の進展，②日本でも適用が開始されたガバナンス・コードの対応実態，及び③日本の大手監査事務所の透明性報告書におけるAQIの開示状況を検討した。

　先行研究は，欧州諸国を中心として，透明性報告書の開示内容に関する分析の一部として，ガバナンス・コードの対応状況等にも議論が及んでいるという形で研究が進展してきている。透明性報告書における開示内容の実態と開示内容を左右する決定要因に関する分析が中心で，開示による帰結までを分析対象とした研究は相対的に少ない。ここに，今後の学術研究が発展する余地があると思われる。また本章では，日本の監査事務所によるガバナンス・コードの対応状況と透明性報告書における情報開示の状況を分析した。まず，（1）コードを適用している主な事務所（一定規模以上の監査事務所）は，コードへの対応が十分に進められていること，及び（2）コードの適用が必ずしも想定されていない事務所において，限定的な対応状況ではあるものの，コードを適用しているという実態が明らかとなった。これらの状況から，次のような研究課題が浮かび上がってくる。例えば，小規模の事務所がなぜ自発的にコードを適用するのか。大手事務所のようにすべての指針に対応済みで，外観的には対応状況に差異がない場合，コードの意義，透明性報告書におけるコードの対応状況等に関する情報価値は，どのように理解すればよいか，等である。制度が実務に

馴染んだ今，今後は，こういった課題を検証していく必要があるかもしれない。

また，透明性報告書におけるAQIの開示については，井野（2017）による2015年と2016年の開示状況と比較して，開示される情報の項目数，定量的情報開示の充実がみられることを確認した。今後は，こういった情報開示が，又は開示される定性的・定量的情報の分量及び性質の変化が，情報利用者の意思決定に影響を及ぼすかという観点での分析が必要であろう。

参考文献

Deumes, R., C. Schelleman, H. V. Bauwhede, and A. Vanstraelen (2012), Audit firm governance: Do transparency reports reveal audit quality? *Auditing: A Journal of Practice & Theory* 31(4): 193-214.

Fu, Y., E. Carson, and R. Simnett (2015), Transparency report disclosure by Australian audit firms and opportunities for research, *Managerial Auditing Journal* 30 (8/9): 870-910.

Girdhar, S. and K. K. Jeppesen (2018), Practice variation in Big-4 transparency reports, *Accounting, Auditing & Accountability Journal* 31(1): 261-285.

Public Company Accounting Oversight Board (2015), Concept Release on Audit Quality Indicators. <https://pcaobus.org/Rulemaking/Docket%20041/Release_2015_005.pdf (2015.7.1)>

Rosa, F. L., C. Caserio, and F. Bernini (2019), Corporate governance of audit firms: Assessing the usefulness of transparency reports in a Europe-wide analysis, *Corporate Governance: An International Review* 27(1): 14-32.

井野貴章（2017）「9．英米日における透明性報告書と監査品質の指標（AQI）」，町田祥弘編著『監査品質の指標（AQI）』同文舘出版，287-311頁。

髙田知実（2016）「監査事務所のガバナンス・コードに関する実態調査」，『月刊監査役』第660号，15-25頁。

林隆敏（2016）「イギリスにおける監査事務所のガバナンス・コード」，『月刊監査役』第660号，6-14頁。

（髙田 知実）

第11章

監査事務所の ガバナンスに関する意識調査[1]

1．調査の目的と概要

　2017年3月31日，金融庁・監査法人のガバナンス・コードに関する有識者検討会より公表された「監査法人の組織的な運営に関する原則」（監査法人のガバナンス・コード）（以下，コード）は，経営層による監査現場への主体的関与，株主との対話，いわゆる「透明性報告書等」の記載内容等に関する5原則17指針からなるものである。

　コードでは，前文において「大規模な監査法人を想定」したものであることが明示されているものの，2019年1月31日現在，中小規模の監査法人を含む16法人が採用を表明している。また，コードを採用しなくとも，日本公認会計士協会が，同協会のウェブ上に，「監査法人における実効的な組織運営に関する取組の一覧」の頁を用意して，希望する監査法人に対して，「監査法人における実効的な組織運営に関する取組の説明」を監査法人ごとに掲載している。

　このように，コードの公表以来，わが国の監査事務所のガバナンスは，ガバナンスにかかる情報のディスクロージャーを含め，新たな局面に入ったと解される。

　そこで，本研究では，上場会社の監査を担当するすべての監査事務所を対象として，監査事務所のガバナンスに関する意識調査を実施し，監査事務所におけるガバナンスの状況，及びコードへの取組み等を明らかにすることとした。

　本調査の実施の概要は，以下のとおりである。

①調査対象

　2018年1月31日時点で上場会社を担当している監査事務所を，日本公認会計士協会が上場会社監査事務所登録制度に基づいて同協会のウェブサイト上に公表している「上場会社監査事務所名簿」及び「準登録事務所名簿」に基づいて抽出した。

---

1) 本調査に当たっては，新創監査法人包括代表社員・柳澤義一氏（日本公認会計士協会副会長）から，調査対象となる監査事務所への数次にわたる呼び掛け等，多大なるご尽力を賜った。ここに記して感謝申し上げたい。

対象監査事務所数は，136社である。

なお，調査実施時において，コードの採用を表明していた監査法人は15法人であった[2]。

②調査期間

調査期間は，当初，2018年3月1日から3月25日までであり，その後，3回にわたる回答依頼等を行い，最終的に4月30日までの回答を受け取った。

したがって，結果的に調査期間は2か月となった。

③調査方法

郵送によって質問及び回答票を送付し，Faxによって回答を求めた。また，希望する監査事務所に対しては，e-mail添付のファイルで質問及び回答票を送付し，e-mailによる回答を受け取った。

また，設問の都合上，コードの全文のコピーを「別紙」として同梱している。

なお，本調査（「監査事務所のガバナンスに関する意識調査」）と併せて，第27章において取り上げる「監査事務所の人事に関する意識調査」も実施している。ただし，同調査と同梱して発送したものの，それぞれの回答票は別シートであり，多くの場合，回答者の属性も異なるものであることから，概ね，個別の調査として解することができよう。

④回答数等

回答は，81件であり，59.56%の回収率であった。

また，大手4法人及び準大手6法人[3]からはすべて回答を得ることができ，コード採用15法人のうち13法人から回答を得ている。

その他，実際の回答票への記入を行った方の属性としては，「品質管理の責

---

2) 前述のように，2019年1月31日現在では，コードの採用を表明している監査法人は，16法人となっている。調査の基準日である2018年1月31日以降，2法人が新たにコードの採用を表明し，2法人が合併により1つの法人となって，上記のように16法人となっている。以下では，あくまでも調査基準日時点の属性によって，コード採用と非採用を分けている点に留意されたい。

3) 公認会計士・監査審査会による検査対象区分に基づく（公認会計士・監査審査会「検査の実効性の向上─大規模監査法人を中心に─」，2016年3月24日）。

すなわち，大手監査法人とは，有限責任あずさ監査法人，新日本有限責任監査法人，有限責任監査法人トーマツ，PwCあらた有限責任監査法人の4法人であり，準大手監査法人とは，仰星監査法人，三優監査法人，太陽有限責任監査法人，東陽監査法人，PwC京都監査法人，優成監査法人の6法人のことである。なお，その後，太陽と優成の統合により準大手は5法人となったが，本章では，調査時点での法人数によって結果を整理している。

任者」32件（39.5％）と「監査事務所の代表者」34件（41.9％）が大多数を占め，一部に「広報の責任者」3件（7.3％）等が含まれていた。

2．調査結果の概要

以下，調査結果の概要を述べていくこととする。

(1) コードの採用状況とその理由

まず，コードの採用の有無，又は採用予定を尋ねたところ，図表11-1のとおりの回答であった。

現在採用している，採用予定，又は検討中とする監査事務所と，採用する予定はないとする監査事務所がほぼ半数に分かれている。

採用予定又は検討中とする回答が相当数あることから，今後も，次年度以降，コードを採用する法人が多いものと解される。

次に，上記で1～3と回答した監査事務所にコードの採用理由，4と回答した監査事務所に採用しない理由を尋ねた。その結果が図表11-2及び図表11-3のとおりである。

採用した理由としては，自らの監査事務所がコードの対象だと考えたという他に，「コードの趣旨に賛同した」13件（39.4％），あるいは，公認会計士・監査審査会や日本公認会計士協会が「推奨していると受け止めた」とする回答があわせて9件（27.3％）あった。

他方，採用しない理由としては，「自らの法人は，監査法人のガバナンス・コードの適用対象ではないと考えた」19件（47.5％）と「監査法人のガバナン

図表11-1　監査法人のガバナンス・コードの採用状況

No.	選択肢	回答数(件)	割合(％)	監査法人の規模					
				大手	割合(％)	準大手	割合(％)	その他	割合(％)
1	採用している	13	16.0	4	100.0	6	100.0	3	4.2
2	採用予定である	3	3.7	0	0.0	0	0.0	3	4.2
3	採用を検討中である	17	21.0	0	0.0	0	0.0	17	23.9
4	採用する予定はない	41	50.6	0	0.0	0	0.0	41	57.7
5	その他	7	8.6	0	0.0	0	0.0	7	9.9
	全体	81	100.0	4	100	6	100.0	71	100.0

n=81

図表11-2 監査法人のガバナンス・コードの採用理由

No.	選択肢	回答数(件)	割合(%)	監査法人の規模						ガバナンスコード適用の有無			
				大手		準大手		その他		適用あり		適用なし	
				回答数(件)	割合(%)	回答数(件)	割合(%)	回答数(件)	割合(%)	回答数(件)	割合(%)	回答数(件)	割合(%)
1	自らの法人が監査法人のガバナンス・コードの適用対象だと考えたから	5	15.2	0	0.0	4	66.7	1	4.8	4	30.8	1	5.6
2	監査法人のガバナンス・コードの趣旨に賛同したから	13	39.4	2	50.0	2	33.3	9	42.9	6	46.2	7	38.9
3	海外のネットワーク・ファームにおいても採用しているから	1	3.0	1	25.0	0	0.0	0	0.0	1	7.7	0	0.0
4	公認会計士・監査審査会が採用を推奨していると受け止めたから	3	9.1	0	0.0	0	0.0	3	14.3	1	7.7	2	11.1
5	日本公認会計士協会が採用を推奨していると受け止めたから	6	18.2	0	0.0	0	0.0	6	28.6	0	0.0	6	33.3
6	その他	5	15.2	1	25.0	0	0.0	4	19.0	1	7.7	4	22.2
	全体	33	100.0	n=4		n=6		n=21		n=13		n=18	

n=33

第11章　監査事務所のガバナンスに関する意識調査　**145**

図表11-3　監査法人のガバナンス・コード不採用の理由

No.	選択肢	回答数（件）	割合（%）	監査法人の規模					
				大手		準大手		その他	
				回答数（件）	割合（%）	回答数（件）	割合（%）	回答数（件）	割合（%）
1	自らの法人は，監査法人のガバナンス・コードの適用対象ではないと考えたから	19	47.5	0	-	0	-	19	47.5
2	監査法人のガバナンス・コードの趣旨に賛同できないから	0	0.0	0	-	0	-	0	0.0
3	海外のネットワーク・ファームにおいて採用していないから	0	0.0	0	-	0	-	0	0.0
4	監査法人のガバナンス・コードによらなくても，十分な組織運営ができているから	16	40.0	0	-	0	-	16	40.0
5	その他	5	12.5	0	-	0	-	5	12.5
	全体	40	100.0	n=0		n=0		n=40	

n=40

ス・コードによらなくても，十分な組織運営ができている」16件（40.0%）の2つの回答に大きく分かれた。「コードの趣旨に賛同できない」という回答は示されなかった。

(2)　コードを採用していない監査事務所の意識
①コードに代わる取組み

　図表11-1で「4　採用する予定はない」とした監査事務所に対して，「コードに代えて監査の品質の維持・高揚に向けていかなる態勢をとっているか」を尋ねたところ，次の図表11-4のとおりの結果となった。

　「品質管理の責任者の任命」38件（回答者の97.4%）や，「検査や品質管理レビューによる指摘事項の検討」37件（94.9%），「品質管理の研修」32件（82.1%）が選択され，「その他」においても，コードの内容を踏まえた取組みが記載されることはなかった。

②コードと同様の取組みの現状

　また，図表11-1において，現時点ではコードを採用していないとする2〜4の回答者（小計61社）に対して，「貴法人では，『実効的な組織運営の実現』のためにいかなる方策をとっていますか」と尋ねた結果が，図表11-5のとおりで

146 第Ⅱ部　監査品質規制の動向⑴：監査法人のガバナンス・コード

**図表11-4　監査法人のガバナンス・コードに代わる監査品質の
維持・高揚に向けた取組み［複数回答可］**

No.	選択肢	回答数 (件)	割合 (%)	監査法人の規模					
				大手		準大手		その他	
				回答数 (件)	割合 (%)	回答数 (件)	割合 (%)	回答数 (件)	割合 (%)
1	品質管理の責任者を任命している	38	30.4	0	-	0	-	38	97.4
2	意見審査の会議体を設けている	14	11.2	0	-	0	-	14	35.9
3	法人内で監査の品質に関する研修を行っている	32	25.6	0	-	0	-	32	82.1
4	公認会計士・監査審査会の検査や日本公認会計士協会の品質管理レビューの指摘事項について，法人内で検討を行っている	37	29.6	0	-	0	-	37	94.9
5	特にない	1	0.8	0	-	0	-	1	2.6
6	その他	3	2.4	0	-	0	-	3	7.7
	全体	125	100.0	n=0		n=0		n=39	

n=125

ある。

　ここで提示した選択肢は，実は，コードの内容の要約にすぎない。すなわち，本設問では，コードを採用する予定等の監査事務所において，すでに対応済みのガバナンスを尋ねたこととなる。

　複数回答可で回答を求めているものの，中でも，「1　監査事務所の代表が監査の品質の持続的な向上に向けて，トップの姿勢を明らかにしている」52件，「4　監査事務所内で，監査を巡る課題や知見，経験を共有し，積極的に議論を行う，開放的な組織文化・風土が醸成されている」53件，「7　監査品質に関する重要な事項について，代表者又は経営執行部の主体的な関与を行っている」55件，「9　被監査会社との間での率直かつ深度ある意見交換を行う環境を整備している」53件，「17　監査事務所内における監査の現場からの情報の共有，監査事務所の方針の現場への浸透，及び意見交換・議論を行っている」57件，「19　監査において，職業的懐疑心を適切に発揮できるよう，知識や経験に基づいたバランスのとれたメンバーを配置している」51件，「22　被監査会社のCEO・CFO等の経営陣幹部及び監査役等との間で監査上のリスク等について率直かつ深度ある意見交換を行っている」50件等が，多くの回答を得ている。

　とりわけ，「7　主体的な関与」については，コードの策定段階で議論があっ

第11章　監査事務所のガバナンスに関する意識調査　**147**

図表11-5　実効的な組織運営の実現のための方策［複数回答可］

No.	選択肢	回答数(件)	割合(%)	監査法人の規模					
				大手		準大手		その他	
				回答数(件)	割合(%)	回答数(件)	割合(%)	回答数(件)	割合(%)
【監査法人が果たす役割について】									
1	監査事務所の代表が監査の品質の持続的な向上に向けて，トップの姿勢を明らかにしている	52	5.6	0	–	0	–	52	86.7
2	監査事務所において，事務所内で共有すべき価値観や，考え方や行動の指針を明らかにしている。	47	5.0	0	–	0	–	47	78.3
3	監査事務所のメンバーの士気を高め，職業的懐疑心や職業的専門家としての能力を十分に保持・発揮させるための動機づけを行っている。	42	4.5	0	–	0	–	42	70.0
4	監査事務所内で，監査を巡る課題や知見，経験を共有し，積極的に議論を行う，開放的な組織文化・風土が醸成されている。	53	5.7	0	–	0	–	53	88.3
5	監査事務所の業務における非監査業務の位置づけについての考え方が明示されている。【監査法人の組織体制と経営陣の役割について】	34	3.7	0	–	0	–	34	56.7
6	監査事務所内に，実効的な経営機関（会議体等）が設けられている。	47	5.0	0	–	0	–	47	78.3
7	監査品質に関する重要な事項について，代表者又は経営執行部の主体的な関与を行っている。	55	5.9	0	–	0	–	55	91.7
8	監査上のリスクを把握し，適切に対応するための経済環境等を分析している。	32	3.4	0	–	0	–	32	53.3
9	被監査会社との間での率直かつ深度ある意見交換を行う環境を整備している。	53	5.7	0	–	0	–	53	88.3
10	監査事務所のメンバーの士気を高め，職業的専門家としての能力を保持・発揮させるための人材育成や人事管理・評価等を行っている。	35	3.8	0	–	0	–	35	58.3
11	深度ある監査を実現するためのＩＴの有効活用の検討・整備を行っている。	25	2.7	0	–	0	–	25	41.7

148 第Ⅱ部 監査品質規制の動向(1)：監査法人のガバナンス・コード

No.	選択肢	回答数 (件)	割合 (%)	監査法人の規模					
				大手		準大手		その他	
				回答数 (件)	割合 (%)	回答数 (件)	割合 (%)	回答数 (件)	割合 (%)
12	監査実務だけでなく，監査事務所の組織的な運営のための機能を十分に確保するための人員の選任を行っている。【監査法人の経営機関に対する監督・評価機関について】	38	4.1	0	-	0	-	38	63.3
13	経営機関に対する監督・評価機関を設置している。	6	0.6	0	-	0	-	6	10.0
14	13.における監督・評価機関において独立第三者を任命している。	2	0.2	0	-	0	-	2	3.3
15	13.における監督・評価機関の独立第三者の役割を明示している。	3	0.3	0	-	0	-	3	5.0
16	13.における監督・評価機関に対する，適時かつ適切な情報提供の仕組みを整備している。【監査法人の業務運営と被監査会社等との意見交換について】	2	0.2	0	-	0	-	2	3.3
17	監査事務所内における監査の現場からの情報の共有，監査事務所の方針の現場への浸透，及び意見交換・議論を行っている。	57	6.1	0	-	0	-	57	95.0
18	監査事務所のメンバーの士気を高め，職業専門家としての能力を発揮させるための人材育成，人事管理・評価及び報酬に係る方針を策定している。	36	3.9	0	-	0	-	36	60.0
19	監査において，職業的懐疑心を適切に発揮できるよう，知識や経験に基づいたバランスのとれたメンバーを配置している。	51	5.5	0	-	0	-	51	85.0
20	監査事務所のメンバーの知識や経験のために，非監査業務を経験させたり，事業会社等への出向を行ったりしている。	24	2.6	0	-	0	-	24	40.0
21	監査事務所のメンバーの知識や経験を，適正に評価し，計画的に活用している。	40	4.3	0	-	0	-	40	66.7
22	被監査会社のCEO・CFO等の経営陣幹部及び監査役等との間で監査上のリスク等について率直かつ深度ある意見交換を行っている。	50	5.4	0	-	0	-	50	83.3

第11章　監査事務所のガバナンスに関する意識調査　**149**

| No. | 選択肢 | 回答数(件) | 割合(%) | 監査法人の規模 | | | | | |
| | | | | 大手 | | 準大手 | | その他 | |
				回答数(件)	割合(%)	回答数(件)	割合(%)	回答数(件)	割合(%)
23	監査事務所の内部及び外部からの通報に関する方針や手続を整備している。	26	2.8	0	–	0	–	26	43.3

【監査法人に関する透明性の確保について】

No.	選択肢	回答数(件)	割合(%)	回答数(件)	割合(%)	回答数(件)	割合(%)	回答数(件)	割合(%)
24	外部一般に向けて，web又は開示書類において，監査の品質の持続的な向上に向けたトップの姿勢を公表している。	23	2.5	0	–	0	–	23	38.3
25	外部一般に向けて，web又は開示書類において，監査事務所の価値観及び考え方や行動の指針を公表している。	28	3.0	0	–	0	–	28	46.7
26	外部一般に向けて，web又は開示書類において，監査事務所の業務における非監査業務の位置づけについての考え方を公表している。	8	0.9	0	–	0	–	8	13.3
27	外部一般に向けて，web又は開示書類において，経営機関の構成や役割を公表している。	14	1.5	0	–	0	–	14	23.3
28	外部一般に向けて，web又は開示書類において，監督・評価機関の構成や役割を公表している。	4	0.4	0	–	0	–	4	6.7
29	外部一般に向けて，web又は開示書類において，監査事務所が行った，監査品質の向上に向けた取組みの実効性の評価結果を公表している。	5	0.5	0	–	0	–	5	8.3
30	監査の品質の向上に向けた取組みなどについて，被監査会社，株主，その他の資本市場の参加者等との積極的な意見交換を行っている。	15	1.6	0	–	0	–	15	25.0
31	監査品質の向上に向けた取組みの実効性を定期的に評価している。	17	1.8	0	–	0	–	17	28.3
32	資本市場の参加者等との意見交換から得た有益な情報等を組織運営に役立てている。	5	0.5	0	–	0	–	5	8.3

【その他の「実効的な組織運営の実現」のための方策について】

No.	選択肢	回答数(件)	割合(%)	回答数(件)	割合(%)	回答数(件)	割合(%)	回答数(件)	割合(%)
33	その他	2	0.2	0	–	0	–	2	3.3
	全体	931	100.0	n=0		n=0		n=60	

n=931

図表11-6　監査法人のガバナンス・コードの問題点

No.	選択肢	回答数 (件)	割合 (%)	大手 回答数 (件)	大手 割合 (%)	準大手 回答数 (件)	準大手 割合 (%)	その他 回答数 (件)	その他 割合 (%)
1	中小の監査事務所での採用に適していない	57	63.3	0	–	0	–	57	96.6
2	具体的な数値規準がない	2	2.2	0	–	0	–	2	3.4
3	最適とされる具体的なモデルが示されていない	1	1.1	0	–	0	–	1	1.7
4	監査事務所の現状に適していない	19	21.1	0	–	0	–	19	32.2
5	監査の品質に関係がない項目が多い	5	5.6	0	–	0	–	5	8.5
6	特にない	1	1.1	0	–	0	–	1	1.7
7	その他	5	5.6	0	–	0	–	5	8.5
	全体	90	100.0	n=0		n=0		n=59	

n=90

た点であるが，これについては，すでに対応済みという監査事務所がほとんどであった点が注目される。あるいは，回答者は，わが国のコードの趣旨を踏まえて回答されたのかもしれない。

　他方，選択肢13以下の監査法人の経営機関に対する監督・評価機関に関する事項や，選択肢24以下の透明性報告書等に関する事項については，まだ，対応が進んでいないことがわかる。

③コードの問題点

　同じく，現時点でコードを採用していない監査事務所（図表11-1の2〜4）の回答者に対して，コードの問題点を尋ねたところ，図表11-6のとおりとなった。

　「中小の監査事務所での採用に適していない」57件がほとんどの回答者から挙げられており，続いて，「監査事務所の現状に適していない」19件が続いている。

　コードは，わが国に限らず，大規模監査法人の採用が想定されているものであることから，かかる回答は致し方ないともいえるが，一般に内部統制が組織体に応じて構築されるように，あるいは，現在審議中のISQCにおいて，監査

第11章　監査事務所のガバナンスに関する意識調査　**151**

図表11-7　監査法人のガバナンス・コードの採用による変化［複数回答可］

No.	選択肢	回答数(件)	割合(%)	監査法人の規模					
				大手		準大手		その他	
				回答数(件)	割合(%)	回答数(件)	割合(%)	回答数(件)	割合(%)
1	監査事務所の経営機関の体制の変更を行った	3	8.6	1	25.0	2	33.3	0	0.0
2	監査事務所の経営機関に対する監督・評価機関を設置又は改組を行った	7	20.0	1	25.0	4	66.7	2	66.7
3	監査の品質に関するトップの方針を明示した	4	11.4	1	25.0	2	33.3	1	33.3
4	監査の品質に関連付けて，人材育成，人事管理・評価及び報酬に係る方針を策定した	2	5.7	1	25.0	1	16.7	0	0.0
5	被監査会社のCEO・CFO及び監査役等との対話の充実を図った	4	11.4	2	50.0	2	33.3	0	0.0
6	株主等の資本市場参加者との対話を行うようになった	4	11.4	1	25.0	2	33.3	1	33.3
7	いわゆる「透明性報告書」等を公表した	5	14.3	1	25.0	3	50.0	1	33.3
8	特にない	1	2.9	0	0.0	0	0.0	1	33.3
9	その他	5	14.3	4	100.0	0	0.0	1	33.3
	全体	35	100.0	n=4		n=6		n=3	

n=35

事務所の規模に応じた管理体制が標榜されていることを考えれば，中小監査事務所向けに何らかの自主規制上の枠組みがあっても良いのかもしれない。

(3)　コードを採用した監査事務所の意識
①コードの採用による変化

　他方，すでにコードを採用した監査事務所（図表11-1の１の回答者）13件に対して，コードの採用による変化を尋ねたところ，図表11-7のような結果となった。

　これは，コードの採用によって，新たに求められた対応を尋ねていることに他ならず，いわばコード以前にはなかった対応の導入を把握しようとしたのである。

　複数回答可での回答でありながら，選択肢の回答には大きな差異はないが，

152 第Ⅱ部　監査品質規制の動向(1)：監査法人のガバナンス・コード

図表11-8　監査法人のガバナンス・コードへの対応によって生じたコスト（負担）
[複数回答可]

No.	選択肢	回答数(件)	割合(%)	監査法人の規模					
				大手		準大手		その他	
				回答数(件)	割合(%)	回答数(件)	割合(%)	回答数(件)	割合(%)
1	監査事務所の組織変更にかかるコスト（負担）が生じた	7	28.0	1	25.0	4	66.7	2	66.7
2	監査事務所内の方針や手続の見直し作業にかかるコスト（負担）が生じた	4	16.0	1	25.0	3	50.0	0	0.0
3	被監査会社や資本市場参加者との対話にかかるコスト（負担）が生じた	3	12.0	1	25.0	2	33.3	0	0.0
4	被監査会社や資本市場参加者との対話にかかるコスト（負担）が生じた	6	24.0	1	25.0	4	66.7	1	33.3
5	監査業務の見直しにかかるコスト（負担）が生じた	0	0.0	0	0.0	0	0.0	0	0.0
6	特にない	1	4.0	0	0.0	0	0.0	1	33.3
7	その他	4	16.0	4	100.0	0	0.0	0	0.0
	全体	25	100.0	n=4		n=6		n=3	

n=25

中でも「監督・評価機関の設置又は改組」7件，「トップの方針の明示」4件，「透明性報告書等の公表」5件が多くなっている。

②コード採用のコストとベネフィット

　また，同じく，コードを採用した監査事務所に，コードの採用のコストとベネフィットを尋ねたところ，図表11-8及び図表11-9の結果となった。

　コードによって生じたコスト（負担）としては，「組織変更」7件，「方針や手続の見直し作業」4件，「透明性報告書等の公表」6件が主なものであった。逆に，「業務の見直し」や「被監査会社等との対話」については，回答は少なく，新たな負担が生じないとする回答も少なかった。

　また，ベネフィットについては，「監査事務所内の風土が改革・改善」5件，「監査事務所内のメンバーの意識が改革・改善」7件，「被監査会社からの評価が改善」5件が挙げられる一方，「特にない」とする回答も2件あった。「特にない」とする回答は，おそらく，コードへの対応をせざるを得ないものと捉え

第11章　監査事務所のガバナンスに関する意識調査　**153**

図表11-9　監査法人のガバナンス・コードへの対応によって生じたベネフィット
[複数回答可]

No.	選択肢	回答数(件)	割合(%)	監査法人の規模					
				大手		準大手		その他	
				回答数(件)	割合(%)	回答数(件)	割合(%)	回答数(件)	割合(%)
1	監査事務所内の風土が改革・改善された	5	22.7	1	25.0	3	50.0	1	33.3
2	監査事務所内のメンバーの意識が改革・改善された	7	31.8	3	75.0	2	33.3	2	66.7
3	被監査会社からの評価が改善された	5	22.7	3	75.0	1	16.7	1	33.3
4	資本市場からの評価が改善された	2	9.1	2	50.0	0	0.0	0	0.0
5	監査業務の品質が具体的に向上した	0	0.0	0	0.0	0	0.0	0	0.0
6	特にない	2	9.1	0	0.0	1	16.7	1	33.3
7	その他	1	4.5	1	25.0	0	0.0	0	0.0
	全体	22	100.0	n=4		n=6		n=3	

n=22

図表11-10　監査法人のガバナンス・コードの採用に対する評価

No.	選択肢	回答数(件)	割合(%)	階級値	監査法人の規模					
					大手		準大手		その他	
					回答数(件)	割合(%)	回答数(件)	割合(%)	回答数(件)	割合(%)
1	評価0(全く有用ではなかった)	0	0.0	0	0	0.0	0	0.0	0	0.0
2	評価1	0	0.0	1	0	0.0	0	0.0	0	0.0
3	評価2	0	0.0	2	0	0.0	0	0.0	0	0.0
4	評価3	2	15.4	3	0	0.0	1	16.7	1	33.3
5	評価4	3	23.1	4	0	0.0	2	33.3	1	33.3
6	評価5	6	46.2	5	3	75.0	3	50.0	0	0.0
7	評価6(非常に有用であった)	2	15.4	6	1	25.0	0	0.0	1	33.3
	全体	13	100.0		4	100.0	6	100.0	3	100.0

n=13

	平均	4.62	5.25	4.33	4.33
	標準偏差	0.961	0.500	0.816	0.915

154 第Ⅱ部 監査品質規制の動向⑴：監査法人のガバナンス・コード

図表11-11 指針への準拠の程度

指針	n	平均	標準偏差
1-1	13	5.46	0.660
1-2	13	5.46	0.660
1-3	13	5.23	0.725
1-4	13	5.31	0.751
1-5	13	4.92	1.115
2-1	13	5.23	1.010
2-2	13	4.92	0.954
2-3	13	5.00	1.225
3-1	13	4.85	1.463
3-2	13	4.85	1.463
3-3	13	4.46	1.613
3-4	13	5.08	1.481
4-1	13	5.08	0.862
4-2	12	4.83	1.038
4-3	13	4.77	1.235
4-4	13	5.08	0.862
4-5	13	5.08	0.954
5-1	13	4.31	1.437
5-2	13	4.54	1.506
5-3	13	3.62	1.710
5-4	13	4.00	1.528
5-5	13	3.62	1.557
全体		4.80	0.511

て採用した監査事務所であろうと解される。

③コードを採用したことの評価

　コードを採用している事務所に対して，コードの採用に関して，現時点での評価を0～6の評価点（中央値3）で尋ねたところ，回答者13件の回答は，平均4.62（標準偏差0.961）であった。

　回答結果から見る限り，概ね，良い評価が得られていると解される。

④コードへの準拠の状況

　また，同様に，監査法人のガバナンス・コードのうち，以下の各項目（監査

図表11-12　重要と考える原則

	第１順位として挙げた原則（件）	割合（％）	第２順位として挙げた原則（件）	割合（％）	第３順位として挙げた原則（件）	割合（％）
原則1	11	91.7	0	0.0	0	0.0
原則2	0	0.0	8	66.7	1	8.3
原則3	0	0.0	1	8.3	5	41.7
原則4	0	0.0	3	25.0	5	41.7
原則5	1	8.3	0	0.0	1	8.3
	12	100.0	12	100.0	12	100.0

図表11-13　優先的な取組みが求められる原則

	第１順位として挙げた原則（件）	割合（％）	第２順位として挙げた原則（件）	割合（％）	第３順位として挙げた原則（件）	割合（％）
原則1	5	45.5	1	8.3	2	16.7
原則2	0	0.0	3	25.0	1	8.3
原則3	0	0.0	3	25.0	1	8.3
原則4	4	36.4	2	16.7	3	25.0
原則5	2	18.2	3	25.0	5	41.7
	11	100.0	12	100.0	12	100.0

法人のガバナンス・コードの各指針）について，準拠しているか否か，及び準拠の程度はどの程度（０～６）を尋ねたところ，それぞれの指針の回答は，図表11-11のとおりとなった。

　3.62ないし5.46の範囲でかなり収束しているように見受けられるが，準拠の程度が低いものとしては，指針3-3（監督・評価機関に選任された独立性を有する第三者の責任），指針5-3（被監査会社，株主，その他の資本市場参加者等との積極的な意見交換），及び指針5-5（資本市場の参加者等との意見交換から得た有益な情報等の利用）が挙げられる。それに対して，指針1-1（トップの姿勢の明示），指針1-2（法人の構成員が保持すべき価値観，考え方や行動の指針の明示），指針1-4（開放的な組織文化・風土の醸成），及び指針4-4（被監査会社のCEO・CFO等との間での率直かつ深度ある意見交換）などは準拠の程度が高いといえる。

156　第Ⅱ部　監査品質規制の動向(1)：監査法人のガバナンス・コード

図表11-14　将来的に，監査法人のガバナンス・コードに追加すべき項目

No.	選択肢	回答数 (件)	割合 (%)	監査法人の規模					
				大手		準大手		その他	
				回答数 (件)	割合 (%)	回答数 (件)	割合 (%)	回答数 (件)	割合 (%)
1	採用すべき監査事務所の規模又は担当上場企業数等の規準の明示	0	0.0	0	0.0	0	0.0	0	0.0
2	株主等との対話の具体的な要請と開示の要請	2	15.4	0	0.0	1	16.7	1	33.3
3	監督・評価機関における独立第三者の割合又は人数の明示	0	0.0	0	0.0	0	0.0	0	0.0
4	透明性報告書の記載に関する詳細な開示規則	3	23.1	0	0.0	2	33.3	1	33.3
5	特にない	6	46.2	3	75.0	2	33.3	1	33.3
6	その他	2	15.4	1	25.0	1	16.7	0	0.0
	全体	13	100.0	4	100.0	6	100.0	3	100.0

n=13

　この回答結果からも，先の図表11-7と同様に，監督・評価機関の設置や，資本市場等との対話に関する項目への対応が，コードへの対応において容易ではないことがわかる。

⑤コードの原則の重要度と取組みの優先度

　続いて，コードの5つの原則のうち，一般に，「監査法人の健全な組織運営」にとって重要だと思うものを順に3つ，また，自法人の現状において，優先的な取組みが求められる項目についても，優先する順に3つ挙げてもらった。結果は，図表11-12及び図表11-13のとおりである。

　重要と考える原則では，原則1を最重要とする回答がほとんどであり，続いて，原則2や原則4が挙げられた。

　また，優先的な取組みが求められる，すなわち，現状でコードとの間にギャップがあり対応が求められる項目としても，原則1及び4が挙げられている。

⑥コードに追加すべき項目

　続いて，「将来的に，監査法人のガバナンス・コードに追加すべき項目」を尋ねたところ，図表11-14のような結果であった。

　「特にない」が6件と半数近くに及んでおり，コード対応はこれ以上望まない，

とする回答が多い。しかしながら、わが国のコードは、イギリス等に比べれば、まだ項目的にも、厳格さにおいても、相当の差異があることから、そうした状況との認識の差異が表れているともいえよう。

⑦コードへの準拠の結果の利用

コードへの準拠の結果について、監査役等による会計監査人の選任又は評価に役立つかどうかを0から6の評価点（中央値3）で尋ねたところ、平均値は3.92（標準偏差1.188、n=13）であった。

結果としては、どちらかというと役立つという程度であろうか。

また、同様に、コードへの準拠が株主による会計監査人の選任又は評価に役立つかどうかを0から6の評価点（中央値3）で尋ねたところ、平均値は3.69（標準偏差1.109、n=13）であった。

監査役等よりも事情に精通していない株主においては、コードへの準拠の結果を適切に理解できないのではないか、という意識かもしれない。

さらに、コードへの準拠を品質管理レビューや審査会検査の対象とすべきと考えるかどうかを、同様に、0から6の評価点（中央値3）で尋ねたところ、平均値は2.38（標準偏差1.895、n=13）であった。

コードへの準拠が新たな検査・レビュー項目になることを拒否する意識が非常に強いといえよう。とはいえ、実際には、コードが公表された当日に、公認会計士・監査審査会では、会長名で「監査法人のガバナンス・コードの公表を受けて」（廣本、2017）という文書を公表しており、その中で、次のように述べて、コードへの準拠を「検証」することを表明しているのである。
「大手監査法人を中心に、すでに本ガバナンス・コードの趣旨を踏まえた態勢強化に向けた取組が進められているところと承知しておりますが、公認会計士・監査審査会としては、今後、各監査法人が構築・強化した態勢の実効性を検証してまいります。

また、このようなモニタリングで得られた情報をモニタリングレポート等を通じ、市場関係者にも広く提供していくなど、投資者の資本市場に対する信頼の向上等に取り組んでまいりたいと考えております。」

⑧コードの問題点

前述のコード未採用の監査事務所に対するのと同様に、コードを採用している監査事務所に対しても、コードの問題点を尋ねてみた。回答は、図表11-15

158 第Ⅱ部　監査品質規制の動向(1)：監査法人のガバナンス・コード

図表11-15　監査法人のガバナンス・コードの問題点［複数回答可］

No.	選択肢	回答数(件)	割合(%)	監査法人の規模					
				大手		準大手		その他	
				回答数(件)	割合(%)	回答数(件)	割合(%)	回答数(件)	割合(%)
1	中小の監査事務所での採用に適していない	7	50.0	1	25.0	4	66.7	2	100.0
2	具体的な数値規準がない	0	0.0	0	0.0	0	0.0	0	0.0
3	最適とされる具体的なモデルが示されていない	1	7.1	0	0.0	1	16.7	0	0.0
4	監査事務所の現状に適していない	0	0.0	0	0.0	0	0.0	0	0.0
5	監査の品質に関係がない項目が多い	0	0.0	0	0.0	0	0.0	0	0.0
6	特にない	4	28.6	3	75.0	1	16.7	0	0.0
7	その他	2	14.3	1	25.0	1	16.7	0	0.0
	全体	14	100.0	n=4		n=6		n=2	

n=14

のとおりである。

　結果は，同様に「中小規模の事務所に適していない」という回答が7件と最も多く，同様の意識を有していることがわかる。

(4)　透明性報告書等に関する意識

①透明性報告書等の公表

　透明性報告書又はそれに準じた報告書の公表の有無を尋ねたところ，結果は，図表11-16のとおりであった。

　この結果は，コードを採用している，採用予定，又は採用を検討中とする，先の図表11-1の回答にほぼ準じたものとなっているといえよう。

②透明性報告書等を公表していない監査事務所の意識

　図表11-16で，現時点において，透明性報告書等を公表していない監査事務所に対して，その理由を尋ねたところ，図表11-17のとおりであった。

　「コードを採用していない」15件よりも，「監査の現場で十分に説明している」19件の方が主たる理由となっていることがわかる。

　また，透明性報告書等に代えて何らかの公表資料を作成しているかを尋ねたところ，図表11-18のような結果であった。あわせて，監査法人に関心を有す

図表11-16　透明性報告書等の公表の有無

No.	選択肢	全体		監査法人の規模						ガバナンスコード適用の有無			
		回答数(件)	割合(%)	大手		準大手		その他		適用あり		適用なし	
				回答数(件)	割合(%)	回答数(件)	割合(%)	回答数(件)	割合(%)	回答数(件)	割合(%)	回答数(件)	割合(%)
1	公表している	12	15.8	4	100.0	4	66.7	4	6.1	9	69.2	3	4.8
2	公表予定である	4	5.3	0	0.0	1	16.7	3	4.5	2	15.4	2	3.2
3	公表を検討中である	14	18.4	0	0.0	1	16.7	13	19.7	1	7.7	13	20.6
4	公表する予定はない	43	56.6	0	0.0	0	0.0	43	65.2	0	0.0	42	66.7
5	その他	3	3.9	0	0.0	0	0.0	3	4.5	0	0.0	3	4.8
	全体	76	100.0	4	100.0	6	100.0	66	100.0	13	100.0	63	100.0

n=76

図表11-17　透明性報告書等を公表しない理由

No.	選択肢	全体		監査法人の規模						ガバナンスコード適用の有無			
		回答数(件)	割合(%)	大手		準大手		その他		適用あり		適用なし	
				回答数(件)	割合(%)	回答数(件)	割合(%)	回答数(件)	割合(%)	回答数(件)	割合(%)	回答数(件)	割合(%)
1	監査法人のガバナンス・コードを採用していないから	15	34.9	0	-	0	-	15	34.9	0	0.0	15	35.7
2	被監査企業に対して、監査の現場で十分に説明しているから	19	44.2	0	-	0	-	19	44.2	0	0.0	19	45.2
3	透明性報告書等を作成するリソースがないから	5	11.6	0	-	0	-	5	11.6	1	100.0	4	9.5
4	特にない	3	7.0	0	-	0	-	3	7.0	0	0.0	3	7.1
5	その他	1	2.3	0	-	0	-	1	2.3	0	0.0	1	2.4
	全体	43	100.0	0	0.0	0	0.0	43	100.0	1	100.0	42	100.0

n=43

図表11-18　透明性報告書に代わる公表資料作成の有無

No.	選択肢	全体		監査法人の規模						ガバナンスコード適用の有無			
		回答数(件)	割合(%)	大手		準大手		その他		適用あり		適用なし	
				回答数(件)	割合(%)	回答数(件)	割合(%)	回答数(件)	割合(%)	回答数(件)	割合(%)	回答数(件)	割合(%)
1	作成している。	7	17.1	0	-	0	-	7	17.1	1	100.0	6	15.0
2	作成していない。	34	82.9	0	-	0	-	34	82.9	0	0.0	34	85.0
	全体	41	100.0	0	0.0	0	0.0	41	100.0	1	100.0	40	100.0

n=41

160 第Ⅱ部　監査品質規制の動向(1)：監査法人のガバナンス・コード

図表11-19　監査法人の情報の入手方法 [複数回答可]

No.	選択肢	全体 回答数(件)	全体 割合(%)	大手 回答数(件)	大手 割合(%)	準大手 回答数(件)	準大手 割合(%)	その他 回答数(件)	その他 割合(%)	適用あり 回答数(件)	適用あり 割合(%)	適用なし 回答数(件)	適用なし 割合(%)
1	監査事務所のweb情報	30	34.9	0	-	1	100.0	29	67.4	2	100.0	28	66.7
2	監査事務所の広報誌	2	2.3	0	-	1	100.0	1	2.3	1	50.0	2	2.4
3	監査事務所に対する問合せ電話窓口	20	23.3	0	-	0	0.0	20	46.5	1	50.0	19	45.2
4	監査事務所に対する問合せe-mailシステム	21	24.4	0	-	1	100.0	20	46.5	2	100.0	19	45.2
5	特にない	7	8.1	0	-	0	0.0	7	16.3	0	0.0	7	16.7
6	その他	6	7.0	0	-	0	0.0	6	14.0	0	0.0	6	14.3
	全体	86	100.0	n=0		n=1		n=43		n=2		n=42	

※ 監査法人の規模：大手／準大手／その他、ガバナンスコード適用の有無：適用あり／適用なし

n=86

図表11-20　透明性報告書等を公表した理由

No.	選択肢	全体 回答数(件)	全体 割合(%)	大手 回答数(件)	大手 割合(%)	準大手 回答数(件)	準大手 割合(%)	その他 回答数(件)	その他 割合(%)	適用あり 回答数(件)	適用あり 割合(%)	適用なし 回答数(件)	適用なし 割合(%)
1	監査法人のガバナンス・コードを採用したから	6	60.0	0	0.0	4	100.0	2	100.0	5	55.6	1	100.0
2	透明性報告書等の作成・公表が有用だと考えたから	3	30.0	3	75.0	0	0.0	0	0.0	3	33.3	0	0.0
3	海外のネットワーク・ファームにおいても採用しているから	0	0.0	0	0.0	0	0.0	0	0.0	0	0.0	0	0.0
4	金融庁が推奨しているものだったから	0	0.0	0	0.0	0	0.0	0	0.0	0	0.0	0	0.0
5	特にない	0	0.0	0	0.0	0	0.0	0	0.0	0	0.0	0	0.0
6	その他	1	10.0	1	25.0	0	0.0	0	0.0	1	11.1	0	0.0
	全体	10	100.0	4	100.0	4	100.0	2	100.0	9	100.0	1	100.0

n=10

第11章　監査事務所のガバナンスに関する意識調査　**161**

図表11-21　透明性報告書以外の公表文書の有無

No.	選択肢	回答数(件)	割合(%)	監査法人の規模						ガバナンスコード適用の有無			
				大手		準大手		その他		適用あり		適用なし	
				回答数(件)	割合(%)	回答数(件)	割合(%)	回答数(件)	割合(%)	回答数(件)	割合(%)	回答数(件)	割合(%)
1	ある	3	33.3	3	75.0	0	0.0	0	-	3	37.5	0	0.0
2	ない	6	66.7	1	25.0	3	100.0	2	-	5	62.5	1	100.0
	全体	9	100.0	4	100.0	3	100.0	2	0.0	8	100.0	1	100.0

n=9

図表11-22　透明性報告書以外の公表文書の統合予定の有無

No.	選択肢	回答数(件)	割合(%)	監査法人の規模						ガバナンスコード適用の有無			
				大手		準大手		その他		適用あり		適用なし	
				回答数(件)	割合(%)	回答数(件)	割合(%)	回答数(件)	割合(%)	回答数(件)	割合(%)	回答数(件)	割合(%)
1	ある	0	0.0	0	0.0	0	-	0	-	0	0.0	0	-
2	検討中である	0	0.0	0	0.0	0	-	0	-	0	0.0	0	-
3	ない	3	100.0	3	100.0	0	-	0	-	3	100.0	0	-
4	その他	0	0.0	0	0.0	0	-	0	-	0	0.0	0	-
	全体	3	100.0	3	100.0	0	0.0	0	0.0	3	100.0	0	0.0

n=3

る企業の監査役等が貴法人について情報を入手する方法を尋ねたところ、図表11-19のような結果が得られた。

多くの中小規模の監査事務所では、監査人の選任等のために、監査事務所の品質を表す何らかの公表資料を作成することは容易ではなく、webや電話、e-mail等による問合せに寄らざるを得ないというのが現状であろう。

③透明性報告書等を公表している監査事務所の意識

次に、透明性報告書等を公表している監査事務所の意識として、まずは、透明性報告書等を公表した理由を尋ねたところ、結果は図表11-20のとおりであった。

コードを採用したから、というのがほとんどの回答者の理由であった。

また、透明性報告書等以外に自法人の態勢を説明する文書があるか否か、また、あるとすれば、それらの文書と透明性報告書等を統合する予定があるのかどうかを尋ねたところ、回答は図表11-21及び図表11-22のとおりであった。

3．むすびにかえて

以上、監査事務所を対象として実施したガバナンスに関する意識調査の結果の概要を整理した。

調査結果から明らかとなった点は、概ね以下のとおりである。

- コードを採用している監査事務所においては、「コードの趣旨に賛同した」とする回答が多いなど、監査事務所において、コードを好意的に受け止めて組織改革等に役立てようとしている姿勢が垣間見られる。現時点での評価は、平均4.62（標準偏差0.961）で回答結果から見る限り、概ね、良い評価が得られている。
- 他方、コードの適用対象外の監査事務所においては、「コードによらなくても、十分な組織運営ができている」とする回答も一定数見受けられた。
- コードの策定時に議論の対象となった「代表者又は経営執行部の主体的な関与」についても、多くの法人（回答者の91.7％）が実際に行っているという回答を示した。
- 他方、外部者の選任を求めている監査法人の経営機関に対する監督・評価機関に関する事項、透明性報告書等に関する事項については、まだ、対応が進んでいないことが明らかとなった。

- コードによって生じたコスト（負担）としては，「組織変更」，「方針や手続の見直し作業」，「透明性報告書の公表」が主なものであった。また，ベネフィットについては，「監査事務所内の風土が改革・改善」，「監査事務所内のメンバーの意識が改革・改善」，「被監査会社からの評価が改善」が挙げられていた。
- コードのうち重要と考える原則としては，原則1を最重要とする回答がほとんどであり，続いて，原則2や原則4が挙げられた。また，優先的な取組みが求められる，すなわち，現状でコードとの間にギャップがあり対応が求められる項目としても，原則1及び4が挙げられていた。
- 将来的に，監査法人のガバナンス・コードに追加すべき項目に関しては，「特にない」とする回答が半数近くに及んでおり，コード対応はこれ以上望まない，とする回答が多い。
- コードへの準拠の結果が，監査役等及び株主に有用かどうかを尋ねたところ，それぞれ，平均3.92〔標準偏差1.188〕，及び同じく3.69（同1.109）であり，いずれもどちらかというと役に立つという程度の意識であるように見受けられる。他方，コードへの準拠を品質管理レビューや審査会検査の対象とすることについては，平均2.38（標準偏差1.895）とかなり否定的であった。

　以上が調査結果の要約であるが，本章では，あくまでも記述統計にとどまっており，監査事務所の規模別（大手，準大手，その他），及びコードの採用・未採用別のクロス集計等の分析を行う必要がある。また，定性的な回答（その他回答，又は自由記入）について個別の分析も必要であろう。
　これらの点については，今後の課題としたい。

参考文献

廣本敏郎（2017）「監査法人のガバナンス・コードの公表を受けて」，公認会計士・監査審査会，3月31日。

町田祥弘（2019）「監査法人のガバナンス・コード」，町田祥弘編著『わが国監査規制の新潮流』同文舘出版，187-212頁。

（町田　祥弘）

第**12**章

監査品質指標の意義と課題

1. 監査品質指標に関する背景と本章での分析概要

2000年代前半に，発展した資本市場を有するいくつかの国で，規模の大きな会計不正が明るみになり（例えば，アメリカのエンロンや日本のカネボウ），監査に対する信頼性が低下した。その後は，いわゆるアメリカのSOX法の制定等の規制の強化によって，監査に対する信頼回復のための取組みがなされてきた。このような背景の後，2000年代後半に生じた国際的な金融危機をきっかけに，今度は，市場における財務報告の信頼性確保の重要性が注目を浴びることとなった。当然のことながら，その流れの下で，監査の品質確保のための制度設計に関する議論も活発になったのである。

監査の品質確保のための制度設計の議論は，監査品質指標[1]の開示を通じた高品質な監査の促進という形で広がりをみせている。各国の規制主体等を中心に様々な議論が繰り広げられているのである。その議論の中では，多くの場合，監査の品質を一律に定義することが困難であるという点は共有されている。その一方で，監査の品質を高める要因や監査の品質の高さを示す属性等は複数の観点から捉えることができるという点も，共通の見解として議論がなされているのも事実である。そして，それらの指標の多くは，定量的に捉えることを基礎としている。その背景として，定量的な情報は比較可能性が高く，監査事務所，クライアント企業，そして監査済財務諸表の利用者による様々な意思決定に寄与すると考えられることが挙げられる。

本章では，以上のような監査制度にかかわる変遷を前提に，監査品質指標を定量的に把握する意義と問題を検討する。まず，監査品質指標に関して公開会社会計監督委員会（Public Company Accounting Oversight Board: PCAOB）（2015a）と日本公認会計士協会（2018b）を概観し，どのような指標が開示の対象として想定されているのかを簡単に検討する。また，定量的な監査品質指標の測定に関連する問題を把握するため，日本の監査事務所に対してアンケー

---

1) 以降では，監査品質指標とAQIを，文脈に合わせて用いている。基本的に意味する内容は同じであるが，PCAOB（2015a）等によって示された具体的な指標に言及する場合はAQIと称している。なお，公表資料の引用については，当該資料における記述をそのまま用いている。

トを実施した。品質指標の概観の後には，このアンケート調査の内容と結果を報告する。また，アンケート結果の解釈では，PCAOB（2015a）に対して寄せられたコメント（PCAOB, 2015b），及び日本公認会計士協会（2018b）との対比も行う。

図表12-1　PCAOB（2015a）によるAQI

監査人	利用可能性	1	スタッフの比率
		2	パートナーの作業負担
		3	マネージャー及びスタッフの作業負担
		4	専門的な会計及び監査のリソース
		5	専門的な技能及び知識を有する者
	能力	6	監査専門要員の経験
		7	監査専門要員の業種における経験
		8	監査専門要員の交代・離職
		9	サービスセンターで行われる監査作業の量
		10	監査専門要員1人当たりの研修時間
	フォーカス	11	監査時間とリスク領域
		12	監査の各段階における監査時間の配分
監査プロセス	リーダーシップ	13	監査専門要員に対する独立的な調査の結果
	動機	14	品質の評価と報酬・給与
		15	監査報酬，努力，クライアントのリスク
	独立性	16	独立性に関する要求事項の遵守
	インフラ	17	監査品質を支えるインフラストラクチャーに対する投資
	監視と改善	18	監査事務所による内部の品質管理レビューの結果
		19	PCAOBによる検査の結果
		20	専門的能力のテスト
監査結果	財務諸表	21	虚偽表示による財務諸表の修正再表示の頻度と影響
		22	不正及びその他の財務報告の不祥事
		23	財務諸表の品質の測定指標を利用した監査品質の測定
	内部統制	24	内部統制の重要な不備の適時の報告
	継続企業	25	継続企業問題の適時の報告
	コミュニケーション	26	監査委員会メンバーに対する独立的調査結果
	執行と訴訟	27	PCAOB及びSECによる執行活動の傾向
		28	民事訴訟の傾向

166 第Ⅱ部　監査品質規制の動向⑴：監査法人のガバナンス・コード

⑴　監査品質の指標（AQI）に関する議論の概要

　PCAOBは，2015年 7 月 1 日に "Concept Release on Audit Quality Indicators" を公表し，PCAOBがそれまでに行ってきた監査品質の指標（AQI）に関する議論を基礎として，図表12-1に示しているように，3 つの視点から捉えた28の潜在的指標を提示した（PCAOB, 2015a）。

　PCAOB（2015a）は，監査人，監査プロセス，監査結果という 3 つの視点から監査品質指標を捉えており，それぞれに対して，細分化された要因と最大で 5 つの具体的な指標が関連付けられている。

　PCAOB（2015a）で特徴的なのは，これらの指標を事務所レベルと業務レベルの両方（指標によってはいずれか一方）で測定，又は公表する可能性を検討していることである。国際的に制度化されている実態をみると，監査品質指標の開示を業務レベルで行おうとするケースは少ないため，その点に鑑みても，PCAOB（2015a）が包括的な議論に努めていることがわかる[2]。

⑵　日本公認会計士協会から公表された研究報告

　PCAOB（2015a）等による監査品質指標の議論を受け，日本公認会計士協会は，2018年 3 月に「監査品質の指標（AQI）に関する研究報告」の公開草案（日本公認会計士協会, 2018a）を公表し，その後集められた意見等を踏まえて修正し，2018年11月に確定，公表した（日本公認会計士協会, 2018b）。当該研究報告の第 1 項では，「上場会社の監査を担う監査事務所が，監査品質の向上に向けた取組みについて外部に公表する場合や被監査会社の監査役若しくは監査役会，監査等委員会又は監査委員会に説明する場合に，監査品質の指標として用いる項目及びそれを用いる際に参考となる情報を取りまとめたものである（一部，著者修正）」とされている。また，第 6 項では，本研究報告が公表された経緯について，「現時点でAQIの候補として考えられる項目，意義，利用上の留意点等を提供するため」に検討プロジェクトチームが設置されたことが述べられている。すなわち，この研究報告は，日本公認会計士協会として，どのようなAQIが監査の品質を捉える有効な指標となり得るかについて，その基礎的な考えをまとめた公表資料であると考えられる。

　監査品質指標は様々な主体が議論しているが，その議論の前提となる監査品

---

[2] PCAOB（2015a）公表までの背景や各指標の具体的な内容等の詳細については，町田（2017）が詳しい。

第12章　監査品質指標の意義と課題　**167**

図表12-2　研究報告で取り上げられた指標の一覧

	AQIの項目	監査事務所	業務
監査事務所の状況	監査事務所の職位ごとの人員構成	○	
	監査に従事するパートナー・マネージャーとスタッフの比率	○	
	品質管理業務の人員数	○	
	監査業務に従事する常勤の社員及び専門職員の作業負担の状況	○	
	監査事務所内の監査品質に関する意識調査	○	
	退職率（離職率）	○	
人材投資	研修時間	○	
	履修した研修に関するアンケート調査結果	○	
	人材交流（出向・異動）	○	
監査の結果	外部機関による検査等	○	○
	監査事務所における内部検証	○	○
	独立性に関する検査	○	○
	規制当局等による処分	○	
	内部統制の不備の報告		○
監査チームの状況	監査チームの総監査時間及び上位者（審査担当者を含む）の関与時間		○
	監査チームメンバーの構成と経験		○

出所：日本公認会計士協会（2018b）11頁，図表5を筆者修正。

質に関する定義については，今のところ合意に至っていない。このことは，研究報告の中でも第15項で言及されており，同報告書内でも具体的な定義の提供は避けられている。ただし，研究報告の第16項では，「監査事務所の規模や業務内容，組織，運営スタイル及び品質管理の状況は様々であり，監査品質を向上させるための要因も異なるため，その取組も一様ではない」との記述があり，ここに，監査の品質を多面的に捉えるという試みの正当性，及び異なる事務所間での単純な比較が望ましくないという主張がうかがえる。日本公認会計士協会（2018b）では，AQIの開示が監査事務所レベルと業務レベルの2つの階層で考えられているが，想定されている利用方法は時系列での比較であり，各指標の記載例でも前期との比較が書かれている。また，第17項ではAQIの限界として，①AQIの数値の高低による単純比較や，数値そのものだけで優劣を判断することは適切ではないこと，及び②AQIの多くの項目について，普遍的，理

168 第Ⅱ部　監査品質規制の動向(1)：監査法人のガバナンス・コード

想的な数値の水準又は傾向を見いだすことは難しいこと，が述べられている。

　図表12-2は日本公認会計士協会（2018b）で提示されたAQIであり，同報告書の11頁に示された図表5に著者が修正を加えたものである。この図表からわかるように，PCAOB（2015a）が「監査人」，「監査プロセス」，「監査結果」の3つの側面に分けて28のAQIを議論していたのに対し，研究報告では「監査事務所の状況」，「人材投資」，「監査の結果」，「監査チームの状況」の4つの側面に分けて16のAQIを議論している。また，すべての指標について，事務所レベルと業務レベルの両方を議論するのではなく，開示が想定されているレベルは，指標ごとに異なる。PCAOB（2015a）に比べ，半分程度までAQIを絞り込み，また指標ごとに異なる開示のレベルを提案するなど，日本公認会計士協会としての議論の結果が反映されているものと思われる。

2．アンケートの概要

⑴　調査の概要

　PCAOB（2015a）によって提示された監査品質指標[3]に関して，日本の会計プロフェショナルがどのように評価しているかを調査するため，監査事務所に対してアンケート調査を行った。本調査の実施概要は，以下のとおりである。

①調査対象

　2018年1月31日時点で上場会社を担当している監査事務所を，日本公認会計士協会が上場会社監査事務所登録制度に基づいて同協会のウェブ上に公表している「上場会社監査事務所名簿」及び「準登録事務所名簿」に基づいて抽出した。対象監査事務所数は，136社。

②調査期間

　調査期間は，当初，2018年3月1日から3月25日までとし，その後，3回にわたる回答依頼等を行い，最終的に4月30日までの回答を受け取った。したがって，結果的に調査期間は2か月となった。

③調査方法

　郵送によって質問及び回答票を送付し，Faxによって回答を求めた。また，

---

3) 町田（2017）での議論に合わせて，PCAOB（2015a）による28の指標に加えて，重要性の基準値等についての指標も加えた合計29のAQIについてアンケートを実施している。

希望する監査事務所に対しては，e-mail添付のファイルで質問及び回答票を送付し，e-mailによる回答を受け取った。以上の内容は，第11章において取り上げる「ガバナンス・コードに関する意識調査」及び第27章において取り上げる「人事管理に関する実態調査」と同時に実施している。ただし，第11章の調査とは1セットの質問として回答を求めており，別シートで回答を求めた第27章の質問とは独立している。

(2)　アンケートの質問概要とデータ処理

　前項で述べたように，本調査は，ガバナンス・コードに関するアンケートに併せて実施している。具体的には，ガバナンス・コードに関する質問に加えて，AQIについては，10の質問項目を設けている。1つ目の質問は定量的に捉えた監査品質の情報開示に関する賛否（あるいは有用性）を問うており（①），2つ目以降は，個別の指標に関するもので，3通りの質問項目を設けている。具体的には，現時点ですでに透明性報告書等[4]で開示されている項目の有無（②），各項目について今後透明性報告書に掲載してもよいと考える程度（③），及びAQIの開示形態について考えられる複数の枠組みを提示し，それらの枠組みの下でいずれの項目の開示が望ましいと考えるか（④〜⑩），である。

　アンケートの回答総数は81であったが，そのうち9の回答者については，AQIに関する質問項目のすべてに回答がなかった。そのため，これらの回答については有効なものと考えず，以下の分析では残りの72の回答者からの回答に限定して分析を行うことにする。

3．全体の統計量

(1)　定量的な情報開示について

　図表12-3のパネルAは定量的な情報開示の賛否（有用性）に関する結果である。質問としては，①定量的情報の開示に関する賛否と有用性，及び②定量的な情報開示が慎重に議論されるべき要因として，それによる機密情報の漏洩に関するリスクを問うている。なお，この質問項目に関しては，「全くそう思わない」から「全くそう思う」まで，7点のリッカートスケールを用いている。

　結果をみると，いずれの対象についても平均値が3を下回っていることから，

4）日本では，「監査品質に関する報告書」といった表現が使われる傾向にあるが，本章の議論では便宜的に「透明性報告書」又は「透明性報告書等」という用語を用いる。

170 第Ⅱ部　監査品質規制の動向(1)：監査法人のガバナンス・コード

図表12-3　質問項目①の結果（情報開示の賛否）

パネルA：全体の結果										
	0	1	2	3	4	5	6	平均値	中央値	標準偏差
定量的な情報開示に賛成	8	15	17	26	5	1	0	2.11	2.00	1.19
定量的な情報開示が監査役等にとって有用	6	11	17	20	13	5	0	2.53	3.00	1.36
定量的な情報開示が被監査会社の株主にとって有用	8	12	20	15	14	3	0	2.33	2.00	1.37
定量的な情報開示が投資家にとって有用	8	12	20	16	13	3	0	2.32	2.00	1.36
定量的な情報開示によって機密情報が公表されるリスクがある	6	10	14	24	13	4	1	2.61	3.00	1.38

	パネルB：ガバナンス・コードの適用有無		パネルC：事務所規模別	
	非適用	適　用	その他	大手・準大手
定量的な情報開示に賛成	1.93	2.92 **	2.02	2.70
定量的な情報開示が監査役等にとって有用	2.42	3.00	2.47	2.90
定量的な情報開示が被監査会社の株主にとって有用	2.19	3.00 *	2.24	2.90
定量的な情報開示が投資家にとって有用	2.14	3.15 ***	2.19	3.10 **
定量的な情報開示によって機密情報が公表されるリスクがある	2.64	2.46	2.61	2.60

注：パネルBとパネルCの括弧内は事務所数である。

　全体として，定量的な情報開示の有用性に関して，否定的な意見が多いことがわかる。ただし，いずれの質問内容に関しても，回答は中立とやや否定的なものに集中しており，中立な立場に寄っている。次に，開示対象ごとに結果をみていくと，開示対象を限定せずに定量的な情報開示それ自体に賛成するかという質問に対して，最も否定的な回答が得られている。反対に，最も好意的な回答が得られたのは，開示対象を監査役等に限定した場合であった。残り２つの開示対象については，投資家よりも，株主にとって有用であるという回答の方が，平均値でわずかに高い。最後の質問項目である機密情報の漏洩リスクについては，平均値（中央値）が2.61(3)であり，当該リスクがそれほど高いという認識はないようである。

　それでは，定量的な情報開示について，どの点が最も問題視されているのであろうか。質問の最後の項目として設けた自由記述欄における記述から，回答者の問題意識について，比較的共通していたものをみていくと，定量的情報を

開示することで情報利用者の意思決定をミスリードする可能性を懸念する声が多い。例えば，「…，監査には定量化が難しいものや情報利用者により誤解が生じる可能性があるものがあるため，慎重な対応が必要と考えている。」や「…定量情報で開示・表現できる情報は，監査法人の品質の状況の一部を断片的に示すのみであり，それをもって監査法人の品質を評価することは，かえって利用者をミスリードすることになると考えます」といった意見が書かれている。監査品質の高低は一律に捉え難いという見解が一般に共有されているにもかかわらず，定量的情報が開示されることは，その測定尺度を提供することになり，情報提供者が意図しない形での利用が進むことが懸念されているようである。

(2)　現在の開示状況

　図表12-4のパネルAは，回答者による透明性報告書等を利用したAQIの開示実態に関する結果である。提示されたAQIのうち，回答した事務所の1つ以上が透明性報告書等を利用して当該指標を開示していると回答した指標は，29のうち25にまで及ぶ。しかし，1事務所しか開示していない項目が5つ，2事務所が開示している項目は6つであり，最も多くの事務所によって開示されている項目であっても，その事務所数は9である。これらの結果から，現在，自主的なレベルでの開示としては，事務所ごとに異なる指標が幅広く開示されている一方で，監査事務所全体としてみた場合には，事務所間で共通して開示されている指標は限定的である。

(3)　情報開示の選好

　図表12-5のパネルAは，各指標について，今後，透明性報告書等に記載してもよいと考えるかについて，その程度を7点のリッカートスケールを用いて問うた結果である[5]。パネルAの回答をみると，平均値と中央値の両方が3を中心にばらついており，中立的な回答が相対的に多い。ただし，たとえ中央値が3であっても，平均値が3を下（上）回っていれば，回答が否定（肯定）的な方向に偏っている傾向があることを示しているため，平均値と中央値両方の分布をみる必要がある。その観点から結果をみると，開示に対して肯定的に評価されている指標は少ない傾向にあることがわかる。平均値で3.5を超える指標は1つであるが，平均値で2.5を下回る指標は13もある。回答のばらつきとい

---

5)　この質問に関しては，0-6のいずれも示されていない回答が複数あったため，回答総数をパネルAの右端に示している。

図表12-4　質問項目②の結果（現在の開示状況）

パネルA：回答全体		開示なし	開示あり	パネルB：ガバナンス・コード適用有無		パネルC：事務所規模別	
				非適用	適用	その他	大手・準大手
1	スタッフの比率	63	9	4	5	5	4
2	パートナーの作業負担	69	3	2	1	2	1
3	マネージャー及びスタッフの作業負担	70	2	1	1	1	1
4	専門的な会計及び監査のリソース	68	4	1	3	1	3
5	専門的な技能及び知識を有する者	68	4	1	3	1	3
6	監査専門要員の経験	68	4	1	3	2	2
7	監査専門要員の業種における経験	70	2	1	1	1	1
8	監査専門要員の交代・離職	70	2	0	2	0	2
9	サービスセンターで行われる監査作業の量	72	0	—	—	—	—
10	監査専門要員1人当たりの研修時間	67	5	1	4	1	4
11	監査時間とリスク領域	69	3	2	1	2	1
12	監査の各段階における監査時間の配分	70	2	2	0	2	0
13	監査専門要員に対する独立的な調査の結果	68	4	1	3	1	3
14	品質の評価と報酬・給与	70	2	1	1	2	0
15	監査報酬，努力，クライアントのリスク	69	3	2	1	2	1
16	独立性に関する要求事項の遵守	63	9	3	6	3	6
17	監査品質を支えるインフラストラクチャーに対する投資	69	3	1	2	1	2
18	監査事務所による内部の品質管理レビューの結果	66	6	1	5	1	5
19	当局による検査の結果	63	9	3	6	3	6
20	専門的能力のテスト	72	0	—	—	—	—
21	虚偽表示による財務諸表の修正再表示の頻度と影響	71	1	0	1	0	1
22	不正及びその他の財務報告の不祥事	71	1	0	1	0	1
23	財務諸表の品質の測定指標を利用した監査品質の測定	71	1	0	1	1	0
24	内部統制の不備の適時な報告	71	1	0	1	0	1
25	継続企業に関する問題の適時な報告	71	1	0	1	0	1
26	監査委員会メンバーに対する独立的な調査の結果	72	0	—	—	—	—
27	金融庁による懲戒処分等	64	8	2	6	2	6
28	民事訴訟の傾向	72	0	—	—	—	—
29	重要性の基準値等の監査の範囲	70	2	1	1	1	1

図表12-5　質問項目③の結果（将来の開示可能性）

パネルA：回答全体　／　パネルB：ガバナンス・コード　／　パネルC：事務所規模

	0	1	2	3	4	5	6	平均値	中央値	標準偏差	総数	非適用	適用	その他	大手・準大手
1 スタッフの比率	4	3	10	16	10	7	4	3.15	3.00	1.57	53	3.02	3.54	3.05	3.60
2 パートナーの作業負担	7	3	16	17	7	1	2	2.47	2.00	1.42	53	2.53	2.31	2.56	2.10
3 マネージャー及びスタッフの作業負担	6	4	17	16	6	2	2	2.49	2.00	1.42	53	2.55	2.31	2.58	2.10
4 専門的な会計及び監査のリスク	6	2	10	17	12	3	3	2.91	3.00	1.54	53	2.80	3.23	2.84	3.20
5 専門的な技能及び知識を有する者	5	0	10	18	12	5	3	3.11	3.00	1.48	53	3.10	3.15	3.12	3.10
6 監査専門要員の経験	5	1	7	22	12	4	2	3.04	3.00	1.40	53	2.90	3.46	2.93	3.50
7 監査専門要員における経験	5	2	12	22	7	3	2	2.77	3.00	1.38	53	2.68	3.08	2.72	3.00
8 監査専門要員の業種の交代・離職	5	3	18	19	4	2	2	2.53	3.00	1.34	53	2.43	2.85	2.47	2.80
9 サービスセンターで行われる監査作業の量	7	6	21	15	2	2	0	2.09	2.00	1.20	53	2.05	2.23	2.09	2.10
10 監査専門要員1人当たりの研修時間	7	2	13	10	15	5	3	2.83	3.00	1.64	53	2.60	3.54*	2.65	3.60
11 監査時間とリスク領域	8	2	15	19	3	4	2	2.51	2.00	1.51	53	2.68	2.00	2.70	1.70
12 監査の各段階における監査時間の配分	9	4	18	14	5	2	1	2.23	2.00	1.42	53	2.28	2.08	2.33	1.80
13 監査専門要員に対する独立的な調査の結果	8	2	15	14	10	1	3	2.58	3.00	1.56	53	2.60	2.54	2.63	2.40
14 品質の評価と報酬・給与	11	3	21	13	3	1	1	2.02	2.00	1.37	53	2.00	2.08	2.12	1.60
15 監査報酬、努力、クライアントのリスク	9	2	23	10	5	1	2	2.21	2.00	1.45	52	2.26	2.08	2.36	1.60
16 独立性に関する要求事項の遵守	4	1	8	15	13	3	9	3.45	3.00	1.66	53	3.43	3.54	3.47	3.40
17 監査品質を支えるインフラストラクチャーに対する投資	7	1	21	12	5	4	3	2.58	2.00	1.56	53	2.50	2.85	2.56	2.70
18 監査事務所による内部の品質管理レビューの結果	3	2	12	14	10	4	8	3.32	3.00	1.64	53	3.25	3.54	3.28	3.50
19 当局による検査の結果	4	1	8	17	9	5	9	3.45	3.00	1.68	53	3.40	3.62	3.42	3.60
20 専門的能力のテスト	11	5	21	13	3	0	0	1.85	2.00	1.18	53	1.95	1.54	2.02	1.10**
21 虚偽表示による財務諸表の修正再表示の頻度と影響	8	0	20	16	4	1	4	2.51	2.00	1.54	53	2.63	2.15	2.67	1.80
22 不正及びその他の財務報告の不祥事	10	1	17	15	4	2	4	2.45	2.00	1.66	53	2.63	1.92	2.70	1.40**
23 財務諸表の品質の測定指標を利用した監査品質の測定	8	3	18	16	3	1	0	2.31	2.00	1.41	52	2.23	2.58	2.35	2.11
24 内部統制の不備の適時な報告	8	2	17	17	5	2	2	2.43	2.00	1.46	53	2.48	2.31	2.53	2.00
25 継続企業に関する問題の適時な報告	7	3	18	15	5	2	3	2.49	2.00	1.51	53	2.58	2.23	2.63	1.90
26 監査委員会メンバーに対する独立的な調査の結果	2	0	20	16	5	1	2	2.44	2.00	1.35	52	2.43	2.50	2.49	2.22
27 金融庁による懲戒処分等	2	0	9	13	13	8	8	3.72	4.00	1.50	53	3.53	4.31*	3.56	4.40*
28 民事訴訟の傾向	5	3	16	18	4	2	4	2.67	3.00	1.50	52	2.80	2.25	2.84	1.89
29 重要性の基準値等の監査の範囲	14	2	21	14	2	0	0	1.77	2.00	1.22	53	1.85	1.54	1.88	1.30

174 第Ⅱ部　監査品質規制の動向⑴：監査法人のガバナンス・コード

う点で結果をみると，標準偏差が最も大きな2つの指標は，19と22である。反対に，ばらつきが最も小さいのは，9と20である。ばらつきが小さな2つは，否定的な方向に回答が偏っている指標であり，これらの項目に関しては，開示に対して消極的な姿勢があるものと解釈できる。

　この質問項目については，回答の理由を記入する自由記述欄があり，各指標について，種々のコメントが書かれていた。それらのコメントについては，全体としての傾向があり，単純な比較が困難であるという指摘が相対的に多くよせられていた。この問題意識は，定量的な情報の開示に関する一般的な問題意識と整合するものである。単純な比較が困難な背景として具体的に指摘されていた要因に，①監査事務所の規模等の属性ごとにシステマティックに値が変わる，②個人の力量によって数値と品質との関係が変わる等が指摘されていた。また，AQIとしてそぐわない，あるいは，定義の曖昧さが指摘されているような指標もあった。

⑷　AQIの開示枠組み

　図表12-6は，AQIの開示枠組みに関する質問の結果である。開示する媒体，制度，開示するレベルについて，7通りの組合せを提示し，それぞれの開示枠組みの場合に，各指標の開示に関して，開示が適切と思われるか否かを問うている。7通りの組合せは，次のとおりである。すなわち，④監査法人のガバナンス・コードに明記して，透明性報告書等で開示する，⑤日本公認会計士協会の自主規制によって，透明性報告書等で開示する，⑥各監査法人の任意の判断によって，透明性報告書等で開示する，⑦制度（基準や規則）によって，監査契約ごとに，一般向けに開示する，⑧制度によって，監査契約ごとに，被監査企業の監査役等に開示する，⑨日本公認会計士協会の自主規制によって，監査契約ごとに，被監査企業の監査役等に開示する，⑩各監査法人の任意の判断によって，監査契約ごとに，被監査企業の監査役等に開示する，の7つである。各枠組みの結果は，図表12-6のパネルAからパネルGにまとめている。

　いずれの開示形態をとった場合にも，開示が適切と考えられる指標はばらついているため，全体として望ましいと考えられている枠組みを把握することは難しい。しかし，やや精度は欠くが，開示枠組みごとに回答数の合計をとると，AQIを開示することに最も賛同の集まっている枠組みを捉えることはできる。その観点から，回答数の合計をとってみると，AQIの望ましい開示方法として

図表12-6　質問項目④〜⑩の結果（開示枠組みの選好）

| | | パネルA：質問④ | | | | | パネルB：質問⑤ | | | | |
| | | | 回答内訳（ガバナンスコード） | | 回答内訳（事務所規模） | | | 回答内訳（ガバナンスコード） | | 回答内訳（事務所規模） | |
		全体	非適用	適用	その他	大手・準大手	全体	非適用	適用	その他	大手・準大手
1	スタッフの比率	16	12	4	13	3	12	10	2	11	1
2	パートナーの作業負担	6	3	3	4	2	3	2	1	3	0
3	マネージャー及びスタッフの作業負担	6	4	2	4	2	3	2	1	3	0
4	専門的な会計及び監査のリソース	4	2	2	2	2	1	1	0	1	0
5	専門的な技能及び知識を有する者	9	6	3	6	3	6	5	1	5	1
6	監査専門要員の経験	15	12	3	12	3	11	10	1	10	1
7	監査専門要員の業種における経験	7	5	2	5	2	4	3	1	3	1
8	監査専門要員の交代・離職	5	4	1	4	1	2	2	0	2	0
9	サービスセンターで行われる監査作業の量	1	0	1	0	1	0	0	0	0	—
10	監査専門要員1人当たりの研修時間	11	8	3	8	3	10	8	2	8	2
11	監査時間とリスク領域	4	4	0	4	0	3	3	0	3	0
12	監査の各段階における監査時間の配分	5	4	1	4	1	4	3	1	3	1
13	監査専門要員に対する独立的な調査の結果	9	7	2	7	2	7	7	0	7	0
14	品質の評価と報酬・給与	1	0	1	1	0	0	0	0	0	0
15	監査報酬、努力、クライアントのリスク	1	0	1	1	0	1	0	1	1	0
16	独立性に関する要求事項の遵守	17	13	4	13	4	14	13	1	13	1
17	監査品質を支えるインフラストラクチャーに対する投資	3	2	1	2	1	3	3	0	3	0
18	監査事務所による内部の品質管理レビューの結果	12	10	2	10	2	11	11	0	11	0
19	当局による検査の結果	20	17	3	17	3	19	18	1	19	0
20	専門的能力のテスト	0	0	0	0	0	0	0	0	0	—
21	虚偽表示による財務諸表の修正再表示の頻度と影響	6	5	1	5	1	6	6	0	6	0
22	不正及びその他の財務報告の不祥事	8	8	0	8	0	8	8	0	8	0
23	財務諸表の品質の測定値を利用した監査品質の測定	2	0	2	1	1	1	0	1	1	0
24	内部統制の不備の適時な報告	5	4	1	4	1	5	5	0	5	0
25	継続企業に関する問題の適時な報告	3	2	1	2	1	3	3	0	3	0
26	監査委員会メンバーに対する独立的な調査の結果	4	1	3	1	3	3	3	0	3	0
27	金融庁による懲戒処分等	26	23	3	23	3	23	22	1	23	0
28	民事訴訟の傾向	10	9	1	9	1	9	9	0	9	0
29	重要性の基準値等の監査の範囲	3	2	1	2	1	1	1	0	1	0
	合計	219	167	52	172	47	173	158	15	165	8
	割合		76%	24%	79%	21%		91%	9%	95%	5%

パネルC：質問⑥ / パネルD：質問⑦

項目	パネルC：質問⑥ 回答内訳（ガバナンス・コード） 非適用	適用	全体	回答内訳（事務所規模） その他	大手・準大手	パネルD：質問⑦ 回答内訳（ガバナンス・コード） 非適用	適用	全体	回答内訳（事務所規模） その他	大手・準大手
1 スタッフの比率	13	5	18	14	4	6	2	8	7	1
2 パートナーの作業負担	7	2	9	8	1	2	1	3	3	0
3 マネージャー及びスタッフの作業負担	7	1	8	7	1	3	0	3	3	0
4 専門的な会計及び監査のリソース	8	3	11	8	3	3	0	3	3	0
5 専門的な技能及び知識を有する者	12	3	15	12	3	5	1	6	5	1
6 監査専門要員の経験	16	4	20	16	4	6	1	7	6	1
7 監査専門要員の業種における経験	11	3	14	11	3	4	1	5	4	1
8 監査専門要員の交代・離職	7	2	9	7	2	4	1	5	5	0
9 サービスセンターで行われる監査作業の量	3	1	4	3	1	0	0	0	0	0
10 監査専門要員1人当たりの研修時間	11	6	17	12	5	4	2	6	4	2
11 監査時間とリスク領域	8	1	9	8	1	1	0	1	1	0
12 監査の各段階における独立的な調査の結果	7	0	7	7	0	4	0	4	4	0
13 監査専門要員に対する独立的な調査の結果	8	3	11	9	2	1	0	1	1	0
14 品質の評価と報酬・給与	1	1	2	2	0	1	2	3	3	0
15 監査報酬、努力、クライアントのリスク	4	1	5	5	0	8	2	10	9	1
16 独立性に関する要求事項の遵守	17	5	22	18	4	2	0	2	2	0
17 監査品質を支えるインフラストラクチャーに対する投資	6	3	9	7	2	6	0	6	6	0
18 監査事務所による内部の品質管理レビューの結果	12	5	17	13	4	12	0	12	11	1
19 当局による検査の結果	17	4	21	17	4	0	0	0	0	0
20 専門的能力のテスト	3	0	3	3	0	2	0	2	2	0
21 虚偽表示による財務諸表の修正再表示の頻度と影響	9	2	11	9	2	0	1	1	1	0
22 不正及びその他の財務報告の不祥事	9	1	10	9	1	1	0	1	1	0
23 財務諸表の品質の測定指標を利用した監査品質の測定	2	2	4	3	1	1	1	2	2	0
24 内部統制の不備の適時な報告	6	1	7	6	1	0	0	0	0	0
25 継続企業に関する問題の適時な報告	4	1	5	4	1	0	0	0	0	0
26 監査委員会メンバーに対する独立的な調査の結果	3	1	4	3	1	0	0	0	0	0
27 金融庁による懲戒処分等	22	4	26	22	4	16	0	16	16	0
28 民事訴訟の傾向	11	0	11	9	2	4	0	4	4	0
29 重要性の基準値等の監査の範囲	3	0	3	3	0	2	0	2	2	0
合計	247	65	312	255	57	98	15	113	105	8
割合	79%	21%		82%	18%	87%	13%		93%	7%

		パネルE：質問⑧					パネルF：質問⑨				
		全体	回答内訳（ガバナンス・コード）		回答内訳（事務所規模）		全体	回答内訳（ガバナンス・コード）		回答内訳（事務所規模）	
			非適用	適用	その他	大手・準大手		非適用	適用	その他	大手・準大手
1	スタッフの比率	11	9	2	10	1	11	9	2	10	1
2	パートナーの作業負担	4	3	1	4	0	4	3	1	4	0
3	マネージャー及びスタッフの作業負担	4	4	0	4	0	4	4	0	4	0
4	専門的な会計及び監査のリソース	3	3	0	3	0	3	3	0	3	0
5	専門的な技能及び知識を有する者	7	6	1	6	1	8	7	1	7	1
6	監査専門要員の経験	9	8	1	8	1	11	10	1	10	1
7	監査専門要員の業種における経験	7	6	1	6	1	8	7	1	7	1
8	監査専門要員の交代・離職	2	2	0	2	0	2	2	0	2	0
9	サービスセンターで行われる監査作業の量	0				—	0				—
10	監査専門要員1人当たりの研修時間	7	6	1	6	1	9	7	2	7	2
11	監査時間とリスク領域	4	3	1	3	1	5	4	1	4	1
12	監査の各段階における監査時間の配分	4	3	1	3	1	4	3	1	4	0
13	監査専門要員に対する独立的な調査の結果	4	4	0	4	0	4	4	0	4	0
14	品質の評価と報酬・給与	1	0	1	1	0	1	0	1	1	0
15	監査報酬，努力，クライアントのリスク	5	2	3	4	1	5	3	2	4	1
16	独立性に関する要求事項の遵守	12	10	2	11	1	13	13	0	13	0
17	監査品質を支えるインフラストラクチャーに対する投資	4	4	0	4	0	3	3	0	3	0
18	監査事務所による内部の品質管理レビューの結果	11	11	0	11	0	12	12	0	12	0
19	当局による検査の結果	20	19	1	19	1	23	22	1	22	1
20	専門的能力のテスト	0					0				
21	虚偽表示による財務諸表の修正再表示の頻度と影響	4	3	1	4	0	4	4	0	4	0
22	不正及びその他の財務報告の不祥事	7	5	2	6	1	7	6	1	6	1
23	財務諸表の品質の測定指標を利用した監査品質の測定	1	0	1	1	0	1	0	1	1	0
24	内部統制の不備の適時な報告	5	4	1	4	1	6	5	1	5	1
25	継続企業に関する問題の適時な報告	2	1	1	2	0	2	1	1	1	1
26	監査委員会メンバーに対する独立的な調査の結果	1	1	0	1	0	1	1	0	1	0
27	金融庁による懲戒処分等	23	22	1	22	1	25	23	2	24	1
28	民事訴訟の傾向	7	7	0	7	0	8	8	0	8	0
29	重要性の基準値等の監査の範囲	4	3	1	3	1	4	3	1	3	1
	合計	173	149	24	159	14	188	167	21	174	14
	割合		86%	14%	92%	8%		89%	11%	93%	7%

パネルG：質問⑩

	全体	回答内訳（ガバナンス・コード）		回答内訳（法人規模）	
		非適用	適用	その他	大手・準大手
1 スタッフの比率	21	15	6	16	5
2 パートナーの作業負担	14	9	5	10	4
3 マネージャー及びスタッフの作業負担	15	11	4	11	4
4 専門的な会計及び監査のリソース	13	8	5	8	5
5 専門的な技能及び知識を有する者	19	14	5	14	5
6 監査専門要員の経験	20	15	5	16	4
7 監査専門要員の業種における経験	15	12	3	12	3
8 監査専門要員の交代・離職	8	6	2	6	2
9 サービスセンターで行われる監査作業の量	4	3	1	3	1
10 監査専門要員1人当たりの研修時間	16	12	4	12	4
11 監査時間とリスク領域	14	11	3	12	2
12 監査の各段階における監査時間の配分	11	9	2	9	2
13 監査専門要員に対する独立的な調査の結果	11	9	2	9	2
14 品質の評価と報酬・給与	5	3	2	4	1
15 監査報酬、努力、クライアントのリスク	10	8	2	8	2
16 独立性に関する要求事項の遵守	24	18	6	19	5
17 監査品質を支えるインフラストラクチャーに対する投資	9	6	3	7	2
18 監査事務所による内部の品質管理レビューの結果	22	16	6	17	5
19 当局による検査の結果	27	22	5	22	5
20 専門的能力のテスト	4	3	1	3	1
21 虚偽表示による財務諸表の修正再表示の頻度と影響	14	11	3	11	3
22 不正及びその他の財務報告の不祥事	15	12	3	12	3
23 財務諸表の品質の測定指標を利用した監査品質の測定	6	4	2	5	1
24 内部統制の不備の適時な報告	11	10	1	10	1
25 継続企業に関する問題の適時な報告	5	4	1	4	1
26 監査委員会メンバーに対する独立的な調査の結果	4	3	1	3	1
27 金融庁による懲戒処分等	28	23	5	23	5
28 民事訴訟の傾向	12	10	2	10	2
29 重要性の基準値等の監査の範囲	6	6	0	6	0
合計	383	293	90	302	81
割合		77%	23%	79%	21%

全体的に多くの好意的意見を得ているのは，各監査法人の任意の判断で開示するという形態であることがわかる。このことは，少なくとも現時点では，AQIの開示に対して規制による介入が最善ではなく，監査法人の自主的な取組みが望ましいと考えられている傾向にあることを示している。ただし，残りの開示形態に比べて，パネルA（質問項目④）に対する回答の合計数が多いことは興味深い。すでに公表されているガバナンス・コードの枠組みの下で規制による介入が行われることについて，一定の必要性が意識されていることを示しているのかもしれない。

次に，指標ごとにみると，開示形態にかかわらず，ほとんど好意的な回答の得られていない指標が複数あり，それらに該当するのは9，14，20の3つである。一方，平均値でみて15以上の好意的回答のあった指標としては，16，19，27の3つがある。先にみたように，16と19の指標は，すでに開示が進んでいるものであるため，そのような背景もあって，好意的な回答がより多く得られたのかもしれない。ここまで，平均的な傾向から回答の傾向をみてきたが，指標の中には，開示枠組みの間で回答の傾向が大きく異なるものもある。そこで，回答数の標準偏差（結果は非掲示）をみることで，それらの指標を検討する。標準偏差の値が相対的に大きい指標は，5，6，16，18である。これらのばらつきの大きさの原因は，例えば，任意で監査法人によって被監査企業の監査役等に開示することは適切と考えるが，広く一般向けに開示することには消極的などの特徴がある。このような意見分布から，いずれの枠組みで開示するかによって，開示が好まれる指標は異なることがわかる。

4．事務所群別の比較

⑴　ガバナンス・コード適用有無

前節で全体の傾向を確認したが，回答は，監査事務所の属性によって異なる可能性がある。例えば，ガバナンス・コード適用の有無や，監査事務所の規模などが考えられる。本節では，まずガバナンス・コードを適用した事務所とそれ以外の事務所にわけて，各質問項目に対する回答の異同を考察していく。図表12-3から図表12-6には，全体の傾向に加えて，ガバナンス・コードの適用有無，及び監査事務所の規模によって事務所を区分し，それぞれの事務所群における回答の平均値も示している。ここでの分析は，主にガバナンス・コードの適用状況（非適用：59事務所；適用：13事務所）に分けた回答の傾向を検討し

180 第Ⅱ部　監査品質規制の動向(1)：監査法人のガバナンス・コード

ていく[6]。

　まず，情報開示の賛否と有用性について，図表12-3のパネルBをみると，定量的な情報開示による機密情報漏洩リスクに関する質問を除くと，すべての質問内容で，ガバナンス・コードの適用事務所は，それ以外の事務所よりも平均値が高い。この質問項目については，各回答の平均値の差の有意検定も行っているが，監査役等に対する有用性に関する質問以外については，すべて，10%以上の水準で有意に異なっている。これらの結果は，ガバナンス・コードを適用する事務所ほど，定量的な情報開示に対して賛成する，あるいは有用であるという意見を持っていることを示している。

　次に，現在の各AQIの開示状況（図表12-4パネルB）をみていく。開示されている指標の数，及び開示している事務所の数がともに少ないため，少数での比較になるが，ガバナンス・コードを非適用の事務所に比べると，適用している事務所の方が，指標をより多く開示している傾向がある。回答数全体の72に対して，ガバナンス・コードを適用している事務所が13であることから，このような絶対数での単純比較は，本来，ガバナンス・コード適用事務所に対して不利に働くはずである。それにもかかわらず適用事務所の方がより多くの指標を開示しているという結果は，ガバナンス・コード適用事務所の方が，自主的なレベルでAQIの開示が進んでいることを示している。

　次に，今後，透明性報告書等に各指標を記載してもよいと考えるか，という質問の結果をみていく。図表12-5のパネルBをみると，ガバナンス・コードの適用と非適用の種別によってある程度回答に偏りのあることがわかる。ただし，適用事務所の方がすべての指標の開示に対して肯定的な見解をもっているというわけではない点は興味深い。図表12-3では，ガバナンス・コード適用事務所の方が，定量的情報の開示に肯定的であったのとは対照的である。ただし，平均値の差についての検定結果をみると，差が有意なものは2つの指標に限られ，その差が大きいとはいえない。

---

6) 以下の分析では，パラメトリック検定によって2つの回答者群の差を検証しているが，リッカートスケールを用いたアンケート調査のように，順位データが得られる場合は，ノンパラメトリック検定の方が望ましいという指摘もある。ここでは，2つの回答群の回答傾向の違いについて，参照情報を提供するために検定を行っているため，簡便的な方法としてパラメトリック検定を採用している。そのため，結果を解釈する際には，上記のような問題点の指摘があることに留意されたい。なお，表に示した結果で，アスタリスクが1つの場合は10%，2つの場合は5%，3つの場合は1%の有意水準（両側検定）であることをそれぞれ示している。

最後に，AQIの開示枠組みに関する質問項目（図表12-6）をみていく。各パネルには，全体の結果の右横にガバナンス・コードの適用有無によって事務所群を区分した結果を提示している。全体的な傾向としては，ガバナンス・コードの適用有無にかかわらず，各監査事務所の任意の判断で開示するという開示形態に対して，最も好意的な回答が集まっている点は，全体の結果と同じである。しかし，好意的な回答をしている事務所の割合を，ガバナンス・コードの適用有無の種別によってみてみると，パネルごとに傾向は異なっている。ガバナンス・コード適用事務所数は13であり，回答全体に占める割合は約18％である。この割合を基準にして回答の分布をみてみると，④，⑩，⑥の質問項目が18％を上回る割合で好意的な回答を得ており，それぞれ24％，23％，21％である。全体の結果でも，これら３つの形態は，好意的な回答をより多く受けていたものであり，その支持は，ガバナンス・コードの適用事務所からの影響が強いことがわかる。一方，⑤の形態については，適用事務所の好意的な回答の割合は，全体の９％であり最も低い。この結果は，ガバナンス・コード適用事務所ほど，日本公認会計士協会が牽引する形での開示は望んでおらず，監査事務所の任意の判断による自主的な開示，あるいはガバナンス・コードといった法令による開示制度を支持する傾向にあることを示している。

(2)　事務所規模別の比較

本項では，監査事務所の規模別に回答結果を集計し，規模の違いによって回答に変化があるか否かを検討する。ここでは，規模の種別として，大手と準大手を一括り（10事務所）とし，そこに含まれないその他の監査事務所（62事務所）と比較する[7]。また，結果は非掲示であるが，大手とその他の比較も適宜記述する。

まず，情報開示の賛否と有用性についてみていく。図表12-3のパネルCには，監査事務所の規模によって区分した２つの事務所群について，回答の平均値をそれぞれ示している。パネルBの結果に比べて，この種別の場合には２つの事務所群で平均値の差が小さいことがわかる。また，平均値の差が統計的に有意になるのは，投資家にとっての定量的情報開示の有用性に関する質問項目だけである。この結果から，情報開示の有効性に対する各事務所の意見は，事務所

---

7) 大手・準大手・その他という種別にした場合，大手と準大手に含まれる事務所の数が少なく，サンプル数に極端な偏りが出てしまうため，このような区分とした。

182 第Ⅱ部　監査品質規制の動向⑴：監査法人のガバナンス・コード

規模の大小によってある程度影響を受けているものの，小規模の事務所でも，情報開示に対しては肯定的な見解をもっている場合があることが示唆される。そういった事務所ほど，ガバナンス・コードを適用するという傾向があるのかもしれない。なお，大手の４事務所のみに絞って平均値をとると，すべての質問に関して，平均値が3.0となった[8]。したがって，大手の事務所ほど，全体的に情報開示に対してやや好意的な一方，機密情報の公表に関しては相対的に高いリスクを感じているようである。

　続いて，AQIの開示状況（図表12-4パネルC）についてみていく。29の指標のうち，４つを除いてはガバナンス・コードの適用有無に事務所を分けた場合の結果と同じである。また，その際も，回答数が１だけ増減する程度であり，趨勢としてパネルBと大きな違いはないといえる。これについても大手のみの傾向をみると，パネルCで，大手・準大手が開示していると回答した件数をすべてのAQIについて集計すると56になるが，これのうち34件は大手による開示であった。これらの傾向から，より大きな規模の監査事務所において，AQIの自主的な開示が進められていることがわかる。

　今後，透明性報告書等に各指標を記載してもよいと考えるか，という質問に関しては，図表12-5パネルCに結果がある。パネルBと比較すると，事務所群ごとの平均値が統計的に有意な水準で異なる指標に違いがある。具体的には，パネルBで有意な差が検出されている10の指標はパネルCで有意とならないのに対し，パネルCでは，20と22の指標で統計的に有意な違いが出ている。また，これらの指標は両方とも，小規模の事務所ほど値が大きくなっている（つまり，開示に対して好意的な回答が得られている）点に注意してほしい。図表12-3でみたように，全体的な傾向として，小規模監査事務所の方が定量的情報の開示には慎重な姿勢が見受けられるが，個別の指標に議論が移れば，指標によっては小規模な事務所の方が開示に対して好意的な見解を持っている。なお，この質問に関しても，大手事務所だけで回答の傾向を集計したが，大手・準大手で集計する場合と平均値が大きく異なるAQIは限られていた。具体的には，大手・準大手の集計との比較で，１，18，及び19の指標は平均値が１以上大きくなり，24と25の指標は平均値が１以上小さくなった。ただし，この変化によって，大手・準大手とその他の間で平均値の差の関係が異なることはない。

---

8) 脚注７にも示したように，大手とその他では，サンプル数が大きく異なるため，数値の比較にとどめて，平均値の差の有意性検定などは行わない。

最後に，AQIの開示枠組みに関する質問項目について，監査事務所の規模別に回答が異なるかをみていく（図表12-6各パネルの右端）。全体的な傾向としては，事務所の規模にかかわらず，各監査事務所の任意の判断で開示するという開示形態に対して，最も好意的な回答が集まっている点は，全体，及びガバナンス・コードの適用有無に分けた場合の結果と同じである。これについても，大手事務所のみに絞った結果をみていく。これまでの追加的な考察では，準大手と統合した場合とで顕著な差はみられなかったが，図表12-6については，大手事務所によって1つ以上の回答があったパネルに極端な偏りがあり，質問項目⑥と⑩に集中していたのである。換言すると，質問項目④，⑤，⑦，⑧，⑨については，大手監査事務所が好意的な回答をしたAQIは皆無であった。つまり，大手の事務所は，監査事務所の任意の判断による自主的な開示に対する選好が極めて高いと考えられる。

以上のように，本節ではガバナンス・コード適用の有無，及び監査事務所の規模別に回答の分布の差異を検討した。事務所をこれら2つの方法で区分した場合に，やや傾向が異なる結果もあった。しかし，それらの結果の違いをもたらしているのは，大手・準大手に含まれない監査事務所であり，ガバナンス・コードを適用している3つの監査事務所による回答であることに言及しておく。全体の回答数が少なく，これら3つの事務所による回答が結果に影響を及ぼしやすい状況であるため，この点について，結果の解釈には注意が必要である。いずれにしても，図表12-3から図表12-6の結果から，ガバナンス・コードの適用有無，又は監査事務所の規模によって，回答の結果に，ある程度の違いが観察されることは明らかである。

5．PCAOB（2015a）に対するコメントとの比較

PCAOBは，28の潜在的AQIを公表したPCAOB（2015a）の後，47のコメント・レターを受け取り，その内容をPCAOB（2015b）で公表した。コメントを寄せた主体は会計プロフェッション（profession），取締役（Board members），投資家（investors），及びその他（others）に区分されており，47のコメントのうち半数に近い22が会計プロフェッションからのものであった[9]。本節では，日本の監査事務所を対象としたアンケートの結果と，PCAOB（2015b）

9）この中には，オーストラリア・ニュージーランドやイギリスといった他国の公認会計士協会からのコメントも含まれている。

184 第Ⅱ部　監査品質規制の動向(1)：監査法人のガバナンス・コード

を比較する。なお，PCAOB（2015b）では，回答者のタイプごとに集計されているものがあるため，その情報が入手できる場合には，特に会計プロフェッションからのコメントを中心にみていくことにする。

　PCAOB（2015a）におけるAQIに関する議論の肝となる考え方は，監査の品質を捉える様々な側面を定量的に把握する（もって監査の品質向上に寄与する）ということである。PCAOB（2015b）によると，この考え方に賛同するコメントは半数以上を占め，35に及ぶ。しかし，PCAOBに対するコメントでも，定量的な情報の開示に対して手放しで賛成ということではない。すなわち，意図しない帰結（unintended consequence）を懸念する回答者が全体の70%（回答数33）を占めているのである。今回のアンケートでも，監査品質に関する定量的な情報を提供することで，意思決定者をミスリードする可能性を懸念する声が多く，整合性が認められる。

　PCAOB（2015b）において，会計プロフェッションからの回答状況を把握できるものとしては，AQIの (1) 主な情報利用者，(2) 情報を一般に公表するか否（開示のレベルを含む）か，(3) PCAOBがAQIの議論を牽引する主体として望ましいか，及び (4) AQIを強制的な開示とするか，がある。これらについてPCAOB（2015b）における会計プロフェッションの回答の傾向は，次のようであった。すなわち，(1) 主な情報利用者として監査委員会のみを想定し，(2) 情報の公表については，①事務所レベルの情報開示のみ一般に公表，又は②すべてのAQI（つまり業務レベルと事務所レベル）を開示する場合は利用者を制限することが好まれ，(3) AQIに関する議論についてはPCAOBが取組むことに関して肯定的，そして (4) 開示は自主的なものを支持する，というものであった。これらについて，本章のアンケート調査でも，回答の傾向としては概ね一致している。

　さらに，PCAOB（2015b）では，各指標について，回答者からの意見分布として，「支持・不支持・部分的に支持」という3通りの回答の集計を公表している。回答者のタイプごとの集計は行われていないため解釈には注意が必要であるが，アンケートの質問項目③（結果は図表12-5）と比較することで，支持・不支持の意見分布について，日米の異同を確認することができる。PCAOB（2015b）で (A)「不支持」が (B)「支持」と「部分的に支持」の合計を上回った項目は9つあった。これと比較するため，日本のアンケートで提示した29項目のうち，PCAOBによるAQIと同じ28項目についてみてみる。中央値

が2であり平均値が3を下回っていれば,「不支持」の傾向が明確であるため,この基準に合致する指標を数えると13あり,PCAOBの結果よりも多い。ただし,不支持が集まっている項目の大部分は一致しており,AQIの区分でいう「監査の結果」に集中している。また,日米での違いをみると,大きく分けて次の2つの特徴があった。第1に,PCAOBの集計では,「監査人」に関する指標で不支持が多いものは皆無である一方で,日本の事務所に関するアンケート結果では,3つの指標について不支持の意見が多かった。第2の特徴は,PCAOBの集計結果では不支持が多勢である一方で,日本の事務所に対するアンケートでは支持する意見が多かった指標が2つ存在する点である。具体的には,27と28の指標である。

6. 日本公認会計士協会（2018b）との比較

本節では,日本公認会計士協会（2018b）で提示されたAQIをPCAOB（2015a）によるAQIと比較しながら,アンケート調査の結果とも対比する。研究報告で提案された指標をPCAOBによる28の指標と対比した結果が図表12-7である[10]。対応する指標がある場合には○,情報内容としては対応するが,測定対象や趣旨が異なる場合には△で示し,空欄は対応する指標がないことを意味する。この一覧からわかるように,PCAOBによる区分の「監査人」に関する項目は12の指標のうち9つの指標が候補になっており,指標の対応関係も強いのに対して,「監査プロセス」と「監査結果」に関する項目は,日本公認会計士協会（2018b）で挙げられていないAQIが相対的に多い。監査プロセスについては,8つの指標のうち,対応する指標が3つと情報内容が近い指標が1つであり,「監査結果」については8つの指標のうち,情報内容が近い指標を入れても重複は2つである。このことは,監査に投ずる資源（又はインプット）に関連する項目である「監査人」や「監査プロセス」に関しては,情報開示に対して比較的肯定的であるが,監査の結果や帰結に関連する「監査結果」に関しては,当該情報の有用性が認められない,又は開示することが不都合な状況があると考えられる。この傾向は,アンケート調査とPCAOB（2015b）でも観察されている。

次に,開示枠組みについて検討する。日本公認会計士協会（2018b）の第1

---

10) 日本公認会計士協会（2018b）における記述とPCAOB（2015a）の定義を照らして表を作成したが,対応の識別には筆者の主観的な判断が入っていることに留意されたい。

186 第Ⅱ部 監査品質規制の動向(1)：監査法人のガバナンス・コード

図表12-7 PCAOB（2015a）と日本公認会計士協会（2018b）の対応

	PCAOBによるAQI	JICPA	開示レベル	補足事項
1	スタッフの比率	○	事務所・業務	事務所レベルは人数、業務レベルは時間に基づく情報を想定した指標
2	パートナーの作業負担	○	事務所・業務	
3	マネージャー及びスタッフの作業負担	○	事務所・業務	
4	専門的な会計及び監査のリソース	○	事務所	人数情報
5	専門的な技能及び知識を有する者	○		
6	監査専門要員の経験	○	業務	
7	監査専門要員の業種における経験	○	業務	
8	監査専門要員の交代・離職	○	事務所	関連する指標として、出向や異動に関する指標あり
9	サービスセンターで行われる監査作業の量			
10	監査専門要員1人当たりの研修時間	○	事務所	関連する指標として、研修に関するアンケート調査結果についての指標あり
11	監査時間とリスク領域			
12	監査の各段階における監査時間の配分			
13	監査専門要員に対する独立的な調査の結果	△	事務所	調査の対象は事務所内の監査品質に関する意識
14	品質の評価と報酬・給与			
15	監査報酬、努力、クライアントのリスク			
16	独立性に関する要求事項の遵守	○	事務所・業務	
17	監査品質を支えるインフラストラクチャーに対する投資			
18	監査事務所による内部の品質管理レビューの結果	○	事務所・業務	
19	PCAOBによる検査の結果	○	事務所・業務	日本公認会計士協会及び公認会計士・監査審査会によるもの（公表が認められているものに限る）
20	専門的能力のテスト			
21	虚偽表示による財務諸表の修正再表示の頻度と影響			
22	不正及びその他の財務報告の不祥事			
23	財務諸表の品質の測定指標を利用した監査品質の測定			
24	内部統制の重要な不備の適時の報告	△	業務	監査人が識別した内部統制の問題について、被監査企業の経営者又は監査役等に報告した件数
25	継続企業問題の適時の報告			
26	監査委員会メンバーに対する独立的調査結果			
27	PCAOB及びSECによる執行活動の傾向	○	事務所	規制当局又は日本公認会計士協会からの懲戒処分
28	民事訴訟の傾向			

注：JICPAは日本公認会計士協会（2018b）を意味している。

項では，同研究報告が法令等の下で，又は任意で監査事務所が開示する資料において追加的な情報開示を求めるような属性のものではなく，監査事務所が自主的にAQIを利用する際に，それらの指標の一般的な性質や背景となる情報を提供することが意図されていることが述べられている。また，研究報告において念頭にある開示形態については，第18項で明示的に記述されている。すなわち，監査事務所レベルのAQIは，監査法人のガバナンス・コードに基づいて任意で作成する監査品質に関する報告書や公認会計士法の下で作成している業務の状況に関する説明書類を想定し，業務レベルのAQIは，被監査会社の監査役等に報告することを想定しているという。これらの開示形態は，アンケート調査によって明らかになった最も賛同を得ている開示形態とも付合している（図表12-6参照）。

　日本公認会計士協会（2018b）と本アンケートの結果との比較を，PCAOB（2015b）も踏まえて要約すると，次の3つの特徴が挙げられる。すなわち，①定量的な指標が，他の関連する要因を考慮することなく単純に比較されることに対する懸念が大きい。次に，②監査におけるインプットに関連するような情報の開示に対して，肯定的な考え方が強い。そして，③望ましいと考えられている開示枠組みについて，開示項目の選択等については事務所が任意に決定することが望ましく，業務レベルの情報は監査役等に限定的に開示され，事務所レベルの情報は広く一般に開示することが好まれているのである。

7．議論の要約

　以上，監査品質指標の意義と課題について，日本の監査事務所に対するアンケート調査の結果を中心に検討した。アンケート調査から，日本の監査事務所は，定量的な監査品質情報の開示に対して，やや懐疑的な意見を持っていることがわかった。この傾向は，ガバナンス・コードを採用していないような規模が小さな事務所において共通している見解であり，規模が大きくなるほど，中立的な見解になる。一方，定量的な情報開示そのものの議論ではなく，個々の指標の適否に関する議論になると，規模の違いといった属性が及ぼす影響はそれほど顕著ではなくなる。また，AQIの開示枠組みについては，監査事務所の判断で行われる自主的な開示が好まれる傾向にあり，これは特に大手事務所において顕著である。

　PCAOB（2015b）及び日本公認会計士協会（2018b）との比較では，アメリ

カの会計プロフェッションの方が定量的な情報開示に肯定的であるが，開示された情報が適切な理解なく1人歩きしてしまうことに対する懸念は日米両方で高かった。日米共通の特徴として，監査の「インプット」にかかる情報ほど開示が好まれる傾向にあり，開示枠組みについても，一定の共通した見解があることなどが判明した。

　各監査事務所の任意ベースではあるが，日本でもガバナンス・コードが制度化され，監査事務所による定量・定性的情報の開示が進展してきている。開示される定量的情報の比較可能性を高めるためには，日本公認会計士協会（2018b）のような指針が必要であると考えられるが，情報開示が任意である限り，その指針の適用に関する強制力は低い。しかし，実務では自主的な開示形態が好まれていることから，例えば規制主体がAQIの開示項目を規定し，それを強制的に開示するような制度は，実務からの反発等も含む大きなコストを伴うことが予想される。したがって，AQI開示の制度化を議論する場合には，これらのコストを上回るようなベネフィットがあるかを検討する必要がある。また，ここでは，情報の提供者側である監査事務所に対するアンケートを要約しているが，情報の受け手である規制主体，監査役等，及び財務諸表利用者の意見も併せて分析する必要があるだろう。

参考文献

Public Company Accounting Oversight Board（PCAOB）（2015a），Concept Release on Audit Quality Indicators. <https://pcaobus.org/Rulemaking/Docket%20041/Release_2015_005.pdf（2015.7.1）>
――（2015b），Standard Advisory Group Meeting, Audit Quality Indicators-Update and Discussion. <https://pcaobus.org/News/Events/Documents/11-12-2015-SAG-Meeting/SAG-AQI-Memo.pdf（2015.11.12-13）>
日本公認会計士協会（2018a）「監査品質の指標（AQI）に関する研究報告」（公開草案），6月7日。<https://jicpa.or.jp/specialized_field/files/1-99-0-2-20180307.pdf 2019年2月21日閲覧>
――（2018b）「監査品質の指標（AQI）に関する研究報告」，11月21日。<https://jicpa.or.jp/specialized_field/files/0-0-0-2-20181121a.pdf2019年2月21日閲覧>
町田祥弘［編著］（2017）『監査品質の指標（AQI）』同文舘出版。

（髙田　知実）

第 III 部

監査品質規制の動向（2）：
監査法人のローテーション制度

第**13**章

監査法人のローテーション制度

1．研究の背景と目的

　2016年6月2日に公表された「日本再興戦略2016」のうち「『攻めの経営』の促進」を可能とする「新たに講ずべき具体的施策」の1つに，コーポレートガバナンス改革による企業価値の向上のための取り組みがある。そこでは「情報開示，会計基準及び会計監査の質の向上」を求めており，中でも会計監査の質の向上のための具体的内容は，同年3月8日に金融庁から公表された「提言—会計監査の信頼性確保のために—」（会計監査の在り方に関する懇談会）の「会計監査の信頼性確保に向けて」に基づいたものとされる。

　当該提言では，監査業務が被監査会社それぞれの個別性や専門性が高いうえに，企業の機密情報を取り扱う機会が多いことから，その過程や結果の適正性を外部から客観的に評価することは困難となっていることが指摘されている。このため，被監査会社と監査事務所との関係が長期間にわたる場合には，監査人の独立性が損なわれたり，職業的懐疑心の発揮が鈍らされたりすることも懸念された。

　それが故に，監査事務所の強制的交替（ローテーション）を扱った「監査法人のローテーション制度についての調査と実施」が，監査法人の独立性を確保するという観点からの施策とされ，「第三者の眼」による会計監査の品質のチェックの目的を達成するために提言されている。

　監査事務所のローテーション制度については，すでにEUレギュレーションとして2014年6月に発効し，2016年6月から適用されている。そこでは，上場企業等に対する同一の監査事務所による監査期間は最長10年とされており，例外的に公開入札や共同監査を実施する場合には，ヨリ長い監査期間が許容されている[1]。また一度交替した監査事務所が再び監査を担当できるようにするためには4年間のインターバルが必要とされる。EUにおける強制的ローテーション導入の決定は，監査事務所の独立性の確保を徹底するという観点からなされており，提言ではわが国においても有効な選択肢の1つとされている。

1）詳細は，町田（2015；2016）でも紹介されている。

192 第Ⅲ部 監査品質規制の動向⑵：監査法人のローテーション制度

　一方，監査人としての監査事務所のローテーション制度については，監査人の知識・経験の蓄積が中断されることにより，監査の質が低下するおそれがある．上場企業を監査できる規模の大きい監査事務所の数が限られている監査市場の現状を考えると当該制度の円滑な導入・実施は難しい．さらには監査人の交代期は初度監査としてリスク評価の手続が相対的に多くなり監査コストが高くなる可能性がある，という問題点が指摘されている．

　以上のように，監査事務所のローテーション制度については，導入の可否に関して甲乙付けがたい情況にあるため，諸外国の最近の動向も踏まえつつ，わが国でもそのメリット・デメリットや制度導入時の実効性確保するための方策等について，金融庁による深度ある調査・分析が求められている．そこで，本章では，監査事務所の強制的交替に関して議論する場合に，重視すべき問題の所在を明らかにした上で，これまでの議論の経緯を振り返ってみたい．

2．問題の所在

　わが国のみならず諸外国においても監査の失敗が生じた際には，必ずといっていいほど監査事務所の強制的な交代の議論が制度改革の俎上に載ってきた．そしてそこでは，常に相反する理解が提示されてきた．1つは，ローテーションを支持する見解である．これは監査人とクライアントとの間での長期にわたる関係が監査人の公正不偏の精神状態に脅威となるリスクに注目し，ローテーションによって当該関係を制限することで，監査人が職業専門的懐疑心を保持し，クライアントの主張を鵜呑みにしないことを担保し，ひいては監査の質を改善するであろう，というものである．2つは，強制的ローテーションに反対するものである．これは企業の特質に関して監査人の得た知識が，ローテーションごとに失われ，結局，監査の質を損なうことになる，と主張するものである．このような2つの理解は，ローテーションが争点となった際には，必ず提起されるものであるが，監査の質に関して2つの論点を混在させている．

　監査の質は，以下のように監査人の適格性と独立性の積として表すことができる[2]．

$$[監査の質]＝[適格性]×[独立性]$$

────────────
2）ヨリ詳細な検討は，松本（2002）を参照されたい．

上式において，［適格性］とは，監査人が財務諸表の虚偽の表示や内部統制の不備の徴候を発見できる能力であり，監査人の持つ職業的専門家としての技能・資格・注意等が該当する。また［独立性］は，発見された財務諸表の虚偽の表示や内部統制の不備の徴候に対して，批判的に証拠を入手・評価・検討し，必要に応じてその修正や改善を指導するとともに監査役等や株主に報告できる能力である。つまり監査の質は，監査人が監査の過程において会計基準に違反する財務諸表上の虚偽の表示や内部統制の不備の徴候を的確に発見し，発見されたそれらの徴候に応じて批判的に証拠を収集・評価・検討したうえで，もしそれらが虚偽の表示或いは不備であることが実際に判明した場合には，適宜，経営者等に対して修正指導するとともに，必要に応じて監査役等のガバナンスに責任を負う者や株主に，指導の内容や経営者による対応の結果を報告することのできる能力をあわせた結果と解される。

このため，監査の失敗が生じた場合，その原因が適格性の欠如か，独立性の欠如にあったのかを，失敗が生じたケースごとに明らかにしない限り，将来的な監査の失敗を防止するための適切な規制を整備することはできない。それでは，監査事務所のローテーションは，果たして何れの能力を向上させるための施策と理解されるべきであろうか。

監査事務所のローテーションを議論する場合，監査人の独立的な証拠の収集や評価を可能とするために，監査事務所のローテーションが必要となるのか，すなわち独立性の論点として捉えるのか，監査人の会計基準違反や内部統制の不備の徴候を発見できる能力を向上させるために，当該ローテーションが必要とされるのか，すなわち専門能力や知識，或いは職業的懐疑心や正当な注意義務の問題として捉えるのか，という論点の切り分けが必要である。

そしてもう１つ重視すべきは，金融商品取引法監査や会社法上の大会社監査のように，不特定多数の利用者を想定した法定監査においては，当該監査制度自体の社会的信頼性の確保という論点がある。つまり，想定利用者の範囲が狭く，当該利用者や依頼人，ならびに監査人との間で個人的な信頼関係を確認できるような閉ざされた関係での任意監査を前提とすれば，監査制度自体の社会的信頼性の問題ではなく，当該監査人個人に対する利用者や依頼人からの信頼の問題として捉えることができるが，法定監査の場合には監査人，或いは監査事務所と想定利用者との間に個人的な繋がりはないことが前提であり，そうであればこそ，監査制度自体の信頼性を確保することは監査の結果が利用者に受

け入れられるための必要条件といえる。したがって，監査事務所のローテーション制度が導入されることで，監査人の独立性の外観が良くなり，監査制度に対するイメージとしての社会的信頼性が向上するのであれば，法定監査上，それは望ましい施策ということになる。

以上の結果，我々が検討すべき監査事務所のローテーションの問題は，適格性の観点，独立性の観点，監査制度の社会的信頼性の観点から検討されなければならないことがわかる。

3．監査人のローテーションに関する議論の推移

監査人の交代制が監査人の独立性に肯定的な影響があるといった監査人のローテーションに関する議論は古くから存在した。またわが国でも諸外国でも，監査の質の向上の観点から監査人の定期的な交代に関する議論はこれまでもなされてきた。しかし，これまでのわが国及びアメリカにおける議論は，監査事務所のパートナーを定期的に交代させるという形で措置されている。1992年にアメリカ公認会計士協会（American Institute of Certified Public Accountants: AICPA）のSEC業務部（SEC Practice Section: SECPS）は，監査事務所の強制的ローテーションが監査の質を向上させることもないし，監査の目的である投資者からの信頼を向上させることもないと結論付け，2002年サーベインス・オクスレイ法（Sarbanes-Oxley Act: 以下，SOX法）§203が監査担当パートナーの5年強制的ローテーションを規定するまで，SEC向け法定監査を担当するSECPS登録事務所に対する監査担当パートナーの7年交代制を自主規制として義務付けてきた。その後，わが国においても日本公認会計士協会による自主規制として，1998年品質管理基準に証券取引法監査を担当する監査法人の関与社員の交代制を導入した[3]。

わが国のパートナー・ローテーション制度について，2002年4月から最高継続期間を7年，最短インターバルを2年とする強化が図られ，2003年の公認会計士法改正によって上場会社を含む一定の大会社等の会計監査に係わる業務執行社員に当該ローテーションが強制されることとなった。しかし，東芝事件を機に，改めて監査法人のパートナー・ローテーション制度の有効性に疑念が生じ，企業と監査法人の監査契約の固定化によって「新たな視点での会計監査」

3）この段階での自主規制では，最長期間の例として10年間を挙げていた。

第13章 監査法人のローテーション制度 **195**

図表13-1　監査人のローテーション制度化に関する議論の推移

検討の主体	提言（要請）の内容
公認会計士審査会・監査制度小委員会（2000）	監査法人のローテーション制度の導入を検討したものの，従来通り日本公認会計士協会による関与社員の交代制を自主規制として維持することとした。ただし，以下を要請した。 ・関与社員の交代期間をアメリカと同じ最長7年とすること ・自主規制による実施状況をフォローし，改善が見られない場合には法令等による公的規制の検討を行うこと 本要請の結果，日本公認会計士協会は，2002年4月より自主規制として7年を上限とする関与社員のローテーション制度を導入した（インターバル期間は2年）。
金融審議会・公認会計士制度部会（2002）	国際的動向を踏まえ，審査担当社員も含めて，一定期間（例えば2年間）以上のインターバルを設けた上で，一定期間（例えば7年又は5年）ごとの交代制を法定することを提案した。この結果，2003年改正公認会計士法において，大会社等に対する監査について，監査人の交代制（継続監査期間7年，インターバル期間2年）を規定した。 ただし，いわゆる大手監査法人による寡占化の下で監査法人のローテーション制度を導入することは，監査の実効性等に支障をきたすおそれがあるため，導入の可否について引き続き検討することとした。
自由民主党・政務調査会・金融調査会・企業会計に関する小委員会・法務部会・商法に関する小委員会（2005）	関与社員のローテーションの徹底を求めるとともに，以下を提言した。 ・4大監査法人の関与社員について，継続監査期間5年（インターバル5年）への見直し ・同一監査法人内での前任者や上席者等から後任者等への圧力が排除されるように自主規制ルールを設け，不正を発見した場合には当局への通報義務を設けるよう検討すること 　監査法人の交代制導入については，画一的な導入コストや企業活動の国際化の下での円滑な運用実施体制に関する問題を指摘しつつも，①不正が表面化する良い切っ掛けとなる点，②監査の品質向上に向けて奨励されるべき点，③国際的に先駆けての導入がわが国資本市場の国際的アピールに繋がる点が指摘された。
日本公認会計士協会（2005） 金融庁，公認会計士・監査審査会（2005）	日本公認会計士協会会長声明として4大監査法人の上場会社の監査を担当する業務執行社員のうち主任会計士について，継続監査期間5年（インターバル5年）とし，その他の業務執行社員は7年（同2年）とするローテーションを自主規制とする要請を行った。 　監査人の独立性確保と監査法人における監査の品質管理の徹底を図る観点から，継続監査期間7年（インターバル2年）となっているローテーションルールについて，4大監査法人の主任会計士の継続監査期間5年（インターバル5年）へと見直しを図るためのルール整備について，金融庁より日本公認会計士協会に要請があった。

日本監査研究学会特別委員会報告書（2006）	SOX法§207の規定に基づきGAOが実施した監査事務所のローテーションの影響に関する調査（GAO, 2003）を前提に，わが国での監査事務所の強制的ローテーションに関する実態調査を行った上で，GAOの調査結果との比較を実施した。 その結果，日米ともに監査事務所を強制的に交代させることで生じるコストがベネフィットを超過することが明らかにされた。
金融審議会・公認会計士制度部会（2006）	従来から現在に至るまで常に俎上に上がる2つの長所（被監査会社との「癒着」の可能性を低める点，交代を機に新鮮な視点の導入が期待される点）と2つの難点（監査人の知識・経験の蓄積が中断される点，監査人と被監査会社に交代に伴うコストが生じる点）を指摘し，これらのバランスを考慮した上で，大規模監査法人において上場会社を担当する主任会計士に対しては，日本公認会計士協会の自主ルール（継続監査期間5年，インターバル5年）から法定化することを要請した。 この結果，2007年改正公認会計士法34条の11の4において，上場会社等の監査を担当する筆頭業務執行社員及び審査担当社員は，継続監査期間を5年，インターバルを5年と規定した。
金融庁（2017）	すでに導入されている欧州における監査法人のローテーション制度について検討を加え，導入による効果そのものの見極めには時間を要するものの，欧州当局へのヒアリングから監査法人ローテーション導入による混乱は生じていないことを確認した。 その上で，法定化されたパートナー・ローテーションが，当初期待された「新たな視点での会計監査」を達成していないことに懸念を表し，少なくとも過去の不正会計事例からはパートナー・ローテーションでは不十分であると結論し，監査法人のローテーション制度について，国内の監査法人，企業，機関投資家，関係団体，有識者等の関係者からのヒアリング等を実施し，さらなる調査・検討を進めることを適当とした。

出所：笠井（2011）；林（2016）に加筆・修正を加えている。

が有効に機能しなかったと結論付けた（金融庁, 2017）。

　図表13-1は，自主規制から公的規制へと変わっていく，監査人のローテーション制度化に関するわが国の議論の推移を示している。

　わが国の動きに対し，ヨーロッパにおいては2014年4月16日にEUレギュレーションとして公益に係わる事業体（Public Interest Entities: PIE）の監査に当たって，EU域内[4]の最低限の規則として監査事務所の強制的ローテーションを，すでに以下のように義務付けている（EU, 2014）。

---

[4] EU域内のPIE向け監査に本レギュレーションが適用されるため，アメリカ国内の企業への影響は直接的にはないものの，EU域内で営業する子会社を有するアメリカ金融機関は影響を受けることになった（Chasan, 2014）。

・公益に係わる事業体（PIE）に関する監査契約の継続期間の上限は10年まで（インターバル4年）とする
・当該継続監査期間内に公開入札を実施する場合には，当該上限を20年に延長することを可能とする
・共同監査が実施されている場合には，当該上限を24年まで延長可能とする

さらに本レギュレーション発効時点で，監査契約の継続年数が20年以上の場合には2020年までに，また当該年数が11年以上20年未満の場合には2023年までに，監査事務所を交代しなければならないとされている。

一方，アメリカにおいては，公開会社会計監督委員会（Public Company Accounting Oversight Board: PCAOB）も，2011年8月16日にコンセプト・リリースとして「監査人の独立性と監査事務所のローテーション」を公表し，広く意見を聴取するとともに監査事務所の強制的ローテーションへの意欲を示した（PCAOB, 2011）。しかしながら，AICPAや会計事務所のみならず商工会議所等の経済界からのロビー活動もあって，2013年7月9日，PCAOBが監査事務所の強制的ローテーションを禁止するSOX法修正法案（H.R. 1564）が321対62で下院によって可決されている（Chasan, 2013）[5]。

このように監査人の強制的ローテーションに関しては，ヨーロッパを中心とした監査事務所のローテーションと，日米に見られる事務所内の関与パートナーのローテーションに分けられる。

4．今後の課題

監査人のローテーション制度化に関する国際的な動向は，ここまでみてきたように2つに分かれている。監査事務所レベルでの強制的交代とパートナー・レベルでの強制的交代である。何れの交代制度においても，指向されるのは監査の質の向上であるが，そもそも監査の質，すなわち有効性を事後的にも事前的にも測る客観的な尺度は存在しない。それが故にこれまで，最低限，監査人として遵守すべき一般に公正妥当と認められる監査の基準を規範として設定し，継続的に改訂を行ってきたのである。その背景には，監査規範に従った監査が実施される限りは，公正な監査が実施されるはずである，という「暗黙の前提」が存在している。しかしながら，わが国を代表する優良企業の財務諸表作成と

---

5) PCAOBのコンセプト・リリースに対しては，日本公認会計士協会からも反対意見が提出されている（JICPA, 2011; 日本公認会計士協会, 2011）。

198 第Ⅲ部　監査品質規制の動向(2)：監査法人のローテーション制度

わが国を代表する大規模監査法人が関与する法定監査において，粉飾決算と監査の失敗が顕在化したことで，他の適正に財務諸表を作成してきた企業や公正に監査を行ってきた他の監査事務所に対しても疑義が生じてしまった。

　会計監査の在り方に関する懇談会による提言でも，「会計監査の充実に向けた類似の取組みを通じ，会計監査を実施するための規制・基準は相当程度整備されてきた」とし，上記の「暗黙の前提」が満たされるべく努力してきたことが示されている。提言の中では，このような「暗黙の前提」が必ずしも満たされていない背景として，

　　・これらの規制・基準が監査の現場に十分に定着していない
　　・こうした規制・基準を定着させるための体制が監査法人や企業等において
　　　十分に整備されていない
　　・そのような体制整備がなされているかを外部から適切にチェックできる枠
　　　組みが十分に確立されていない

といった要因が掲記されている。監査事務所のローテーションの議論は，監査の質に対する外部からのチェックを意識したものであった。とはいえ，監査の質そのものを直接に観察することはできないため，独立性の外観を保持させるための規制として捉えられる。独立性の外観を保持させるという目的は，既述のように，間接的に監査の質が確保されていることを外形的に示す規制であり，法定監査制度の社会的信頼性を確保するためには必須の規制である。しかし，独立性の外観を保持させるための規制は，監査の失敗が顕在化するたびに常に見直しが必要とされる[6]。つまり，たとえ監査事務所の強制的ローテーション制度が導入されたとしても，次に監査の失敗が顕在化したときには，今度はローテーションの期間を短くすることで独立性の外観を保持するという議論の展開が予想される。

　本来，監査の質を検討するのであれば，独立性の外観の観点ではなく，監査人の適格性と実質的な独立性の点から検討される必要がある。会計基準違反や内部統制の不備の徴候を発見できる能力（適格性）の向上や監査証拠を批判的に収集・評価できる能力（独立性）の向上のためには，監査人（監査人個人でも監査事務所でも）の交代を機にした「新鮮な視点」が可能にする職業的懐疑心の発揮による監査手続の追加と，追加的に入手される監査証拠の批判的な評

---

6) 独立性規制に対して，規制当局が常に見直しを行うことで間接的に監査の質を確保しようとしていることについては，松本（2004）で明らかにしている。

価しかない。その意味で監査人に「新鮮な視点」を発揮させる切っ掛けとして監査事務所の強制的交代という選択肢を採るのか，或いは，監査事務所間での引き継ぎよりも引き継ぎによる瑕疵が生じにくく，かつ「新鮮な視点」も期待できる事務所内での監査チーム全体のローテーション[7]を採るのか，について，今後，さらに検討されるべきと考えられる。

参考文献

Chasan, E. (2013), House Passes Bill to Ban Auditor Term Limits, *The Wall Street Journal*, July 9.

――(2014), European Parliament Approves Mandatory Auditor Rotation, *The Wall Street Journal*, April 3.

European Union (EU) (2014), Regulation (EU) No.537/2014 of the European Parliament and of the Council of 16 April 2014 on specific requirements regarding statutory audit of public-interest entities and repealing Commission Decision 2005/909/EC.

Japanese Institute of CPAs (2011), JICPA Comments on the PCAOB Rulemaking Docket Matter No.37 Concept Release on Auditor Independence and Audit Firm Rotation, December 12. (日本公認会計士協会 (2011)「米国公開企業会計監視委員会 (PCAOB)『監査人の独立性及び監査事務所のローテーションに関するコンセプト・リリース』に対するコメント」，12月12日。)

Public Company Accounting Oversight Board (PCAOB) (2011), PCAOB Release No.2011-006: Concept Release on Auditor Independence and Audit Firm Rotation; Notice of Roundtable.

U.S. House of Representatives (2013), H.R. 1564, To amend the Sarbanes-Oxley Act of 2002 to prohibit the Public Company Accounting Oversight Board from requiring public companies to use specific auditors or require the use of different auditors on a rotating basis.

笠井直樹 (2011)「監査人の継続監査年数と財務諸表監査の質との関係」，『滋賀大学経済学部Working Paper』第145号。

金融庁 (2016) 会計監査の在り方に関する懇談会「提言―会計監査の信頼性確保のために―」，3月8日。

――(2017)「監査法人のローテーション制度に関する調査報告（第一次報告）」，7月20日。

金融審議会・公認会計士制度部会 (2002)「公認会計士監査法人制度の充実・強化　金融審議会　公認会計士制度部会　報告」，12月17日。

――(2006)「―公認会計士・監査法人制度の充実・強化について―金融審議会公認会計士制度部会報告」，12月22日。

金融庁，公認会計士・監査審査会 (2005)「適正なディスクロージャーと厳正な会計監査の確保に向けた対応策について」，10月25日。

---

7) 監査チーム全体のローテーションの義務付けに対しては，提言の中ではその効果に疑問が呈されている。

首相官邸（2016）「日本再興戦略2016―第４次産業革命に向けて―」，６月２日。

日本監査研究学会・監査事務所の強制的ローテーションに関する実態調査研究特別委員会（2006）「監査事務所の強制的ローテーションに関する実態調査研究特別委員会報告書」，９月17日。

日本公認会計士協会（2005）「会長声明　公認会計士監査の信頼性の回復に向けて」，10月25日。

林隆敏（2016）「監査事務所のローテーション制度の再検討」，『青山アカウンティング・レビュー』第６号。

町田祥弘，（2015）「監査規制をめぐる新たな動向と課題―監査事務所の強制的交代の問題を中心として―」，『会計・監査ジャーナル』第725号。

――（2016）「監査人の交代にかかる被監査企業の意識」，『産業経理』第76巻第１号。

松本祥尚（2002）「第７章 特記事項と監査人のディスクロージャー選好」，盛田良久［編］『監査問題と特記事項』中央経済社。

――（2004）「独立性規制における規則主義アプローチ」，『會計』第166巻第４号。

（松本 祥尚）

第**14**章

監査法人のローテーション制度に関する 先行研究及び実態

1. 問題の所在

　監査事務所のローテーション制度は，United States General Accounting Office（GAO）（2003），EC（2011），Public Company Accounting Oversight Board（PCAOB）（2011）を中心として，監査人の独立性，客観性，職業的懐疑心，さらには監査の品質[1]を高める手段の1つとして注目され，導入の是非について検討されている。

　わが国においても，従前から，監査事務所のローテーション制度の導入に関する議論が行われている[2]。特に，昨今では，「会計監査の在り方に関する懇談会」においても，会計監査の信頼性を確保するための手段の1つとして提言され，改めて関心が高まっている[3]。

　ところで，そもそも実際に運用されている監査事務所のローテーション制度の実態は，どうなっているのであろうか。監査事務所のローテーション制度の導入に関するEUやアメリカの動向については，日本への影響力の強さから，注目度が高く，タイムリーに数多く紹介されている。しかし，EU域内の多くの国々やアメリカでは，そもそもこれまで監査事務所のローテーション制度を強制的に行った経験がない。そのため，実際の監査事務所のローテーション制度の運用実態については，筆者の知る限り，一部の文献で紹介されているにすぎない（例えば林（2016）；金融庁（2017）；町田（2018）など）。他方で，先行事例として監査事務所のローテーション制度にすでに取り組んでいる国々をケースとして，制度導入により，どういった影響が生じたかを検討することは，今後，日本においても有用であると思われる。

　そこで本章では，まず監査人の独立性を高める手段として，ひいては監査の

---

1) 監査の品質は，様々な観点から定義することが可能である（例えばPCAOBやCAQが取り組んでいる監査の品質指標に関するプロジェクト，町田［編著］（2017）など参照）。しかし，本章の主たる目的は，監査事務所のローテーション制度の実態を明らかにすることにある。そこで，本章では，監査の品質に関する厳密な定義を行わないこととする。

2) 詳細については，松本（2016）参照。

3) 日本監査研究学会特別委員会（2006）は，強制的ローテーション制度の導入に関して，公認会計士監査に関係する人々に対し，幅広く意識調査を行っている。

202 第Ⅲ部 監査品質規制の動向(2)：監査法人のローテーション制度

品質を高める手段の１つとして導入が議論されている監査事務所のローテーション制度を，実際に世界中でどれだけの国々が採用しているかを確認する。次に，監査事務所のローテーション制度の導入によって，どういった影響をステークホルダーに与えたかについての先行研究をサーベイする[4]。そして，先進国（G7）の中で唯一，歴史的な蓄積があり，実際に現在も運用されているイタリアにおける監査事務所のローテーション制度を概説する。併せて，監査事務所のローテーション制度の実施によって，監査の品質などにどういった影響を及ぼすかについて，イタリア市場を対象とした実証研究の成果を示す[5]。

２．諸外国の監査事務所のローテーション制度の導入状況

図表14-1は，諸外国における監査事務所のローテーション制度の状況を示したものである。

図表14-1から，多くの国々において，パートナーのローテーション制度と同様，EU域内の国々を中心に，監査事務所のローテーション制度の導入が進んでいる状況が読み取れる[6]。さらにEU域外においても，監査事務所のローテーション制度を導入している国（例えばブラジル，中国）も少なからず存在する[7]。

なお監査事務所のローテーション制度を導入している国によっては，イタリアなどのように全ての上場企業を対象としている国もあれば，中国のように特定の企業（例えば政府系の会社や金融機関）に限定している場合もある（Ewelt-Knauer et al., 2012, pp.13-15）。そのうえ，監査事務所の継続監査期間も様々である。例えば，ペルーは２年間，ブラジルは５年，イタリアは９年，イギリスは原則10年と規定されている。

---

4) 本章で扱う先行研究は，実態調査を行うという本章の目的から，監査事務所のローテーション制度を実際に導入した国を対象とし，その影響を検証したアーカイバルデータに基づく実証研究に限っている。したがって，実験研究については，本章のサーベイ対象とせず割愛することとした。

5) なお本章では，次節で監査事務所のローテーション制度の導入状況を紹介する際の比較として掲げる場合を除き，パートナーのローテーション制度については扱わないこととする。

6) 監査事務所のローテーション制度の導入が促進した要因として，2014年にEU規則が制定され，EU域内において監査事務所のローテーション制度の実施を義務付けたことが挙げられる。

7) 図表14-1に記載されている国々の他に監査事務所のローテーション制度を導入している国として，バングラディッシュ，ボリビア，ボスニア・ヘルツェゴビナ，エクアドル，アイスランド，インド，インドネシア，マケドニア，オマーン，パキスタン，パラグアイ，ペルー，カタール，南アフリカ，サウジアラビア，セルビア，タイ，チュニジア，ウクライナ，ウズベキスタン，ベネズエラがある（Ewelt-Knauer et al., 2012, pp.13-15; Lennox, 2014, pp.91-94）。なお他の国々におけるローテーション制度の詳細については，GAO（2003），Ewelt-Knauer et al.（2012）及びLennox（2014）参照。

図表14-1 監査事務所のローテーション制度

国	監査事務所のローテーション	参考：パートナーローテーション
オーストラリア	×	5年（上場企業） 7年（上場企業以外のPIE）
オーストリア	10年	7年
ベルギー	9年	6年
ブラジル	5年	×
ブルガリア	7年	4年
カナダ	×	7年
中国	5年	5年
クロアチア	7年（銀行），4年（保険及びリース会社）	7年
キプロス	9年	7年
チェコ	10年	7年
デンマーク	10年	7年
フィンランド	10年	7年
フランス	10年	6年
ドイツ	10年	7年
ギリシャ	10年	5年
ハンガリー	8年	7年
アイルランド	10年	5年
イタリア	9年	7年
ラトビア	10年	7年
リトアニア	10年	5年
ルクセンブルグ	10年	7年
マルタ	10年	7年
オランダ	10年	7年
ポーランド	5年	5年
ポルトガル	8-9年	7年
スロバキア	10年	5年
スロベニア	10年	5年
スペイン	10年	5年
スウェーデン	10年	7年
イギリス	10年	5年
アメリカ	×	5年

注：図表中の年数は，監査契約の継続期間を示す。
出所：Ewelt-Knauer et al.（2012 pp.13-15），Lennox（2014 pp.91-94），Cameran et al.（2015a pp. 6-7），
　　各国の規制機関，プロフェッショナル機関のホームページを基に筆者作成。

204 第Ⅲ部 監査品質規制の動向⑵：監査法人のローテーション制度

他方，これまで監査事務所のローテーション制度を導入したものの，廃止した国々も多い[8]（Ewelt-Knauer et al., 2012, pp.13-15; Lennox, 2014, pp.91-94; Cameran et al., 2015a, pp.6-7）。

このように，監査事務所のローテーション制度は，世界的にもEU域内を中心として，他の国々においても，すでに多くの国々で導入されている状況にある。しかし，過去において，実際に導入した，あるいは導入に向けて積極的であった国々の中には，ローテーション制度を廃止している国々も一定数存在している点にも留意しなければならないであろう[9]。

次節以降では，監査事務所のローテーション制度に関する先行研究及び実際に運用しているイタリアをケースとして取り上げ，その制度の概要や影響について記述する。

3．監査事務所のローテーション制度導入の影響

前節の説明から，多くの国々において監査事務所のローテーション制度の導入が進んでいることが明らかになった。とはいえ，その多くは，導入後間もないこともあり，その効果を実証するには困難な状況である。本節では，その中でも，比較的，早期に監査事務所のローテーション制度を導入した国々における経験的証拠を概説する[10]。

例えばスペインは，1988年から1995年まで監査事務所のローテーション制度を導入していた。その期間を中心に，監査事務所のローテーション制度の導入による影響を検証したところ，ゴーイング・コンサーン意見の頻度への影響はなく，そのことから監査の品質に影響しないことが示されている（Ruiz-Barbadillo et al., 2009）。

また韓国でも，2006年から2010年まで監査事務所のローテーション制度が導入されていた。その影響は，監査報酬を増加させたものの，監査の品質をわず

---

8) 例えば，オーストリア，カナダ，ギリシャ，ラトビア，チェコ，シンガポール，韓国，スペインなどである（Ewelt-Knauer et al., 2012, pp.13-15; Lennox, 2014, pp.91-94）。なお，これらの国々で過去に導入された監査事務所のローテーション制度に関する詳細は，GAO（2003），町田（2005），金融庁（2017）参照。

9) なおEU域内の加盟国の中には，廃止後，監査事務所のローテーション制度を再導入している国もある。

10) スペインや韓国を対象とした実証研究の成果が公表されているものの，実際のところ，両国とも監査事務所のローテーションを強制的に実施する前に制度が廃止されている。そのため，厳密には監査事務所の強制的ローテーションの実施後の影響を検証している研究ではない。

かに低下させるか，変化しない程度の影響にすぎなかった（Kwon et al., 2014）。また監査事務所のローテーションは，自発的な交代に比べ，監査事務所の保守性を低下させる，ひいては監査の品質を低下させると指摘されている（Mali and Lim, 2018）。さらにパートナーのローテーション制度と比べても，監査の品質が低いという結果であった（Choi et al., 2017）。

逆にKim et al.（2015）は，修正意見の頻度に着目し，強制的ローテーションによって交代した新しい監査人は，自発的な交代に比べ，修正意見の頻度が増え，かつ交代初年度に，低い裁量的会計発生高と高い品質のアクルーアルを認めている。

他方，ブラジルは，1999年から監査事務所のローテーション制度を導入している。Silvestre et al.（2018）は，監査事務所のローテーション制度の導入によって，裁量的会計発生高を減らすことを示した。また韓国とブラジルのデータを用いて検証した研究（Harris and Whisenant, 2012）では，アーニングスマネジメントが減り，適時に損失を認識していることが明らかにされている。

同様に，インドネシアは，2002年から監査事務所のローテーション制度を導入している。Febrianto et al.（2017）は，自発的な監査人の交代よりも強制的な監査人の交代の方が監査の品質が高いことを指摘した。

中国でも，2004年，上場している主要な中央国有企業（State-owned Enterprises: SOEs）を対象に，そして2005年には，全てのSOEsを対象に，監査事務所のローテーション制度が導入された。Firth et al.（2012）は，強制的ローテーション制度の導入によって，修正意見に有意な影響を与えないことを指摘した。またKhan and Chen（2017）も，修正意見に着目し，ローテーションと租税回避の関係を検証したところ，一時差異・永久差異に影響しないことを明らかにした。

このように現状における監査事務所のローテーション制度の実態に関する研究の成果は，国ごと，あるいは検証内容によって，結果が異なる状況である。

4．イタリアにおける監査事務所のローテーション制度

監査事務所のローテーション制度は，図表14-1のとおり，多くの国々で導入されている。本節以降では，先進国（G7）の中でも，唯一，40年以上の長い実績があり，かつ現在も運用されているイタリアにおける監査事務所のローテーション制度をケースとして取り上げる。

206 第Ⅲ部　監査品質規制の動向⑵：監査法人のローテーション制度

⑴　経緯

　イタリアにおける監査事務所のローテーション制度は，1975年から導入され[11]（大統領令：The Presidential Decree D.P.R.no.136/1975），数度の改正を経て今日の制度に至っている（Corbella et al., 2015, p.49）。なお1975年の監査事務所のローテーション制度の導入から，今日に至るまでの経緯については，

図表14-2　イタリアにおける監査事務所のローテーション制度改革の沿革

時　期	ローテーション制度の内容
1975-1997	・監査事務所の継続監査期間：3年 ・再任：3年，2回まで ・インターバル期間：5年
1998-2004	・監査事務所の継続監査期間：3年 ・再任：3年，2回まで ・インターバル期間：不明（3年間と解釈）
2005	・監査事務所の継続監査期間：6年 ・再任：6年，1回まで ・インターバル期間：3年 ・パートナーの継続監査期間：6年（インターバル期間：3年）
2006-2009	・監査事務所の継続監査期間：9年 ・再任不可 ・インターバル期間：3年 ・パートナーの継続監査期間：6年（インターバル期間：3年）
2010-2016	・監査事務所の継続監査期間：9年 ・再任不可 ・インターバル期間：3年 ・パートナーの継続監査期間：7年（インターバル期間：3年）
2016-現在	・監査事務所の継続監査期間：9年 ・再任不可 ・インターバル期間：4年 ・パートナーの継続監査期間：7年（インターバル期間：5年）

出所：Corbella et al.(2015) Table 1 (p.48)を基に筆者作成。

11）なおイタリアよりも早く監査事務所のローテーション制度を導入した国は，カナダである。しかし，カナダにおける監査事務所のローテーション制度は，金融機関に対してのみに課されたものであった。しかも1991年の銀行法の改正により監査事務所のローテーション制度は廃止され，今日に至っている。

図表14-2のとおりである。

1975年，監査事務所のローテーション制度の運用開始当初は，継続監査期間を3年と定め，再契約を最大2回，最高9年間，監査人として同一事務所が担当することができると規定された[12]。さらに最低5年間のインターバル期間を経なければ，前任の監査人が同じ会社の担当に復帰することはできないこととした。

その後，1998年，政令（Legislative Decree no.58/1998）が公布された。この規定の内容は，概ね1975年と同様のものである。しかし，インターバル期間について，明確に定められておらず，解釈に当たって多くの問題が生じた。

21世紀に入り，多くの会計不正が世界中で明るみになった。イタリアについても同様の状況で，チリオやパルマラットの不正経理事件を受け，規制当局は監査の法的なフレームワークの強化を目的として，2005年に再度改正が行われた（法: Law no.262/2005）。この改正により，監査事務所の継続監査期間が3年から6年に延長されたものの，再任回数が2回から1回に引き下げられた[13]。また，インターバル期間を3年と明確に定めた。併せて，この法律の改正時に，任期6年，インターバル期間3年とするパートナーのローテーション制度が導入されることとなった。

2006年，金融法が修正され，監査事務所の継続監査期間が6年から9年に延長され，3年のインターバル期間の後に再任することができることとした（政令: Legislative Decree no.303/2006）。

さらに2010年改正（政令: Legislative Decree no.39/2010）では，主にパートナーのローテーション制度における継続監査期間を6年から7年に延長した改正にとどまり，監査事務所のローテーション制度に関する改正は行われていない。

なお現在の制度は，2016年の改正（政令：Legislative Decree no.135/2016）に基づいて運用されている。この改正は，2014年のEU指令（Directive 2014/56/EU）及びEU規則（Regulation（EU）no.537/2014）をアドプションしたものである。本改正に伴い，監査事務所のインターバル期間が4年に変更されている。

12）この制度は，「3＋3＋3ルール」と呼ばれている。
13）法改正によって，最大任期が9年から12年に延長された。

208 第Ⅲ部　監査品質規制の動向⑵：監査法人のローテーション制度

⑵　**監査事務所のローテーション制度導入の趣旨と関係者の所見**

　監査事務所のローテーション制度の導入は，「監査事務所の独立性を守ることを意図している」（GAO, 2003, p.83）。

　この制度に関する所見として，「IOSCO（証券監督者国際機構）の常任委員会において，イタリアの証券規制当局であるCONSOB（Commissione Nazionale per Ie Societa e la Borsa: 会社証券取引国家委員会）所属のイタリア代表は，イタリアの強制的な監査事務所のローテーション制度の導入状況は良好であり，監査事務所の強制的ローテーションは，投資家の信頼を維持するに当たって非常に重要と考えられている外見的独立性をもたらす」（GAO, 2003, p.83）と回答している。しかし，CONSOBの代表者は，この監査事務所のローテーション制度の導入によって，継続監査期間の最終年度に，「上場会社から監査事務所に対して監査報酬の値下げにつながる圧力がかかるという悪影響もある」（GAO, 2003, p.83）と発言している。あわせて「監査報酬の値下げが進み，監査サービスや品質管理の適切な水準を維持するための監査事務所の能力に懸念を生じさせている」（GAO, 2003, p.83）という問題についても指摘している。

5．イタリアにおける監査事務所のローテーション制度の影響

　前節のとおり，イタリアにおける監査事務所のローテーション制度は40年以上の歴史を有する。こうした歴史的経緯は，制度の影響を検証するに当たっての安定的なデータの供給を行い得ることを意味する。そこで，本節では，イタリアをケースとして，監査事務所のローテーション制度の導入によって，監査報酬，監査時間や監査の品質にどういった影響を与えるかに関する先行研究の成果を紹介する。

⑴　**監査事務所のローテーション制度による監査報酬・監査時間への影響**

　Cameran et al.（2015a）は，PCAOB（2011）に基づき，監査事務所のローテーション制度が監査人の行動にどう影響するかについて，監査報酬，監査時間の観点から調査した。なお分析の対象企業は，2006から2009年までにミラン証券取引所に上場している会社の中で，Big4[14]により監査されている204社（667社・年）である。

14）Big4とは，Reconta Ernst & Young（REY），PricewaterhouseCoopers（PwC），Deloitte&Touche（D&T），KPMGをいう。

その結果，退任した監査人は，最終年度の報酬が通常時よりも平均7％高くなっていることを明らかにした。また，後任の監査人の報酬は，初年度，平均16％低下していることを示した。さらに初年度の監査において異常に多い監査時間（17％）であることも指摘した。しかし，2年目以降の監査報酬は，異常に高く，初年度報酬のディスカウントを超過しているものであった。こうした一連の結果は，監査人のローボーリング[15]行為を暗に示しているといえるであろう。

⑵　監査事務所のローテーション制度による監査の品質への影響

Cameran et al.（2016）は，1985年から2004年[16]における，ミラン証券取引所に上場している連結決算を公表している非金融業のイタリア企業，1,184社・年を調査した。

強制的なローテーション制度が実施されると，継続監査期間の終了時点で監査事務所の交代が余儀なくされる。その結果，監査事務所がクライアントとの関係から生じると期待される将来のベネフィットが消滅するといえる。このことは，監査人の監査に対するインセンティブに影響すると考えられる。そのため監査の品質は契約期間を通じて変化すると想定される。したがって，監査人は，再任の機会がある場合，契約の最終期間，すなわち強制的なローテーションが実施される直前期に，他の年度と比べて，監査の品質が高くなると考えられる。

逆に，潜在的な訴訟への関心は，一般的に，監査人が保守的な会計を好むインセンティブを与える。つまり，監査人がより保守的な判断を行えば，監査人に対する訴訟リスクは減少することとなるであろう。しかし，保守的な会計を好む監査人は，クライアントにより交代させられる可能性も増加すると考えられる。

したがって，監査人が再任のインセンティブと機会を持っているとき，監査人の保守性のレベルは，3年契約期間の3年目（すなわち最終年）よりも，3年契約期間の初年度と2年目において，低くなるといえるであろう。つまりイタリアの状況で考えると，3年任期の3年目（最終年）において，あらかじめ契約が終了することを知っているため，3年目（最終年）と比べて，最初の2

15）ローボーリングの詳細については第15章216-217頁参照。
16）なおCameran et al.（2016）の調査対象期間は，「3＋3＋3ルール」の期間（図表14-2及び脚注10参照）である。

年間の監査の品質は，より低いレベルになると思われる。

　この仮説を検証するべく，Cameran et al.（2016）は，監査の品質を会計の保守性という観点から測定した。すなわち，よりよい監査の品質は，より保守的な会計処理を行うと仮定し，監査人が3年契約期間の最終年により保守的であると考えた。なお，Cameran et al.（2016）では，会計の保守性の指標（監査の品質指標）として，AWCA[17]を代理変数として用いて分析している。この結果，監査事務所のローテーションが実施されている場合，契約期間の最終年度において監査人の保守性が高まる，ひいては監査の品質が向上するという証拠を得た[18]。

　さらに，監査事務所のローテーション制度が改革された2006年から2009年を対象にしたCameran et al.（2015a）においても同様の結果であった。すなわち，期間の最終年度よりも，9年契約の最初の3年において，利益の品質，ひいては監査の品質が他の年度と比べて，より低いことが明らかになった。加えて，監査報酬の増加を反映させるほどのより高い監査の品質を確保する証拠も得られなかった。こうした結果から，監査事務所のローテーション制度の影響により，監査コストが増加するものの，必ずしも監査の品質を向上させているとはいえないと解釈できる。

　しかし，このようなCameran et al.（2015a）及びCameran et al.（2016）の結果とは逆に，Healey and Kim（2003）は，監査事務所のローテーションによって，効果的なピアレビューシステムの創造，利益相反の防止，監査事務所の競争的市場を促進し，監査の規制システムの信頼性を高めると指摘している。

6．要約

　以上，本章では監査事務所のローテーション制度の実態について迫った。まず，本章では，世界各国における監査事務所のローテーション制度の導入状況

---

17) AWCA$_t$（Abnormal Working Capital Accruals: 異常運転資本アクルーアル）は，以下の式で表される。

$$AWCA_t = WC_t - \left[\left(\frac{WC_{t-1}}{S_{t-1}} \right) \times S_t \right]$$

　ここでS$_t$は，t年における総売上高とする。また，WC$_t$は，現金を除く運転資本，すなわち〔（流動資産－現金及び短期投資）〕－〔（流動負債－短期負債）〕として求められる。なおAWCAは，当該年度の総売上高で調整されている。

18) なお，Cameran et al.（2016）では，この結果が確かなものであることを示すために，会計の保守性を示す変数として，BASUモデル（Basu, 1997）やERC（Earnings Response Coefficient）を用いて，再検証し，同様の結果を得ている。

を調査した。その結果，多くの国々でパートナーのローテーション制度が導入されているとともに，EU域内の国々を中心として監査事務所のローテーション制度が導入されていることが明らかになった。

とはいえ，これまでも世界各国において，監査事務所のローテーション制度に関する議論や理論的な側面からのメリット・デメリットに関する分析が数多く行われている（例えばGAO, 2003; EC, 2011; PCAOB, 2011; Ewelt-Knauer et al., 2012; Cameran et al., 2015bなど）。それにもかかわらず，長期間，継続して監査事務所のローテーション制度を実施している国は，今のところ，ほとんどない状況である。

そこで，本章では，監査事務所のローテーション制度を導入した数少ない国々を対象として検証した先行研究を概説した。さらに，すでに監査事務所のローテーション制度を導入しているイタリアをケースとして取り上げ，イタリアにおける市場の証拠を紹介した。その結果，監査事務所を強制的にローテーションさせることによって，監査の品質や監査報酬・監査時間にネガティブにも影響することが明らかになった。こうした市場における証拠から，制度の導入に当たっては，ネガティブな影響についても考慮せざるを得ないといえるであろう。

とはいえ，今回紹介した実証研究の成果は，イタリアにおける結果が中心であり，そのまま日本においてダイレクトに適応できるかどうかについては注意が必要である。イタリアの制度は，「ユニークな特徴のため一般化できない」（Lennox et al., 2014, p.102）。しかも，今のところ，強制的な監査人の交代が有益か有害かを決定するには証拠が不十分である（Lennox et al., 2014）。

こうした点に留意することによって，イタリアや他国における市場への影響などの経験から多くの示唆を得ることができるのではないかと考える。

参考文献

Basu, S. (1997),The Conservatism Principle and the Asymmetric Timeliness of Earnings, *Journal of Accounting and Economics* 24(1): 3-37.

Cameran M., J. R. Francis, A. Marra and A. K. Pettinicchio (2015a), Are There Adverse Consequences of Mandatory Auditor Rotation? Evidence from the Italian Experience, *Auditing: A Journal of Practice and Theory* 34(1): 1-24.

――, G.Negri and A. K. Fettinicchio (2015b), The Audit Mandatory Rotation Rule: the State of the Art, *Journal of Financial Perspectives* 3(2): 61-75.

212 第Ⅲ部 監査品質規制の動向(2)：監査法人のローテーション制度

———, A. Prencipe and M. Trombetta（2016），Mandatory Audit Firm Rotation and Audit Quality, *European Accounting Review* 25(1): 35-58.

Choi J.-S., H.-J. Lim and D. Mali（2017），Mandatory Audit Firm Rotation and Big4 Effect on Audit Quality: Evidence from South Korea, *Asian Academy of Management Journal of Accounting and Finance* 13(1): 1-40.

Corbella, S., C. Florio, G. Gotti and S. A. Mastrolia（2015），Audit Firm Rotation, Audit Fees and Audit Quality: The Experience of Italian Public Companies, *Journal of International Accounting, Auditing and Taxation* 25: 46-66.

European Commission（EC）（2011），*Proposal for a Regulation of the European Parliament and of the Council.*

Ewelt-Knauer,C., A. Gold and C.Pott（2012），*What Do We Know about Mandatory Audit Firm Rotation?* The Institute of Chartered Accountants of Scotland.

Febrianto, R., F. Dini, D. Audina, Y. Yuskar and V. Juita（2017），The Influence of Pseudo Auditor Rotation on Audit Quality: New Evidence, *Australasian Accounting Business & Finance Journal* 11(4): 71-85.

Firth, M., O. M. Rui and X. Wu（2012），How Do Various Forms of Auditor Rotation Affect Audit Quality? Evidence from China, *International Journal of Accounting* 47(1): 109-138.

Healey, T. J. and Y.-J. Kim（2003），The Benefits of Mandatory Auditor Rotation, *Regulation* 26(3): 10-11.

Khan, N. and S. Chen（2017），Mediating Effects of Audit Quality on the Relationship between Audit Firm Rotation and Tax Avoidance: Evidence from China, *Journal of Applied Economics and Business Research* 7(4): 276-297.

Kim, H., H. Lee and J. E. Lee（2015），Mandatory Audit Firm Rotation and Audit Quality, *Journal of Applied Business Research* 31(3): 1089-1106.

Kwon, S. Y., Y. D. Lim and R. Simnett（2014），The Effect of Mandatory Audit Firm Rotation on Audit Quality and Audit Fees: Empirical Evidence from the Korean Audit Market, *Auditing: A Journal of Practice and Theory* 33(4): 167-195.

Lennox, C.（2014），Auditor Tenure and Rotation, in Hay, D., W. R. Knechel and M. Willekens ed. *The Routledge Companion to Auditing*, Routledge: 89-106.

Lennox, C.S., X. Wu and T. Zhang（2014），Does Mandatory Rotation of Audit Partners Improve Audit Quality? *Accounting Review* 89(5): 1775-1803.

Mali, D. and H.-J.Lim（2018），Conservative Reporting and the Incremental Effect of Mandatory Audit Firm Rotation Policy: A Comparative Analysis of Audit Partner Rotation vs Audit Firm Rotation in South Korea, *Australian Accounting Review* 86(3): 446-463.

The Public Company Accounting Oversight Board（PCAOB）（2011），*Concept Release on Auditor Independence and Audit Firm Rotation.*

Ruiz-Barbadillo, E., N. Gômez-Aguilar and N. Carrera（2009），Does Mandatory Audit Firm Rotation Enhance Auditor Independence? Evidence from Spain, *Auditing: A Journal of Practice and Theory* 28(1): 113-135.

Silvestre, A. O., C. M.Costa and C. A. Kronbauer（2018），Audit Rotation and Earnings Quality: An Analysis Using Discretionary Accruals, *Brazilian Business Review (English*

Edition) 15(5): 410-426.

United States General Accounting Office（GAO）（2003），*Public Accounting Firms Required Study on the Potential Effects of Mandatory Audit Firm Rotation*, GAO.（八田進二・橋本尚・久持英司［訳］『GAO 監査事務所の強制的交代』白桃書房，2006年。）

金融庁（2017）『監査法人のローテーション制度に関する調査報告（第一次報告)』。

日本監査研究学会特別委員会（2006）『監査事務所の強制的ローテーションに関する実態調査研究特別委員会報告書』。

林隆敏（2016）「監査人の強制的交代制を考える」日本監査研究学会第39回全国大会統一論題報告配布資料。

町田祥弘（2005）「監査事務所の定期的交代と独立性の確保」，『会計プロフェッション』第1巻，173-188頁。

――［編著］（2017）『監査品質の指標（AQI)』同文舘出版。

――（2018）『監査の品質―日本の現状と新たな規制―』中央経済社。

松本祥尚（2016）「監査事務所の強制的交代（ローテーション）制度」，『月刊監査役』661号，21-28頁。

〈付記〉本研究はJSPS科研費JP18K01938の助成を受けたものである。

（佐久間 義浩）

第15章

監査法人のローテーション制度の導入に関する意識調査

1．意識調査の趣旨

　現在，海外では，EUにおいて2016年6月より監査事務所のローテーション制度が導入され，すでにイギリス等においては実施されている。他方，わが国においても，2015年に発覚した（株）東芝による粉飾決算事件等を契機として，改めて会計監査の在り方が見直され，2016年3月に金融庁から公表された「提言─会計監査の信頼性確保のために─」（会計監査の在り方に関する懇談会）の提言を踏まえて，現在，金融庁において，わが国における同制度の導入を検討するための事前調査が行われ，2017年7月には「監査法人のローテーション制度に関する調査報告（第一次報告）」と題するレポートが公表されている。

　一方，2014年会社法改正により，会計監査人の選任議案の決定権が監査役等に付与され，また，2015年5月公表の「コーポレートガバナンス・コード」においては，会計監査人候補を適切に選定し外部会計監査人を適切に評価するための基準を策定することが原則として掲げられている。

　こうした状況を踏まえて，私たちは，同制度が導入された場合に会計監査人の選任を行う当事者たる，監査役会議長，監査等委員会委員長又は監査委員会委員長を対象として，「監査法人の強制的交代制度に関する意識調査」を実施することとした。

2．先行調査・研究

　監査法人のローテーション制度に関しては，本書の第13章において制度の概要，及び第14章において先行研究の動向について述べてきたところであるので，ここでは，意識調査の前提となる範囲に限って，先行調査・研究について整理することとしたい。

⑴　先行調査

　監査事務所のローテーション制度に関する体系だった調査研究は，GAO（2003）が嚆矢である。これは，アメリカにおいて，2002年サーベンス＝オクスリー法（Sarbanes-Oxley Act of 2002）第207条の規定によって，会計検査

院（General Accounting Office: GAO）[1]に対して，監査事務所のローテーション制の導入の可否にかかる調査研究が要請されたことによる報告書である。そこでは，監査事務所のローテーション制度に関して，各国の制度を検討したうえで，質問票調査により，企業及び監査人の意識を調査し，同制度のコストとベネフィットを検討し，コストがベネフィットを上回るとして，同制度の導入に消極的な見解を表明している。

同時に，その時点までにおけるローテーションの制度を導入した経験のある国々についても，報告書の付録において言及がある。

わが国においても，GAOの調査を受けて日本監査研究学会特別委員会（2006）が，GAOとほぼ同様の質問事項によって，企業経営者，監査役，及び監査事務所に対する意識調査を実施している。結果は，やはりGAO（2003）同様に，制度を導入するメリットは，それによって生じるコストを上回るものではない，というものであった。

また，近年では，Ewelt-Knauer et al.（2012）が包括的な調査を提示している。これは，EUで議論が進められていたローテーション制度の問題について，スコットランド勅許会計士協会（Institute of Chartered Accountants of Scotland: ICAS）の調査委員会による委託研究として実施された調査研究の報告書である。GAO（2003）と同様に，各国のローテーション制度をまとめているが，GAO（2003）と異なり，主要69カ国について，Vourc'h and Morand（2011）及びDeloitte（2012），並びに，自らの直接的な問合せによって，監査事務所のローテーション制度及び監査担当パートナーのローテーションの規定の有無をまとめている（Table 1: pp.13-16）。

同報告書の後，EU諸国におけるEU規制の国内法化のケースを除くと，インドと南アフリカにおいて，ローテーション制度が導入されている（これらの国々については，先の金融庁の調査報告においても触れられている）。

また，監査事務所のローテーション制度を導入したEUにおいても，EU法定監査規則の国内法化が進められている（これについても，金融庁の調査報告において，イギリス，フランス，ドイツ及びオランダについての動向がまとめられている）。

以上のように，GAO（2003）やICASによるEwelt-Knauer et al.（2012）に

1）現在では，略称は同じだが，Govermental Accountability Officeに名称変更されている。

しても，包括的な制度状況の調査報告を提供している。その他にも，ICASの調査報告の典拠として挙げられているDeloitte（2012）のように，監査事務所等が提供するグローバルな制度状況の報告も示されている。これらの先行調査は，その後の調査や研究，あるいは制度導入に当たっての検討の基点となってきた。

(2)　**先行研究**

　　監査事務所のローテーション制度については，監査研究の領域においても，様々な研究が試みられてきた。すなわち，ローテーション制度を実施した国が少なかったことから，公表データ（アーカイバル・データ）が入手困難であったため，ローテーション制度に類似又はそれと同様であると見做すことのできる事象に着目して研究が行われるケースが多かったといえよう。

　　ローテーション制度に関する研究の類型としては，以下のものが挙げられる。
・監査人の交代時の状況に関する研究
・監査事務所の破綻時の状況を利用した研究
・実際の交代理由に関する研究
・監査人の交代と監査報酬との関係に関する研究
・継続監査期間の長さと監査の品質に関する研究
・実際のローテーション制度の状況を基にした研究・その他

　　これらのうち，ここでは，本調査との関係で，監査人の交代と監査報酬との関係に関する研究と継続監査期間の長さと監査の品質に関する研究に関する先行研究を概観する。

①監査人の交代と監査報酬との関係に関する研究

　　監査人の交代状況のデータとともに，2000年以降，アメリカ等において公表データとして得られるようになった監査報酬のデータを組み合わせて，両者の関係を扱った研究もある。その問題意識は，監査人の交代時に監査報酬がいかなる影響を受けるかという点にある。一般に，監査論の考え方では，監査人の交代後に監査報酬が上昇することは，監査業務の工程の増加によって明らかである。しかしながら，実際には，監査人の交代時に，監査報酬が低減しているケースも多く，その場合，ダンピング契約の可能性や，ローボーリング（契約獲得のために初度監査の報酬を低く抑えて契約を結ぶこと）等の影響の可能性が指摘できる。

まず，監査人の交代による報酬への影響については，Deis and Giroux（1996），Fearnley（1998）などが挙げられる。研究結果には，若干のばらつきがあるものの，概ね，中小監査事務所から（評判の高いと解される）大規模監査事務所への監査人の交代においては，監査報酬は増加する傾向にあるとの結果が示されていると解される。

また，監査契約においてローボーリングが生じているかという問題に関しては，The Commission on Auditors' Responsibilities（1978），DeAngelo（1981），Simon and Francis（1988），Ettredge and Greenberg（1990）等を嚆矢として，数多くの研究が進められ，英米においては，たしかにローボーリングの傾向があるという実証結果が示され，そのことが監査委員会による監査契約の契約当事者となることを要請する規定の制度化につながってきたと考えられる。

他方，日本では，先に挙げた鳥羽・川北（2001），町田（2003）の他，町田（2009）での実態調査によって，監査報酬は監査事務所が交代すると低減する傾向にあることが示されている。さらに，町田・佐久間（2016）では，わが国における近年の監査人の交代事例を網羅的に調査し，監査人の交代による監査報酬への影響を実証的に分析している。

②継続監査期間の長さと監査の品質に関する研究

継続監査期間の長さと監査の品質に関する代理指標との関係を研究したものも多い。そこでは，監査の品質を，a）経営者による利益調整又は利益の質，あるいは資本コスト等によって代替するもの（Johnson et al. 2002; Myers et al. 2003; Ghosh and Mcon 2005; Davis and Soo 2009），b）不正な財務報告等による監査の失敗（粉飾決算や訴訟件数等）で代替するもの（Raghunathan et al. 1994; Walker et al. 2001; Carcello and Nagy 2004），及びc）監査報告書における限定付意見や意見不表明，あるいは説明事項（追記情報）等の記載の有無・内容によって代替するもの等が主なものといえよう。

特に，c）については，限定付意見の限定が付されること自体をもって監査人が経営者に対して厳格な態度で臨んだものとして捉え，監査の品質が高いことの指標として捉える研究（Vanstraelen 2000）もあるが，限定の内容が一定でないことや，分析対象となるサンプル数が限られていること等の問題から，そうした研究はあまり数は多くはなく，継続企業の前提に関する追記等の対応

（Going Concern Opinion: GCO）に結び付けられることが多い。例えば，Geiger and Raghunandan（2002）は，経営破綻した企業における監査報告書にGCOが表明されていたかどうかを分析する中で，監査人は継続監査期間が長くなるとGCOを出さない傾向にあり，監査人の継続監査期間の長さは監査の質（GCOの表明）に負の影響を及ぼすという研究結果を示している。Knechel and Vanstraelen（2007）も同様の研究である。

本領域について，わが国のデータを元に取り組んだものとしては，町田・林（2013）等がある。

3. 仮説の定立[2]

前掲の先行調査及び研究等を参考にしつつ，以下，研究上の仮説を定立する。

まず，企業が監査人の選任規準を有している場合，自らの規準に照らし合わせてシステマティックに監査法人を交代させることになる。このような自発的に監査人を交代させるためのメカニズムをすでに有している企業の場合には，監査人のローテーション制度の導入に対するインセンティブは相対的に小さいと考えることもできる。他方，選任規準を有している企業は，ローテーション制度に抵抗がないとも考えられる。そこで，暫定的に，以下の仮説を定立する。

［仮説1］監査人の選任規準を有している企業の場合，監査法人のローテーション制度の導入に対して否定的である。

次に，ローテーション制度が導入される場合，被監査企業が後任の監査人として，当該企業の業容や監査法人の提供する業務の多様性等を考慮して，大手監査法人[3]を望む場合，大手監査法人の選択肢が限られていることから，ローテーション制度の導入には反対である。

［仮説2］後任監査人として大手監査法人を望む企業の場合，監査法人のローテーション制度の導入に否定的である。

現任監査法人に対する被監査企業の満足度は，ローテーション制度の導入の考え方に影響を与える可能性が高い。すなわち，被監査企業が，現任監査法人

2）この他，役員持株比率，監査役会等の専門性，外国人持株比率，セグメント数，機関設計の形態などがローテーション制度の導入に対する影響要因として考えられる。

3）厳密には大手監査法人ではなくBig4のメンバーファームである監査法人である。

の提供する監査等の業務について満足している場合，ローテーション制度が導入されることによって，監査法人の交代が生じて，現在，提供を受けている業務を継続的に受け入れられない可能性が生じるからである。このことから，以下の仮説を定立する。

［仮説3］現任監査法人の監査等の業務に満足している企業の場合，監査法人のローテーション制度の導入に否定的である。

　近年，監査基準においても，不正への対応の観点から，監査役等と監査人の連携の重要性が高まっている。監査役等と監査人の連携の1つの形態として，「上場企業のコーポレートガバナンス・コード」によって提示された，監査役会等に監査人を参加させるケースが考えられる。すでに監査役会等に監査人を参加させた経験のある企業は，監査役等と監査人の連携に積極的であり，監査法人の交代によるガバナンスの強化にも理解があると考えられる。そこで，以下の仮説を定立する。

［仮説4］監査役会等に監査人を参加させたことがある企業は，監査法人のローテーション制度の導入に対して肯定的である。

　継続監査期間と監査の品質の関係については，1）継続監査期間が長ければ長いほど監査人とクライアント企業との間の情報の非対称性が緩和されることから監査の品質が高まるという仮説と，2）継続監査期間が長ければ長いほどクライアント企業と監査人との馴れ合いが生じるため，監査人の独立性が毀損される可能性が高まることから監査の品質が低下するという仮説が存在する。いずれの仮説を支持した場合においても，継続監査期間の長さは，クライアント企業はローテーション制度について否定的な解釈を導くと予想される。
　また，監査人の交代にともなうコスト及びベネフィットは，実際に交代することによってはじめて明らかになる部分も多いと考えられる。近年において監査人の交代を経験したことがある企業は，このようなコストとベネフィットを把握している可能性がある。他方，近年において監査人の交代を経験したことがない企業は，そのベネフィットを十分に理解できていない可能性がある。そこで，ここでは，継続監査期間を直近年度における監査人の交代経験の代理変数として捉えて，以下の仮説を定立する。

［仮説5］ 監査法人の継続監査期間が長ければ長いほど，監査法人のローテーション制度に否定的である。

　企業の子会社の数が多ければ多いほど，事業の複雑性は高くなる。また，海外売上比率が高ければ高いほど，海外の子会社に対する監査業務をカバーし得る大手監査法人又は特定のネットワークに属する監査事務所の監査業務を必要とする。こうした企業の場合，ローテーション制度が導入された場合には，交代にともなう監査対応に困難又は事務上の大きなコストが生じると予想されることから，以下の仮説を定立する。

［仮説6］ 子会社が多ければ多いほど，監査法人のローテーション制度に否定的である。

［仮説7］ 海外売上比率が高いほど，監査法人のローテーション制度に否定的である。

　赤字企業は，現任監査法人との間で，継続企業の前提に関する注記及び追記情報の記載に関して，一定の交渉を行っていると想定される。そのような企業は，監査法人のローテーション制度は，後任監査人との新規の交渉を行わなければならないコストが生じることから，ローテーション制度の導入に否定的であると考えられる。そこで，以下の仮説を定立する。

［仮説8］ 赤字企業については，監査法人のローテーション制度に否定的である。

　上場企業でありながら親会社が存在する場合には，監査法人のローテーション制度が導入されれば，親会社ともども監査人を交代しなければならない。その際の後任の監査法人を探すコスト，及び交代に際してグループ全体で監査対応にかかる負担を考慮して，監査法人のローテーション制度の導入には否定的であると考えられる。そこで，以下の仮説を定立する。

［仮説9］ 親会社が存在する場合については，監査法人のローテーション制度に否定的である。

　新興市場に上場する企業は，企業規模が小さいか，設立から間もないことが想定される。そうした企業は，監査法人との交渉力が比較的弱いことが想定されることから，監査法人のローテーション制度の導入には否定的であると想定

される。

[仮説10] 新興市場に上場する企業については，監査法人のローテーション制
度に否定的である。

　負債比率が高まると株主と債権者とのコンフリクトが高まるとされる（Jensen
and Meckling, 1976）。したがって，負債比率とモニタリング・ニーズとはプ
ラスの関係が想定されることから，本来は，負債比率が高まれば高まるほど，
監査法人のローテーション制度によるベネフィットが大きくなるとも考えられ
る。

　しかしながら，わが国の金融システムにおいては，依然としてメインバンク
をはじめとした銀行の役割が大きいとされており，彼らは企業に対する独自の
モニタリング手段を有している。したがって，わが国の場合には，逆に，負債
比率が高まれば，財務報告プロセス及び経営者に対するモニタリング・ニーズ
は低下することになることから，以下の仮説が定立できる。

[仮説11] 負債比率が大きい企業においては，監査法人のローテーション制度
に対して否定的である。

　上記仮説 6，7 及び10の説明から，以下の仮説も定立できるであろう。

[仮説12] 事業構造が複雑な企業においては，監査法人のローテーション制度
に肯定的である。
[仮説13] 企業規模が大きい企業においては，監査法人のローテーション制度
に対して肯定的である。

　投資機会が豊富な成長企業においては，ガバナンス・メカニズムに対する投
資を抑制するという考え方がある。例えば，成長企業においては，コスト[4]を
かけて事業内容に精通した役員を採用することが優先され，独立役員の採用は
コストが高いとされるのである（Klein, 2002）。この議論を監査法人のローテー
ションに援用するならば，投資機会が豊富な企業においては，外部監査にコス
トをかけることを望まない可能性が高いことになる。したがって，他の条件
を一定とするならば，投資機会の大きさと監査法人のローテーション制度の導

---

4) この場合のコストとは，報酬等の直接的に支出するコストのみではなく，探索コスト等の取引コス
　トも含まれる。

222 第Ⅲ部 監査品質規制の動向(2)：監査法人のローテーション制度

入に対する賛否は，マイナス方向に作用すると考えられる。そこで以下の仮説を定立する。

［仮説14］投資機会が大きい企業においては，監査法人のローテーション制度に対して否定的である。

　監査法人の規模は，監査法人のローテーション制度に対する被監査企業の考え方に大きな影響を与えると考えられる。一般に，大手監査法人は，豊富な監査資源，訴訟リスク，充実した教育システム，ブランド・評判の維持といった観点から，高品質な監査を提供するとされている。現任の監査人が大手監査法人である被監査企業の場合には，彼らによって提供される監査業務等の内容をすでに一定レベルで理解していると考えられる。そこで，他の条件を一定とするならば，以下の仮説が定立できる。

［仮説15］現任監査人が大手監査法人である企業においては，監査法人のローテーション制度に対して否定的である。

4．検証モデルの提示

　上記において定立した一連の仮説をテストするための検証モデルは以下の（*Model 1*）及び（*Model 2*）で示される。

$$
\begin{aligned}
\Pr\left(Rotation = 1 \mid \mathrm{X}\right) = \Phi\big(& \beta_0 + \beta_1 \, El\_criteria \, i + \beta_2 \, Bign\_claim \, i + \beta_3 \, Evaluation \, i \\
& + \beta_4 \, Participation \, i \, + \beta_5 \, Tenure \, i \, + \beta_6 \, Sub\_number \, i + \\
& \quad \beta_7 \, Fsales\_ratio \, i \\
& + \beta_8 \, D\_loss \, i + \, \beta_9 \, D\_sub \, i \, + \, \beta_{10} \, Growth \, i \\
& + \beta_{11} \, Debt\_ratio \, i \\
& + \beta_{12} \, Complex \, i \, + \, \beta_{13} \, Size \, i \, + \, \beta_{14} \, Fee \, i \, + \, \beta_{15} \, Monitoring \, i \\
& + \beta_{16} \, BM \, i \\
& + \beta_{17} \left(CPAi, \, Lawyeri, \, \text{or} \, Bothi\right) + \, \beta_{18} \, D\_Bign \, i \big) \, (Model \, 1)
\end{aligned}
$$

$$
\begin{aligned}
\Pr\left(Rotation=1\,|\,\mathrm{X}\right)=\ \varPhi(\ &\beta_0+\beta_1\ El\_criteria\ i+\beta_2\ Bign\_claim\ i+\beta_3\ Evaluation\ i\\
&+\beta_4\ Participation\ i\ +\ \beta_5\ Tenure\ i\ +\ \beta_6\ Sub\_number\ i\\
&+\beta_7\ Fsales\_ratio\ i\\
&+\beta_8\ D\_loss\ i\ +\ \beta_9\ D\_sub\ i\ +\ \beta_{10}\ Growth\ i\\
&+\beta_{11}\ Debt\_ratio\ i\\
&+\beta_{12}\ Complex\ i+\beta_{13}\ Size\ i+\beta_{14}\ Fee\ i+\beta_{15}\ Monitoring\ i\\
&+\beta_{16}\ BM\ i\\
&+\beta_{17}\ Both\ i\ +\ \beta_{18}\ D\_KPMG\ i\ +\ \beta_{19}\ D\_EY\ i\ +\ \beta_{20}\ D\_DT\ i\\
&+\beta_{21}\ D\_PwC\ i)\quad (Model\ 2)
\end{aligned}
$$

　上記に示された（*Model 1*）及び（*Model 2*）はリンク関数としてプロビット関数[5]を用いた一般化線形モデルであり，最尤法によって各変数の係数を推計する。なお，$\varPhi$（・）は標準正規分布関数であり，添え字 i は企業 i を示す。変数の定義及び説明は以下のとおりである。

■従属変数
［質問票によって得られた変数］
Rotation：　　　　監査法人のローテーション制度に賛成ならば1，反対ならば0をとるダミー変数

■独立変数
［質問票によって得られた変数］
El_criteria：　　　監査人の選任規準を有しているならば1をとるダミー変数
Bign_claim：　　　交代する監査法人に大手監査法人を望むならば1をとるダミー変数
Evaluation：　　　現任監査法人に対する満足度（0-6までのリッカートスケールで計測され，大変満足している場合には6をとる）[6]
Participation：　　監査役会に監査法人監査担当者が参加しているならば1をとるダミー変数

---

5) 標準正規分布関数の逆関数 $\varPhi^{-1}$（・）のことである。
6) 本章では，リッカートスケールで計測された満足度について，順序尺度ではなく間隔尺度とみなして独立変数として用いている。

224　第Ⅲ部　監査品質規制の動向(2)：監査法人のローテーション制度

［データベースによって得られた変数］

Tenure：　現任監査法人の継続監査期間（最大15）

Sub_number：　子会社数（1％極値でwinsorizingしている）

Fsales_ratio：　海外売上高比率

D_loss：　赤字ダミー（最終利益が赤字であれば1，そうでなければ0）

D_sub：　子会社ダミー（親会社が存在すれば1，そうでなければ0）

Growth：　新興市場ダミー（新興市場に上場している企業の場合は1，本則市場に上場している企業の場合は0）

Debt_ratio：　対総資産負債比率（1％極値でwinsorizingしている）

Complex：　事業構造の複雑性（（期末売上債権＋期末棚卸債権＋期末無形資産）／期末総資産）

Size：　総資産の自然対数（1％極値でwinsorizingしている）

Fee：　監査報酬の自然対数

Monitoring：　監査等委員会設置会社の場合は1

BM：　直近の会計期間の貸借対照表日における株価に発行済株式総数を乗じて算定された期末時価総額によって，期末純資産額を除した値（1％極値でwinsorizingしている）

CPA, Lawyer, or Both：監査役等の専門性ダミー（監査役等に，公認会計士，弁護士，又はその両方が含まれていれば1，そうでなければ0）

D_Bign：　大手監査法人ダミー（監査人が大手監査法人の場合には1，そうでなければ0をとるダミー変数）

D_KPMG：　監査人が有限責任あずさ監査法人であれば1，そうでなければ0をとるダミー変数

D_EY：　監査人が新日本有限責任監査法人であれば1，そうでなければ0をとるダミー変数

D_DT：　監査人が有限責任監査法人トーマツであれば1，そうでなければ0をとるダミー変数

D_PwC：　監査人がPwCあらた有限責任監査法人若しくはPwC京都監査法人であれば1，そうでなければ0をとるダミー変数

5．調査の実施方法及びサンプルの選択手順

　本研究において実施した意識調査の方法については，以下のとおりである。

まず，2016年11月１日においてわが国証券市場に上場している企業3,645社を対象として，2016年11月15日付けで，それぞれの会社の「監査役会議長，監査委員会委員長，又は監査等委員会委員長」宛に質問票を送付した。回答は，記名式（企業名）により，基本的にFaxによる回収としたが，希望する回答者に対しては，e-mailでのファイル提出も受け付けた。結果として，2017年１月13日までに，692社から回答を得た（回収率：18.98％）。

次に，サンプルの選択手順を以下に示す。

上記の692社を基礎として，このうち，銀行業・証券業・保険業に該当する23社については財務データが得られないことから，これを一次サンプルから除いた結果，669社となった。さらに，１）質問票について分析に必要となる回答が得られなかった33社，２）必要な財務データ若しくは株価データが得られなかった25社を除いたところ，611社から構成される最終サンプルを得た。

なお，財務データ及び株価データについては「日経NEEDS-Financial QUEST」（日経メディアマーケティング株式会社），監査法人に関するデータについては，『日経企業基本データ（監査法人・監査意見)』（同上）をそれぞれ用いている。

６．結果の提示及び解釈

⑴　一次サンプルを対象とした調査結果

質問項目ごとの回答結果及び質問項目に対するクロス集計表については，本中間報告書の付録に所収している。ここでは，有為な結果の示されたクロス表検定の結果と，先行研究との関連からローテーション制度への賛否と監査報酬の増加の許容度について取り上げることとする。

①クロス表検定

まず，クロス表検定の結果は図表15-1に示した通りである。

パネルAは，回答者の機関設計が監査役会設置会社なのか，監査等委員会設置会社なのかでの比較である。監査等委員会設置会社の方が，ローテーションに対する反対の程度が高いことがわかる。

パネルBは，過去に監査人の交代を経験したことがある企業とない企業にわけて，ローテーションへの賛否の回答を見たものである。結果としては，交代した経験がない企業ほど反対の程度が高いことがわかる。

226 第Ⅲ部　監査品質規制の動向(2)：監査法人のローテーション制度

図表15-1　クロス表検定
パネルA：機関設計とローテーションの賛否

	賛成	反対	計
監査役会議長	93	311	404
監査等委員会委員長	19	84	103
計	112	395	507

$\chi^2 = 0.997$　　　　p値：0.318

パネルB：過去の監査人交代経験とローテーションの賛否

	賛成	反対	計
交代したことがある	43	109	152
交代したことはない	83	340	423
計	126	449	575

$\chi^2 = 4.910$　　　　p値：0.027

パネルC：監査人選任基準とローテーションの賛否

	賛成	反対	計
選任基準がある	72	318	390
選任基準はない	51	123	174
計	123	441	564

$\chi^2 = 8.304$　　　　p値：0.004

パネルD：監査人の規模とローテーションの賛否

	賛成	反対	計
大手監査法人	81	320	401
中堅その他の監査法人	29	61	90
計	110	381	491

$\chi^2 = 6.112$　　　　p値：0.013

パネルE：競争入札の有無とローテーションの賛否

	賛成	反対	計
競争入札	93	292	385
指名見積	20	83	103
計	113	375	488

$\chi^2 = 1.025$　　　　p値：0.311

　パネルCは，監査人選任規準を有しているか否かによるローテーションへの賛否の対比である。選任規準がある企業の方が，ローテーションに対する反対の程度が低いことがわかる。

　パネルDは，現任監査人の規模によってローテーションへの賛否を対比してみたものである。大手監査法人と契約している企業ほど，ローテーションへの

第15章　監査法人のローテーション制度の導入に関する意識調査　**227**

反対の程度が高いことがわかる。

　最後に，パネルEは，監査法人のローテーション制度が導入された場合に，競争入札を行うか，それとも特定の法人を指名して見積りを行うかという回答結果によって，ローテーションの賛否を対比したものである。結果として，競争入札を行うという企業ほど，ローテーションへの反対の程度が低いことがわかる。

②ローテーションへの賛否と監査報酬の増加の許容度

　一般に監査人が交代する場合，新規の監査契約に当たっては監査報酬が増加することが想定される。そこで，交代後に監査報酬の増加を現在の監査報酬の何％まで許容できるかを尋ねている。その結果と，監査法人のローテーション制度への賛否を対比したのが図表15-2である。

　結果として，ローテーション制度に賛成とする回答者ほど，交代後の監査報酬の増加に対する許容度が大きく，6.859％まで認められるとしている。とはいえ，ローテーション制度に対する賛否による差異は，現行の監査報酬額からの増加額としては3％程度の差異であり，実際額としては，必ずしも大きな差とはいえないであろう。

(2)　仮説に対するテスト結果

　仮説に対するテスト結果として，まず基本統計量を示せば，図表15-3のとおりである。

　まず，質問票によって得られた変数については，以下のとおりである。

　El_criteria（仮説1に対応：監査人の選任規準を有しているか）にみられるように，約3割の企業が選任規準を有している。

図表15-2　ローテーションの賛否と交代後に許容できる監査報酬の増加割合

ローテーションの賛否	観測値数	平均値(%)	標準誤差	標準偏差	95%信頼区間	
賛成	128	6.859	0.522	5.901	5.827	7.892
反対	440	4.728	0.274	5.752	4.189	5.267
計	568	5.209	0.245	5.849	4.727	5.691
平均値の差の検定	$t =$ 3.6676		Pr $(T > t)$ = 0.0001			
中央値の差の検定	$z =$ 4.355		Prob $> \lvert z \rvert$ = 0.0000			

1）ローテーションの可否と監査報酬の増減の両方について回答が得られた568観測値を対象としている。
2）平均値は，ローテーションが実施された場合に許容できる監査報酬の増減について求めている。
3）監査報酬の増減についてレンジで回答が得られた場合にはその中間値をとって処理している。

図表15-3　基本統計量

変数	観測値数	平均値	標準偏差	最小値	第1四分位	中央値	第3四分位	最大値
Rotation	596	0.185	0.388	0.000	0.000	0.000	0.000	1.000
EL_criteria	596	0.305	0.461	0.000	0.000	1.000	1.000	1.000
Bign_claim	596	0.658	0.475	0.000	0.000	1.000	1.000	1.000
Evaluation	596	4.498	0.863	1.000	4.000	5.000	5.000	6.000
Participation	596	0.243	0.429	0.000	0.000	0.000	1.000	1.000
Tenure	596	10.391	4.709	1.000	7.000	11.000	15.000	15.000
Sub number	596	17.743	43.154	0.000	2.000	6.000	14.000	286.000
Fsales_ratio	596	0.162	0.247	0.000	0.000	0.000	0.282	0.991
D_loss	596	0.111	0.314	0.000	0.000	0.000	0.000	1.000
D_sub	596	0.072	0.259	0.000	0.000	0.000	0.000	1.000
Growth	596	0.433	0.496	0.000	0.000	0.000	1.000	1.000
Debt_ratio	596	0.533	0.197	0.103	0.387	0.539	0.695	0.916
Complex	596	0.345	0.179	0.000	0.215	0.345	0.460	0.152
Size	596	10.486	1.686	7.055	9.388	10.342	11.367	15.425
Fee	596	4.720	0.788	0.693	4.431	4.949	5.226	5.553
BM	596	1.218	0.760	0.074	0.623	1.085	1.695	3.436
Monitoring	596	0.203	0.403	0.000	0.000	0.000	0.000	1.000
CPA	596	0.441	0.497	0.000	0.000	0.000	1.000	1.000
Lawyer	596	0.523	0.500	0.000	0.000	1.000	1.000	1.000
Both	596	0.255	0.436	0.000	0.000	0.000	1.000	1.000
D_Bign	596	0.751	0.433	0.000	1.000	1.000	1.000	1.000

1）サンプルは596社からなる観測値で構成されている
2）変数の説明は以下のとおりである
［質問票により得られた変数］

Rotation ： ローテーション制度に賛成か（賛成の場合：1）
EL_criteria ： 監査人の選任規準を有しているか（有している場合：1）
Bign_claim ： 交代する監査法人に大手監査法人を望むか（大手監査法人を望む場合：1）
Evaluation ： 現任監査法人に対する満足度（0-6までのスケール；大変満足している：6）
Participation ： 監査役会等への監査担当者の参加の有無（参加している場合：1）

［データベースから得られた変数］

Tenure ： 現任監査法人の継続監査期間（最大15）
Sub number ： 子会社数
Fsales_ratio ： 海外売上高比率
D_loss ： 赤字ダミー（最終利益が赤字であれば1）
D_sub ： 子会社ダミー（親会社によって支配されていれば1）（本則市場の場合は0）
Growth ： 新興市場ダミー（本則市場の場合は0）
Debt_ratio ： 対総資産負債比率（1％極値でwinsorizingしている）
Complex ： 事業構造の複雑性（期末売上債権＋期末棚卸資産＋期末無形資産／期末総資産）

Size ： 総資産の自然対数（1％極値でwinsorizingしている）
Fee ： 監査報酬の自然対数
BM ： 簿価時価比率（1％極値でwinsorizingしている）
Monitoring ： 監査役等委員会設置会社の場合は1
CPA ： 監査役等に公認会計士が含まれていれば1
Lawyer ： 監査役等に弁護士が含まれていれば1
Both ： 監査役等に公認会計士と弁護士の両方が含まれていれば1
D_Bign ： 大手監査法人ダミー（監査人が大手監査法人の場合には1）

Bign_claim（仮説2に対応：大手監査法人を望むか）については，約2/3の企業がローテーション制度の後任として大手監査法人を望んでいることがわかる。

Evaluation（仮説3に対応：現任監査法人に対する満足度）によれば，現任監査人に対する満足度は高く，第1四分位に注目するならば，上方に偏っていることがわかる。

Participation（仮説4に対応：監査役会等への監査担当者の参加の有無）については，約1/4の企業において年に1度以上監査役会等へ監査担当者を参加させている。

一方，データベースによって得られた変数[7]については，次のとおりである。

Tenure（仮説5に対応：現任監査法人の継続監査期間）については，平均値及び第3四分位に注目するならば，非常に多くの企業において現任監査法人の継続監査期間が15年以上であることがわかる。

Sub_number（仮説6に対応：子会社数）については，非常にばらつきが大きいことがわかる。

Fsales_ratio（仮説7に対応：海外売上高比率）については，回答者の企業における平均値は16.2％にすぎない。

D_loss（仮説8に対応：赤字ダミー）については，回答者の企業の約9社に1社は赤字企業であることがわかる。

D_sub（仮説9に対応：子会社ダミー）については，回答企業の7.2％が特定企業の子会社である。

Growth（仮説10に対応：新興市場ダミー）については，43.3％の企業が新興市場に上場している。

Debt_ratio（仮説11に対応：対総資産負債比率）については，平均値は53.3％である。

Complex（仮説12に対応：事業構造の複雑性）については，平均値は34.5％である。

Size（仮説13に対応：総資産の自然対数）については，基本的にばらつきが大きいことから，対数変換によってばらつきを小さくとどめている。

BM（仮説14に対応：簿価時価比率）については，中央値においては，簿価

---

7) 異常値をコントロールするために，特定の変数に関するデータをwinsorizingしていることから，最小値及び最大値の解釈には注意を要する。

230 第Ⅲ部　監査品質規制の動向(2)：監査法人のローテーション制度

と時価がほぼ等しい結果となっている。

　最後に，*D_Bign*（仮説15に対応：大手監査法人ダミー）については，上場企業の75.1％において，監査人として大手監査法人を採用していることがわかる。

　また，これらの変数について相関関係をみたものが，図表15-4である。

　図表15-4によれば，子会社数（*Sub_number*）と企業規模（*Size*），及び交代する監査法人に大手監査法人を望む傾向（*Bign_claim*）と現任監査人が大手監査法人であること（*D_Bign*）の間に若干強い相関関係が確認でき，多重共線性（multicollinearity）の問題の懸念が残る。しかしながら，いずれも想定のうえで，質問を設定したり，必要なデータを入手していることから，分析に当たって，慎重を期すことで対応することとした。

(3)　テスト結果の提示

①平均差の検定結果

　まず，ローテーション制度の導入に反対の回答者と賛成の回答者との間に，どのような項目で差が存在するか，平均差の検定を実施した。結果は，図表15-5のとおりである。

　有為な差異が認められたものについて，取り上げれば以下のとおりである。

　まず，*El_criteria*（監査人の選任規準を有しているか）については，1％水準で有意な差異が認められた。監査人の選任規準を有している場合には，ローテーション制度の導入に反対である可能性が高い。

　Evaluation（現任監査法人に対する満足度）についても，1％水準で有意な差異が認められた。現任監査法人について満足度が高い場合には，ローテーション制度の導入に反対である可能性が高い。

　Tenure（現任監査法人の継続監査期間）については，5％水準で有意な差異が認められた。現任監査法人の継続監査期間が長いほどには，ローテーション制度の導入に反対である可能性が高い。

　Sub_number（子会社数）については，1％水準で有意な差異が認められた。子会社数が多ければ多いほど，ローテーション制度の導入に反対である可能性が高い。

　Growth（新興市場ダミー）については，5％水準で有意な差異が認められた。新興市場に上場している企業は，ローテーション制度の導入に賛成である可能

図表15-4　積率相関行列表

	(1)	(2)	(3)	(4)	(5)	(6)	(7)	(8)	(9)	(10)	(11)	(12)	(13)	(14)	(15)	(16)	(17)	(18)
(1) Rotation	1																	
(2) EI_criteria	0.117	1																
(3) Bign_claim	-0.049	-0.168	1															
(4) Evaluation	-0.205	-0.097	0.077	1														
(5) Participation	0.002	-0.104	0.079	0.076	1													
(6) Tenure	-0.079	-0.052	0.014	0.014	0.013	1												
(7) Sub number	-0.098	-0.156	0.261	0.119	0.065	0.171	1											
(8) Fsales_ratio	-0.024	-0.112	0.180	0.041	0.026	0.142	0.202	1										
(9) D_loss	0.039	-0.002	0.173	0.013	-0.026	-0.124	0.020	0.007	1									
(10) D_sub	-0.032	-0.072	-0.095	0.080	-0.052	0.026	-0.027	-0.025	-0.036	1								
(11) Growth	0.073	0.252	0.010	-0.097	-0.038	-0.200	-0.273	-0.195	0.167	0.123	1							
(12) Debt_ratio	0.070	0.054	-0.340	-0.045	0.003	0.087	0.105	0.101	-0.121	-0.019	0.009	1						
(13) Complex	-0.020	-0.047	0.017	0.052	-0.042	0.026	0.020	0.113	-0.155	0.027	-0.137	-0.247	1					
(14) Size	-0.123	-0.261	0.344	0.129	0.082	0.352	0.595	0.310	-0.140	-0.016	-0.571	-0.126	0.073	1				
(15) Fee	-0.066	-0.135	0.201	0.069	0.072	0.250	-0.065	0.135	-0.143	0.028	-0.256	-0.062	0.180	0.278	1			
(16) Monitoring	-0.047	0.073	-0.005	-0.026	-0.043	0.026	-0.094	-0.038	-0.072	0.021	0.005	0.038	-0.011	-0.120	0.013	1		
(17) BM	-0.051	-0.022	-0.053	-0.039	0.000	0.187	-0.018	0.001	-0.010	-0.077	0.153	0.079	0.025	0.086	0.106	0.003	1	
(18) D_Bign	-0.043	-0.136	0.592	0.044	-0.041	0.300	0.124	0.121	-0.054	0.057	-0.188	0.085	0.017	0.208	0.140	0.014	-0.056	1

1) サンプルは596社からなる観測値で構成されている
2) 太字斜体は6％水準で有意であることを示している
3) 変数の説明は以下のとおりである

[質問票により得られた変数]
Rotation： ローテーション制度に賛成か（賛成の場合：1）
EI_criteria： 監査人の選任規準を有しているか（有している場合：1）
Bign_claim： 交代する監査法人に大手監査法人を望むか（大手監査法人を望む場合：1）
Evaluation： 現任監査法人に対する満足度（0-6までのスケール：大変満足している場合：6）
Participation： 監査役会に監査人が参加しているか（参加している場合：1）

[データベースから得られた変数]
Tenure： 監査法人の継続監査期間（最大15）
Sub number： 子会社数
Fsales_ratio： 海外売上高比率
D_loss： 赤字ダミー（最終利益が赤字であれば1）
D_sub： 子会社ダミー（親会社によって支配されていれば1）
Growth： 新興市場ダミー（本則市場の場合は0）
Debt_ratio： 負債比率（期末売上債権＋即末棚卸資産／期末総資産）
Complex： 事業構造の複雑性（期末売上債権＋即末棚卸資産／期末総資産）

Size： 総資産の自然対数（1％幅値でwinsorizingしている）
Fee： 監査報酬の自然対数
Monitoring： 監査等委員会設置会社の場合は1
BM： 簿価時価比率（1％幅値でwinsorizingしている）
D_Bign： 大手監査法人ダミー（監査人が大手監査法人の場合には1）

232 第Ⅲ部　監査品質規制の動向⑵：監査法人のローテーション制度

図表15-5　平均差の検定結果

変数	No	Yes	t値	p値
El_criteria	0.280	0.418	-2.860***	0.002
Bign_claim	0.669	0.609	1.190	0.117
Evaluation	4.582	4.127	5.098***	0.000
Participation	0.243	0.245	-0.059	0.477
Tenure	10.568	9.609	1.933**	0.027
Sub_number	19.747	8.891	2.392***	0.009
Fsales_ratio	0.165	0.150	0.573	0.283
D_loss	0.105	0.136	-0.948	0.172
D_sub	0.076	0.054	0.789	0.215
Growth	0.416	0.509	-1.788**	0.037
Debt_ratio	0.527	0.562	-1.707**	0.044
Complex	0.347	0.338	0.484	0.314
Size	10.586	10.050	3.028***	0.001
Fee	4.745	4.612	1.604*	0.055
Monitoring	2.212	2.164	1.137	0.128
BM	1.236	1.136	1.248	0.106
D_Bign	0.757	0.709	1.049	0.147
観測値数	486	110		

1）サンプルは596社からなる観測値で構成されている
2）Yesはローテーション制度に賛成，No はそうではないことを示す
3）表中の***は1％水準で，**は5％水準で，*は10％水準で統計的に有意であることを示す
4）変数の説明は以下のとおりである
［質問票により得られた変数］
　　El_criteria：　監査人の選任規準を有しているか（有している場合：1）
　　Bign_claim：　交代する監査法人に大手監査法人を望むか（大手監査法人を望む場合：1）
　　Evaluation：　現任監査法人に対する満足度（0-6までのスケール：大変満足している：6）
　　Participation：　監査役会に監査人が参加しているか（参加している場合：1）
［データベースから得られた変数］
　　Tenure：　監査法人の継続監査期間（最大15）
　　Sub_number：　子会社数
　　Fsales_ratio：　海外売上高比率
　　D_loss：　赤字ダミー（最終利益が赤字であれば1）
　　D_sub：　子会社ダミー（親会社によって支配されていれば1）
　　Growth：　新興市場ダミー（本則市場の場合は0）
　　Debt_ratio：　負債比率（1％極値でwinsorizingしている）
　　Complex：　（期末売上債権＋期末棚卸資産＋期末無形資産）/期末総資産
　　Size：　総資産の自然対数（1％極値でwinsorizingしている）
　　Fee：　監査報酬の自然対数
　　Monitoring：　監査等委員会設置会社の場合は1
　　BM：　簿価時価比率（1％極値でwinsorizingしている）
　　D_Bign：　大手監査法人ダミー（監査人が大手監査法人の場合には1）

性が高い。

　Debt_ratio（対総資産負債比率）についても，5％水準で有意な差異が認められた。負債比率が高い企業ほど，ローテーション制度の導入に反対である可能性が高い。

　Size（総資産の自然対数）については，1％水準で有意な差異が認められた。

企業規模が大きいほど，ローテーション制度の導入に反対である可能性が高い。

Fee（監査報酬の自然対数）については，10％水準で有為な差が認められた。監査報酬が高いほど，ローテーション制度の導入に反対である可能性が高い。

②プロビット回帰の結果

本研究では，いかなる要因がローテーション制度導入の是非に対する考えに影響を及ぼすのかについてプロビット回帰分析を実施した。その結果は，図表15-6のとおりである。

まず，（*Model 1*）の結果として，以下の項目がローテーション制度導入の是非に対する考えに影響を及ぼしていることを示唆する結果が得られた。

El_criteria（仮説１に対応：監査人の選任規準を有しているか）については，10％水準で有意であり，監査人の選任規準を有している場合には，ローテーション制度の導入に反対である可能性が高いことがわかる。

Evaluation（仮説３に対応：現任監査法人に対する満足度）については，1％水準で有意であり，現任監査法人について満足度が高い場合には，ローテーション制度の導入に反対である可能性が高い。

また，*Sub_number*（仮説６に対応：子会社数）については，10％水準で有意であり，子会社数が多い企業ほど，ローテーション制度の導入に反対である可能性が高い。

他方，以下の項目については帰無仮説を受容していることから，ローテーション制度の是非に対する考えに影響を及ぼしているかどうかについては何ともいえない結果であった。

・*Bign_claim*（仮説２に対応：大手監査法人を望むか）
・*Participation*（仮説４に対応：監査役会等への監査担当者の参加の有無）
・*Tenure*（仮説５に対応：現任監査法人の継続監査期間）
・*Fsales_ratio*（仮説７に対応：海外売上高比率）
・*D_loss*（仮説８に対応：赤字ダミー）
・*D_sub*（仮説９に対応：子会社ダミー）
・*Growth*（仮説10に対応：新興市場ダミー）
・*Debt_ratio*（仮説11に対応：対総資産負債比率）
・*Complex*（仮説12に対応：事業構造の複雑性）
・*Size*（仮説13に対応：総資産の自然対数）

図表15-6　プロビット回帰の結果

	予測符号	Model 1		Model 2		Model 3		Model 4	
		係数推計値	z値	係数推計値	z値	係数推計値	z値	係数推計値	z値
定数項	?	0.560	0.59	0.627	0.66	0.664	0.70	0.720	0.75
EI_criteria	−	0.256	1.86*	0.250	1.79*	0.249	1.81*	0.250	1.81*
Bign_claim	−	0.054	0.32	0.057	0.34	0.048	0.28	0.055	0.32
Evaluation	−	-0.319	-4.43***	-0.320	-4.46***	-0.315	-4.38***	-0.318	-4.41***
Participation	+	0.087	0.59	0.068	0.46	0.080	0.54	0.085	0.57
Tenure	−	-0.012	-0.78	-0.014	-0.89	-0.014	-0.91	-0.012	-0.74
Sub_number	−	-0.007	-1.65*	-0.007	-1.62	-0.008	-1.71*	-0.008	-1.77*
Fsales_ratio		0.143	0.52	0.126	0.46	0.160	0.58	0.167	0.60
D_loss	−	0.210	1.03	0.184	0.91	0.195	0.96	0.205	1.00
D_sub	−	-0.030	-0.12	-0.052	-0.20	-0.002	-0.01	-0.022	-0.08
Growth	−	0.025	0.15	0.031	0.19	0.014	0.09	0.016	0.10
Debt_ratio	−	0.520	1.51	0.538	1.56	0.512	1.48	0.548	1.58
Complex	+	0.214	0.55	0.208	0.53	0.169	0.43	0.155	0.39
Size	+	0.017	0.25	0.014	0.20	0.015	0.22	0.014	0.20
Fee	?	-0.027	-0.29	-0.030	-0.33	-0.032	-0.36	-0.034	-0.38
Monitoring	+	-0.262	-1.59	-0.259	-1.58	-0.285	-1.73*	-0.312	-1.86*
BM	−	-0.113	-1.24	-0.116	-1.28	-0.100	-1.09	-0.100	-1.07
CPA	+	0.120	0.93						
Lawyer	+			0.127	0.98				
Both	+					0.276	1.92*	0.277	1.93*
D_Bign	−	-0.083	0.59	-0.071	-0.40	-0.072	-0.40		
D_KPMG	?							-0.010	-0.04
D_EY	?							-0.213	-1.03
D_DT	?							-0.011	-0.05
D_PwC	?							0.073	0.22
	Log Likelihood	-261.85		-261.80		-260.45		-259.50	
	LR chi2	46.37		47.23		49.16		51.06	
	Prob > chi2	0.0003		0.0003		0.0001		0.0003	
	Pseudo R²	0.0813		0.0815		0.0862		0.0896	

1）　サンプルは596社からなる観測値で構成されている
2）　表中の***は1％水準で，**は5％水準で，*は10％水準で統計的に有意であることを示す
3）　変数の説明は以下のとおりである

[質問票により得られた変数]

EI_criteria：　監査人の選任規準を有しているか（有している場合：1）
Bign_claim：　交代する監査法人に大手監査法人を望むか（大手監査法人を望む場合：1）
Evaluation：　現任監査法人に対する満足度（0-6までのスケール：大変満足している：6）
Participation：　監査役会に監査人が参加しているか（参加している場合：1）

[データベースから得られた変数]

Tenure：　監査法人の継続監査期間（最大15）
Sub_number：　子会社数
Fsales_ratio：　海外売上高比率
D_loss：　赤字ダミー（最終利益が赤字であれば1）
D_sub：　子会社ダミー（親会社によって支配されていれば1）
Growth：　新興市場ダミー（本則市場の場合は0）
Debt_ratio：　負債比率（1％極値でwinsorizingしている）
Complex：　（期末売上債権＋期末棚卸資産＋期末無形資産）/期末総資産
Size：　総資産の自然対数（1％極値でwinsorizingしている）
Fee：　監査報酬の自然対数
Monitoring：　監査等委員会設置会社の場合は1
BM：　簿価時価比率（1％極値でwinsorizingしている）
CPA：　監査役等に公認会計士が含まれていれば1
Lawyer：　監査役等に弁護士が含まれていれば1
Both：　監査役等に公認会計士と弁護士の両方が含まれていれば1
D_Bign：　大手監査法人ダミー（監査人が大手監査法人の場合には1）
D_KPMG：　KPMGダミー（監査人が有限責任あずさ監査法人の場合には1）
D_EY：　EYダミー（監査人が新日本有限責任監査法人の場合には1）
D_DT：　DTダミー（監査人が有限責任監査法人トーマツの場合には1）
D_PwC：　PwCダミー（監査人がPwCあらた有限責任監査法人もしくはPwC京都監査法人の場合には1）

第15章　監査法人のローテーション制度の導入に関する意識調査　**235**

・*BM*（仮説14に対応：簿価時価比率）

・*D_Bign*（仮説15に対応：大手監査法人ダミー）

　また，（*Model 1-c*）の列にみられるように，監査役等に公認会計士と弁護士の両方が含まれている場合については，10％水準で有意であり，ローテーション制度の導入に反対である可能性が高い。この点については，公認会計士，弁護士のそれぞれが監査役等に加わっているだけでは有意な結果となっていないことから，その理由は定かではないものの，興味深い結果となっている。

　同様に，（*Model 1-c*）の列の場合，*Monitoring*（監査等委員会設置会社）について10％水準で有意であり，ローテーション制度の導入に反対である可能性が高いことがわかる。

　次に，（*Model 2*）の結果，すなわち，大手監査法人をそれぞれの法人ごとに区分して分析した結果については，（*Model 1*）で得られた結果以外に，有意な結果が得られた項目はない。

　結果として，大手監査法人ごとのダミー変数の係数推計値はすべて統計的に有意ではなかった。また，現任監査人が特定の監査法人であることが，ローテーション制度の導入の是非に対する回答に影響を及ぼすかどうかについては何ともいえない，という結果が得られた。

7．むすびにかえて

　本章では，会計監査人の選任議案の決定権を有している監査役等に対して，監査法人のローテーション制度に関する意識調査を実施した結果をもとに，監査法人のローテーション制度への賛否を決定する要因の分析を中心に検討を行ってきた。

　まず，平均差の検定で明らかとなったように，以下のような企業において，ローテーション制度に反対する傾向が高いことがわかった。

・監査人の選任規準を有している

・現任監査法人に対する満足度が高い

・現任監査法人の継続監査期間が長い

・子会社数が多い

・新興市場に属している

・対総資産負債比率が高い

・企業規模が大きい

・監査報酬が高い

　また，プロビット回帰によって，他の条件をコントロールしたうえで，ローテーション制度の導入への賛否に与える影響要因を分析してみると，以下の項目が，ローテーション制度に反対する回答に影響を及ぼしていることが明らかとなった。

・監査人の選任規準を有している

・現任監査法人に対する満足度が高い

・子会社数が多い

・監査等委員会設置会社である

・監査役等に公認会計士と弁護士の両方が含まれている

　これらの項目の１つひとつは，ローテーション制度の導入による企業内での作業等のコスト負担を想定すれば，想像に難くないものであるが，一方で，プロビット回帰分析によれば，継続監査期間の長さや現任監査法人の規模が必ずしもローテーション制度の賛否に影響を与えていないという点が注目に値するであろう。

参考文献

Carcello, J. V. and A. L. Nagy (2004), Audit Firm Tenure and Fraudulent Financial Reporting, Auditing: *A Journal of Practice & Theory* 23(2): 55-69.

Collier, P. A. and A. Gregory (1999), Audit Committee Activity and Agency Cost, *Journal of Accounting and Public Policy*, 18(4): 311-332.

(The) Commission on Auditors' Responsibilities, Report, Conclusions, and Recommendations (1978), AICPA. (鳥羽至英[訳]『財務諸表監査の基本的枠組み 見直しと勧告』白桃書房，1990年。)

Davis, Larry R. and Billy S. Soo (2009), Auditor Tenure and the Ability to Meet or Beat Earnings Forecasts, *Contemporary Accounting Research* 26(2): 517-48, Summer.

DeAngelo, L. E. (1981), Auditor Independence, 'Low balling', and Disclosure Regulation, *Journal of Accounting and Economics* 3(2): 113-127, August.

Deis, D. R. Jr. and G. Giroux (1996), The Effect of Auditor Changeson Audit Fees, Audit Hours, and Audit Quality, *Journal of Accounting and Public Policy*, Spring: 55-76.

Deloitte (2012), Letter to PCAOB, March 21, 2012 Public Meeting on Auditor Independence and Audit Firm Rotation.<http://pcaobus.org/Rules/Rulemaking/Docket037/ps_Echevarria.pdf.>

第15章　監査法人のローテーション制度の導入に関する意識調査　**237**

Ewelt-Knauer, C., A. Gold and C. Pott (2012), What Do We Know about Mandatory Audit Firm Rotation? ICAS.<https://assets.publishing.service.gov.uk/media/5329dbc1ed-915d0e5d0000c1/icas_mafr_report.pdf>

Ettredge, M. and R. Greenberg (1990), Determinants of Fee Cutting on Initial Audit Engagements, *Journal of Accounting Research*, Spring: 198-210.

Fearnley, S. (1998), Auditor Changes and Tendering: UK Interview Evidence, *Accounting, Auditing and Accountability Journal* 11(1): 72-98.

(The United States) General Accounting Office (GAO) (2003), *Public Accounting Firms: Required Study on the Potential Effects of Mandatory Audit Firm Rotation*, November. <http://www.gao.gov/new.items/d04216.pdf>（八田進二・橋本尚・久持英司［訳］『GAO 監査事務所の強制的交代 ― 公開会社監査事務所の強制的ローテーションの潜在的影響に関する両委員会の要請に基づく調査』白桃書房，2006年。）

Geiger, M.A. and K. Raghunandan (2002), Auditor Tenure and Audit Reporting Failures, *Auditing: A Journal of Practice & Theory*, 21(1): 67-78.

Ghosh, A. and D. Moon (2005), Does Auditor Tenure Impair Audit Quality? *The Accounting Review* 80(2): 585-612.

Jensen, M. C., and H. W. Meckling (1976), Theory of the Firm: Managerial Behavior, Agency Costs and Ownership Structure, *Journal of Financial Economics*, 3(4): 305-360.

Johnson, V. E., I. K. Khurana, and J. K. Reynolds (2002), Audit-Firm tenure and the Quality of Financial Reports, *Contemporary Accounting Research* 19(4): 637-660.

Klein, A. (2002), Econimic Determinants behind Variations in Audit Committee Independence, *The Accounting Review*, 77(2): 435-452.

Knechel, W.R., and A. Vanstraelen (2007), The Relationship between Auditor Tenure and Audit Quality Implied by Going Concern, *Auditing: A Journal of Practice & Theory* 26(1): 113-131.

Myers, J., L. Myers and T. Cmer (2003), Exploring the Term of the Auditor-Client Relationship and the Quality of Earnings: A Case for Mandatory Auditor Rotation? *The Accounting Review* 78(3): 779-798.

Raghunathan, B., B. L. Lewis and J. H. Evans III (1994), An Empirical Investigation of Problem Audits, *Research in Accounting Regulation* 8: 33-58.

Simon, D. T. and J. R. Francis (1988), The Effects of Auditor Change on Audit Fees: Tests of Price Cutting and Price Recovery, *The Accounting Review*, April: 255-269.

Vanstraelen, A. (2000), Impact of Renewable Long-Term Audit Mandates on Audit Quality, *The European Accounting Review* 9(3): 419-442.

Vourc'h, J. L., and P. Morand (2011), Study on the effects of the implementation of the acquis on statutory audits of annual and consolidated accounts including the consequences on the audit market.<http://ec.europa.eu/internal_market/auditing/docs/studies/201111-summary_en.pdf>

Walker, P. L., B. L. Lewis and J. R. Casterella (2001) Mandatory auditor rotation: Arguments and current evidence, *Accounting Enquiries* 10 (Spring/Summer): 209-242.

浅野信博 (2016)「監査役会の独立性にたいする決定要因分析」『経営研究』67巻3号，25-43

頁。

金融庁（2016），会計監査の在り方に関する懇談会「提言─会計監査の信頼性確保のために─」，3月8日。

──（2017）「監査法人のローテーション制度に関する調査報告（第一次報告）」，7月21日。

鳥羽至英・川北博ほか共著（2001）『公認会計士の外見的独立性の測定──その理論的枠組みと実証研究』白桃書房。

日本監査研究学会・監査事務所の強制的ローテーションに関する実態調査研究特別委員会〔委員長・高田敏文教授〕（2006）『監査事務所の強制的ローテーションに関する実態調査研究特別委員会報告書』，9月18日。

（公社）日本監査役協会（2015）「会計監査人の選解任等に関する議案の内容の決定権行使に関する監査役の対応指針」公益社団法人日本監査役協会会計委員会。

町田祥弘（2003）「わが国における監査契約の解除問題と監査リスクの評価」，『會計』164巻5号，11月，102-116頁。

──（2009）「監査人の交代時における監査報酬問題について」，『會計』175巻1号，63-78頁。

──・佐久間義浩（2016）「4．監査報酬の実証分析─監査人の交代による監査報酬への影響─」，『2016年版上場企業監査人・監査報酬実態調査報告書』，2月8日，23-31頁。

──・林隆敏（2013）「監査人の継続監査期間によるゴーイング・コンサーン対応への影響」，『税経通信』68巻3号，2月号，130-144頁。

松本祥尚（2016）「監査事務所の強制的交代（ローテーション）制度」，『月刊監査役』661号，12月号，21-28頁。

（町田 祥弘・浅野 信博・松本 祥尚）

第16章

監査事務所のローテーション制度と 強制的入札制度の比較検討に向けて

1. 問題の所在

　監査事務所を一定の継続監査期間で強制的に交代させる制度（以下，ローテーション制度）は，EUでは現実の施策となっている。EU規則は欧州の監査事務所に10年ごとのローテーションを求め，2016年6月からその適用が開始されている。ただし，EUでは監査事務所が監査契約を締結後10年以内に入札を行い，その結果，現任監査事務所が監査契約を維持できた場合，最長20年までの延長が認められている（共同監査の特例を除く）（EU, 2014）。

　監査事務所のローテーション制度は，わが国でも導入の可否が検討されている。2016年3月に公表された「会計監査の在り方に関する懇談会」による「提言—会計監査の信頼性確保のために—」（金融庁, 2016）を基に，2017年7月には，金融庁から監査事務所のローテーション制度に関する調査報告が公表されている。

　本章では，監査事務所のローテーション制度と，一定の継続監査期間ごとに入札の実施が義務付けられている制度（以下，強制的入札制度）とを比較検討する。というのも，上記のEUにおける監査事務所のローテーション制度の導入に至る前段階として，イギリスでは，財務報告協議会（Financial Reporting Council: FRC）が2012年9月に公表したコーポレート・ガバナンス・コードにおいて，FTSE350社に対して「少なくとも10年ごとに外部監査契約を入札にかけること」を原則（原則C.3.7）とし，comply or explain ルールに基づいて対応が要請されていた。さらにその後，競争・市場当局（Competition and Market Authority: CMA）が，2015年1月に公表した規則によって，かかる入札制度は義務化されたのである。すなわち，公開入札制度は，監査事務所のローテーション制度の前段階の規制形態と捉えることができる。

　検討に当たっては，監査事務所のローテーション制度についてゲーム理論の考え方を用いて考察した田村・町田（2017）のモデルを，「強制的入札制度」を導入するかたちで発展させる。本章のモデルは「現任監査人と新規監査人による入札ゲーム」と「企業と監査人（現任監査人又は新規監査人）による虚偽表示ゲーム」という2段階ゲームの構造をとる。なお，本章は「監査事務所」

の交代を検討対象とし，「同一監査事務所内での監査担当者」の交代は検討に含めない。以下，監査事務所を「監査人」と表記する。

田村・町田（2017）の概要は次のとおりである。監査事務所のローテーション制度の導入がもたらす帰結を説明できるモデルを，企業と監査人をプレーヤーとするゲームとして設定する。プレーヤーの利得は固定的ではない。継続監査期間の長さによって「企業の初期コスト」「監査人の初期コスト」「監査人の懐疑心維持コスト」等は変わるため，その変化を利得表に組み込む。重要な虚偽表示を看過す確率は「企業が利益操作を行う確率」に「企業が利益操作を行っていることを前提として，監査人がそれを看過す確率」を乗じて算定されるが，当該確率をゲームの均衡としてとらえ，均衡の推移に着目する。重要な虚偽表示の看過し率という観点からは，自主的交代より強制的交代の方が望ましいという状況が起こり得る。

2．先行研究

監査事務所のローテーション制度に関する体系だった調査研究はGAO（2003）が嚆矢である。そこでは，監査事務所のローテーション制度に関して，各国の制度を検討したうえで，質問票により企業及び監査人の意識を調査し，同制度のコストがベネフィットを上回るとして，導入に消極的な見解を表明した。わが国でも，日本監査研究学会特別委員会（2006）が，GAOとほぼ同様の質問事項による意識調査を実施し，同様に，制度の導入に否定的な見解を公表して，当時のローテーション制度の導入議論に一定の影響を与えたと解される。

学術研究の領域では，ローテーション制度について否定的な研究成果が多い。例えば，Ruiz-Barbadillo et al.（2006）では，実際にローテーション制度を実施していたスペインのデータを用いて，ゴーイング・コンサーンにかかる監査報告に関して，ローテーション制度が実施されていた期間とその他の期間に有意な差がないことを明らかにした。また，ローテーション制度によって生じる，監査人が被監査企業に不慣れな期間が，監査品質の低下に繋がることが実証されている（Geiger and Raghunandan, 2002; Carcello and Nagy, 2004）。

他方，ローテーション制度について肯定的な研究成果は限られているが，例えば，本研究と同様にモデル分析を行ったものとして，Church and Zhang（2006）がある。そこでは，監査事務所のローテーション制度のモデルによる分析を行い，ローテーション制度によって監査人の独立性が高まることが示さ

れている。

　条件設定が難しいためか，監査事務所のローテーション制度をゲーム論の手法によって扱った研究はあまり見出すことができなかった。田村・町田（2017）は，そうした研究の１つの試みとして位置付けられ，本章での研究は，さらにそれを発展させるものである。

3．強制的入札制度の導入

(1)　入札の効果

　強制的入札制度を導入した場合，ローテーション制度を導入しなくても，それと似たような効果が得られる可能性がある。入札によって定期的に監査人の交代が行われる機会があれば，交代が実際に行われるか否かは別として，現任監査人による虚偽表示の看過しが新規監査人に発見される可能性が生じるので，現任監査人が懐疑心を発揮する可能性は高まる。このように，強制的入札制度は新規監査人への交代の可能性だけでなく，現任監査人の懐疑心にも影響を及ぼす。

　入札で現任監査人が勝つと，監査人交代後の初期コストが発生しないという社会的メリットがある。一方，継続監査期間が長くなるので，現任監査人と企業との間で馴れ合いが生じやすく，懐疑心の維持という点では望ましくない。

　一方，入札で新規監査人が勝つと，ローテーション制度と似た状況になり，監査人交代後の初期コストが発生する。ただし，新規の監査契約であるため，新規監査人と企業の間で馴れ合いが生じにくく，懐疑心の維持という点では望ましい。

(2)　入札における行動原理

　企業にとって，監査契約においては明示的な監査報酬以外に，監査の受入にかかる人的及び内部統制等の体制整備にかかる有形無形のコストが生じることから，現任監査人と新規監査人とが同額の監査報酬を提示した場合には，現任監査人を選択することが合理的な選択となる。

　ただし，企業は「監査報酬」と「付加サービス（例えば，監査の副次的なサービスとして各種の指導的機能を十分に発揮する，企業の属する業界に精通しておりそれに適したサービスを提供する，国際的なネットワークが企業の有する海外子会社の所在拠点をカバーしている等）」の両方を考慮して，現任監査人と新規監査人のいずれかを選択することが考えられることから，新規監査人

242 第Ⅲ部　監査品質規制の動向(2)：監査法人のローテーション制度

の方が優れた付加サービスを提供できるならば，新規監査人が勝つケースが生じ得る[1]。

(3)　監査人の利得

　現任監査人は監査契約を維持すること，また，新規監査人は監査契約を新規締結することを望む。監査人（現任監査人又は新規監査人）の利得は，入札に勝つとプラス，入札に負けるとゼロになる可能性が高い。ただし，「重要な虚偽表示の顕在化によるペナルティ」を受けることでマイナスになることもあり得る。

4．基本モデル[2]

(1)　ゲームのルール
①ゲームのプレーヤー

　プレーヤーは「企業」「監査人」の2者であり[3]，両者は同時に意思決定する。ここで，同時意思決定とは，企業と監査人はそれぞれ，相手の行動を知らない状況で意思決定することを意味する。

②プレーヤーの選択肢

　企業の選択肢は「適正処理を行う」「利益操作を行う」の2つである。また，監査人の選択肢は「懐疑心を発揮する」「懐疑心を発揮しない」の2つである。本章では「監査人が懐疑心を発揮すれば，利益操作を必ず発見できる」「監査人が懐疑心を発揮しなければ，利益操作を必ず看過す」ということを仮定する。

　ここで，利益操作の手段として引当金の過小計上をとりあげる。引当金の計上額については，図表16-1のように許容範囲が存在する。企業が適正処理を選択すると「見積の平均値」になり，利益操作を選択すると「下限より小さい値」になると仮定する。ただし，「下限より小さい値」は重要な虚偽表示に該当することとする。「見積の平均値」であれば，監査人が懐疑心を発揮しても発揮しなくても，「見積の平均値」がそのまま適用される。一方，「下限より小さい

---

1) 新規の契約の締結時に監査報酬を低く提示して，その後の継続監査期間において，監査報酬を値上げしてその低減部分を回復するという，いわゆるローボーリング（Low balling）の問題が存在するが，本章ではこの点を考慮していない。

2) 本節で示すモデルは，田村・町田（2017）によっている。

3) 田村・町田（2017）はゲームのプレーヤーを「経営者」「監査人」の2者とした。ただし，本章では入札による監査人の決定という問題を扱っている。監査人を選ぶのは経営者ではなく監査役等である。そこで，経営者と監査役等を合わせたものとして，「企業」というプレーヤーを設定した。

図表16-1　引当金の計上額

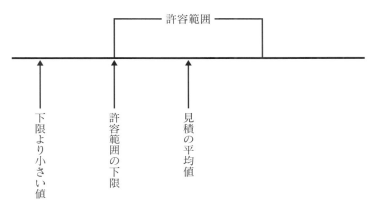

出所：筆者作成

値」であれば，監査人が懐疑心を発揮すると許容範囲外であることが発見されて「許容範囲の下限」に修正されるが，監査人が懐疑心を発揮しないと「下限より小さい値」がそのまま適用される。

③企業の利得

利得とはプレーヤーの満足度の大きさである。企業は業績をよく見せたいと考え，引当金の計上額は小さくしたい。「利益操作」「懐疑心を発揮しない」という組合せでは，企業は重要な虚偽表示を行うことになり，そのことが顕在化すると企業にペナルティが課される。

④監査人の利得

監査人が懐疑心を発揮する場合，追加的な監査手続を行ったり，入手した監査証拠の検討に時間を要したりすることから，懐疑心を発揮しないときよりコストがかかる。「利益操作」「懐疑心を発揮しない」という組合せでは，監査人は重要な虚偽表示を看過することになり，そのことが顕在化すると監査人にペナルティが課される。

以上の内容をふまえ，利得表を図表16-2のように設定する。企業は確率pで適正処理を選択し，確率 $1-p$ で利益操作を選択する（ただし $0 \leq p \leq 1$）。また，監査人は確率qで懐疑心を発揮し，確率 $1-q$ で懐疑心を発揮しない（ただし $0 \leq q \leq 1$）。

244 第Ⅲ部　監査品質規制の動向(2)：監査法人のローテーション制度

図表16-2　利得表

<table>
<tr><td colspan="2" rowspan="2"></td><td colspan="2" align="center">監査人</td></tr>
<tr><td align="center">懐疑心を発揮する（q）</td><td align="center">懐疑心を発揮しない（1-q）</td></tr>
<tr><td rowspan="2">企業</td><td>適正処理（p）</td><td align="center">80, 80</td><td align="center">80, 100</td></tr>
<tr><td>利益操作（1-p）</td><td align="center">100, 80</td><td align="center">60, 40</td></tr>
</table>

（前の数字：企業の利得，後の数字：監査人の利得。以下同様）
出所：筆者作成

(2)　ゲームの均衡

　図表16-2の混合戦略としての均衡は「$p=2/3$，$q=1/2$」である[4]。重要な虚偽表示の看過し，すなわち「利益操作」「懐疑心を発揮しない」という組合せが生じる確率は次のとおりである。

$$（1-p）×（1-q）=（1-2/3）×（1-1/2）=1/6$$

5．ローテーション制度があるケース[5]

　ここでは，監査人のローテーションが行われるケースを想定する。企業と監査人はともに，監査人のローテーションの時期を事前に知っているものとする。

(1)　利得の変化

　利得表は固定されたものではなく，継続監査期間の長さによって変化する。

①重要な虚偽表示の顕在化によるペナルティ

　重要な虚偽表示の看過しが生じても，常にそのことが顕在化するわけではなく，次のことが成り立つ。

　　「重要な虚偽表示の看過し」の件数≧「重要な虚偽表示の顕在化」の件数

---

4)　図表16-2には「$p=2/3$，$q=1/2$」「$p=1$，$q=0$」「$p=0$，$q=1$」という３つの均衡が存在する。このうち「$p=1$，$q=0$」は，企業が必ず適正表示を選択することであり，そもそも監査を必要としないケースである。また「$p=0$，$q=1$」は，企業が必ず利益操作を行うことであり，現行の財務諸表監査による合理的保証ではなく，証券取引等監視委員会による調査のように利益操作の摘発を目的とした検査制度の方が整合的といえる。現行の財務諸表監査の下での監査人のローテーション制度等の問題を扱う本章では，３つの均衡のうち「$p=2/3$，$q=1/2$」という混合戦略だけを検討対象とする。
5)　本節で用いるモデルもまた，田村・町田（2017）におけるものとほぼ同じものである。

以下では「重要な虚偽表示の看過し」と「重要な虚偽表示の顕在化」を明確に区別する。重要な虚偽表示の看過しが存在する場合に、そのことが顕在化する確率を「露見率」と呼ぶと、次のようになる。

　・重要な虚偽表示の看過し率＝（1－p）×（1－q）
　・重要な虚偽表示が顕在化する確率＝（1－p）×（1－q）×（露見率）

　重要な虚偽表示が顕在化した場合のみ、「企業が重要な虚偽表示を行ったことが露見し、ペナルティが課され」、「監査人が懐疑心を発揮せずに重要な虚偽表示を看過したことが露見し、ペナルティが課される」。なお、企業が重要な虚偽表示を行った場合に、監査人がそれを発見した場合は、是正が図られることから、ペナルティが課せられる状況は生じない。監査人が交代すると、前任監査人が看過した重要な虚偽表示を後任監査人によって発見される可能性がある。その際、交代年度に近い事項ほど、後任監査人が監査を実施している対象に関連性が高い場合が多いと想定されることから、後任監査人は発見しやすいものとする。それゆえ、露見率は交代年度に近づくにつれて高くなる。

②企業の初期コスト
　監査人交代後の数年間、企業には、後任監査人の受入れに関する初期コストが生じる。かかるコストには、監査人の要請に応じて新たな監査資料を作成するコストなどが含まれる。企業の初期コストは、後任監査人を説得して自らの会計処理方針を認めさせる作業を含んでいるため、適正処理より利益操作の方が大きくなる。

③監査人の初期コスト
　監査人には、新たな監査契約の場合、契約締結後の数年間は初期コストが生じる。かかるコストには、企業及び企業環境の理解（内部統制を含む）に関する業務のコストなどが含まれる。監査人の初期コストは、懐疑心を発揮する方が発揮しない場合より大きくなる。

④監査人の懐疑心維持コスト
　監査人における懐疑心は、継続監査期間が長くなるにつれて馴れ合いが生じ、低下する性質のものである。長期にわたる継続監査の場合、懐疑心を発揮する

246 第Ⅲ部　監査品質規制の動向(2)：監査法人のローテーション制度

図表16-3　継続監査期間を考慮した利得表（ローテーション制度）

監査人

		懐疑心を発揮する（q）	懐疑心を発揮しない（1-q）
企業	適正処理（p）	$80-3r, 80-2a-b$	$80-3r, 100-a$
	利益操作（1-p）	$100-4r, 80-2a-b$	$140-4r-800x, 100-a-600x$

r：企業の初期コスト　　　　　a：監査人の初期コスト
b：監査人の懐疑心維持コスト　x：露見率
出所：筆者作成

には，それまでよりも大きな労力が必要となる。監査人の懐疑心維持コストは，懐疑心を発揮する場合にのみ生じ，発揮しない場合は生じない。

　「重要な虚偽表示の顕在化によるペナルティ」「企業の初期コスト」「監査人の初期コスト」「監査人の懐疑心維持コスト」を上記の説明と合致するように，利得表を図表16-3のように設定する。「企業の初期コスト」などは継続監査期間によって変化するので，図表16-3における各プレーヤーの利得も毎年変化する。

(2)　数値例

①重要な虚偽表示の顕在化によるペナルティ

　重要な虚偽表示が顕在化した場合，企業に課されるペナルティを800，監査人に課されるペナルティを600とする。また，露見率をxと表記する。

	ローテーションの4年前まで	ローテーションの3年前	ローテーションの前々年	ローテーションの前年（最終監査年度）
xの値	0.1で一定	0.115	0.13	0.145

②企業の初期コスト

　ローテーション制度の場合，企業の初期コストは適正処理を選択すると3r，利益操作を選択すると4rになるとする。本章では企業の初期コストが生じる期間を3年とする。

	1年目	2年目	3年目	4年目以降
rの値	6	4	2	0で一定

第16章　監査事務所のローテーション制度と強制的入札制度の比較検討に向けて　**247**

③監査人の初期コスト

監査人の初期コストは懐疑心を発揮すると2a，発揮しないとaになるとする。監査人の場合も企業と同様に，初期コストが生じる期間を 3 年とする。

	1 年目	2 年目	3 年目	4 年目以降
aの値	18	12	6	0で一定

④監査人の懐疑心維持コスト

懐疑心維持コストをbと表記する。懐疑心維持コストは 7 年目以降に生じるとする。

	6 年目まで	7 年目	8 年目	9 年目	10年目以降
bの値	0で一定	8	16	24	32で一定

(3)　ゲームの均衡

監査人のローテーションが10年目終了後とすると，継続監査期間が 1 年から10年について，ゲームの均衡すなわち「適正処理の確率（p）」と「懐疑心を発揮する確率（q）」は毎年変化する。それゆえ，「重要な虚偽表示の看過し率（1-p）×（1-q）」も毎年変化する。ローテーションによる監査人交代後10年間の「適正処理の確率」「懐疑心を発揮する確率」「重要な虚偽表示の看過し率」の推移は図表16-4のようになる。

図表16-4　均衡の推移（ローテーション制度）

継続監査期間	適正処理の確率 （p）	懐疑心を発揮する 確率（q）	重要な虚偽表示の看過し率 （1-p）×（1-q）
1	0.367	0.650	0.222
2	0.467	0.600	0.213
3	0.567	0.550	0.195
4	0.667	0.500	0.167
5	0.667	0.500	0.167
6	0.667	0.500	0.167
7	0.533	0.500	0.233
8	0.478	0.615	0.201
9	0.436	0.688	0.176
10	0.402	0.737	0.157

出所：筆者作成

6．強制的入札制度があるケース

次に，監査人のローテーションは行わないが，継続監査期間が10年になった時点で入札を行うケースを想定する。この10年という期間設定は，前述のイギリスの規則を基にしている。ここでは「入札ゲーム」と「虚偽表示ゲーム」という2段階ゲームを採用する。

(1) ゲームのルール
①ゲームのプレーヤー

プレーヤーは「企業」「現任監査人」「新規監査人」の3者である。

②プレーヤーの手番

ゲームの構造は図表16-5のように示される。第1段階は「(i)現任監査人と新規監査人による入札ゲーム」である。第2段階は「(ii)企業と現任監査人による虚偽表示ゲーム」又は「(iii)企業と新規監査人による虚偽表示ゲーム」である。第1段階で現任監査人が勝つと第2段階は(ii)，第1段階で新規監査人が勝つと第2段階は(iii)に移動する。

図表16-5　強制的入札制度を導入した場合のゲームの構造

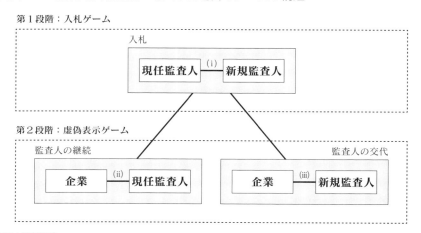

出所：筆者作成

第16章　監査事務所のローテーション制度と強制的入札制度の比較検討に向けて　**249**

③プレーヤーの選択肢

（i）　**現任監査人と新規監査人による入札ゲーム**

現任監査人と新規監査人の選択肢はそれぞれ，「監査報酬を維持する」「監査報酬を引き下げる」の2つである。現任監査人と新規監査人は同時に意思決定する。

（ii）　**企業と現任監査人による虚偽表示ゲーム**

企業の選択肢は「適正処理を行う」「利益操作を行う」の2つ，現任監査人の選択肢は「懐疑心を発揮する」「懐疑心を発揮しない」の2つである。企業と現任監査人は同時に意思決定する。

（iii）　**企業と新規監査人による虚偽表示ゲーム**

企業の選択肢は「適正処理を行う」「利益操作を行う」の2つ，新規監査人の選択肢は「懐疑心を発揮する」「懐疑心を発揮しない」の2つである。企業と新規監査人は同時に意思決定する。

(2)　プレーヤーの利得

（i）　**現任監査人と新規監査人による入札ゲーム**

企業は現任監査人と新規監査人のうち，より小さい報酬を提示した方を選択するものとする。ただし，現任監査人と新規監査人が等しい報酬を提示した場合，企業は監査の継続性及び監査報酬以外のコストを重視し，現任監査人を選択することとする。現任監査人と新規監査人による入札ゲームにおけるプレーヤーの利得そのものについては6(3)でとりあげるが，このゲームの勝敗は図表16-6のようになる。

（ii）　**企業と現任監査人による虚偽表示ゲーム**

企業と現任監査人によるゲームの利得表を図表16-7のように設定する。報酬

図表16-6　入札の勝敗（同額提示では現任監査人が選ばれるケース）

		新規監査人	
		報酬維持	報酬引下げ
現任監査人	報酬維持	○　×	×　○
	報酬引下げ	○　×	○　×

（前：現任監査人，後：新規監査人）
出所：筆者作成

250 第Ⅲ部　監査品質規制の動向⑵：監査法人のローテーション制度

図表16-7　継続監査期間を考慮した利得表（強制的入札制度）

報酬維持の場合

		監査人	
		懐疑心を発揮する（q）	懐疑心を発揮しない（1-q）
企業	適正処理（p）	$80-3r, 80-2a-b$	$80-3r, 100-a$
	利益操作（1-p）	$100-4r, 80-2a-b$	$140-4r-800x, 100-a-600x$

報酬引下げの場合

		監査人	
		懐疑心を発揮する（q）	懐疑心を発揮しない（1-q）
企業	適正処理（p）	$100-3r, 55-2a-b$	$100-3r, 80-a$
	利益操作（1-p）	$115-4r, 55-2a-b$	$155-4r-800x, 80-a-600x$

出所：筆者作成

維持の場合は，ローテーション制度の図表16-3と同一である。報酬引下げの場合の企業の利得は，報酬維持の場合と比べて，適正処理のときは20大きく，利益操作のときは15大きくなっている。監査報酬は企業にとってコストであり，報酬引下げは企業の利得を高める。ここで，企業は会計利益の増大を望んでおり，利益操作の方が適正処理より利得は大きくなっている。ただ，報酬引下げの場合，その分だけ会計利益が増大しているため，会計利益を操作する意味が相対的に低下する。

　また，報酬引下げの場合の監査人の利得は，報酬維持の場合と比べて，懐疑心を発揮するときは25小さく，発揮しないときは20小さくなっている。この違いは，報酬を引き下げると監査時間の減少等により監査の工数を減らさざるを得ず，監査人が懐疑心を発揮することが困難になることを示している。なお，現任監査人が継続する場合，入札後の初年度は現任監査人にとって監査11年目となる。

　入札で現任監査人が勝つと，監査人は結果的には交代しないことになる。ただし，監査人は入札の時期が近づくと「入札に負けると，後任監査人に重要な虚偽表示を発見される可能性が高い」ということを意識する。そこで，強制的入札制度のケースでの露見率はローテーション制度のケースと同様に，次のようにする。

	入札の4年前まで	入札の3年前	入札の前々年	入札の前年
xの値	0.1で一定	0.115	0.13	0.145

図表16-8　監査人の平均利得（強制的入札制度）

	報酬維持	報酬引下げ
現任監査人	48	23
新規監査人	64.8	39.8

出所：筆者作成

図表16-9　入札ゲームの利得表（同額提示では現任監査人が選ばれるケース）

		新規監査人	
現任監査人		報酬維持	報酬引下げ
	報酬維持	48, 0	0, 39.8
	報酬引下げ	23, 0	23, 0

（前の数字：現任監査人の平均利得，後の数字：新規監査人の平均利得）
出所：筆者作成

(iii)　**企業と新規監査人による虚偽表示ゲーム**

企業と新規監査人によるゲームの利得表を図表16-7のように設定する。これは(ii)と変わるところはない。ただし，新規監査人に交代する場合，入札後の初年度は新規監査人にとって監査1年目となる。

(3)　ゲームの均衡

ゲームの均衡の導出に当たっては，第2段階のゲーム（(ii)又は(iii)のゲーム）を考えてから第1段階のゲーム（(i)のゲーム）に戻るという，バックワードインダクションを採用する。すなわち，後の第2段階のゲームの戦略に基づいて，第1段階の戦略を決定する方法を用いる。

第2段階のゲームについて，各年度の均衡における現任監査人及び新規監査人の利得を求め，1年当たりの平均利得をまとめると図表16-8になる。

図表16-8の平均利得をふまえると，第1段階のゲームにおける利得表は図表16-9になる。第1段階のゲームで敗れたプレーヤーは第2段階のゲームに参加しないため，図表16-6で「×」になっている箇所は，図表16-9では利得を0と

252　第Ⅲ部　監査品質規制の動向⑵：監査法人のローテーション制度

図表16-10　均衡の推移（同額提示では現任監査人が選ばれるケース）

報酬維持の場合

入札実施後	適正処理の確率 （p）	懐疑心を発揮する 確率（q）	重要な虚偽表示の看過し率 （1-p）×（1-q）
1 年目	0.133	0.500	0.433
2 年目	0.133	0.500	0.433
3 年目	0.133	0.500	0.433
4 年目	0.133	0.500	0.433
5 年目	0.133	0.500	0.433
6 年目	0.133	0.500	0.433
7 年目	0.133	0.500	0.433
8 年目	0.246	0.615	0.290
9 年目	0.333	0.688	0.208
10年目	0.402	0.737	0.157

報酬引下げの場合

入札実施後	適正処理の確率 （p）	懐疑心を発揮する 確率（q）	重要な虚偽表示の看過し率 （1-p）×（1-q）
1 年目	0.050	0.625	0.356
2 年目	0.050	0.625	0.356
3 年目	0.050	0.625	0.356
4 年目	0.050	0.625	0.356
5 年目	0.050	0.625	0.356
6 年目	0.050	0.625	0.356
7 年目	0.050	0.625	0.356
8 年目	0.174	0.712	0.238
9 年目	0.269	0.766	0.171
10年目	0.345	0.803	0.129

出所：筆者作成

図表16-11　年平均の重要な虚偽表示の看過し率

ローテーション 制度	強制的入札制度			
	現任監査人		新規監査人	
	報酬維持	報酬引下げ	報酬維持	報酬引下げ
0.190	0.369	0.303	0.190	0.162

出所：筆者作成

第16章　監査事務所のローテーション制度と強制的入札制度の比較検討に向けて　**253**

図表16-12　入札ゲームの利得表（同額提示では新規監査人が選ばれるケース）

		新規監査人	
		報酬維持	報酬引下げ
現任監査人	報酬維持	0, 64.8	0, 39.8
	報酬引下げ	23, 0	0, 39.8

出所：筆者作成

図表16-13　均衡の推移（同額提示では新規監査人が選ばれるケース）

報酬維持の場合

入札実施後	適正処理の確率 (p)	懐疑心を発揮する確率 (q)	重要な虚偽表示の看過し率 (1-p) × (1-q)
1 年目	0.367	0.650	0.222
2 年目	0.467	0.600	0.213
3 年目	0.567	0.550	0.195
4 年目	0.667	0.500	0.167
5 年目	0.667	0.500	0.167
6 年目	0.667	0.500	0.167
7 年目	0.533	0.500	0.233
8 年目	0.478	0.615	0.201
9 年目	0.436	0.688	0.176
10年目	0.402	0.737	0.157

報酬引下げの場合

入札実施後	適正処理の確率 (p)	懐疑心を発揮する確率 (q)	重要な虚偽表示の看過し率 (1-p) × (1-q)
1 年目	0.283	0.775	0.161
2 年目	0.383	0.725	0.170
3 年目	0.483	0.675	0.168
4 年目	0.583	0.625	0.156
5 年目	0.583	0.625	0.156
6 年目	0.583	0.625	0.156
7 年目	0.450	0.625	0.206
8 年目	0.406	0.712	0.171
9 年目	0.372	0.766	0.147
10年目	0.345	0.803	0.129

出所：筆者作成

254 第Ⅲ部　監査品質規制の動向⑵：監査法人のローテーション制度

している。

　図表16-9のゲームの均衡は「現任監査人は報酬引下げ」「新規監査人は報酬引下げ」であり，現任監査人が入札で勝利する[6]。

　強制的入札があるケースでは，第1段階のゲームは現任監査人が勝ち，第2段階は企業と現任監査人によるゲームとなり，利得表は報酬引下げが適用される。入札実施後10年間の「適正処理の確率」「懐疑心を発揮する確率」「重要な虚偽表示の看過し率」の推移は，報酬維持と報酬引下げのそれぞれについて図表16-10のようになる。

　ローテーション制度のケースでの推移は図表16-4であった。ローテーション制度のケースと強制的入札制度のケースについて，10年間における「年平均の重要な虚偽表示の看過し率」をまとめると図表16-11になる。ローテーション制度は0.190，強制的入札制度（現任監査人で報酬引下げ）は0.303となり，ローテーション制度の方が小さい。「年平均の重大な虚偽表示の看過し率」という観点から評価を行うならば，強制的入札制度よりもローテーション制度の方が望ましいといえる。

　ここで，現任監査人よりも新規監査人の方が付加サービスの質が高いものとし，現任監査人と新規監査人が等しい報酬を提示した場合，企業は新規監査人を選択するという状況を考えてみる。この状況での第1段階のゲームの利得表は図表16-12になる。

　図表16-12のゲームの均衡は「現任監査人は報酬引下げ」「新規監査人は報酬引下げ」であり，新規監査人が入札で勝利する。

　入札実施後10年間の「適正処理の確率」「懐疑心を発揮する確率」「重要な虚偽表示の看過し率」の推移は，報酬維持と報酬引下げのそれぞれについて図表16-13のようになる。

　10年間における「年平均の重要な虚偽表示の看過し率」は，図表16-11に示されているように，ローテーション制度は0.190，強制的入札制度（新規監査人で報酬引下げ）は0.162となり，強制的入札制度の方が小さい。よって，この状況では，ローテーション制度よりも強制的入札制度の方が望ましいといえる。

6）図表16-9には混合戦略の均衡も存在するが，「現任監査人が報酬引下げを選択して，勝つ」という結論は純粋戦略と変わらない。また，図表16-12には混合戦略の均衡が存在するが，「新規監査人が報酬引下げを選択して，勝つ」という結論は純粋戦略と変わらない。

7．むすびにかえて

　本章では監査事務所の交代について，監査人と企業がいずれも合理的に行動する結果，どのような状況になるのかを考察した。本章は数値例による考察であり，結論を一般化することはもちろんできない。例えば「入札で現任監査人と新規監査人が同額を提示した場合，どちらが勝つか」「監査報酬の引下げが監査人にいかなる影響を及ぼすか」などが変化すると，結果は変わってしまう。そのようなことはあるものの，本章は新しい1つの見方を提示できたのではないかと思われる。

　本章の数値例に限った話ではあるが，強制的入札制度の導入がローテーション制度より望ましいという結果に至るケースもある。金融庁において2016年以来検討中の監査事務所のローテーション制度の導入については，まだ結論が示されていない。ローテーション制度の当否については，これまでも金融庁の公認会計士制度部会や会計監査の在り方に関する懇談会等において様々な議論が行われてきた。しかしながら，強制的入札制度の問題，特に，ローテーション制度に代えての導入，又は，その前段階としての導入の適否については，必ずしも議論が行われてきていない。またイギリスにおいても，十分な経験知が残されないままにローテーション制度に移行してしまった感が否めない。監査事務所のローテーション制度の導入に関する検討においては，広く，強制的入札制度の導入の検討も十分に行う必要があるであろう。

参考文献

American Institute of Certified Public Accountants(AICPA)(1992), *Statement of Position Regarding Mandatory Rotation of Audit Firms of Publicly Held Companies*.

Arruñada, B. and C. Paz-Ares (1997), Mandatory Rotation of Company Auditors: A Critical Examination, *International Review of Law and Economics* 17(1): 31-61.

Carcello, J. V. and A. L. Nagy (2004), Audit Firm Tenure and Fraudulent Financial Reporting, *Auditing: A Journal of Practice & Theory* 23(2): 55-69.

Church, B. K. and P. Zhang (2006), *A Model of Mandatory Auditor Rotation*, CAAA 2006 Annual Conference Paper.

European Union (EU) (2014), Regulation (EU) No 537/2014 of the European Parliament and of the Council of 16 April 2014 on Specific Requirements regarding Statutory Audit of Public-Interest Entities and Repealing Commission Decision 2005/909/EC.

Geiger, M. A. and K. Raghunandan (2002), Auditor Tenure and Audit Reporting Failures,

Auditing: A Journal of Practice & Theory 21(1): 67-78.

General Accounting Office (GAO) (2003), *Public Accounting Firms: Required Study on the Potential Effects of Mandatory Audit Firm Rotation*, GAO-04-216, November. (八田進二・橋本尚・久持英司［訳］『GAO監査事務所の強制的交代』白桃書房，2006年。)

Graetz, M. J., Reinganum, J. F. and Wilde, L. L. (1986), The Tax Compliance Game: Toward an Interactive Theory of Law Enforcement, *Journal of Law, Economics and Organization* 2(1).

Kwon, Soo Young, Youngdeok Lim and Roger Simnett (2014), The Effect of Mandatory Audit Firm Rotation on Audit Quality and Audit Fees: Empirical Evidence from the Korean Audit Market, *Auditing: A Journal of Practice & Theory* 33(4), November: 167-195.

Ruiz-Barbadillo, E., N. Gómez-Aguilar, and E. Biedma-López (2006), Long-Term Audit Engagements and Opinion Shopping: Spanish Evidence, *Accounting Forum* 30: 61-79.

Watts, R. L. and J. L. Zimmerman, (1983), Agency Problems, Auditing, and the Theory of the Firm: Some Evidence, *Journal of Law and Economics* 26, October: 613-633.

金融庁 (2016)，会計監査の在り方に関する懇談会「提言—会計監査の信頼性確保のために—」，3月31日。

——(2017)「監査法人のローテーション制度に関する調査報告（第一次報告）」，7月20日。

田村威文・町田祥弘 (2017)「監査事務所の強制的交代制度に関するゲーム論的一考察」，『現代監査』27号，3月，89-98頁。

日本監査研究学会特別委員会 (2006)「監査事務所の強制的ローテーションに関する実態調査研究特別委員会報告書」，9月17日。

（田村 威文・町田 祥弘）

第 **IV** 部

監査品質規制の動向（3）：
監査報告書の拡充

第17章

監査報告書の拡充

1. 監査報告書の拡充にかかる監査基準の改訂

2018年7月5日，金融庁企業会計審議会の総会において，「監査基準の改訂に関する意見書」が承認され，公表された。

今般の改訂により，原則として2021年3月決算の財務諸表の監査より，上場会社等の独立監査人の監査報告書においては，「監査上の主要な検討事項」（Key Audit Matters: KAM）が記載されることとなる。後述するように，実施に当たっては，2020年3月決算からの早期適用が認められており，「監査に関する情報提供の早期の充実や，実務の積上げによる円滑な導入を図る観点から，特に東証1部上場企業については，できるだけ平成32年3月決算の監査から早期適用が行われるよう，東京証券取引所及び日本公認会計士協会等の関係機関における早期適用の実施に向けた取組みを期待する」（金融庁，2018b）とされている。

また併せて，今般の監査基準の改訂においては，主に国際監査基準（International Standards on Auditing: ISA）との整合を図る観点から，従来の監査報告書について以下の改訂が行われることとなった。

- ・監査人の意見を監査報告書の冒頭に記載することとし，記載順序を変更するとともに，新たに意見の根拠の区分を設ける
- ・経営者の責任を経営者及び監査役等の責任に変更し，監査役等（監査役，監査役会，監査等委員会又は監査委員会）の財務報告に関する責任を記載する
- ・継続企業の前提に関する重要な不確実性が認められる場合に，独立した区分を設けて継続企業の前提に関する事項を記載するとともに，継続企業の前提に重要な疑義を生じさせるような事象又は状況が存在する場合には，監査人は，経営者による有価証券報告書における当該事項にかかる開示内容について検討する
- ・また，経営者は継続企業の前提に関する評価及び開示を行う責任を有し，監査人はその検討を行う責任を有することを，経営者の責任，監査人の責任に関する記載内容にそれぞれ追加する

260　第Ⅳ部　監査品質規制の動向(3)：監査報告書の拡充

これらの「監査上の主要な検討事項」以外の改訂は，一律に，2020年3月決算にかかる財務諸表の監査から適用される。

以上のように，間もなく，わが国の監査報告は，大きな変革を迎えることとなる。

本章では，このうち，「監査上の主要な検討事項」の問題に絞って，以下，かかる監査報告書の拡充の背景，ISAの改定の経緯，わが国の監査報告書の拡充の経緯及びわが国の監査基準改訂の審議において議論の対象となった論点について検討することとする。

2．監査報告書の見直しの背景と経緯

⑴　標準監査報告書に対する批判

今般の監査報告書の見直しには，2つの背景がある。

第1には，標準監査報告書に対する批判的な見解である。現在，ISAの設定主体である国際監査・保証基準審議会（International Auditing and Assurance Standards Board: IAASB）では，2004年に監査報告に関するISA「完全な一組の一般目的の財務諸表に対する独立監査人の報告」（IAASB, 2004）を公表していた[1]が，2001年のエンロン事件等を受けてアメリカにおいてサーベンス＝オクスリー法（Sarbanes-Oxley Act of 2002）が制定されて以降，国際的に監査やガバナンスに関する制度の見直しが進んでいたことや，欧州において法定監査指令により国際的な監査基準の適用が予定されていたこと等もあって，旧来型の標準化された短文式監査報告書に対する批判が寄せられることとなった。

すなわち，監査報告書においては，結論としての監査人の意見が表明されるだけで，その意見の根拠や背景が明らかにされないこと，表明される意見もほとんどが無限定適正意見であること，並びに，監査報告書が標準化されていることによって，監査意見が無限定適正意見かどうか，継続企業の前提に関する追記があるかどうか，及び監査人が誰かということぐらいしか情報内容がないこと等について，批判が寄せられたのである。

こうした中，監査報告書の見直しを進める国々もあった。

フランスでは，エンロン事件後の2003年に制定された金融安定化法（Loi de

1）その後，明瞭化プロジェクトにより，同基準は，IAASB（2008）に置き換えられている。わが国の現行監査基準及び監査基準委員会報告書700は，この2008年版を基礎としている。

sécurité financiére）2)によって，監査人は，監査報告書において，見積り等の項目に関して，被監査企業の開示した情報を引用しつつ自らの判断の根拠を追加的に記載することが義務付けられた。

また，イギリスにおいても，監査の品質に関する討議文書（FRC, 2006）において，従来の監査報告書に代えて，中程度の長文化を図った監査報告書を提案するとともに，定型的な記述の部分に関しては，監査実務審議会（Auditing Practice Board）のウェブサイトへのリンクを貼ることで省略可能とすること等が提案されていた。

こうした状況を受けて，2006年，IAASBは，監査報告書に関するプロジェクトを開始すべきか否かを判断する前提として，米国公認会計士協会の監査基準審議会（Auditing Standards Board）とともに，監査報告書に関する調査研究を4つの学者グループに委託し3)，それらの研究成果は，2009年9月までに提出されたのである。

当該研究は，それぞれの学者グループによって別個に行われたものであり，必ずしも共通した結論が見出されたわけではないが，それを受けてIAASBの作業部会が導いた具体的な結論としては，次のようなものであった。

- 現在の監査報告書の記載内容は利用者にとって有用とは見做されていないこと
- 監査報告書の利用者は，実施された監査，監査において検出された事項及び最終的に監査人によって得られた保証の水準に関して，監査報告書における情報が不足していると考えていること
- 利用者は，監査報告書において，企業に関する情報の提供を望んでおり，それは財務諸表監査の対象を超えた事項を含んでいること

(2) 金融危機による影響

さらに，こうした従来の監査報告書に対する見直しの機運に対して，もう1つの外的要因が加わることとなった。これが監査報告書の見直しの第2の背景となる，2007年に顕在化した世界金融危機である。

まず，アメリカにおいて，2010年3月，前年に破綻したリーマン・ブラザーズの経営破綻の実態を報告した2,000頁を超える報告書，いわゆる『バルカス

---

2) L 225-235 §1, 2.
3) Mock et al.（2009）; Porter et al.（2009）; Asare and Wright（2009）; 及びGold et al.（2009）の4篇の報告書がIAASBに提出されている。

262 第Ⅳ部 監査品質規制の動向(3)：監査報告書の拡充

報告書』（United States Bankruptcy Court, 2010）が公表され，その中で，同社の監査人に対して，内部告発があったのに監査委員会に対して報告を怠ったことや，MD&Aにおいてレポ105等のリスクが高い取引についての開示がないことに気づきながら適切な対応をとらなかったことが指摘された。

　欧州においても，金融危機後に，監査に関する議論が活発に行われるようになった。例えば，ノーザンロック銀行の取り付け騒ぎ等が発生したイギリスにおいては，貴族院の経済問題特別委員会において，監査問題に関する報告書（House of Lords, 2011）が取りまとめられたことを契機として，監査制度への取組みが行われるようになった[4]。

　これを受けて，世界の金融当局及び資本市場関係者は，世界金融危機を招来した金融機関のガバナンスの脆弱性に関して，監査人が十分な役割を果たさなかったとして批判的な見解を明らかにするようになった。

　例えば，証券監督者国際機構（International Organization of Securities Commissions: IOSCO）は，2009年9月に，監査に関連する3つの討議文書を公表したが，そのうちの1つにおいて，監査報告書の記載に関する「監査人のコミュニケーション」（IOSCO, 2009）と題する文書が含まれていた。また，欧州においても，欧州委員会（European Commission: EC）から，2010年10月に，監査事務所の強制的交代制の導入の提案とともに，監査報告書の見直しに関する提案を含む市中協議文書（EC, 2010）が公表されている。

　例えば，上記のIOSCOの専門委員会が公表した「監査人によるコミュニケーション」によれば，従来の監査報告書に対しては，次の3点の批判が示されている。

・合格又は不合格という二者択一式の監査意見を表明していること
　すなわち，ほとんどの場合において無限定適正意見が表明されることを前提として作成されており，読者たる投資家にとって無限定適正意見を得られたか否か以外の有用な情報内容を含んでいないこと
・紋切り型で専門的な用語を記載していること
　すなわち，従来の監査報告書が，紋切り型で専門用語に溢れたものであり，一般の読者にとって，十分に意味が伝わるものではないこと
・監査基準及び監査判断の水準を表していないため期待ギャップを引き起こ

---

4) 同報告書を受けて，FRCのもとで，FRC（2011：2012）等の監査報告書の内容の充実を提言するいくつかの報告書が取り纏められている。

す原因となっていること

すなわち，同じ無限定適正意見であっても，監査人の判断には程度の差が
あるはずであり，また，監査基準の適用に当たっていかなる問題事項があ
ったのか等についての情報提供が行われていないため，読者には，一律に
同じ程度の監査人の保証水準を表していると受け取られかねないこと

こうした金融危機を受けての動向において特徴的なのは，監査人に対して，
公開企業のガバナンスに寄与する役割を一層求めるようになってきたこと，そ
の重要なツールとして，監査報告書を位置づける動きがあったことである。

⑶　ISAの改訂の経緯

上記のような背景の下，IAASBは監査報告書プロジェクトを開始すること
となった。同プロジェクトは，概ね以下のような経緯を辿っている。

2011年5月，「討議文書　監査報告の価値の向上：変更のための選択肢の模索」(IAASB, 2011) 公表

2011年12月，監査報告プロジェクトの開始の正式決定

2012年6月，「コメント募集文書　監査人による報告の改善」(IAASB, 2012) 公表

2012年9月・10月，NY，ブリュッセル及びクアラルンプールにおいてラウンド・テーブル開催

2013年7月，一連のISA公開草案公表

2014年9月，一連のISA最終化

2015年1月，一連のISA確定・公表

2015年1月に確定・公表された一連のISAは，2016年12月15日以降に終了す
る会計年度から適用することが求められている。すなわち，ISAを採用してい
る国々では，2016年末からISAに基づく新たな監査報告書の実務が開始される
こととなったのである。

ところで，IAASBによれば，監査報告プロジェクトの目的は，次のように
示されている。

・監査報告書の構造及び内容に関するISAの要求事項を改定することを通じて，
　監査報告書のコミュニケーション価値及び目的適合性を適切に高めること，
　ならびに，

・IAASBの監査報告に関するISAが，その規定の仕方によって，監査報告書
　において共通かつ重要な内容の伝達を行うとともに，各国の財務報告制度

264 第Ⅳ部 監査品質規制の動向(3)：監査報告書の拡充

　の展開を調整し得るものとなるか否か，またその方法について決定すること
　すなわち，IAASBとしては，監査報告書の内容の改善とともに，国際的な
基準設定主体として，各国がそれぞれに取り組んでいる監査報告書の見直しの
動向を踏まえ，それらの差異を可能な範囲で調整することを意図している。

　同時に，以下に述べるように，今般の監査報告書の改革は，単に外部監査の
問題としてではなく，企業のコーポレート・ガバナンスとの関連で，ガバナン
スに責任を有する者（Those Charged with Governance）との協働の下，外部
監査人に対して，ガバナンスへの貢献を求めているという特徴が指摘できるの
である。

3．ISAにおける監査報告書の拡充の議論

(1)　ISAに基づく監査報告書

　今般のISAにおける監査報告書改革の最大の変更点は，ISA701「独立監査人
の監査報告書における監査上の主要な事項のコミュニケーション」を新設し，
上場企業等の監査人に対して，監査報告書において，KAMについてコミュニ
ケーションを行うことを求めている点であろう[5]。

　まず，KAMの概要を整理してみよう。KAMは次のように定義される。

　　「監査上の主要な事項――監査人の職業的専門家としての判断において，
　当年度の財務諸表の監査において最も重要であると認められる事項。監査上
　の主要な事項は，監査人がガバナンスに責任を有する者にコミュニケーショ
　ンを行った事項から選択される」（ISA701, par.7）。

　また，監査人は，KAMを決定するに当たって，以下の事項を含め，監査の
実施において特に注意を払った領域についての考慮が求められている（ISA701,
par.8）。

(a)　重要な虚偽表示のリスクがより高いと評価された領域，又はISA315「企
　　業及び企業環境の理解を通じた重要な虚偽表示リスクの識別と評価」に基づ
　　いて特別な検討を必要とするリスクを識別した領域

(b)　見積りの不確実性が高いと識別された会計上の見積りを含め，重要な経営
　　者の判断を伴う財務諸表上の領域に関する重要な監査人の判断

(c)　当期に生じた重要な事象又は取引の監査に対する影響

5）ISA701の概要については，当時のIAASBの委員による解説として，関口（2015）を参照されたい。

また，上記にかかわらず，KAMとすべき事項は，企業の状況によって異なるものであり，その選択はあくまでも監査人の職業的専門家としての判断による旨が強調されている。

さらに，監査人は，それぞれのKAMについて，適切な見出しをつけ，以下の事項を記載することが求められている（ISA701, par.10）。

(a) 監査人が当該事項を監査における最も重要なものとして考え，それゆえにKAMに決定した理由

(b) 監査において，当該事項に対応した方法

なお，公開草案では，監査報告書の例示が示され，その中で，のれん，金融商品の評価，事業の取得，及び長期契約に関する収益認識の4件のKAMについて例示が示されていた。参考のために，ここで金融商品の評価に関する例示を示せば，以下のとおりである。

金融商品の評価

ABCグループによる仕組金融商品に関する開示は，財務諸表の注記5に含まれている。仕組金融商品に対するABCグループの投資は，当該金融商品全体の金額のX％を占めている。ABCグループの仕組金融商品は，活発な市場における公表価格に基づき評価されておらず，よって，その評価には重要な測定上の不確実性が存在する。したがって，当該金融商品の評価は私たちの監査において重要である。ABCグループは，仕組金融商品の特有の構成や条件から，自社開発した評価モデルを使用する必要があると判断している。私たちは，自社開発した評価モデルを使用することの合理性について経営者に説明を求め，監査役等と討議し，当該モデルの使用は適切であると結論付けた。また，私たちの監査手続には，特に，モデルの開発及び調整に関する経営者の内部統制を検証すること，市場関係者が同様の状況において使用する仮定を反映するためにモデルのアウトプットに対して修正を行う必要はないという経営者の判断を確認することが含まれている。

KAMは，当年度の財務諸表監査における最も重要な事項という相対的な概念を用いていることから，ほとんどすべての監査業務において存在すると説明されている。ただし，KAMがないという状況も限定的にあり得るとして，その場合には，ガバナンスに責任を有する者や審査担当者との議論を行った上で，

266 第Ⅳ部　監査品質規制の動向(3)：監査報告書の拡充

KAMがない旨を監査報告書上に記載することが認められているのである。

　以上のようなKAMが記載される監査報告書は，従来の監査報告書に比べてかなり長文化することが予想される。また，監査報告書が，無限定適正意見が表明されているかどうかを確認するためだけに読まれる，単なる「財務諸表の保証書」から脱して，監査の透明性を高め，財務諸表利用者に対して目的適合的な情報を提供する媒体として機能することが期待されているのである。財務諸表利用者は，監査人が最も重要だと判断した事項を理解することを通じて，間接的に，経営者が重要な判断を行った領域について理解することができると解される。

(2)　監査報告書の拡充の意義

　監査報告書の拡充に関しては，わが国において，かなり以前から，監査報告書の機能の問題として，情報提供機能を期待する考え方と意見表明機能（保証機能）に限定して捉える考え方との間で議論があった[6]。一般に，現在の監査報告書は，保証機能に限定する立場をとっており，その根拠は，監査報告書において情報提供を行うことによって，財務諸表の作成・開示の責任は経営者にあり，監査人の責任は監査にあるのであるから，財務諸表の作成・開示の責任の領域に踏み込むべきでないとする，いわゆる「二重責任の原則」に抵触して，監査人が第一次情報の提供者となってしまうおそれがあるためであるとされる。したがって，現在の監査報告書には情報提供機能とされるものは期待されておらず，ただし意見表明による保証機能だけでは不十分な場合に備えて，「追記情報」の欄が設けられ，その補完を行っているとされている。

　ISAが新たに導入したKAMにおいては，監査報告書を通じての情報提供を期待されていることは確かであるが，その際には，二重責任の原則への抵触の懸念が生じる。その点について，IAASBでは，2012年のコメント募集文書に対するコメントの多くにおいて，監査人が一次情報の提供を行うことになり得る点について強い懸念が示されたことを踏まえ，KAMに関する記載では，基本的には監査人は企業の第一次情報を開示しないようにすることが適切である方針が採られることとなった。

　しかしながら，監査人が監査報告書に記載するということが予定されている場合に，その内容を企業の財務諸表の注記等に記載することが求められる実務

───────────
6）監査報告書の本質を巡る議論については，たとえば，松本（2014）を参照されたい。

図表17-1　監査報告書の拡充モデル

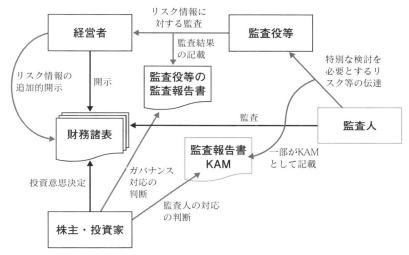

出所：筆者作成

が行われることは容易に想定されるであろう。これは，例えば継続企業の前提に関する監査報告書の追記情報と財務諸表の注記との関係に類するものといえよう。すなわち，図表17-1に示すように，監査報告書における情報提供が，経営者による財務諸表の注記等における情報開示を促すこととなると考えられるのである。

さらに，KAMがガバナンスに責任を有する者にコミュニケーションを行った事項の中から選択されるということも重要である。ガバナンスに責任を有する者にとっては，KAMがガバナンスに責任を有する者にコミュニケーションした中から，重要な事項を選抜したうえで決定される以上，仮に監査報告書において数件のKAMが記載されるならば，期中における外部監査人からガバナンスに責任を有する者に対するコミュニケーションにおいては，より多くの数，及びより詳細な内容の情報が提供されていることが想定される。おそらくは，多くの監査において，外部監査人からの情報提供の内容は充実することが期待されるのである。

こうした監査報告書のモデルは，外部監査人と，ガバナンスに責任を有する者，とくに監査委員会との間での連携及び相互牽制を志向したモデルと解する

ことができよう。すなわち，外部監査人は，ガバナンスに責任を有する監査委員会に対して，監査委員会が適切な判断を行使できるように，その基礎となる十分な情報を提供し，仮に監査委員会が適切な対応をとらなかったり，年次報告書において不十分な開示しか行わなかったりした場合には，監査報告書においてその点について言及することとなる。他方，監査委員会は，外部監査人との契約の当事者として，外部監査人の監査の有効性の評価や監査報酬の決定，さらには継続監査期間を含む監査契約に関する管理と報告を行うのである。

4．わが国における監査報告書の拡充の議論

　これまで述べてきたように，海外においては，監査報告書の拡充の議論は，主に2008年に惹起した金融危機を背景として本格的に開始されたといえる。それに対して，わが国では，監査報告書の拡充の議論は，2015年に発覚した東芝事件を契機として開始されることとなった。すなわち，監査の品質の議論と関連付けて，実施されることとなった点に特徴が見出せる。

　東芝等の会計不正事件を受けて，2015年10月に金融庁に設置された「会計監査の在り方に関する懇談会」が2016年3月8日に公表した「提言―会計監査の信頼性確保のために―」によれば，監査報告書の拡充問題は，提言が掲げる5つの施策の柱のうちの1つである「会計監査に関する情報の株主等への提供の充実」の中の「会計監査の内容等に関する情報提供の充実」の一環として，監査法人のガバナンス情報の開示と並んで，「監査報告書の透明化等」として，以下のように述べられている。

Ⅱ．会計監査の信頼性確保のための取組み
2．会計監査に関する情報の株主等への提供の充実
⑵　会計監査の内容等に関する情報提供の充実
　会計監査の透明性を向上させるためには，企業側からの情報提供に加え，監査法人等が積極的にその運営状況や個別の会計監査等について情報提供していくべきである。また，当局等においても情報提供の充実に努めるべきである。
　＜中略＞
②監査報告書の透明化等
　現在の監査報告書は，財務諸表が適正と認められるか否かの表明以外の監

査人の見解の記載は限定的となっている。一方，例えばイギリスでは，会計監査の透明性を高めるため，財務諸表の適正性についての表明に加え，監査人が着目した虚偽表示リスクなどを監査報告書に記載する制度が導入されている。EUも本年から同様の制度を導入する予定であり，アメリカにおいても，導入に向けた検討が進められている。

　このような，いわば「監査報告書の透明化」について，株主等に対する情報提供を充実させる観点から，我が国においても検討を進めるべきである。

　続いて，2017年6月26日，金融庁は，「『監査報告書の透明化』について」と題する文書を公表した。そこでは，「提言」において用いられたやや違和感のある用語「監査報告書の透明化」について，「監査報告書において，財務諸表の適正性についての意見表明に加え，監査人が着目した会計監査上のリスクなどを記載する」ことと規定し，「提言」では，「株主等に対する情報提供を充実させる観点を挙げ，『透明化』としている」と補足説明している。
　また，当該文書では，関係者との意見交換を進めてきたことを述べたうえで，今後の方針に関して，次のように述べられている。
「3．意見交換を踏まえた今後の検討の方向
　『透明化』の導入が国際的に進められる中で，我が国においても会計監査の透明性向上は重要な課題であり，今後，企業会計審議会において，上記の実務上の課題についての検討を含め，『透明化』について具体的な検討を進めていくことが期待される。
　その際，実務上の課題を抽出するため，日本公認会計士協会が大手監査法人や監査先企業，その監査役等と必要な連携をして，直近の終了した会計監査を対象に，KAM（Key Audit Matters──筆者註）を試行的に作成する取組みを行い，検討に当たっての参考とすることが有益であると考えられる。」
　つまり，企業会計審議会において，監査基準の改訂の問題として，監査報告書改革の議論が進められる予定であること，及びそれに先立って，日本公認会計士協会の主導の下，「直近の終了した会計監査を対象に，KAMを試行的に作成する取組み」が行われる予定であることが表明されたのである。
　後日，企業会計審議会監査部会において，日本公認会計士協会が示した6件の試行例（金融庁，2017）のうちの1つが，図表17-2のようなものであった。

270 第Ⅳ部　監査品質規制の動向⑶：監査報告書の拡充

図表17-2　日本公認会計士協会によるKAMの試行例の１つ

企業結合に関する会計処理，のれんの計上及び評価の例

KAMの内容と選定の理由	監査上の対応
例示３．のれんの減損要否 C社 子会社X社について，のれんの減損要否を監査上の主要な事項とした。なお，この帳簿価額は，当連結会計年度末においてxxx百万円である。 会社は，のれんに関する当連結会計年度の減損テストに用いた主要な仮定が合理的に予測可能な範囲で変化したとしても，回収可能価額が帳簿価額を下回る可能性は低いと判断している。会社は，減損テストを実施するに当たり，回収可能価額は使用価値に基づき，独立した鑑定人の支援を受け，直近の事業環境を反映させた事業計画に基づく将来キャッシュ・フローの現在価値を用いて評価している。また，事業計画は中長期的な商品の需給見通しや取組中の事業関連施策による効果を反映するため，対象期間を○年としている。使用価値の算定に最も影響を及ぼす仮定は，商品価格及び事業計画である。割引率は，資金生成単位（CGU）の固有のリスクを反映した市場平均と考えられる収益率を合理的に反映する率を使用している。当該資産の減損の兆候判断及び測定においては，商品の市況変動の影響を受けやすいX社のビジネスの特性もあり，減損テストを実施する際に使用される評価モデルの選択や，将来キャッシュ・フローの見込み及び割引率等の前提条件について，経営者の主観的判断の影響を大きく受けるため，慎重な検討が必要となる。	のれんについて，当監査法人内部の評価専門家及びネットワーク・ファームの業界の専門家と連携して以下の手続を実施した。 ・のれんを各資金生成単位（CGU）に按分せずにX社全体を評価単位とすることの合理性を検討した。 ・回収可能価額（使用価値）の測定に採用された評価モデル（割引キャッシュ・フロー法）の合理性を検討した。なお，経営者が利用した外部の評価専門家の知識や経験を評価し，能力に問題がないことを検討した。 ・割引キャッシュ・フロー法で使用するデータのうち，市場における観察可能なデータに基づかない重要なデータには，将来の商品価格見通し，将来の生産・販売数量，関連するコスト，及び割引率等があるが，それらについて以下の検討を実施した。 ①　経営者が使用したデータの背景及びその合理性を質問及び関連資料に基づき検討した。 ②　将来の商品価格見通しや割引率については，監査人が合理的と考える許容可能な範囲を算定し，経営者の使用したデータが許容範囲内にあるかどうかを検討した。 ③　将来の生産・販売数量や関連するコストについては，会社が作成した最新の事業計画に基づき，直近までの入手可能な事実を反映した最善の情報に基づいた見通しとなっていることを検証した。また，過去の実績を踏まえて事業計画が過度に楽観的又は保守的となっていないかどうかを検討した。

　なお，これに先立って，2017年４月26日，法制審議会会社法制（企業統治等関係）部会第１回会議において，幹事として参加していた金融庁総務企画局企業開示課長（当時）の田原泰雅氏が，「会社法の見直しに当たっての論点」を示しつつ，「本件（KAMの問題──筆者註）は金融証券取引法監査のみならず，

会社法監査にも関わる論点と考えておりますので，その取扱いにつきましても御検討いただければと考えるところでございます。」（法務省，2017）と述べている。これは，後述するように，KAMの問題が，会計監査人の監査報告書及び監査役等の監査報告書にも関連する問題であって，会社法及び会社計算規則の改正に関わる問題であることを同部会において明示したものといえよう。

その後，企業会計審議会監査部会において，2017年10月17日に審議が開始され，2018年4月24日まで5回の審議が行われ，2018年5月8日に公開草案が公表された（2018年6月6日まで意見募集）。その後，再度，監査部会が開催されることはなく，2018年7月5日に，企業会計審議会総会において改訂監査基準が承認されたのである。

5．改訂監査基準における「監査上の主要な検討事項」

ここで，改訂監査基準における「監査上の主要な検討事項」の規定について整理しておきたい。

改訂監査基準は，その前文において，「監査上の主要な検討事項」を次のように定義している。

「…主に世界的な金融危機を契機に，監査の信頼性を確保するための取組みの一つとして，監査意見を簡潔明瞭に記載する枠組みは基本的に維持しつつ，監査プロセスの透明性を向上させることを目的に，監査人が当年度の財務諸表の監査において特に重要であると判断した事項（以下「監査上の主要な検討事項」という。）を監査報告書に記載する監査基準の改訂が国際的に行われてきている。」

すなわち，「監査上の主要な検討事項」とは，「監査人が当年度の財務諸表の監査において特に重要であると判断した事項」のことであるとされる。

改訂監査基準の前文によれば，「監査上の主要な検討事項」の記載は，「監査人が実施した監査の透明性を向上させ，監査報告書の情報価値を高めることにその意義」があるとされる。それによって達成が期待される効果としては，以下の点が挙げられている。

「・財務諸表利用者に対して監査のプロセスに関する情報が，監査の品質を評価する新たな検討材料として提供されることで，監査の信頼性向上に資すること
・財務諸表利用者の監査や財務諸表に対する理解が深まるとともに，経営

者との対話が促進されること
・監査人と監査役，監査役会，監査等委員会又は監査委員会（以下『監査役等』という。）の間のコミュニケーションや，監査人と経営者の間の議論を更に充実させることを通じ，コーポレート・ガバナンスの強化や，監査の過程で識別した様々なリスクに関する認識が共有されることによる効果的な監査の実施につながること」

次に，「監査上の主要な検討事項」の決定方法である。

監査人は，「監査の過程で監査役等と協議した事項」の中から，以下の点について考慮した上で，「特に注意を払った事項」を決定する。

「・特別な検討を必要とするリスクが識別された事項，又は重要な虚偽表示のリスクが高いと評価された事項
・見積りの不確実性が高いと識別された事項を含め，経営者の重要な判断を伴う事項に対する監査人の判断の程度
・当年度において発生した重要な事象又は取引が監査に与える影響」

続いて，この「特に注意を払った事項」の中から，「当年度の財務諸表の監査において，職業的専門家として特に重要であると判断した事項」を絞り込み，

図表17-3 「監査上の主要な検討事項」の決定プロセス

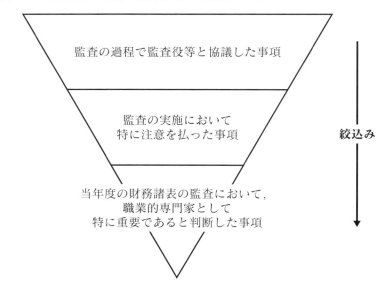

「監査上の主要な検討事項」として決定することとなる。

この一連のプロセスを図示すれば，次の図表17-3のようになる。

このようにして決定した「監査上の主要な検討事項」は，監査報告書において，「監査上の主要な検討事項」の区分を設けて記載されることとなる。その際に，関連する財務諸表における開示がある場合には当該開示への参照を付した上で，以下の点が記載される。

「・『監査上の主要な検討事項』の内容

　・監査人が，当年度の財務諸表の監査における特に重要な事項であると考え，『監査上の主要な検討事項』であると決定した理由

　・監査における監査人の対応」

さらに，前文では，「監査上の主要な検討事項」の記載を有意義なものとするために，監査人に対して，「当該財務諸表の監査に固有の情報を記載すること」及び「財務諸表利用者にとって有用なものとなるように，監査人は，過度に専門的な用語の使用を控えて分かりやすく記載するよう留意する」ことを求めている。

6．改訂監査基準の審議の論点と結論

以上のような「監査上の主要な検討事項」の規定は，概ねISAの規定と同様である。しかしながら，審議に当たっては，いくつかの問題が議論の焦点となり，一定の結論に至っている。それらのうち主な点を検討しておくこととしたい。

(1)　適用範囲

まず，「監査上の主要な検討事項」をどの範囲まで適用するかという問題が提起された。この問題は，第1には，会社法の会計監査人監査を対象とするかという点であり，第2には，連結だけでなく，単体の監査においても適用するのか，という点であった。

会社法の下での会計監査人の監査について，会社法の会計監査人監査も対象とすべきとする考え方がある。その理由としては，会社法の監査報告書を作成する時点では，当然，「監査上の主要な検討事項」は確定している。株主への情報提供の観点から，株主総会前に株主に「監査上の主要な検討事項」が提供されることが望ましいということや，監査役等が会計監査人の監査の結果及び方法の相当性を判断するにあたり，「監査上の主要な検討事項」の記載も考慮するようになれば，より的確な相当性判断が行われることが期待されること，

274 第Ⅳ部　監査品質規制の動向(3)：監査報告書の拡充

並びに，従来，会社法監査も金商法監査と同一であることを志向してきたのであるから，同様に適用すべきと考えられること等が挙げられる。

その一方で，会社法監査への拡大は時期尚早だとする考え方もある。というのも，会社法の監査報告書の提出時期が早いため，「監査上の主要な検討事項」の記載にかかる企業との議論・調整の時間が十分に取れず，「監査上の主要な検討事項」の記載がボイラープレート化する懸念があることや，監査人及び会社側において，実務上，会計監査人監査適用会社約10,000社に適用するのは時期尚早であるという理由が挙げられる。

審議の結果，前述の通り，当面，上場会社及び一部の有価証券報告書提出会社（主に大規模な金融機関）に適用し，その後，実務の浸透状況を見て，会社法への拡大を検討するという方針が採られたのである。

とはいえ，「当面」というのは，どの程度の期間なのか，という点については，現時点では何も結論が得られていない。アナリスト等の財務諸表利用者からは，早期に，会社法上の大会社への範囲の拡大を期待する声が挙がっているが，まずは，当初の適用範囲において，着実に適切な「監査上の主要な検討事項」の実務が積み重ねられることが必要条件であるとも解される。

さらにいえば，ISAでは，KAMの適用対象は，公益に係わる組織（Public Interest Entities: PIE）とされている。香港やオーストラリアでは，それを上場企業に限定し，イギリスやオランダ等では上場企業と金融機関に限定し，さらにドイツやフランスでは，上場企業と金融機関とともに，それぞれの国が指定した企業群を含めている。こうした状況を踏まえて，わが国において，PIEとはどこまでを指すのかを検討する必要があるのではなかろうか。上場企業3,700社と，それとの重複はあるにしても，会社法上の大会社10,000社がすべてPIEなのであろうか。基準ごと，制度ごとに範囲を議論するのではなく，どこかでPIEの範囲を明確化しておく必要があるのではないかと思われる。

他方，単体の財務諸表にも適用すべきかという点については，EU等において，KAMの適用が連結財務諸表の監査に限られていること等を理由として，単体の財務諸表の監査への適用を過度な負担であるとして反対する声が企業側等から挙がったものの，わが国では，金融商品取引法及び会社法ともに，連結財務諸表と単体財務諸表の両方に対する監査の実施及び監査報告書の作成を求めていることを主な理由として，単体財務諸表に固有の「監査上の主要な検討事項」については，単体財務諸表に対する監査報告書に記載することとなったのである。

⑵ 企業による開示との関係

　次に，企業が未公表の事項について，監査人は「監査上の主要な検討事項」として記載することができるのか，という点が議論の対象となった。企業側とすれば，経営上の秘密に属するような情報を，監査人が，「監査上の主要な検討事項」であるからといって，監査報告書に記載することは看過し得ないというのである。

　しかしながら，監査部会では，審議の末に，次のような結論に至った。すなわち，まず，監査人が，企業が開示していない事項について「監査上の主要な検討事項」として記載しようとする場合，まずは企業に追加の開示を促すこととなる。したがって，いきなり監査人が情報を開示するということにはならない。また，改訂監査基準の前文では，次のように述べられている。

　　「企業に関する情報の開示に責任を有する経営者には，監査人からの要請に積極的に対応することが期待される。また，取締役の職務の執行を監査する責任を有する監査役等には，経営者に追加の開示を促す役割を果たすことが期待される。」

　次に，企業が開示していない事項であっても，監査人は，「監査上の主要な検討事項」として開示することができる。なぜなら，公認会計士法及び監査基準における正当な理由がある場合には守秘義務は解除されるとされており，「監査上の主要な検討事項」の記載は，守秘義務が解除される正当な理由に該当すると考えられるからである。

　とはいえ，実際には，そのような事例はほとんどないと考えられる。なぜなら，「監査上の主要な検討事項」は監査役等との協議の上で，記載されるものであり，「監査上の主要な検討事項」は，あくまでも監査に関する情報であるからである。

　改訂監査基準の前文では，次のように述べられている。

　　「監査人は，『監査上の主要な検討事項』の記載により企業又は社会にもたらされる不利益が，当該事項を記載することによりもたらされる公共の利益を上回ると合理的に見込まれない限り，『監査上の主要な検討事項』として記載することが適切である。財務諸表利用者に対して，監査の内容に関するより充実した情報が提供されることは，公共の利益に資するものと推定されることから，『監査上の主要な検討事項』と決定された事項について監査報告書に記載が行われない場合は極めて限定的であると考えられる。」

276 第Ⅳ部　監査品質規制の動向(3)：監査報告書の拡充

　以上のような趣旨によって，「監査上の主要な検討事項」と企業による開示
との関係は整理されたのである。

　ここで留意すべきは，現在の企業側の開示の内容によって，「監査上の主要
な検討事項」の導入によって影響を受ける程度が大きく異なると考えられる点
である。たとえば，国際財務報告基準（International Financial Reporting
Standards: IFRS）の任意適用企業における開示と，日本基準適用企業の開示は，
実際問題として大きな精粗があると言わざるを得ない。IFRS適用企業におい
ては，監査人から「監査上の主要な検討事項」として監査報告書に記載される
ことが伝達されたとしても，すでに企業側において開示済みである事項である
場合が多く，日本基準適用企業においては，監査人からの伝達を受けて，自ら
の開示の拡充を図らなくてはならないケースが多いのではないか，と解される。
このように，「監査上の主要な検討事項」は，財務報告を含む開示のサプライ
チェーンを一変する可能性があると思われるのである。

　また，この議論に示されるように，わが国では，監査人の守秘義務の規定を
厳格に解釈し過ぎているのではないか，とも思われる。守秘義務は，被監査企
業の情報を漏洩してはならないとするものであるが，それは，監査人が監査に
関する情報を開示してはならないとか，監査人の見解を表明してはならないと
いうものではないはずである。実際，諸外国においては，KAMの記載について，
守秘義務の問題は必ずしも大きな論点とはなってこなかった。この点は，次の
(3)において述べる監査人の説明を求める制度の導入の議論とも関連して，今後
のわが国の課題であろう。

(3)　無限定適正意見以外の場合

　「監査上の主要な検討事項」の記載は，無限定適正意見以外，すなわち，限
定付適正意見，不適正意見，及び意見不表明の場合においても記載すべきかど
うか，という問題がある。

　これらの無限定適正意見を表明することができない場合，監査基準上，監査
人はその理由，影響等について，区分を設けて記載しなければならないとされ
ている。そこで，改訂監査基準では，限定付適正意見及び不適正意見の場合に
は，「監査上の主要な検討事項」の開示は認められるとして，これらの意見に
かかる根拠区分に記載した事項以外に「監査上の主要な検討事項」として記載
すべき事項があると監査人が判断した場合には，「監査上の主要な検討事項」

第17章　監査報告書の拡充　**277**

として記載する必要があるとしている。すなわち，根拠区分との重複を避けることが求められたのである。

　一方，意見不表明の場合については，「監査上の主要な検討事項」の提供は認められない。というのも，その根拠となった理由以外の事項を「監査上の主要な検討事項」として記載することは，財務諸表全体に対する意見表明のための基礎を得ることができていないにもかかわらず，当該事項について部分的に保証しているかのような印象を与える可能性があるからである。

　このように，意見不表明の場合には，「監査上の主要な検討事項」の記載を認めないとする方針は，ISAと同一のものである。「監査上の主要な検討事項」は，あくまでも「意見の説明」という理解に立つものであり，意見が表明されないときには，かかる説明は無用の混乱を招く，という判断である。

　他方，利用者等からは，意見不表明においても，「監査上の主要な検討事項」の記載を必要に応じて認めるべきだとの見解も示された。

　また，意見不表明に限らず，限定付適正意見や不適正意見についても，そうした判断に至った経緯，すなわち，「無限定適正意見とならなかった経緯」を監査人に対して説明させるべきだとの議論もある。実際に，前述の「会計監査の在り方に関する懇談会」の提言の一環として，金融庁において，かかる監査人による説明を制度化するべく，2018年11月からは「会計監査についての情報提供の充実に関する懇談会」が設けられ，2019年1月22日には，報告書「会計監査に関する情報提供の充実について―通常とは異なる監査意見等にかかる対応を中心として―」が公表されている[7]。

⑷　適用時期

　適用時期の問題がある。

　「監査上の主要な検討事項」は，監査報告に関する相当大きな改革であることから，できることならば，監査人においても，企業側においても，ゆっくり時間をかけて適用までの準備を進めたいところではある。しかしながら，国際的な動向からして，それは難しい状況にあった。

　まず，ISAは，2015年1月15日に確定・公表され，2016年12月15日以降に終了する事業年度からの適用となっている。オーストラリア，香港，ニュージーランド，中国，シンガポール，南アフリカ，デンマーク，ノルウェー，スウェ

7）同懇談会における議論及び報告書の内容等については，第20章で取り上げている。

ーデン，ブラジル等がISAの適用期限どおりに適用をはじめている。

　また，EUでは，2014年6月16日に改正監査指令が公表され，2016年6月17日以降開始事業年度から，国内化されたISAの適用が求められている。それに先立って，イギリスは，2012年10月1日以降に開始する事業年度から，オランダでは，2014年12月15日以降に終了する事業年度からの適用が開始されている。

　さらに，アメリカでは，公開会社会計監督委員会（Public Company Accounting Oversight Board: PCAOB）により，2013年8月に公開草案が公表され，その後，2016年5月に再公開草案が公表されて，審議がさらに続くかに思われたが，2017年6月1日に確定基準が公表され，大規模企業については2019年6月30日以降に終了する事業年度から，それ以外については2020年12月15日以降に終了する事業年度からの適用が求められたのである。

　要するに，わが国の監査報告書の拡充問題への対応は，グローバルにみて，最後発の部類に属する状況となってしまっていたといえよう。その意味では，適用時期は，早期の適用が望ましい。

　しかしながら，一方で，実際に「監査上の主要な検討事項」を記載する監査人の立場にとっては，制度の実効性を高めるためにも，できる限り，準備期間を確保したいという意向が働くのであろう。

　実際，日本公認会計士協会は，監査部会での議論において，次のように述べている。

　　「日本の上場会社，全部で3,700社ぐらいあって，そのうち3月決算が7割ということを考えますと，よいプラクティスを確立する，よいKAMを書くということの優先順位を高くすべきではないかと思っております。対外的，海外でも注目を浴びる可能性の高い大規模な上場会社から順次適用というほうが，現実的には，好循環の波をつくるという目標達成に，かえって近道になるのではないかと思います。」（金融庁，2018a）

　とはいえ，わが国においては，アメリカと異なり，上場企業規制は一律規制を維持してきたこともあって，一部の大規模企業だけに先行適用ということを規定することは難しい。そこで，最終的に，前掲の通り，次のような規定となったのである。

　　「改訂監査基準中，『監査上の主要な検討事項』については，平成33年3月決算に係る財務諸表の監査から適用する。ただし，それ以前の決算に係る財務諸表の監査から適用することを妨げない。」

また，監査基準上の規定ではないが，監査部会における合意として，次の点も確認された。

「監査に関する情報提供の早期の充実や，実務の積上げによる円滑な導入を図る観点から，特に東証１部上場企業については，できるだけ平成32年３月決算の監査から早期適用が行われるよう，東京証券取引所及び日本公認会計士協会等の関係機関における早期適用の実施に向けた取組みを期待する。」

つまり，「監査上の主要な検討事項」については，東証１部上場企業は，2020年３月期からの適用を「できるだけ…期待」し，その他の企業についても，早期適用を認めた上で，全上場企業への適用期限は，翌2021年３月期からとする，というものである。なお，この他，アメリカに上場している12月決算の企業については，2019年12月期からの早期適用も認められる予定である[8]。

こうした適用によって，早期適用を実施する企業は，アメリカの適用時期とほぼ同じタイミングでの実施となる。東証１部上場企業という新たな適用区分を設けることについては，既存市場というのであれば東証２部も含めるべきではないか等，若干の疑問が生じるものの，早期適用を通じてグローバルな動向に後れを取らないという方針が採られたものと解するべきであろう。

(5)　その他の論点

最後に，今般の改訂監査基準で扱われなかったいくつかの点のうち，３点だけを挙げておきたい。

それは，第１に，ISAでは，任意とされているものの，ドイツやフランスにおいては規定されている規定として，KAMにおいて，監査手続の結果を記載するという点である。「監査上の主要な検討事項」は，個別意見を記載するものではない，としても，実際に当該事項について，「監査における監査人の対応」の記載が求められる以上，利用者の観点からすれば，必要に応じて，監査手続の結果が示されることが期待されるのではなかろうか。

かかる規定については，おそらくISAの翻訳を基礎として起草される，日本公認会計士協会の監査基準委員会報告書において，要求事項ではなく適用指針として示されることが想定されることから，実務上の対応に委ねられたものと解される。

---

8) 2019年12月期からの早期適用の対象となるのは，キヤノン株式会社とLINE株式会社の２社のみである。

280 第Ⅳ部　監査品質規制の動向⑶：監査報告書の拡充

　第２の点は，監査役等の監査及び監査報告の問題が，議論はされたものの，監査基準の範疇ではないとして，規定することができなかったことである。

　「監査上の主要な検討事項」は，単に企業側の開示の質及び量を拡充させるだけでなく，その前提となる情報を監査人から伝達される対象となる監査役等においても，監査役等の業務監査及び会計監査，並びに，その結果としての監査役等の監査報告にも影響を及ぼすはずである。監査役等に対して，いかなる役割を求めるのか，という議論こそが，本来，KAMの導入のもう１つの側面であったはずである。

　例えば，イギリスでは，監査委員会がKAMにどう対応したかを事業報告に所収される監査委員会の報告書において記載し，それについて外部監査人がレビューすることを求めている。いわば，KAMを通じて，監査委員会と外部監査人が相互にそれぞれの役割をモニタリングしている状況にあるともいえる。

　わが国において，「監査上の主要な検討事項」に対する監査役等の対応が制度上，俎上に載せられるのは，会社法の会計監査人監査に適用範囲が拡大したときであろうか。かかる対応が当初から図れないのが，会社法と金商法の二制度並立の弊害であるとすれば，大変残念なことであろう。

　最後に，いわゆる「その他の情報」への対応の問題を取り上げておきたい[9]。

　ISA720では，有価証券報告書等における財務諸表以外の記載内容を通読して，財務諸表以外の記載内容と財務諸表及び監査人が監査プロセスにおいて得た知識との間に重要な相違があるかどうかを検討すること（IAASB, 2015）などが求められている。かかる規定については，企業側の強い難色の表明によって，今般の改訂監査基準では盛り込まれず，継続審議とされた。

　この問題は，直接的に「監査上の主要な検討事項」の問題とはみられないかもしれないが，実際には重要な関連性がある。監査人が，「監査上の主要な検討事項」として記載する事項について企業側に予め開示を促した場合，その多くは，財務諸表の注記又は有価証券報告書等における定性的な情報開示項目の中で，経営者自らの説明とともに開示されることとなる。その際に，監査人は，かかる開示内容と監査プロセスにおいて得た自らの知識との相違を検討する必要があるであろう。これは，定性的情報に対する保証の付与とまではいかないものの，一定の範囲で定性的情報に監査人の関与を求めるものでもある。「監

9）この問題については，本書の第19章において，海外の状況を踏まえて詳細に検討されている。

第17章　監査報告書の拡充　**281**

査上の主要な検討事項」を契機として開始される，リスク情報の開示のループ
は，ISA720に規定される，「その他の情報」への監査人の関与をもって一環す
るものと解される。

　わが国においては，監査人が一層企業の開示に関与することを厭う意識によ
って，一旦，この問題が先送りされた形となったのである。国際的なISAの対
応の観点からも，「監査上の主要な検討事項」の導入によって期待される効果
という観点からも，早期に，ISA720の規定の導入が望まれるところである。

7．監査報告書の拡充に向けての関係者の課題

　監査報告書の拡充の問題に関しては，多様な課題がある[10]。

　ここでは，「制度篇」の趣旨から，導入に当たって，監査報告書の拡充に関
連する各当事者の課題について言及したい。

⑴　監査役等

　ISA701では，KAMの前提となるコミュニケーションの対象を「ガバナンス
に責任を有する者」としている。ここに「ガバナンスに責任を有する者」とは，
諸外国では，取締役会をそれに当たるものと規定しているケースもあるが，わ
が国の場合，日本公認会計士協会の実務指針である監査基準委員会報告書にお
いて，ISAにおける「ガバナンスに責任を有する者」を「監査役若しくは監査
役会，監査委員会又は監査等委員会」と位置付けている[11]。これは，わが国の
取締役会が，現状としては業務執行取締役が多数を占めていることから，ガバ
ナンスに責任を有する者を監査役等に限定してきたものである。

　今般のわが国の改訂監査基準の前文では，外部監査人の「監査上の主要な検
討事項」のコミュニケーションの対象は，明確に，「監査役，監査役会，監査
等委員会又は監査委員会（以下，「監査役等」）」として規定された。今後，社
外取締役の複数の導入等によって状況が変わり，コミュニケーションの対象が

10）監査報告書改革の問題に関しては，たとえば，脇田（2016），内藤（2016），松本（2016），町田
　（2016）等を参照されたい。
11）監査基準委員会報告書260（第9項）では，以下のように述べられている。
　　「我が国においては，会社法の機関の設置に応じて，取締役会，監査役若しくは監査役会又は監査委
　　員会が統治責任者に該当するが，品質管理基準委員会報告書及び監査基準委員会報告書においては，
　　原則として監査人のコミュニケーションの対象は監査役若しくは監査役会又は監査委員会を想定し『監
　　査役等』と記載している。一方，海外の構成単位の監査に関連する場合は，企業統治の構造の多様
　　性を考慮して「統治責任者」を使用している。」

282 第Ⅳ部　監査品質規制の動向(3)：監査報告書の拡充

広がる余地は残されているにしても，わが国において，会社法上，監査役等が会計監査人の選任議案の決定権を有し，監査の方法及び結果の相当性に関して意見表明を行う等の権限を有している以上，会計監査人の最重要なコミュニケーションの対象であることに変わりはない。

　すでに述べた通り，「監査上の主要な検討事項」は，外部監査人が監査役等に報告した事項の中から，外部監査人が重要と考えたものを記載することが想定される。このことは，単に外部監査人による監査報告書の改革の問題にとどまらない。外部監査人が監査役等に対して報告していた事項の一部が，外部監査人の監査報告書を通じて外部公表されることにより，監査役等はそれらの事項にいかなる対応をとったのかが問われてくると考えられるのである。こうした動向は，監査役の役割期待に対する新たな局面を提示することとなる。

　例えば，イギリスでは，単に外部監査人の監査報告の改革にとどまらず，監査委員会の監査報告書の記載内容及びその前提となる監査委員会の活動に関する規定も見直しが行われた。すなわち，外部監査人が独立的な監査人の立場から，いかなる虚偽表示リスク等を識別し，いかにして監査上，対応したのかをKAMとして記載するのに対して，監査委員会は，ガバナンスの観点から，同じ問題について，いかなる評価を行い，企業内でいかに対応したかを監査委員会の監査報告書に記載するのである。

　わが国においても，「監査上の主要な検討事項」の導入の目的が，企業における虚偽表示リスクとそれに対する対応を開示することにあるのだとすれば，外部監査人の監査報告書にその問題を限定する必要はないのである。

　私見ながら，会社法の下での会計監査人監査が，完全な一組の財務諸表に対する適正性意見を表明する実務として実施されるならば，将来的には，「監査上の主要な検討事項」を記載すべきであろう。

　いずれにしても，KAMの実務は，外部監査だけの問題ではなく，今後のわが国におけるコーポレート・ガバナンスを考える際に，重要な課題となるものと思われる。

(2)　**監査人**

　「監査上の主要な検討事項」の記載に関する実務が実施されるには，監査人において，「監査上の主要な検討事項」に対応する監査手続，監査役等とのコミュニケーション，及び監査報告実務が必要となる。

実際，監査報告書の拡充の議論が本格化した数年前から，大手監査法人においては，監査役等に対する監査計画の説明の充実が図られている。これは，「監査上の主要な検討事項」が監査役等にコミュニケーションを行った事項の中から選別されることが背景にあるものと解される。

しかしながら，中小の監査事務所において，どこまで「監査上の主要な検討事項」に対応する手続の実施が可能なのかは，必ずしも定かではない。

何より，「監査上の主要な検討事項」の記載は，監査人側が相当程度，意識的に記載しない限り，毎年同じ紋切型の記載になったり，他社との横並びの記載になったりしてしまう。これは，2004年にフランスにおいて実施された監査報告書改革の教訓として捉えられ，イギリスなどでは，昨年と同じ記載が多くならないよう，監査規制当局や会計士協会が強く指導しているという。

ましてや，現在，日本公認会計士協会から提供されているような監査報告書の文例が，今後，「監査上の主要な検討事項」についても提供されることを想定又は期待している監査人がいたとすれば，大きな誤解であると言わざるを得ない。

2014年に実施した筆者の調査（町田，2016）によれば，「監査上の主要な検討事項」の実務については，監査人は，企業のCFOと並んで消極的な回答を寄せていた。現在では，監査報告書の拡充にかかる監査基準改訂の議論等の進展によって，状況は大きく変わっている可能性があるが，より良い「監査上の主要な検討事項」の記載に向けて，日本公認会計士協会を含め，関係者の更なる取組みの必要があるであろう。

監査報告書の改革は，監査報告書の情報提供機能を高めることにあるが，その真の背景は，前述のとおり，SOX法以後の監査規制の文脈及び金融危機における監査／監査人に対する批判にこたえる形で，監査の価値を再構築する試みに他ならない。その点を個々の監査人が十分に認識しなければ，単にISAを導入しただけとなり，わが国における監査報告書の拡充への取組みは，十分な成果に結び付かないおそれがあると解される。

(3) **被監査企業，アナリスト等**

被監査企業においては，「監査上の主要な検討事項」については消極的であるように見受けられる。たとえば，財務諸表の保証を担う監査人に，企業内部のリスク情報を外部に開示してほしくないという否定的な見解や，企業にとっ

て「問題のない」紋切型の開示を期待して,「監査上の主要な検討事項」の文例を作成することを求める声さえあるという。

こうした見解は,「監査上の主要な検討事項」の意義やその導入経緯からすると到底受け入れられないものではあるが,かかる被監査企業側の反応は当然に予想されるところであって,それらを説得することができなければ,仮に当局が制度の導入を推進したとしても,「監査上の主要な検討事項」に期待される効果は十分に発揮されないであろう。

また,「監査上の主要な検討事項」の受け手であるアナリスト等についても懸念がある。アナリスト等にあっては,「監査上の主要な検討事項」の開示に対して賛成する声が多い。それは新たな情報が,監査人というこれまで情報をほとんど外部に提供してこなかった,企業内容に精通する専門家から提供されることに期待してのことと解される。

しかしながら,アナリスト等は,本当に「監査上の主要な検討事項」に記載された内容を読み解き,また比較することができるのであろうか。というのも,第1に,先に挙げた調査結果によれば,わが国のアナリストにおける会計及び監査に関するリテラシーに若干の不安があること,第2に,決算短信における企業が予測情報を提供することに慣れきってしまっていること等が背景にある。

現在,「監査上の主要な検討事項」の記載,又は「監査上の主要な検討事項」を契機とした企業側でのリスク情報による,豊富な定性的情報の開示に対して,情報の受け手側の準備も必要だと思われるのである。

8.むすびにかえて

今般のISAを含むグローバルな監査報告書改革は,金融危機等を契機として生じた外部監査に対する批判を受けて,公共の利益に資する監査という観点から,監査の価値を今一度高めようとするチャレンジであると解される。同時に,企業のガバナンスという観点でも,外部監査人によるKAMの記載を契機として,監査役等の取組み,企業側のリスク情報の開示等への対応に注目が集まっている。そうした意味では,今般の監査報告書改革は,アメリカにおいて1934年に監査が法定化されて以来の大改革であることは元より,外部監査及びガバナンスにかかる大きな改革の契機として位置付けることができるのである。

わが国においては,東芝の粉飾決算事件を契機とした監査品質の向上の観点からの取組みではあったものの,少なくともISAの最低限の内容を改訂監査基

準に盛り込むことができた。この後は，実施の問題である。

　前述の通り，監査人にあっては，紋切り型の「監査上の主要な検討事項」とならないように，改訂監査基準も求めるように，それぞれの監査に固有の情報を含み，利用者にわかりやすい表現での「監査上の主要な検討事項」の記載の実務が求められる。また，経営者や監査役等においては，企業の開示において，「監査上の主要な検討事項」を契機として一層充実した開示や監査役等の監査の対応が求められるし，機関投資家との建設的な対話や，株主総会での質疑への対応の準備も必要となる。さらに，利用者においても，単に新たなリスク情報の開示が増えるということではなく，一定の監査手続に関する知識を得て，各社の「監査上の主要な検討事項」の間の相違を読み解くことができなければならない。このように，「監査上の主要な検討事項」の問題は，監査報告書の拡充の問題であると同時に，監査報告書を取り巻く関係者に対して，新たな実務の局面をもたらす制度改革と捉えるべきであろう。

　さらに，「監査上の主要な検討事項」の意義とその導入の理由についての理解の浸透を図るとともに，「監査上の主要な検討事項」の導入を単に監査報告手続の問題に矮小化することなく，外部監査の手続及び報告，監査役等との連携や監査役等の報告の在り方，さらには，企業のリスク情報の開示やガバナンスの在り方についての包括的な議論に結び付けられることが望まれるのである。

参考文献

Asare, S. and A. Wright (2009), Investors', Auditors' and Lenders' Understanding of the Message Conveyed by the Standard Audit Report, September.

European Commission (EC) (2010), Green Paper, *Audit Policy: Lessons from the Crisis*, October.

Financial Reporting Council (FRC) (2006), Discussion Paper, *Promoting Audit Quality*, November.

――(2011), Effective Company Stewardship: Next Steps, September.

――(2012), the Sharman Inquiry, Going Concern and Liquidity Risks: lessons for companies and auditors, Final report and recommendations of the Panel of Inquiry, June.

Gold, A., U. Gronewold and C. Pott (2009), Financial Statement Users' Perceptions of the IAASB's ISA 700 Unqualified Auditor's Report in Germany and the Netherlands, August.

House of Lords Select Committee on Economic Affairs (2011), 2nd Report of Session 2010-11, Auditors: Market concentration and their role, March.

International Auditing and Assurance Standards Board (IAASB) (2004), ISA700, *The In-*

dependent Auditor's Report on a Complete Set of General Purpose Financial Statements.

――(2008), ISA700, *Forming an Opinion and Reporting on Financial Statements.*

――(2011), Consultation Paper: Enhancing the Value of Auditor Reporting: Exploring Options for Change, May.

――(2012), Invitation to Comment: Improving the Auditor's Report, June 2012.

――(2015), ISA 720 (Revised), *The Auditor's Responsibilities Relating to Other Information,* 8th April.

International Organization of Securities Commissions (IOSCO) (2009), Technical Committee, Auditor Communications, Consultation Report, September.

Mock, T. J., J. L. Turner, G. L. Gray and P. J. Coram (2009), The Unqualified Auditor's Report: A Study of User Perceptions, Effects on User Decisions and Decision Processes, and Directions for Future Research, May.

Porter, B., C. Ó hÓgartaigh and R. Baskerville (2009), Report on Research Conducted in the United Kingdom and New Zealand in 2008 Investigating the Audit Expectation-Performance Gap and Users' Understanding of, and Desired Improvements to, the Audit Report, September.

United States Bankruptcy Court Southern District of New York (2010), Report of Anton R. Valukas, Examiner, March.

金融庁 (2017), 企業会計審議会第39回監査部会資料1, 日本公認会計士協会「監査報告書の透明化 KAM試行の取りまとめ」, 11月17日。

――(2018a), 企業会計審議会第41回監査部会議事録, 1月26日。

――(2018b), 企業会計審議会第42回監査部会資料3「『主要な監査上の検討事項』の適用に関する取扱いについて」, 4月24日。

関口智和 (2015)「国際監査・保証基準審議会 (IAASB) による監査報告書の改訂等」, 『会計・監査ジャーナル』716号, 3月, 29-34頁。

内藤文雄 (2016)「財務諸表の監査における監査判断形成と監査報告モデル」, 『會計』189巻3号, 3月, 283-297頁。

法務省 (2017), 法制審議会会社法制 (企業統治等関係) 部会第1回会議 議事録, 4月26日。

町田祥弘 (2016)「監査報告書に対する利用者の認識と期待」, 『會計』189巻3号, 3月, 313-327頁。

――(2017)「監査報告書の拡充」, 『月刊監査役』662号, 1月, 64-76頁。

――(2018)「監査報告書の拡充に係る監査基準の改訂について」, 『Disclosure＆IR』6巻, 8月。

松本祥尚 (2014)「監査報告のパラダイムシフト――監査人からのコミュニケーション向上の必要性」, 『会計・監査ジャーナル』709号, 8月, 127-134頁。

――(2016)「インフォメーション・レポート化する監査報告書の受容可能性」, 『會計』189巻3号, 3月, 298-312頁。

脇田良一 (2016)「監査報告書の改革」, 『會計』189巻3号, 3月, 271-282頁。

(町田 祥弘)

第**18**章

監査報告書の拡充に関する
先行研究及び実態

1．検討の対象

　近年，監査報告書の記載内容が見直されるにつれて，その情報提供機能は著しく変容している。世界各国で，監査報告書の改革はすでに実施段階にあるが，とりわけ最も早い段階から，イギリスとオランダでは新しい様式の監査報告書が普及している。両国は，現在まで実務の蓄積期間が最も長い。

　これらの国では，新たな取組みや制度を導入する際に，枠組みを確立することよりもガイドラインを示して関係者の自主的な努力を促すアプローチがとられることが多く，それが早期に実務や制度の進展につながっていく傾向がある。

　イギリスでは当初，コーポレートガバナンス・コードと監査基準が一体となり，上場規則の枠組みにおいて監査報告書の記載内容が拡充された。実質的に2013年度から適用されている監査基準[1]の規定により，コーポレートガバナンス・コードの適用を要求される会社か自発的にその適用を選択した会社に対しては，記載内容を拡充した監査報告書が発行されている。

　一方，オランダでは，オランダ勅許会計士協会（Nederlandse Beroepsor-ganisatie van Accountants: NBA）が上場会社を対象に自主的な取組みを推進した結果，イギリスと同時期の2013年度に，多くの上場会社において新しい様式の監査報告書が発行されている。同国では，まず監査実務を先行的に普及させて，実務が浸透した段階で監査基準を制度化するアプローチがとられている。

　2013年度以降，イギリスとオランダが監査報告書に新たに導入した記載項目は，主に以下の3つである。

・最も重要な評価済みの虚偽表示のリスクの内容[2]／監査上の主要な検討事項（Key Audit Matters: KAM）

・重要性

---

1) Financial Reporting Council（FRC）（2013），International Standard on Auditing（UK and Ireland）700, The independent auditor's report on financial statements. 2013年6月公表の監査基準で，遡って2014年10月1日以降開始する事業年度の監査報告書に対して発効されている。
2) イギリスでは，EU監査規則と同様に「最も重要な評価済みの虚偽表示のリスク」として規定しており，オランダではこれを国内法化に当たってKAMとしている。なお，実務では，監査報告書において2つのタイトルが併記されている場合もある。

288 第Ⅳ部 監査品質規制の動向⑶：監査報告書の拡充

・グループ監査の適用範囲

両国はEU監査規則の拘束を受けるが，EU監査規則を国内法化するにあたり，ともに，EU監査規則にはない固有の開示規定を別途置いている。例えば，重要性やグループ監査の適用範囲はこれらの国に固有の開示規定であり，両国は，当該開示規定を残した形で国際監査基準の規定内容を受容している。両国の先進的な実務は，株主や利害関係者に肯定的に捉えられており，監査報告書の利用者が求めるような知見を提供しているとされている（PwC, 2015）。

以下，本章では，このうち，特にオランダの実態と動向を概説する[3]。オランダは，国際的にみて，監査報告書の実務が先進的に変貌している国であり，監査報告書の課題や将来を考察するうえで重要な参考となるからである。

2．監査報告書の構造

⑴ 進展の経緯

オランダでは，利害関係者に対する有益な監査報告を目指して，NBAが監査事務所や上場会社と協働しながら，監査報告書の内容を拡充するプロジェクトを2010年に開始している。NBAは，関連の国際監査基準公開草案，EU監査規則[4]第10条，イギリスにおける制度の進展状況を前提に，上場会社を対象とした試験的取組みを2013年に行っている。その成果として，2014年に上場会社に対して発行された多くの監査報告書（2013年度）では，すでにKAMや重要性，及びグループ監査の適用範囲などの多様な内容が盛りこまれており，相当程度に実務が先行している[5]。開示の詳細度は，監査事務所の裁量によって異なるが，後述のように，監査基準の規定内容を超えて実務が進行していることが特徴である。

---

3) イギリスの実態については，Financial Reporting Council（FRC）（2015），Extended auditor's reports, A review of experience in the first year, 及びFRC（2016），Extended auditor's reports, A further review of experience等を参照されたい。

4) European Parliament and the Council of the European Union（2014）Regulation（EU）No 537/2014 of the European Parliament and of the Council of 16 April 2014 on specific requirements regarding statutory audit of public-interest entities and repealing Commission Decision 2005/909/EC（2014年4月16日制定され，加盟国は2016年6月17日から国内法化しなければならない。）．

5) 詳細は，宮本（2017）を参照されたい。

第18章　監査報告書の拡充に関する先行研究及び実態　**289**

　監査事務所が任意の取組みに協働した背景には，法定監査人（以下，監査人）[6]
が株主総会で担う役割が起因していると考えられる。オランダでは，監査人が
株主総会に出席し，財務諸表について議論がなされる場合には，監査のプロセ
スについて株主が知見を得られるように監査人が率先して説明することがあ
る[7]。また，オランダでは，監査報告書の一般的な宛先は，株主総会及び監督
機関[8]であり，監査人は株主に対する説明責任を負っている。さらに，海外か
らの投資を促進してきた政府，及びオランダ株主協会，保険業界団体など投資
家を代表する団体，つまり資本市場が監査報告書の改革を要請してきた背景が
ある。

⑵　**監査基準**

　オランダの会計・監査制度は，民法の規定を中心に構成されており[9]，監査
の規定はEU監査規則を国内法化しながら修正されている。NBAは，2013年度
に試験的に実務を普及させた後，2014年12月に監査基準NV COS 702N「PIE
である企業の完全な１組の一般目的財務諸表の監査報告に関する付則」（以下，
COS 702N）を制定している[10]。COS 702Nは，民法第２編第393条に従い，
PIEである企業の一般目的財務諸表に対して発行される監査報告書の記載様式
とKAM等の規定を取り扱う監査基準である[11]。この監査基準は，2014年12月
15日以後終了する事業年度からPIEに強制適用となっている。すでに実務が浸
透していることから，制定から発効までの期間が短い。なお，発効時期は，関

6）法定監査人は，①登録会計士（registeraccountant），②経営会計士（Accountant-Administratiecon-
　sulent）のうち会計専門職法（Wet op het accountantsberoep）第36条２項iにいう法定監査の実施
　資格に関する特記を満たしている者，及びこれらの会計士が所属する監査法人をいう（民法第393条
　１項）。
7）NBAの調査では，このような状況は，例えば2013年度に開催された株主総会の56％で生じている
　（Brouwer et al., 2014）。
8）多くの上場会社は，取締役会及び監督機関から構成される二層式モデルを採用しているが，国際動
　向を受けてUnilever社のように一層式モデルを採用する会社もある。監査報告書の宛先は，株主総
　会のみの場合もある。
9）監査報告書の記載事項は，民法第２編「法人」（Burgerlijk Wetboek Boek 2 Rechtspersonen）第
　９章「年次計算書および経営者報告書」（Titel 9 De jaarrekening en het bestuursverslag）第393
　条５項に規定されている。詳細は，宮本（2018）を参照されたい。
10）2014年12月15日以後終了する事業年度からPIEに強制適用されている。監査基準の承認は財務省が
　行う。なお，NV COS（Nadere voorschriften controle- en overige Standaarden）は監査・保証等
　に関する基準である。
11）COS 702Nは，関連の国際監査基準公開草案，EU監査規則 第10条，2013年以降のイギリスにおけ
　る制度進展状況を前提に，オランダの会計・監査規定を踏まえて基準化されている（COS 702N第
　３項及びA3項）。

290　第Ⅳ部　監査品質規制の動向(3)：監査報告書の拡充

図表18-1　監査報告書の構造とKAMに関する監査基準

適用年度	2013年度	2014～2016年度	2017年度以降
監査報告書の構造	旧COS 700	COS 702N	改定版COS 700
KAM	－	COS 702N	COS 701
注)	上場会社がCOS 702Nを任意適用	－	－

出所：筆者作成

連する国際監査基準と比べて2年早い。

　COS 702Nは，実務を浸透させる過程で一時的に策定された監査基準であり，現行では，監査報告書の構造についてはNV COS 700（以下，COS 700）に，KAMについてはNV COS 701（以下，COS 701）に分けて規定されている（図表18-1）。

　COS 702Nは，後に公表予定であったISA 700及びISA 701の規定内容を受容することを予定しており（A2項），COS 700及びCOS 701は，それぞれISA 700及びISA 701の規定内容を受容している。ただし，COS 700は，PIE及びその他の上場会社を対象に，COS 702Nの規定内容を追加のうえ基準化されている[12]。

　例えば，COS 700は，ISA 700には規定されていない次の事項を監査報告書に記載するよう求めている。

　　・財務諸表全体としての重要性の基準値及び重要性をどのように決定したかの説明（第29A項，A41A項）
　　・グループ監査の適用範囲（第29AA項，第41AA項）
　　・監査人を指名した者，契約日及び継続監査年数（新規か再契約か）（第45A項）

　上記のうち，重要性とグループ監査の適用範囲については，ISA700やEU監査規則では要求されていない記載項目である。また契約日・継続年数はEU監査規則が要求する記載事項であるが国際監査基準では要求されていない。

　これらの事項について，多くの上場会社の監査報告書では，COS 702N適用前の2013年度から記載が行われている。例えば，AEX指数及びAMX指数を構

---

12) 2016年12月15日以後に終了する事業年度から適用されている。COS 702Nの第16項から第24項，及び第29項から第30項が追加規定として組み込まれている。

図表18-2 監査報告書の構造

> **独立監査人の監査報告書**
> ・監査意見
> ・該当する場合，継続企業の前提に関する重要な不確実性
> ・監査意見の根拠
> ・重要性
> ・グループ監査の適用範囲
> ・KAM
> ・該当する場合，強調事項またはその他の事項
> ・取締役及びガバナンスに責任を有する者の責任
> ・監査人の責任
> ・経営者報告書の適法性(規定準拠性)・財務諸表との整合性についての意見等
> ・契約日・継続年数・監査事務所所在地等

出所：筆者作成

成する上場会社に対して2013年度に発行された監査報告書の多くは，KAM，重要性，及びグループ監査の適用範囲の説明が付された内容のものとなっている。また，2014年度から2016年度に発行された監査報告書はCOS 702Nの適用を受けるため，PIEである会社はこれらの事項を記載する義務がある。このように，COS 700は，COS 702Nの規定内容を継承した基準となっている。

　PIE及びその他の上場会社に対し，民法に従いかつCOS 700を適用して発行される監査報告書の構造自体は，COS 702N適用時から変わりはない。無限定適正意見の監査報告書の構造は，図表18-2のように示すことができる。

3．開示の実態

(1)　概況

　ここでは，とりわけ進展的であるオランダの大企業の動向を明らかにする。以下では，AEX指数を構成する上場会社25社のうち民法第2編第9章の適用を受ける21社（他国企業を除外）の監査報告書（2017年度）の実態を分析する。

　次の図表18-3では，監査アプローチに関する記載を中心として，無限定適正意見の監査報告書の記載例を集約して示している。

　2013年度以降，監査報告書で新たに記載されている事項は，特に，重要性，グループ監査の適用範囲，及びKAMの説明である。これらの3つの事項を記載した結果，監査報告書は数ページにもわたり長文化している。このため，監査アプローチの概要として，これらの事項については重要な情報を要約して示

292　第Ⅳ部　監査品質規制の動向(3)：監査報告書の拡充

図表18-3　監査報告書の記載例

<table>
<tr><td colspan="2" align="center">**独立監査人の監査報告書**</td></tr>
<tr><td colspan="2">宛先：株主総会及び監督機関</td></tr>
<tr><td colspan="2">監査意見
監査意見の根拠</td></tr>
<tr><td colspan="2">監査アプローチ
・概要</td></tr>
<tr><td colspan="2">重要性：閾値・ベンチマーク</td></tr>
<tr><td colspan="2">グループ監査の適用範囲：概要</td></tr>
<tr><td colspan="2">KAM：項目列挙</td></tr>
<tr><td colspan="2">・重要性</td></tr>
<tr><td>グループ全体について用いた重要性の基準値</td><td>今年度の重要性の基準値，昨年度の重要性の基準値等</td></tr>
<tr><td>重要性の基準値の決定方法</td><td>算定方法（ベンチマーク：例 税引前利益等），除外した項目等</td></tr>
<tr><td>適用したベンチマークの理論的根拠</td><td>そのベンチマークを採用した理由，除外部分がある場合の理由</td></tr>
<tr><td>構成単位の重要性</td><td>配分した重要性の数値（範囲）等</td></tr>
<tr><td>考慮した質的重要性</td><td>具体的な項目（例：関連当事者取引，経営者報酬の開示等）</td></tr>
<tr><td>監査役等に報告する虚偽表示の下限値</td><td>今年度下限値，昨年度下限値等</td></tr>
<tr><td colspan="2">・グループ監査の適用範囲</td></tr>
<tr><td>適用範囲</td><td>例：財務諸表全体に対して監査を実施した構成単位の説明
特定の勘定・取引に対して監査を実施した構成単位の説明</td></tr>
<tr><td>グループ全体における監査実施割合</td><td>例：収益の○○％，総資産の△△％，税引前利益の××％</td></tr>
<tr><td colspan="2">・KAM</td></tr>
<tr><td>全体</td><td>例：昨年度のKAMとの変更点</td></tr>
<tr><td>個別</td><td>関連する開示への参照，実施した監査手続の要約，監査人の見解</td></tr>
<tr><td colspan="2">(以下，省略)</td></tr>
</table>

出所：筆者作成

し，利用者が一見して理解しやすいように作成する事例がみられる（図示19.0％，表形式28.6％）。以下，これらの３つの項目に絞って要点を説明する。

①重要性

COS 700は，財務諸表全体としての重要性の基準値及び重要性をどのように決定したかの説明を要求している。監査人は，監査報告書に，重要性の量的側面かつ質的側面を検討している旨，及び必要な場合には，手続実施上の重要性の説明，監査の進捗にともなう改訂，重要性の判断における質的な考慮事項等を記載することを求められている（第29A項，A41A項）。重要性の基準値を決定するに当たって用いられるベンチマークは税引前利益が多く，例示のように過去３年間の税引前利益の平均値が用いられる場合もある。このほか，売上高や株主資本が単独であるいは税引前利益等と併用して用いられる事例もある。

図表18-3で示しているように，実務では，COS 700の要求事項に加えて様々な事項が自主的に開示されている。例えば，重要性の基準値及び割合に関して，昨年度の数値と比較できるよう併記している会社（81.0％），構成単位についての重要性の基準値を記載している会社（38.1％），質的重要性について明記している会社（4.8％），監査役会等の監督機関に報告する虚偽表示の下限値を記載する会社（全社で記載，うち33.3％は昨年度値も併記）がある。

監査基準は，重要性について開示要求をしているが，詳細に規定するというアプローチではなく，自主的な開示努力によって実務が進展していることがわかる。

②グループ監査の適用範囲

COS 700は，グループ監査の適用範囲について，構成単位の監査をどのように実施したのかを監査報告書に記載するよう求めている（第29AA項，第41AA項）。

実務における開示内容は，監査の範囲の決定方法，財務諸表全体に監査を実施した構成単位及び特定の勘定・取引に対して監査を実施した構成単位の具体的な説明，監査対象となった構成単位がグループ全体としてどの程度の割合を構成するのか（売上高比，総資産，税引前利益等）など，非常に詳細な内容に及んでいる。また，構成単位の監査人の関与や，前年度からの変更点について開示されている事例もある。

294 第Ⅳ部　監査品質規制の動向(3)：監査報告書の拡充

③KAM

　COS 701[13)]が監査報告書に開示要求する事項は，財務諸表に関連する開示への参照，監査における最も重要な事項の１つであると考えられ，そのためKAMであると決定された理由，及びKAMが監査においてどのように対応されたかである（第13項）。ちなみに，COS 702NはEU監査規則の国内法化にあたって，実施した監査手続の内容の開示を求め，必要な場合にはという条件付きながらKAMに対する監査人の主な見解を記載することを要求している（第22項）。なお，COS 701は，これらの点については記載例としている（A46項）。

　対象とした21社の監査報告書では，全社で実施した監査手続の内容が記載されており，特に，KAMに対する監査人の見解が開示されている（76.2%）ことが特徴である。

　監査人の見解が記載されることが多い背景には，NBAの考え方が反映されていると考えられる。NBAは，KAMは当然，限定意見を代替するものでも個別事項に対する個別意見でもないが，意見表明できない部分についての隠れ蓑とみなされる可能性があることを懸念しており（NBA, 2016c），このような懸念を避けるために，KAMの説明にあたっては明確に監査人の見解を記載する立場をとっている。このことは，当初の監査基準COS 702Nの規定内容と現在までの実務動向に表れている。

(2) KAMの実態分析
①KAMとビジネス・リスク及び注記との関係

　KAMは，財務諸表を作成する際の重要な会計方針・見積りや会社の主要なリスク（以下，ビジネス・リスク）と切り離して論じることはできないとされる（Brouwer et al., 2016a）。

　先行研究では，KAMが(i)経営者報告書で開示されたビジネス・リスク及び(ii)財務諸表の注記に記載された重要な会計方針・見積りとどの程度整合するのかが考察されている（図表18-4）（Brouwer et al., 2014；Brouwer et al., 2016a）。これらの３つの情報は，相互に関連し得るが，情報間で整合性があるかどうか，及び必要な情報が相互にどの程度開示されているのかは重要な論点となる。

---

13) COS 701は，適用対象がPIE及びその他の上場会社であることを除き，ISA 701の規定を修正や追加なしに受容している。

第18章　監査報告書の拡充に関する先行研究及び実態　**295**

図表18-4　KAM とビジネス・リスク，重要な会計方針・見積りとの関係

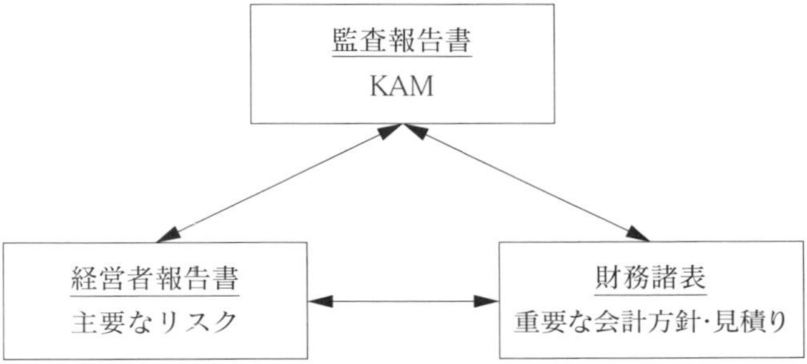

```
                    ┌─────────────────┐
                    │   監査報告書      │
                    │    KAM          │
                    └─────────────────┘
                       ↗          ↖
          ┌─────────────────┐   ┌─────────────────┐
          │  経営者報告書     │   │   財務諸表        │
          │  主要なリスク     │←→ │ 重要な会計方針・見積り│
          └─────────────────┘   └─────────────────┘
```

出所：Brouwer et al.（2016b, p.3）

　経営者報告書[14]には，民法の規定に基づき，会社が事業活動を行う際に直面する主要なビジネス・リスクを記載しなければならない（第391条1項）。具体的には，戦略・運用・金融・コンプライアンスにかかるリスク，及び財務リスク等のビジネス・リスクが開示されている。開示されるリスクは，潜在的なリスクのすべてではないが，会社が戦略を履行するに当たって直面する最も重要なリスクやリスク選好を表す。

　一方，KAMは，会社が直面するビジネス・リスクを直接的に反映することを目的としていない。しかし，財務諸表監査では，ビジネス・リスク・アプローチが採用されており，財務諸表の重要な虚偽表示のリスクを含む広義のビジネス・リスクを監査人が理解し識別することは，監査上重要な原点となる。ビジネス・リスクのうち，財務リスクはKAMに直接的に関係する可能性がある。また，戦略・運用・金融・コンプライアンス等のリスクは，財務リスクや財務諸表に間接的に影響を及ぼす可能性があり，結果的にKAMと関係している場合がある。

　このような関係は，Brouwer et al.（2014）の調査で明らかにされており，AEX指数やAMX指数を構成する上場会社の監査報告書（2013年度）に記載されたKAMのおよそ3分の2は，会社が開示したビジネス・リスクに直接的あるいは間接的に関係すると指摘されている。その典型となるのは，のれん（減損を含む）に関するリスクである。のれんに関係するリスクは，市場開発，技

14）実務上，年次報告書において開示されている。

術，企業間競合などの要因が融合して会社のビジネス・リスクとして開示されることが多く，そのリスクは間接的に財務諸表に影響を及ぼす結果となり得るからである。

会社は様々なビジネス・リスクを開示しており，かつビジネス・リスクのすべてが重要な虚偽表示のリスクにつながるわけではない。また，監査人がどのようにKAMを決定，対応して監査上の判断を行ったかについて，監査報告書にどこまで詳細に記載するかは，職業的専門家としての判断事項である。ビジネス・リスクの開示とKAMとして取り扱われた事項を比較することは，財務諸表に直接的・間接的に目的適合性のある情報が，相互に開示されているのかを知る手がかりとなり得る。

他方，会社は，財務諸表に関係するビジネス・リスクのみに焦点を置いて開示しているわけではないため，会社が主要なリスクと判断せず開示していない財務リスクが実は存在している可能性がある。この結果，ビジネス・リスクとしては何ら開示されていないが，関連する事項を監査人がKAMとして決定する場合がある（例えば，収益認識や繰延資産資産，引当金などにみられる）。

ビジネス・リスクと同様に，会社は重要な会計方針・見積りとして非常に多くの事項を注記に開示している。このため，どのリスクや見積り・会計方針が本当に重要であるのかを利用者が見極めるのは難しい。利用者は一般的なリスク一覧や重要性に乏しい会計方針等の開示を期待しているわけではない。これらを考え併せると，会社が開示したビジネス・リスク及び重要な見積り・会計方針がどの程度重要であるのかは，それぞれに関係するKAM及びそれに対する監査人の見解と対比することで浮き彫りになることもある。

会社が開示したビジネス・リスクと重要な会計方針・見積りは，KAMと一体的に会社の全体像を表し得る。

②実態分析

21社で記載されているKAMの数は図表18-5のとおりであり，記載数の平均値は4.1（最小値は1，最大値は7）である。実務が普及した2013年度以降，AEX指数以外の指数を構成する上場会社を含む調査結果[15]を含め，全体としてKAMの記載数に大きな変動はない。ただし，同じ会社であっても，その年度の事業内容に応じて記載数は大きく異なる。

15）Eimers（2014, pp.3-4）and NBA（2015, p.6；p.18）を参照されたい。

第18章　監査報告書の拡充に関する先行研究及び実態　**297**

図表18-5　KAMの記載数

KAMの記載数	社数	%
1	1	4.8
2	2	9.5
3	4	19.0
4	5	23.8
5	6	28.6
6	2	9.5
7	1	4.8
合計	21	100
平均値	4.10	

出所：筆者作成

図表18-6　AEX上場会社におけるKAM

KAMの内容	数	重要な会計方針・見積り	ビジネス・リスク
貸借対照表関係			
繰延税金等	11	2	3
のれんの評価(減損含む)	13	3	2
のれん以外の資産評価	13	6	0
苦情・訴訟引当金	4	0	1
年金引当金	2	1	1
リストラ引当金	2	0	1
その他引当金	3	1	1
子会社投資	1	0	0
その他B/S	11	2	2
損益計算書関係			
収益認識	12	6	2
売却益	1	0	0
財務諸表全体に関わるもの			
事業取得・売却	9	0	6
内部統制			
内部統制(IT)	6	0	3
内部統制(IT以外)	3	0	0
内容別総数	91	21	22
KAM合計数	86		
KAM平均値	4.1		

出所：筆者作成

例えば，Unilever社の監査報告書では，KAMは「繰り返し発生するリスクによるもの」と「事象によって引き起こされるもの」に大別して示されている。同社では，収益認識や繰延税金などにかかるKAMが繰り返し発生するリスクによるものとされている。ちなみに，KAMの記載数は，2016年度には3項目であるのに対して，2017年度には7項目と増加している。これは，2017年度に同社が他社の合併，事業売却，及び子会社への新たな投資を行ったために，資産評価に固有の判断を伴う見積りや財務諸表の表示上の問題が発生したためである。これらに関するKAMは，事象によって引き起こされたKAMとして記載されている。なお，監査報告書では，それぞれのKAMの説明にあたって，監査委員会との詳細な連携内容が監査委員会報告書への参照つきで記載されており，このような開示は今後オランダの実務で浸透していく可能性がある。

次に，図表18-6では，監査報告書に記載されたKAMを内容別に集計し，当該KAMに関係する事項を会社がビジネス・リスク又は重要な会計方針・見積りとして開示している場合にはその該当会社数を示している。KAMは，全体として貸借対照表項目に関する内容が多い。KAMとして記載された事項のうち，23.1%が重要な会計方針・見積りと関係し，24.2%がビジネス・リスクと関係する。これらの事実は先行研究の結果と符合しており，会社が重要であるとして開示した内容に照らし合わせて監査人がKAMを決定する現状があると推察される。なお，重要な会計方針・見積りとビジネス・リスクのどちらにも関係するとされたKAMの割合は2.2%である（のれんや引当金に関するもの）。

一方，年次報告書に会社が何ら情報を開示していない情報について，監査人がKAMとして記載する場合がある（54.9%）（図表18-7）。このことは，会社が重要であるとみなす開示の判断基準が監査人の判断とは異なる場合があることを示唆している。例えば，Philips Lighting社の監査報告書では，サウジアラビアにおける事業について収益認識及び売掛金の評価に関するKAMが記載されているが，同社はこれに関するリスクを開示しておらず，注記の記載もしていない。監査人は，KAMの説明にあたって，当該事業は統制環境の改善が必要なこと，継続的に需要が低いこと，経営者が売掛金の年齢調べに注意を向けていることを挙げている。

ところで，KAMを説明するにあたり，監査人は財務諸表に関連する開示への参照を記載しなければならず（COS701，第13項），AEX全社で重要な会計方針や見積りを含む注記への参照の記載がある。このほか，COS 701の要求事項

第18章　監査報告書の拡充に関する先行研究及び実態　**299**

図表18-7　KAM記載内容と年次報告書内情報との関係（記載総数91）

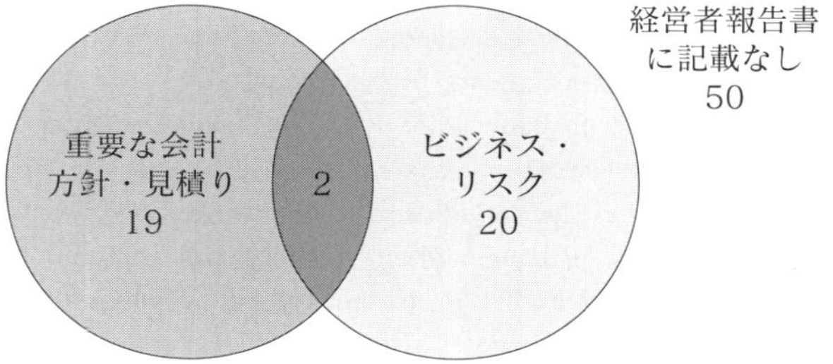

経営者報告書
に記載なし
50

重要な会計
方針・見積り
19

2

ビジネス・
リスク
20

出所：筆者作成

ではないがKAMの説明にあたりビジネス・リスクへの参照を記載する事例
（14.3％）がある。

　例えば，ABN AMRO社では，貸付金にかかる減損引当金について見積りの
不確実性があると監査人がみなし，これをKAMとしている。当該KAMの説明
にあたって，監査人は，関連する信用リスクが経営者報告書のリスク記述部分
に開示されていることを明記している。ちなみに，このKAMについて，監査
人は，会社による減損引当金の評価と信用リスクの分類を検証した結果，減損
引当金が妥当であり，かつ貸付金の開示がEU-IFRSの要求事項を満たすとい
う見解を明示している。

4．むすびにかえて

　オランダの監査基準は，イギリスと同様に，IAASBの要求事項以外に，重
要性の概念をどのように適用したのか及びグループ監査の適用範囲について開
示要求している。つまり，監査がどのように実施されたのかをより重視し，監
査プロセス全体のストーリーに焦点を置いた監査報告書を志向している。

　本章での分析の結果，オランダでは，監査基準が要求する事項を超えて，監
査人が監査報告書に様々な事項を自主的に記載していることがわかる。これは，
監査基準の制定前から現在まで，資本市場の要請に上場会社等と監査事務所が
応えながら実務と経験を蓄積してきたことによる。

　このような実務動向は，今後のわが国における監査報告のあり方に重要な示
唆を与える。

参考文献

Brouwer, A., Eimers, P., Groot, J. en Groot, F.(2014), Klare Taal - Benchmark controleverklaring 'nieuwe stijl' onder Nederlandse beursfondsen. PwC. Geraadpleegd op <https://www.pwc.nl/nl/assets/documents/pwc-klare-taal.pdf>.

Brouwer, A., Eimers, P., en Langendijk, H.(2016a), De kernpunten uit de uitgebreide controleverklaring in relatie tot de risico's in het bestuursverslag en de schattingen en oordelen in de toelichting, *Maandblad voor Accountancy en Bedrijfseconomie* 90 (2): 594 -609.

Brouwer, A., Eimers, P., en Langendijk, H. (2016b), Kernpunten uitgebreide controleverklaring in relatie met risico's in het bestuursverslag en schattingen en oordelen in de toelichting, Het jaar 2015 verslagen, Nederlandse Beroepsorganisatie van accountants (NBA).

Burgerlijk Wetboek Boek 2, (Geldend van 01-07-2018 t/m heden).

Eimers, P.(2014), Lessons learned Ervaringen uit de audit praktijk, Neder landse Beroepsorganisatie van Accountants (NBA).

Nederlandse Beroepsorganisatie van Accountants (NBA) (2014), Standaard 702N, *Aanvullingen met betrekking tot het rapporteren bij een volledige set van financiële overzichten voor algemene doeleinden bij een organisatie van openbaar belang.*

——(2015), Inzicht in de uitgebreide Controleverklaring, Toepassing van Standaard 702N over boekjaar 2014.

——(2016a), Standaard 700 *Het vormen van een oordeel en het rapporteren over financiële overzichten (herzien).*

——(2016b), Standaard 701 *Het communiceren van kernpunten van de controle in de controleverklaring van de onafhankelijke accountant.*

——(2016c), publiceert de Standaarden over de controleverklaring voor alle controles. <https://www.nba.nl/nieuws-en-agenda/nieuwsarchief/2016/januari/nba-publiceert-de-standaarden-over-de-controleverklaring-voor-alle-controles/>

PwC (2015), An overview of the new global auditor reporting model,: Delivering the value of the audit (New insightful audit reports).

宮本京子（2017）「EUにおける監査報告書の拡充に関する実態―オランダの事例分析を中心として」，『月刊監査役』662号，77-90頁。

——(2018)「監査上の主要な検討事項―欧州企業の記載事例分析（Ⅲ オランダ）」，『企業会計』70巻 8 号，110-114頁（蟹江章・小松義明・宮本京子「フランス，ドイツおよびオランダの監査基準」分担執筆）。

（宮本 京子）

第**19**章

「その他の情報」に対する監査報告

1 国際動向

(1) 問題の所在

　近年，財務報告の制度的なあり方は著しく変容している。投資者等の情報利用者は，財務諸表及び財務諸表関連の財務情報に加えて，ビジネスモデル，環境・社会・人権等にかかる会社の方針や実施結果，リスク，将来見通し情報など企業の多様な情報に一体的に関心を示すようになってきている。このような中で，国際的には，年次報告書において，広範な財務・非財務情報が法定開示事項となっている。これらの法定開示事項を含み，年次報告書における財務諸表・監査報告書以外の情報は，財務諸表監査において，「その他の情報」として取り扱われ，法定監査人は監査の枠組みの中で当該情報に一定の責任を負うことを求められている。

　年次報告書における情報開示の範囲が拡大する状況において，「その他の情報」に対していかに監査上の対応を行い，その結果を監査報告書で明示するのかは，地域や国により異なる部分がある。本節では，その一例として国際監査基準とEUの監査規定との違いを明らかにする。わが国とは異なり，国際的には，監査の枠組みにおいて財務報告の信頼性確保の仕組みがどのように進展しているのか，イギリスの制度を例にその方向性を明らかにしたい[1]。

(2) 「その他の情報」に対する監査

　財務報告のあり方には著しい進展がみられ，企業の年次報告書に含まれる情報内容は多様かつ詳細になってきている。情報利用者は，財務諸表・監査報告書以外の年次報告書に含まれる情報を重視するようになってきている。このような動向に対応し，国際監査・保証基準審議会（International Auditing and Assurance Standards Board: IAASB）は国際監査基準を改定し，「その他の情報」に対する監査人の責任を改定国際監査基準第720号[2]（以下，ISA 720）に規定している。「その他の情報」とは，年次報告書に含まれる財務諸表と監査

---

1) フランスの制度・実務については，宮本（2017）を参照されたい。
2) IAASB (2015), International Standard on Auditing 720 (Revised), *The Auditor's Responsibilities Relating to Other Information*. 2016年12月15日以降に終了の事業年度から財務諸表監査に適用される。

報告書以外の財務情報又は非財務情報をいう（par.12）。以下では，財務諸表監査の枠組みにおいて，ISA 720が「その他の情報」に対する信頼性の確保をどのように図ろうとしているのかを整理する。

IAASBがISA 720を改定したねらいは，以下の要点にある（IAASB, 2015）。

・財務報告の変容を監査の枠組みで適切に反映すること
・「その他の情報」が財務諸表や監査報告書の信頼性を低下させるような場合には，監査人が適切に対応すること
・「その他の情報」に対して国際的に一貫性ある監査上の対応を提示し，監査品質を向上させること
・監査の範囲を変えることなく，費用対効果に見合う方法で，「その他の情報」についての監査人の責任を強化し，監査の価値を向上させること
・「その他の情報」に対する監査人の責任と監査業務の結果を監査報告書で明示し，監査の透明性を向上させること

すなわち，年次報告書における「その他の情報」の変容・拡大に対応すべく，財務諸表監査の枠組みにおける監査人の責任を手厚くすることを企図している。ここで，費用対効果に見合う方法とは，「その他の情報」に対して，保証業務ではなく既存の財務諸表監査の枠組みにおいて監査人の責任を拡充することを意味している。

まず，ISA 720は，監査人に「その他の情報」の通読を要求している。改定前とは異なり，ISA 720は，「その他の情報」に対する監査人の責任をその情報特性に応じて3つに区分規定し，各区分にどのような情報が含まれるのかを適用指針において示している。ISA 720の規定を整理すると，図表19-1のように区分できる。

図表19-1　ISA 720による「その他の情報」の区分

「その他の情報」の区分	監査人の責任
①財務諸表由来または関連の財務情報（par.A25）	通読し，財務諸表との間に重要な不整合があるか否かを検討しなければならない（par.14(a)）
②監査の過程で得られた知見に関連する情報（par.A30）	通読し，監査の過程で得た知見との間に重要な不整合があるか否かを検討しなければならない（par.A4(b)）
③上記の①・②に該当しないその他の情報（par.A37）	通読し，重要な虚偽表示があると考えられる兆候に注意喚起し続けなければならない（par.15）

出所：筆者作成

第19章 「その他の情報」に対する監査報告 **303**

　図表19-1において，②の「監査の過程で得られた知見に関連する情報」とは，例えば金額や項目情報（地域別セグメント情報や新製品情報，事業拠点情報等）をいう（par.A31）。①の財務情報や②の情報に対して，ISA 720は重要な不整合があるか否かを検討することを監査人に要求しているのに対して，「①・②に該当しないその他の情報」については，当該情報に重要な虚偽表示があるか否かについて注意喚起を求めるにすぎない。ISA 720では，監査人がそのような兆候に注意喚起すれば，監査の過程で得た知見とは別に，「その他の情報」と監査人が有する一般知識との間の相違や「その他の情報」間の不整合を識別する結果となる可能性がある（par.A38）と指摘しているが，「①・②に該当しないその他の情報」に重要な虚偽表示があるか否かを積極的に検証することを，監査人に要求していない。

　現実に年次報告書においては，CSR情報を中心とする財務・非財務情報が広範囲に開示されており，これらの大半は，「①・②に該当しないその他の情報」に当てはまる。「①・②に該当しない情報」の代表例として，ISA 720は温室効果ガス排出量を挙げている（par.A37）が，このほかにも国際的には年次報告書において多様な重要情報が開示されている。特に，EUでは幅広い情報が法定記載事項（財務・非財務情報）となっている。後述のように経営者報告書の法定記載事項に対して，EU非財務報告・多様性指令は，ISA 720とは異なった枠組みで監査人の責任を規定している。

　なお，ISA 720は，監査報告書に適切な見出しを付けて，「その他の情報」

図表19-2　監査報告書に記載しなければならない事項

独立した記載区分（「その他の情報」等の適切な見出し）

①その他の情報に対する責任は経営者にある旨
②その他の情報の入手時期等について
③監査人の意見はその他の情報に及んでおらず，監査人は監査意見または保証の結論を表明しない旨
④監査人は，その他の情報を通読，検討し，当該情報に関して報告する責任があるという説明
⑤その他の情報を監査報告書日前に入手している場合に，
　・監査人は，その他の情報について報告する事項がない旨，または
　・もしその他の情報について未修正の重要な虚偽表示があると結論づけたなら，当該虚偽表示を説明する文言

出所：筆者作成

について通読した結果を独立した記載区分で表示することを要求している（par.21, par.22）。記載しなければならない事項は，図表19-2に示すとおりであるが，ISA 720は，これを監査人の「意見」として明示しているわけではない。なお，EU会計指令とは異なり，ISA 720は，「その他の情報」に対して，準拠性を判断することを要求していない。

(3) EUにおける開示・監査制度

　EU会計指令[3]では，財務諸表のほかに開示すべき財務報告書類として，経営者報告書[4]（第19条），連結経営者報告書（第22条），及び上場会社の場合にはコーポレートガバナンス報告書（第20条）の作成（経営者報告書に含める）を義務づけており，これらは実務上，年次報告書において開示されている。なお，年次報告書という書類の名称は，デンマーク等を除き，EU加盟国の会社法・商法等にもあまり用いられていない[5]。年次報告書は，法令等が会社に開示要求する財務諸表と経営者報告書を慣用的に総称する場合の名称である。したがって，ISA 720と対比する場合，EUにおいては，経営者報告書がISA 720にいう「その他の情報」に該当する。経営者報告書に記載しなければならない基本的事項は，EU会計指令及びEU非財務報告・多様性指令[6]に規定されている。ただし，加盟国の固有事情によってその細部は異なっている。

　経営者報告書には，事業経過，経営成績，財政状態に関する公正な概観を，直面する主要なリスク・不確実性とともに記載することとされており（EU会計指令，第19条1項），図表19-3に示すように，その情報内容は財務諸表関連の財務情報と記述情報を中心とする非財務情報から構成される（同第19条2項）。これらに加えて，2014年にEU非財務報告・多様性指令（第1条(1)1）が制定

---

[3] Directive 2013/34/EU of the European Parliament and of the Council of 26 June 2013 on the annual financial statements, consolidated financial statements and related reports of certain types of undertakings, amending Directive 2006/43/EC of the European Parliament and of the Council and repealing Council Directives 78/660/EEC and 83/349/EEC.

[4] 取締役報告区分を含む。

[5] デンマークでは，年次計算書法（Bekendtgørelse af årsregnskabsloven）が，クラスA（個人所有企業），クラスB（小規模企業），クラスC（大・中規模企業），クラスD（上場会社＋国有企業）に対して「年次報告書」（årsrapport）の作成を義務付けている。なお，クラスDの年次報告書には，取締役報告書，財務諸表，経営者報告書，及び監査報告書を含まなければならない（第5編第12章第102条）。

[6] Directive 2014/95/EU of the European Parliament and of the Council of 22 October 2014 amending Directive 2013/34/EU as regards disclosure of non-financial and diversity information by certain large undertakings and groups.

第19章　「その他の情報」に対する監査報告　**305**

図表19-3　経営者報告書に記載しなければならない事項

経営者報告書	
従来からの記載事項（財務・非財務情報）	非財務報告書（財務・非財務情報）
①事業活動の概要 ②KPIによる事業活動分析 ③事業の将来見通し ④研究開発活動 ⑤自己株式の取得状況 ⑥支店の所在地 ⑦保有金融商品のリスク情報 ⑧ガバナンス報告書	①CSR情報に関する以下の事項（環境・社会・人権尊重・腐敗防止） 　・ビジネスモデル 　・CSRマネジメントの方針・実績 　・バリューチェーンCSRリスク・対策 　・産業別の非財務的KPI ②CSR関連財務データ

出所：筆者作成

されたため，従業員500人超の大規模な上場会社等は，株主が事業経過，経営成績，財政状態，事業活動の環境的・社会的な影響を理解するために必要な範囲で，図表19-3に示す「非財務報告書」（財務・非財務情報）を経営者報告書に含めて記載しなければならない（EU会計指令第19a条1項及び第29a条1項）[7]。

　このように，EUでは経営者報告書における開示規制が広範囲に行われている。これは，加盟国の法令や実務が収斂されてきた結果であるといえる。

　さて，法定記載情報を含む経営者報告書に対して，法定監査人は，「意見」として下記の2つを表明しなければならない（EU会計指令，第34条1項）。

　　・経営者報告書が財務諸表と整合しているかどうか（＝整合性意見）
　　・経営者報告書が適用される法令に従って作成されているかどうか（＝準拠性意見）

　また，監査人は，重要な虚偽表示を経営者報告書において識別したかどうかを示した上で，虚偽表示がある場合にはその内容を説明しなければならない（EU会計指令，第34条2項）。

　ただし，EU非財務報告・多様性指令は，「非財務報告書」部分についてはこの規定を適用の限りではないとし，法定監査人に整合性意見及び準拠性意見を要求しないこととしている（第1条(5)）。すなわち，上記の規定を適用しなくてもよい。その一方で，EU非財務報告・多様性指令は，「非財務報告書」が記

7）2017年以降に開始する事業年度の年次報告書から上記情報の開示が義務づけられている。

図表19-4　経営者報告書に対する監査人の責任

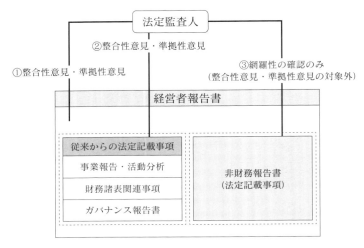

出所：筆者作成

載すべき事項を満たして開示されているかの確認（check）を法定監査人に求めている（第1条(1)5）。このように，非財務報告書部分については，網羅性の確認を義務づけながら，第34条の適用除外とする規定構造となっている。これらの関係を図示すると図表19-4のようになる。

なお，図表19-4の①の部分については，EU会計指令やEU非財務報告・多様性指令が法定記載事項としていないが国によって個別に法定記載事項としている場合に，その情報は準拠性意見の対象ともなる。

ISA 720が「その他の情報」のうちCSR情報を中心とする大半の財務・非財務情報に対して重要な虚偽表示があるか否かに関する注意喚起を求めるにすぎない規定であるのとは異なり，EU会計指令やEU非財務報告・多様性指令では，法的記載事項（非財務報告書以外）については整合性意見・準拠性意見を要求し，非財務報告書部分については少なくとも法定の情報が記載されているかの確認を法定監査人に求めている点に大きな違いがある。

EU指令をどのように国内法化するのかは，加盟国の法令や実務の蓄積等の国内事情により異なっている。すなわち，EU非財務報告・多様性指令は，非財務報告書部分については，経過的措置の意味で整合性や準拠性を判断することを義務づけてはいないが，同指令の履行に当たり，例えばイギリス，オラン

第19章 「その他の情報」に対する監査報告　**307**

ダ等では，整合性・準拠性の判断を行うこととしている。すなわち，「その他の情報」に該当する経営者報告書について，監査人は，財務諸表監査の枠内で整合性意見を表明し，かつ法令に従っているかどうか準拠性意見を表明している。以下では，その一例としてイギリスの制度と実務を取りあげる。

(4)　イギリスにおける開示・監査制度
①会社法における開示規定

　EU会計指令やEU非財務報告・多様性指令が経営者報告書に記載要求する事項は，イギリスでは戦略報告書や取締役報告書に記載される。イギリスでは，2006年会社法2016年規則[8]によって非財務報告制度を改正し，EU非財務報告・多様性指令を国内法化した。同規則は，従業員500人超の上場会社等を適用対象としており，これに該当しない会社は，2006年会社法2013年規則[9]を継続して適用することになる。すでに，イギリスはそれ以前から2013年規則によって小規模会社以外の会社に戦略報告書の作成を義務付け，広範なCSR情報を開示させている。さらに，上場会社には取締役報告書に温室効果ガス情報の開示を要求している。2016年規則は，EU非財務報告・多様性指令を国内法化するに当たり，戦略報告書に開示されるCSR情報を「非財務報告書」と明示し，同指令に規定されているデューデリジェンスや腐敗防止などの項目を新たに組み込んでいる。

②「その他の情報」に対する監査規定

　イギリスでは，2016年6月17日以後開始する事業年度の監査からISA（UK）720[10]が適用されている。ISA（UK）720は，「その他の情報」の中でも法定記載事項に対する監査人の責任を特別に規定している点でISA 720と大きく異なっている。その規定内容を整理すると，図表19-5のように区分できる。

　法定記載事項とは，取締役報告書（ガバナンス報告書を含む）及び戦略報告書に記載しなければならない情報をいう。ISA（UK）720がこのような規定を置いているのは，EU非財務報告・多様性指令や会社法の規定によって法定記

---

8)　The Companies, Partnerships and Groups（Accounts and Non-Financial Reporting）Regulations 2016. 2017年1月1日以後開始する事業年度から適用。

9)　The Companies Act 2006（Strategic Report and Directors' Report）Regulations 2013. 2013年9月30日以後開始する事業年度から適用。

10)　ISA（UK）720（Revised June 2016），*The Auditor's Responsibilities Relating to Other Information.*

308 第Ⅳ部　監査品質規制の動向(3)：監査報告書の拡充

図表19-5　ISA（UK）720による「その他の情報」の区分

「その他の情報」の区分		監査人の責任
①法定記載事項（par.14-1）		(i)通読し，重要な虚偽表示があるようであるか否かを検討しなければならない（par.14-1）
		(ii)以下を識別するための手続を実施しなければならない（par.14-2） ・財務諸表および監査で得た知見との間に重要な不整合があるか否か ・法定記載事項に重要な虚偽表示があるようであるか否か
法定以外	②財務諸表由来または関連の財務情報（par.A25）	通読し，財務諸表との間に重要な不整合があるか否かを検討しなければならない（par.14(a)）
	③監査の過程で得られた知見に関連する情報（par.A30）	通読し，監査の過程で得た知見との間に重要な不整合があるか否かを検討しなければならない（par.A14(b)）
	④上記の①・②・③に該当しないその他の情報（「①・②・③以外のその他の情報」（par.A37）	通読し，重要な虚偽表示があると考えられる兆候に注意喚起し続けなければならない（par.15）

出所：筆者作成

載事項の開示範囲が広範になり，かつこれらの法令の要求事項と整合する監査規定を盛り込む必要性があるからである。

　監査人は，CSR情報を中心とする法定記載事項に重要な虚偽表示があるようであるか否かを単なる注意喚起にとどまらず，法令等と照らし合わせて検討しなければならない点に大きな特徴がある。ここで虚偽表示とは，その情報自体に誤り，省略や誤導があることのほか，法定記載事項が適用される法令等に従って作成されていない場合にも該当する（par.12（b），A36-1，A36-2）。法令等に従っているかどうかの検討には，非開示事項があるかどうかを確認することも含まれている[11]。つまり，法定記載事項のような重要な情報に対しては，監査人は情報の網羅性の確認を含み準拠性を確認しなければならない規定構造となっている。

　以上の監査手続の結果は，監査報告書において法定監査人の「意見」として明示しなければならない（par.22D-1）。

　・戦略報告書及び取締役報告書と財務諸表との整合性

---

11) 要求されている情報が適切な参照なしに別途開示されている場合も非開示となる（par. A36-2）。

第19章 「その他の情報」に対する監査報告　**309**

・戦略報告書及び取締役報告書が適用される法令に準拠して作成されているか

さらに，法定監査人は，両報告書に虚偽表示を識別したかどうかについても別途表明することを求められており，識別した場合には虚偽表示の内容について示唆しなければならない。

このように，ISA（UK）720は，CSR情報を中心とする法定記載事項を整合性意見の対象としており，ISA 720やEU非財務報告・多様性指令より一歩進んだ規定を置いている。非財務報告書部分を財務諸表との整合性判断の適用除外とした理由について，EUは何も情報を公開していないが，同指令の制定に先だってEU議会が採択した法案（European Parliament, 2014）段階では，法定監査人に法定記載事項の網羅性の確認を義務づけるだけで，整合性判断の適用除外規定は存在しなかった。これについて，同指令の国内法化におけるコンサルテーションでイギリス政府がとりまとめた意見では，「法定記載事項について網羅性の確認だけ義務づけるという指令の規定は明確でなく，監査業務に対する期待ギャップが大きくならないように，財務諸表との整合性判断を義務づけるか否かについても明確にする必要がある」としている（Department for Business, Innovation & Skill, 2016）。このような経緯から，イギリスでは，法定記載事項に対して明確かつ詳細に別途規定する立場をとっていると考えられる。

EU非財務報告・多様性指令における法定記載事項の除外規定は経過的措置であると考えられ，EU会計指令の履行に当たって，イギリスでは，重要情報であるからこそ監査の枠組みにおいて一定の信頼性を確保しようとしている。このような考え方は，イギリスに限らず他のEU加盟国においてもみられる。

⑸　**むすび**

これまでみてきた経営者報告書における開示規制と開示情報に対する監査人の責任は，わが国における制度設計とはいずれも異なっている。資本市場に国境のないEU諸国とは異なり，わが国には未だ閉鎖的な局面がある。しかし，国際的に資本市場や情報利用者の要請が高まれば，いずれ企業内容開示制度における有価証券報告書の開示規制の拡充とその情報に対する監査の枠組みが議論されることになるであろう。

310 第Ⅳ部 監査品質規制の動向(3)：監査報告書の拡充

2 わが国の現状

⑴ わが国の動向

①会社法及び金融商品取引法における開示規定

（i） 開示規定の動向

　わが国の企業情報の法定開示は，現行の会社法及び金融商品取引法及びその関連法令で規定されているが，EU会計指令又はEU非財務報告・多様性指令の要求事項と較べると限定的なものとなっているとともに，また，実際の開示内容についても課題があるとされていた。このため，ここ数年来，金融審議会ディスクロージャーワーキング・グループ等により，ガバナンス情報を含む企業情報の開示の拡充に向けた検討が行われ，2018年6月に公表された「ディスクロージャーワーキング・グループ報告—資本市場における好循環の実現に向けて—」において，わが国の企業情報の開示が，資本市場における効率的な資源配分を実現するための基本的インフラとしての役割を十分に果たしていくことが可能となるよう，投資判断に必要とされる情報の充実，情報の信頼性・適時性の確保に向けた提言がなされ，これに関連した対応がなされている途上である。

（ii） 会社法における開示規定

　会社法における開示は，事業報告及び計算書類において行われるが，計算書類等及びその監査報告書以外の開示は，会社法施行規則により事業報告において開示するように規定されており，その他の情報が事業報告に含まれている[12]と考えられる。事業報告の開示項目は図表19-6のとおりであり，詳細な

図表19-6　事業報告の記載事項

会社法施行規則118条から124条及び126条に基づく記載項目 （会社法上の公開会社かつ会計監査人設置会社の場合）	
1．株式会社の現況に関する事項	7．株式会社の支配に関する基本方針に関する事項
2．株式に関する事項	
3．新株予約権等に関する事項	8．特定完全子会社に関する事項
4．会社役員に関する事項（（社外役員に関する事項）を含む）	9．親会社等との間の取引に関する事項
5．会計監査人に関する事項	10．株式会社の状況に関する重要な事項
6．業務の適正を確保するための体制等の整備に関する事項	

出所：筆者作成

---

12) 会計監査の対象である会社計算規則に基づく計算書類等は事業報告に含まれるものではないが，事業報告は計算書類とともに株主に提供されるため，監査した財務諸表及び監査報告書が含まれる開示書類として取り扱うことが考えられる。

第19章 「その他の情報」に対する監査報告　**311**

図表19-7　有価証券報告書における財務諸表及び監査報告書以外の開示内容

企業内容等の開示に関する内閣府令　第三号様式より

第一部　企業情報
＜第1．企業の概況＞
1．主要な経営指標等の推移，2．沿革，3．事業の内容，4．関係会社の状況，5．従
　業員の状況
＜第2．事業の状況＞
1．経営方針，経営環境及び対処すべき課題等，2．事業等のリスク，3．経営者による
　財政状態，経営成績及びキャッシュ・フローの状況の分析，4．経営上の重要な契約等，
　5．研究開発活動
＜第3．設備の状況＞
1．設備投資等の概要，2．主要な設備の状況，3．設備の新設，除却等の計画
＜第4．提出会社の状況＞
1．株式等の状況，2．自己株式の取得等の状況，3．配当政策，4．コーポレート・ガ
　バナンスの状況等
＜第5．経理の状況＞
1．連結財務諸表等，2．財務諸表等
＜第6．提出会社の株式事務の概要＞
＜第7．提出会社の参考情報＞
1．提出会社の親会社等の情報，2．その他の参考情報

第二部　提出会社の保証会社等の情報
＜第1．保証会社情報＞
1．保証の対象となっている社債，2．継続開示会社たる保証会社に関する事項，3．継
　続開示会社に該当しない保証会社に関する事項
＜第2．保証会社以外の会社の情報＞
1．当該会社の情報の開示を必要とする理由，2．継続開示会社たる当該会社に関する事項，
3．継続開示会社に該当しない当該会社に関する事項
＜第3．指数等の情報＞
1．当該指数等の情報の開示を必要とする理由，2．当該指数等の推移

出所：筆者作成

記載内容については会社法施行規則に定められていないが，実務的には，一般
社団法人　日本経済団体連合会・経済法規委員会企画部会が作成した「会社法
施行規則及び会社計算規則による株式会社の各種書類のひな型（改訂版）」が
参考にされているものと考えられる。

　(iii)　**金融商品取引法における開示規定**

　金融商品取引法における開示，すなわち有価証券報告書における開示内容は，
企業内容等の開示に関する内閣府令等において規定されている。前述の「ディ
スクロージャーワーキング・グループ報告—資本市場における好循環の実現に
向けて—」の提言を踏まえ，2019年1月に内閣府令が改正され，有価証券報告

書等の記載内容が改正されている。

- ・財務情報及び記述情報の充実：経営方針・経営戦略等，事業等のリスクの記載の充実
- ・建設的な対話の促進に向けた情報の提供：役員の報酬，政策保有株式についての記載の充実
- ・情報の信頼性・適時性の確保に向けた取組み：監査役会等の活動状況，監査法人による継続監査期間，ネットワークファームに対する監査報酬等の開示等

この改正は段階的に適用されるが，改正の一部が適用された2019年3月期の有価証券報告書におけるその他の情報を含む財務・非財務情報の開示内容は図表19-7のとおりである。

また，2019年3月には，金融庁より「記述情報の開示に関する原則」が策定されている。「記述情報の開示に関する原則」は，いわゆる「記述情報[13)]」の中でも，「投資家による適切な投資判断を可能とし，投資家と企業との深度ある建設的な対話につながる項目である，経営方針・経営戦略等，経営成績等の分析，リスク情報を中心に，有価証券報告書における開示の考え方等を整理することを目的としている」とし，あわせて「記述情報の開示の好事例集」もとりまとめられて公表されている。有価証券報告書等の詳細な記載内容については，企業内容等の開示に関する内閣府令の様式及び記載上の注意等で定められており，実務的には，財務会計基準機構が作成する作成要領，印刷会社等が作成する記載例等が参考にされていたものと考えられるが，今後は，「記述情報の開示に関する原則」に沿い，「記述情報の開示の好事例集」も参考にされるものと考えられる。

⑵ 「その他の情報」に対する監査規定

① 「その他の情報」に対する監査規定の動向

わが国においては，IAASBの監査報告書プロジェクトに対応した監査基準の改定及び監査基準委員会報告の改定は行われていなかったが，金融庁の「会計監査の在り方に関する懇談会」の提言を契機に，2017年秋より，企業会計審議会の監査部会により監査報告書の透明化に係る検討が開始され，当該検討の

---

13)「記述情報の開示に関する原則」では，「記述情報」とは，「一般に，法定開示書類において提供される情報のうち，金融商品取引法第193条の2が規定する「財務計算に関する書類」において提供される財務情報以外の情報を指す。」とされている。

一環として「その他の情報」に係る監査規定を改定後ISA720と同様に改定するか否かについても検討された。しかしながら，2018年7月に公表された監査基準の改定は，「監査上の主要な検討事項」の記載，監査報告書の記載区分等及び継続企業の前提に関する事項について行われ，「その他の情報」についての改定は結果として行われなかった。

　その後，2019年3月から企業会計審議会及びその監査部会で監査基準等のさらなる改定の検討が行われており，当該検討の対象項目の1つとして「その他の情報」に相当する「その他の記載内容」（監査した財務諸表及び監査報告書が含まれる開示書類のうち，財務諸表及び監査報告書以外の法令等又は慣行に基づき作成された情報）に対する監査人の対応について取り上げられており，本章執筆時現在も継続審議中である。

② 「その他の情報」に対する監査規定の概要

　わが国の改定前及び改定後の監査基準においては，監査した財務諸表を含む開示書類における当該財務諸表の表示とその他の記載内容との間に重要な相違があり，監査人が監査報告書の信頼性に関して説明することが適当であると判断するのであれば，監査報告書に追記情報として記載することが求められている[14]。また，日本公認会計士協会監査委員会報告書720「監査した財務諸表が含まれる開示書類におけるその他の記載内容に関連する監査人の責任」（最終改正2011年12月22日。以下，監基報720）において，「その他の記載内容」に関する監査人の責任がより具体的に規定されている。

　「その他の記載内容」については，監査人は，監査した財務諸表との重要な「相違」，すなわち，監査した財務諸表に含まれる情報と矛盾していること（監基報720第4項(2)）を識別するため，その他の記載内容を通読しなければならない（同5項）とされている。これに対して，改定後ISA720では，通読するとともに，監査した財務諸表と重要な相違がないか，及び，監査の過程で得た知識と重要な相違がないかを考慮するということが明記されている。

　監基報720では，通読の結果，「重要な相違」を識別し，「その他の記載内容」に修正が必要であるが，経営者が修正することに同意しない場合には，監査役等に当該事項を報告するとともに，以下のいずれかの対応を行うとされてい

14）改定前後では取扱いに変更なく，改定前では，第四報告基準 七追記情報，改定後では，第四報告基準 八追記情報に規定されている。

314 第Ⅳ部　監査品質規制の動向(3)：監査報告書の拡充

る[15]（同 9 項）。

- ・監査基準委員会報告書706「独立監査人の監査報告書における強調事項区分とその他の事項区分」第 7 項に従って監査報告書にその他の事項区分を設け，「重要な相違」について記載する
- ・監査報告書を発行しない
- ・可能な場合，監査契約を解除する

　他方，通読の結果，「重要な相違」を識別しなかった場合，当該事項について監査報告書で言及することは規定されておらず，この点，改訂後ISA720では，「重要な相違」の有無にかかわらず，監査報告書において「その他の情報」の見出し又は他の適切な見出しを付した区分を設けて，詳細な記載を規定しており，大きく異なっている。

　また，監査人は，「重要な相違」を識別するためにその他の記載内容を通読する際に，明らかに重要な「事実の虚偽表示」，すなわち，その他の記載内容のうち監査した財務諸表に記載された事項と関連しない情報が不正確に記載又は表示されていること（監基報720第 4 項(3)）に気付いた場合，経営者と当該事項について協議する（同第13項）等，必要な対応が規定されているものの，経営者がそれを修正又は訂正することに同意しない場合においても，「重要な相違」とは異なり，監査報告書における対応若しくは監査契約の解除までは求められていない（同第15項）。この点，改定後ISA720では，「その他の情報の虚偽記載」の概念において，監査した財務諸表に記載された事項と関連しない情報か否かという区別がなくなり，さらに，重要な「その他の情報の虚偽記載」があると判断された場合には，監査報告の対象とすることが規定されており，監基報720と取扱いが異なっている。

③重要な相違の事例

　わが国の監査実務において，監基報720に準拠し「重要な相違」について監査報告書で言及されている事例の有無について検討した。2014年 7 月から2018年 6 月までの 5 年間に提出された有価証券報告書に含まれる監査報告書（わが国の監査基準で監査されたものに限る）には，重要な相違について言及されている事例は発見されなかった。

15）監基報720第 8 項にあるとおり，通読の結果，監査した財務諸表に修正が必要であるが，経営者が修正することに同意しない場合は，監査基準委員会報告書705「独立監査人の監査報告書における除外事項付意見」に従うことになるのはいうまでもない。

第19章 「その他の情報」に対する監査報告 **315**

　わが国の事業報告や有価証券報告書の経理の状況以外の箇所は，企業の経理部門以外の複数部署（法務，経営企画，広報等）が作成に関与することが多く，その他の情報について，財務諸表との相違や事実の虚偽表示が生じやすい環境にある。したがって，監査報告書において，重要な相違に関する記載の事例がなくとも，会計監査人が開示書類を通読する過程で重要な相違や事実の虚偽表示に気がつき，修正されている事例が少なからずあるとは考えられる。

(3) わが国の課題

　前節では，年次報告書における情報開示の範囲が拡大する状況において，「その他の情報」に対していかに監査上の対応を行い，その結果を監査報告書で明示するのかに着目している。

　わが国においては，非財務情報を含んだ開示の拡充が課題とされ，様々な取組みが行われている途上である。また，2018年の監査基準の改訂時にはいったん見送られたものの，監査基準に改定後ISA720の内容を取り込むことも検討されている。ISA720の改定が，年次報告書における「その他の情報」の変容・拡大に対応すべく，財務諸表監査の枠組みにおける監査人の責任を手厚くすることを企図していることを鑑みると，わが国の非財務情報を含んだ開示の拡充に応じて，「その他の情報」にかかる監査基準の見直しの必要性が生じることが想定されるため，今後の企業会計審議会での議論を見守りたい。

　また，ISA720の改定のねらいにあるように，「その他の情報」にかかる監査基準の改定が，監査の範囲を変えることなく，費用対効果が見合う方法で，「その他の情報」についての監査人の責任を強化し，監査の価値を向上させること，及び，「その他の情報」に対する監査人の責任と監査業務の結果を監査報告書で明示し，監査の透明性を向上させることを可能とするのであれば，わが国の「その他の情報」に係る監査基準の見直しは，「会計監査の在り方に関する懇談会」提言（金融庁，2016）にある「会計監査の透明性の向上による好循環」によって監査の品質の持続的な向上に寄与する可能性があると考えられる[16]。

---

16) 例えば，「提言―会計監査の信頼性確保のために―」（金融庁，2016）では，「会計監査の透明性の向上を通じて，企業の株主によって監査人の評価が適正に行われるようになり，高品質と認められる会計監査を提供する監査法人等が評価され，企業がそのような評価に基づいて監査を依頼する監査法人等が評価され，企業がそのような評価に基づいて監査を依頼するようになることが期待される。これにより，より高品質な監査を提供するインセンティブの強化や，そのような監査に株主や企業が価値を見出すことによる監査法人等の監査報酬の向上等と通じて，市場全体における監査の品質の持続的な向上につながっていく好循環が確立されることが望まれる」とされている。

参考文献

Department for Business, Innovation & Skill (2016), Non-Financial Reporting consultation response form, UK

European Parliament (2014), Texts Adopted Part V at the sitting of Tuesday 15 April 2014 (P7_TA-PROV (2014) 04-15).

金融庁 (2016), 会計監査の在り方に関する懇談会「会計監査の在り方に関する懇談会提言—会計監査の信頼性のために—」, 3月8日。<https://www.fsa.go.jp/news/27/singi/20160308-1/01.pdf (2018.8.10)>

―― (2018a), 企業会計審議会「監査基準の改訂に関する意見書」, 7月5日。

―― (2018b), 企業会計審議会「監査基準の改訂に関する意見書」の公表について「別紙2 コメントの概要及びコメントに対する考え方」, 7月5日。<https://www.fsa.go.jp/news/30/sonota/20180706/2.pdf (2018.8.10)>

―― (2019a)「記述情報の開示に関する原則」, 3月19日。

―― (2019b)「記述情報の開示の好事例集」, 3月19日。

―― (2019c), 企業会計審議会総会第43回監査部会資料4「監査報告書の記載事項の見直しについて」。<https://www.fsa.go.jp/singi/singi_kigyou/siryou/soukai/20190328/6.pdf. (2019年5月23日閲覧)>

―― (2019d), 企業会計審議会第44回監査部会議事次第。<https://www.fsa.go.jp/singi/singi_kigyou/siryou/kansa/20190521.html. (2019年5月23日閲覧)>

宮本京子 (2017)「フランスの制度・実務から見た監査・保証制度の将来的なあり方」, 『現代監査』27号, 111-122頁。

内閣官房 (2018), 日本経済再生本部・未来投資会議「未来投資戦略2018—「Society 5.0」「データ駆動型社会」への変革—」, 6月15日。

(宮本 京子 (第1節国際動向)・永山 晴子 (第2節わが国の現状))

第**20**章

監査人による情報提供の充実

1. 「会計監査についての情報提供の充実に関する懇談会」報告書 の検討対象

　「会計監査の在り方に関する懇談会」が，2016年3月に公表した「提言―会計監査の信頼性確保のために―」（以下，「提言」）（金融庁，2016）においては，監査規制施策上の主要な柱の1つとして，会計監査の透明性の向上が取り上げられていた。すなわち，「会計監査の透明性の向上を通じて，企業の株主によって監査人の評価が適正に行われるようになり，高品質と認められる会計監査を提供する監査法人等が評価され，企業がそのような評価に基づいて監査を依頼するようになることが期待される。」[1]というのである。

　本書では，この点について，すでに第17章で検討してきた。監査報告書の透明化（監査報告書の拡充）の問題については，2018年7月5日に企業会計審議会から「監査基準の改訂に関する意見書」が公表され，「監査上の主要な検討事項」（Key Audit Matters: KAM）の記載が求められることとなり，後は，制度の実施に備えるばかりと考えられていたのである。

　しかしながら，「提言」の公表後，より一層，会計監査についての情報提供を図るべきではないかとの観点から，2018年11月に，改めて「会計監査についての情報提供の充実に関する懇談会」が設置されたのである。同懇談会では，2018年11月より3回にわたる審議の末，2019年1月22日に，報告書「会計監査に関する情報提供の充実について―通常とは異なる監査意見等に係る対応を中心として―」（以下，「報告書」）（金融庁，2019a）を公表したのである。

　したがって，「報告書」は，「提言」によって求められた監査報告書の拡充の問題が監査基準の改訂によって一定の対応を図られた後に，いわば追加的な対応措置として，審議され公表されたものといえよう。

　本章では，第17章で取り上げた監査報告書の拡充の問題に対する補足として，「報告書」の内容を検討することとする。「報告書」では，無限定適正意見以外の監査報告が表明されるケースや，監査人と被監査企業及びその監査役等の間

1）金融庁（2016），Ⅱ．会計監査の信頼性確保のための取組み・2．会計監査に関する情報の株主等への提供の充実。

318　第Ⅳ部　監査品質規制の動向(3)：監査報告書の拡充

での見解が相違するケースを「Ⅱ．通常とは異なる監査意見等についての説明・情報提供」として扱っており，それを，⑴監査報告書の記載，⑵追加的な説明，⑶守秘義務，及び⑷その他に区分して検討している。また，監査人の交代に関しては，「Ⅲ．監査人の交代に関する説明・情報提供」として取り扱っている。

2．通常とは異なる監査意見等についての説明・情報提供

⑴　監査報告書の記載

　「報告書」が最初に取り上げているのは，無限定適正意見以外の監査報告の場合における説明・情報提供である。

　無限定適正意見以外の監査報告が行われる場合というのは，「報告書」においても，「毎年少数ながら存在している」として，次のようなデータが示されている。

　「平成23年度～29年度に提出された有価証券報告書，四半期報告書及び半期報告書に関し，監査人から無限定適正意見（四半期レビューについては，無限定の結論）以外の意見・結論が付されたものの会社数は，以下のとおり（いずれも7年間の合計。括弧内は上場企業に係るもの）。

　　・限定付適正意見・限定付結論：15社（11社）

　　・不適正意見・否定的結論：3社（0社）

　　・意見不表明・結論不表明：29社（9社）」（「報告書」脚注4。以下同様）

　「報告書」では，これらの無限定適正意見以外の監査報告について，会計監査についての情報提供を充実させる観点から，次のように述べている（6頁）。

　監査人としては，監査報告書の「意見の根拠」区分において，これらの記載事項に関し，わかりやすく具体的な説明を行うことが求められる。

　例えば，以下のような点について，財務諸表利用者が理解できるよう，可能な限り明確に記載する必要がある。

　　・表明された意見と除外事項との間の関係

　　・除外事項の具体的な内容（意見限定の場合は具体的にどの部分が適正でなかったのか，範囲限定の場合はどの範囲で監査証拠を確認できなかったのか）

　　・除外事項に係る具体的な影響額，又は具体的な影響額を示すことが困難な場合にはその合理的な根拠

第20章　監査人による情報提供の充実　**319**

　ここで問題となるのは，限定付適正意見と意見不表明のケースである。

　不適正意見の場合，実際には，かかる意見が表明されるのは，すでに被監査企業が継続企業ではないとして法的・外形的に明確に判断し得る場合や，過年度の重要な虚偽表示があったことが判明した場合に，訂正報告される前の財務諸表に対してであるからである。また，監査人が不適正意見を表明するほどに財務諸表に重要な虚偽表示があると判断した場合には，被監査企業に要求して財務諸表の修正をさせることとなるであろう。

　そこで，「報告書」では，限定付適正意見と意見不表明に関して，具体的な取扱いを示している。まず，限定付適正意見については，「限定付適正意見の場合の監査報告書の記載に関しては，なぜ不適正ではなく限定付適正と判断したのかについての説明が不十分との指摘がある」としたうえで，次のように述べられている（6頁）。

　このため，監査人は，監査報告書の「意見の根拠」区分を記載するに際し，除外事項の影響が財務諸表全体に及ばないことも含め，限定付適正意見を表明する根拠について，十分かつ適切な説明を行うことが求められる。

　一般に，財務諸表の作成・開示に不適切な事項がある場合や，監査人が必要と考える監査手続に制約があって実施できなかった場合，それらの事項に重要性があると判断されれば，それらは除外事項と呼ばれる。監査人は，それらを除いても財務諸表全体を適正と判断することができれば，限定付適正意見を表明する。さらに，除外事項が，重要性があるだけでなく，その影響が財務諸表全体に及ぶほど広範である（広範性がある）と判断すれば，財務諸表の作成・開示の不適切事項であれば不適正意見，監査手続の制約であれば意見不表明ということになる。

　現行の監査基準では，日本公認会計士協会の実務指針も含めて，「広範性」，すなわち，財務諸表全体に影響があるとはいかなることかについて，具体的な規定はほとんどない。今般の「報告書」では，利用者の観点から，「限定付適正意見を表明する根拠について，十分かつ適切な説明」を求めたということであろう。

　ここで問題となるのは，監査の現場における対応である。具体的な判断規準が基準等において示されていない中で，監査実務においては，容易に明確な根

拠を示すことができない場合には，限定付適正意見の表明には回避的になるのではないか，とも考えられる。

一方，意見不表明の場合については，「報告書」では，「重要かつ広範な監査範囲の制約が生じ，意見を表明できないことは，契約締結・更新の後に重大な状況変化が生じるなど極めて例外的な状況と考えられるが，監査報告書において，なぜそうした例外的な状況に至ったのかについて，十分な説明がなされていないとの指摘がある」として，次のように要請している（7頁）。

> 監査人は，意見不表明が極めて例外的な状況であることを念頭に置き，監査報告書において，意見不表明に至った理由について，特に丁寧な説明を行うことが求められる。

一般に，財務諸表監査における意見不表明や四半期レビューにおける結論不表明は，監査人にとって，十分かつ適切な監査証拠が入手できず，意見等が表明できない場合に用意されている緊急避難的な措置といえる。監査基準上は認められているにしても，監査制度や資本市場の適正化の観点からは，そうした事態は，できるだけ回避又は抑制したいと考えられている。意見不表明等の報告がなされた場合には，何ら保証もない情報が利用者に提供されることとなってしまうからである。

また，意見不表明等の場合，監査人は意見等を表明しないのであるから監査意見等にかかる責任は生じない，とされているため，安易に意見不表明等の報告書を公表するというモラルハザードのおそれもある。

実際には，前述のとおり，限られた数ではあるものの，意見等の不表明の報告は行われている。さらに具体的にみてみると，そのうち一部の報告書においては，なぜ監査人がそうした意見不表明等に至ったのか，そこに至るまでにどのような手続を実施したのか等の説明がほとんどないままに報告書が交付されているケースが散見されるのである。

「報告書」では，意見不表明を「極めて例外的な状況」と位置づけ，そうした対応を取る場合には「特に丁寧な説明」を求めているのである。

今後，「監査上の主要な検討事項」が監査報告書上，記載されるようになったとしても，「監査上の主要な検討事項」は，あくまでも「当期の監査において監査人が特に重要と判断した事項」であって，限定付適正意見や意見不表明

の原因となった除外事項については，必ずしも対象となるとは限らない。

「報告書」が求める監査報告書の記載に関する点は，「監査上の主要な検討事項」の記載によってフォローされない，監査人の説明責任にかかる補足的なガイダンスと位置付けることができるであろう。

なお，本節で取り上げた監査報告書の問題に関しては，監査基準上の対応も必要と考えられている。

実は，かつての監査基準（1991年改訂の監査報告準則）では，限定付適正意見を表明する際に，例えば会計基準準拠性に関して限定付適正意見を表明する場合，「その旨，その理由及びその事項が財務諸表に与えている影響」を記載するよう規定されていたのである[2]。それが，現在の監査基準の基礎を構築している，2002年の監査基準の全面改訂の際に，かかる文言はなくなってしまい，以下のような規定となったのである。

・意見限定の場合（財務諸表の作成・開示の不適切事項を除外事項とする場合）：

「除外した不適切な事項及び財務諸表に与えている影響を記載しなければならない」[3]

・範囲限定の場合（監査範囲の制約を除外事項とする場合）：

「実施できなかった監査手続及び当該事実が影響する事項を記載しなければならない」[4]

当該規定が削除された経緯は不明である。また，現行の監査基準であって，当然に除外事項となった理由やその影響を記載するはずではないか，との見方もあろう。しかしながら，監査基準の文言が不明瞭であることによって，監査基準趣旨を損なっているのだとすれば，一定の対応が必要かもしれないと思われる。

「報告書」の公表を受けて，2019年3月28日には，企業会計審議会総会及び監査部会の合同会合が開かれ，上記の点に鑑みて，意見限定の際に「理由」を記載するよう求めるべく，監査基準を改訂することが議題とされたのである（金融庁，2019b，9頁）。

---

2) 大蔵省企業会計審議会「監査報告準則」，1991年12月26日，三　財務諸表に対する意見の表明。
3) 金融庁企業会計審議会「監査基準」，2018年7月5日最終改訂，第四　報告基準・四　意見に関する除外1．
4) 前掲，第四　報告基準・五　監査範囲の制約1．

⑵ 追加的な説明

　実際には，極めて稀なケースではあっても，会計監査人の判断と被監査企業の財務諸表の作成・開示に関する考え方が相違したり，会計監査人とガバナンスに責任を有する立場にある監査役等の判断とが相違したりする場合もある。そこで「報告書」では，会計監査人の監査報告書だけではなく，「会計監査の相当性を判断する責務を負う監査役等においても，監査役等の監査報告書において，監査の方法と結果の相当性の判断について十分な説明を行うことが重要」として，監査役等に対して十分な説明を求めている。

　さらに，「経営者や監査役等と監査人との間の見解の不一致等を背景に，監査人が監査報告書を提出した後，その記載内容について財務諸表利用者から（場合によっては経営者や監査役等から）疑問点が提起された場合など，予め監査報告書に求められる情報を記載しておくことが必ずしも現実的でない事案も想定される」として，以下のように，監査人による「追加的な説明」を要請している（7頁）。

　こうした事案においては，監査人は，経営者や監査役等とのコミュニケーションの状況や見解の不一致の内容等について，個別の状況に応じ，追加的な説明を行うべきである。

　追加的な説明の内容は，事案により異なると考えられるが，例えば，次のようなものが想定される。

　　・経営者や監査役等とのコミュニケーションの状況
　　・経営者や監査役等との見解不一致の内容
　　・具体的な監査手続に関する説明
　　・職業的専門家としての判断に関する補足説明 等

　監査人が追加的な説明を行う場合，監査役等とも十分に協議をすることが重要と考えられる。また，監査役等は，監査人による追加的な説明に対する自らの意見についても，財務諸表利用者に追加的に説明することを検討すべきと考えられる。

　かかる追加的な説明の具体的な方法として，「報告書」は，株主総会での意見陳述と，それ以外のケースに分けて述べている。

　まず，一般に，会計監査人が，株主総会に出席して意見を述べることができ

るケースとしては，以下の３つがあるとされている。

- ・計算書類が法令又は定款に適合するかどうかについて会計監査人が監査役と意見を異にするとき，会計監査人は，定時株主総会に出席して「意見を述べることができる」（会社法第398条１項）
- ・定時株主総会において会計監査人の出席を求める決議があったときは，会計監査人は，定時株主総会に出席して「意見を述べなければならない」（同法第398条２項）
- ・会計監査人を辞任した者及び会計監査人を解任された者は，株主総会において，選任若しくは解任又は辞任について「意見を述べることができる」（同法第345条１項，２項及び５項）

しかしながら，これらの機会は，実際の株主総会では，必ずしも活用されていないのが実情である。会計監査人の見解や回答が求められたとしても，会社側が回答するというのが一般的であるといえよう。

監査人としては，後述の守秘義務の観点から，株主総会での意見陳述，あるいは，株主からの質問に対する回答について，躊躇する傾向にあるものと想像される。

しかしながら，会社法が定める会計監査人による意見陳述は，会社法が会計監査人に「許可」した会計監査人の権利というよりも，会社の最高意思決定機関である株主総会において会計監査人の見解・回答を示して，株主の判断に資することを目的としていると解されるべきであろう。

特に，会社法第398条１項に基づく意見陳述は，会計監査人と監査役等との対立が生じていれば，計算書類が株主総会での承認決議を必要としている状況が当然に想定されることから，ヨリ積極的に意見陳述することが株主の判断に資するものとして期待されるところである。また，そもそも株主総会は，会社の最高意思決定機関なのであり，そこで会社に関する事項について述べることに守秘義務の問題は生じないとも解される[5]。

この点について，「報告書」では，株主総会において次のように述べている（８頁）。

監査人は，上記のような会社法第398条第１項の趣旨や，会計監査に関す

---

[5] 株主総会における会計監査人の意見陳述と守秘義務の関係については，弥永（2018）を参照されたい。

る説明・情報提供の充実の要請を踏まえ，会社法上の株主総会での意見陳述の機会を積極的に活用すべきである。また，企業側においても，株主総会の議事運営にあたり，会計監査人の意見陳述の機会を尊重することが求められる。

特に，会社法第398条第1項が想定する場面においては，結論は株主の判断に委ねられることとなるため（会社法第438条第2項），監査役等はもとより，会計監査人からも，計算書類等の法令・定款適合性に関する意見不一致の内容及びそれが生じた理由，さらに，監査役等の意見にもかかわらず自己の意見が正しいと考える理由を株主総会の場で説明すべきである。

続いて，「報告書」では，株主総会以外のケースとして，「四半期決算に関して経営者や監査役等と監査人との間に見解の不一致が生じた場合や，監査意見の提出と株主総会との間に特に時間が空く場合」が取り上げられている。さらに後者については，「報告書」において，「例えば，株主総会において決算承認議案が付議されないまま，有価証券報告書が提出され，その後に開催される株主総会で決算承認議案が付議されるケースなどが考えられる」（脚注9）とされている。

こうした状況では，株主総会での意見陳述の機会を活用できないと想定されることから，「報告書」では，次のように求めている（9頁）。

財務諸表利用者が，経営者や監査役等の意見と監査人の意見とを比較できる機会においてそれぞれが説明を行うことが望ましいとの観点からは，株主総会と同様に，経営者，監査役等及び監査人がそろって参加する場面で説明を行うことが考えられる。例えば，企業が設ける対外的な説明の場に監査人が同席しての説明などが考えられる。

経営者は，監査人による説明の機会を確保するよう，配慮することが求められ，また，監査役等もこれを促すことが求められる。ただし，仮にそうした機会が設けられず，企業側の意見のみが財務諸表利用者に提供されているなど，監査人の意見が適切に財務諸表利用者に提供されないような状況においては，監査人が自ら，適切な方法により，財務諸表利用者に必要な説明をすべきである。

上記のように，「株主総会と同様に，経営者，監査役等及び監査人がそろって参加する場面で説明を行うこと」「例えば，企業が設ける対外的な説明の場に監査人が同席しての説明」というのは，実際には，これまで行われてこなかった実務である。さらに，被監査企業や監査役等の見解と監査人の見解が相違している状況で，被監査企業がそうした場の設定を進んで行うことは，あまり想定できない。

したがって，現実的には，上記の後段に述べられているように，「仮にそうした機会が設けられず，企業側の意見のみが財務諸表利用者に提供されているなど，監査人の意見が適切に財務諸表利用者に提供されないような状況」が想定され，その場合には，「監査人が自ら，適切な方法により，財務諸表利用者に必要な説明をすべき」とされているのである。

この点に関連して，「報告書」では，「適切な方法」に関して，「例えば，日本公認会計士協会のサポートの下，説明の場を設定することなどが考えられる」（脚注10）として，日本公認会計士協会が，監査人による説明の場の設定を支援することが求められているのである。

また，監査人側や日本公認会計士協会に対してだけではなく，被監査企業に対しても，要請事項がある。すなわち，無限定適正意見以外の監査報告を受けた企業は，証券取引所の適時開示が求められている[6]ことから，「企業は，監査人の意見やその背景にある考え方が不正確な形で財務諸表利用者に伝わることがないよう，必要に応じて，監査人からの追加的な説明を転載するなどの対応をとるべきである」（9頁）とされている。

その他，追加的な説明に関しては，以下の留意点が述べられている（9-10頁）。

・監査人が監査報告書以外に追加的な説明を行う場合においても，財務諸表利用者に等しく情報が伝達されるよう，口頭で説明した内容については，書面化して公表することや，インターネット上で動画配信を行うこと等の対応を検討すべきである

・監査人が監査意見又は四半期レビューの結論を表明した後に行う追加的な説明は，その必要性が生じた後，可能な限り速やかに行う必要がある

・株主総会等において監査人による追加的な説明が行われた場合には，企業側においても，その内容を公表するなどの対応をとることが考えられる

6）例えば，東京証券取引所有価証券上場規程第402条（2）vなど。

このように，「報告書」では，会計監査人に対して，株主総会における意見陳述や説明，あるいは，株主総会のように株主等に対して説明する機会が得られないケースにおいては，それに代わる方法を通じて，ヨリ積極的に，自らが行った監査について説明することが求められているのである。こうした求めは，後述するように，守秘義務についてかなり保守的に解釈されてきたわが国の監査実務に対して，一定の方向性の変更を求めるものと位置付けられる。

今後問題となるのは，会計監査人に対して，どこまで意見や説明を行うことが認められるのか，あるいは，逆に，説明を回避する権利はどの程度認められるのか，という問題であろう。弁護士のように，法廷等の場において，自らの言葉をもって業務を行うことが予定されているプロフェッションとは異なり，少なくとも法的には，監査報告書をもって監査証明業務を遂行するものとされてきた監査プロフェッションにおいては，監査報告書以外での説明については，今後，一般に公正妥当と認められる実務慣行ないし制度等の確立が，別途必要となるのではなかろうか。

(3)　守秘義務

前節の追加的な説明に関連して，「報告書」では，監査人の守秘義務に関しても中心的なテーマとして取り上げている。

現行制度では，公認会計士法第27条において，「公認会計士は，正当な理由がなく，その業務上取り扱つたことについて知り得た秘密を他に漏らし，又は盗用してはならない。公認会計士でなくなつた後であつても，同様とする。」と定めている。同様の規定は，日本公認会計士協会の「倫理規則」第6条1項にも規定されている。

また，企業会計審議会が公表する「監査基準」においても，第二一般基準8において，「監査人は，業務上知り得た事項を正当な理由なく他に漏らし，又は窃用してはならない。」と規定している。

しかしながら，ここで述べられている「正当な理由」については，公認会計士法施行令及び施行規則にも具体的な定めがなく，専らに日本公認会計士協会の「倫理規則」に委ねられている。すなわち，「倫理規則」第6条8項において，次のように述べられているのである。

「会員の守秘義務が解除される正当な理由があるときは，次のような場合である。

一　守秘義務の解除が法令等によって許容されており，かつ依頼人又は雇用主から了解が得られている場合

二　守秘義務の解除が法令等によって要求されている場合

　　イ　訴訟手続の過程で文書を作成し，又は証拠を提出するとき。

　　ロ　法令等に基づく，質問，調査又は検査に応じるとき。

　　ハ　法令等に基づき，法令違反等事実の申出を行うとき。

三　守秘義務の解除が法令等によって禁止されておらず，かつ，職業上の義務又は権利がある場合

　　イ　訴訟手続において会員の職業上の利益を擁護するとき。

　　ロ　本会の品質管理レビューに応じるとき。

　　ハ　会則等の規定により本会からの質問又は調査に応じるとき。

　　ニ　監査の基準に基づくとき。

　　ホ　現任会員との交代に際し，依頼人の承諾を得て業務（監査業務を除く。）の引継を行う等，この規則に基づくとき。」

　かかる守秘義務については，実務上，監査人の守秘義務が過度に強調され，監査人が財務諸表利用者に対して説明・情報提供を行う上で障害となっている可能性があるといわれている。公認会計士法においては，守秘義務の対象となるのは，企業の「秘密」に当たるものとされているが，一般に，企業に関する未公表の情報のすべてが含まれるわけではない。

　仮に，「秘密」に該当する情報であったとしても，2018年7月5日に改訂された監査基準では，「監査上の主要な検討事項」の記載に当たって，公共の利益が企業の未公開情報を公表することを上回る場合には，監査報告書への記載が認められるとされている。同様に，今般の「報告書」においても，次のように述べられている（10-11頁）。

　財務諸表利用者に対して監査人が必要な説明・情報提供を行うこと，特に，無限定適正意見以外の場合に，監査人の職業的専門家としての判断の根幹部分である当該意見に至った根拠を説明する上で必要な事項を述べることは，「正当な理由」に該当する。

　また，監査人が株主総会に出席して意見を述べる場合，特に，会社法第398条第1項が想定する場面において，監査人が，計算書類等の法令・定款適合性に関する監査役等との意見不一致の内容及びそれが生じた理由，さら

328 第Ⅳ部　監査品質規制の動向(3)：監査報告書の拡充

> に，監査役等の意見にもかかわらず自己の意見が正しいと考える理由を説明
> する場合に関しても，必要な事項を述べることは，「正当な理由」に該当す
> ると考えられる。

　「報告書」では，このように監査人による追加的な説明や情報提供を行う場
合が「正当な理由」に該当することを確認しているのである。

　同時に，日本公認会計士協会の「倫理規則」についても，国際会計士倫理基
準審議会（The International Ethics Standards Board for Accountants:
IESBA）の倫理基準（International Code of Ethics for Professional Accoun-
tants）をはじめ，諸外国の規定に比べて，「我が国の実務では，『正当な理由』
の範囲を限定的にとらえ，過度にリスク回避的になっているのではないか」と
の観点から，次のように述べて，日本公認会計士協会における対応を求めてい
るのである（11頁）。

> 　監査人が職業的専門家として財務諸表利用者に説明・情報提供を行う場合
> に，監査人が過度にリスク回避的にならないよう，日本公認会計士協会におい
> て倫理規則の「正当な理由」についての考え方を示すとともに，今後，「監
> 査上の主要な検討事項」の記載の状況等も踏まえつつ，関係者において適切
> な方策を検討すべきである。

　上記のうち，「日本公認会計士協会において倫理規則の『正当な理由』につ
いての考え方を示す」という点については，将来的には，「倫理規則」の内容
又は記載方法を改正することが想定されるが，「監査上の主要な検討事項」の
実務の進展を待っていては，先に述べたように，全上場企業への適用が済むの
が（強制適用が2021年3月期決算にかかる監査からなので）2022年2月期決算
の監査が終わった後ということになってしまう。そこで，「監査上の主要な検
討事項」の記載の状況等を踏まえた対応は将来的な課題とするものの，それに
先立つ当面の措置として，後述するように，「報告書」の公表日に，日本公認
会計士協会においては，今般の懇談会のメンバーでもあった副会長名による，
会員向けの注意喚起文書が公表されたのである。

　さらに，先に述べた2019年3月28日の企業会計審議会では，監査基準上の「業
務上知り得た事項」という語句を「業務上知り得た秘密」と改訂する案が提示

された（金融庁, 2019b, 12頁）。当該改訂は，前述の公認会計士法の規定に監査基準の規定を揃えて整合させるものであるが，その意味するところは，「事項」では広すぎるため，あくまでも守秘義務の対象を企業の秘密に限定する趣旨を徹底するためであると解される。

(4) その他

上記の他に，「報告書」では，監査人による「十分かつ適切な説明・情報提供を行うことが必要となる場面」として，以下のケースを挙げている。

- 監査人が交代し，現任監査人（すなわち後任監査人）と監査役等・前任監査人との間に見解の相違がある場合
- 過去の監査意見や四半期レビューの結論とは異なる判断に至った場合（例：第2四半期まで無限定の結論としていたが，第3四半期に結論不表明に転じた場合）
- 過年度の財務諸表に虚偽表示等が発見された後，監査済の内部統制報告書が訂正される場合

特に，1つ目のケースについては，以下のような対応が要請されている（12頁）。

> その場合，監査役等は，前任監査人と現任監査人の双方の見解を聴取するなどして，会計監査の相当性を判断するとともに，財務諸表利用者に説明を行うことが求められる。
> その上で，前任監査人の見解に依拠した監査役等と現任監査人との間の見解の調整がつかない場合，財務諸表利用者に対し，双方の見解に関する情報が十分に提供される必要がある。この場合，前任監査人や現任監査人が自ら必要な説明を行うことが求められる場面も想定される。

従来の監査規制では，無限定適正意見が表明され，引継ぎが行われるケースが想定されていたが，近年，監査人の交代が数多く行われる中で，前任監査人と後任監査人の間での見解が相違するケースが十分にあり得るということを考慮に入れていかなければならないであろう。

3．監査人の交代に関する説明・情報提供

　監査人の交代は，株主や投資家にとっては，いかなる理由で交代が行われたかによって，当該企業のガバナンスや会計及び監査に対する対応を理解し，財務諸表情報に対する判断を下す上で，非常に重要な情報であると考えられる。

　会計監査の在り方に関する懇談会の提言においても，「監査人の交代時における開示の在り方」として，以下のように述べられている[7]。

　「監査人の交代の理由等の開示について，株主等にとってより有用な情報の提供を確保することが必要である。したがって，監査人の交代の理由等についてより充実した開示を求めるとともに，例えば，日本公認会計士協会において，監査法人等が交代の理由等に関して適時意見を述べる開示制度を設けるなど，開示の主体やその内容などについて，改めて検討がなされるべきである。こうした取組みは監査人の独立性の確保にも資するものと期待される。」

　現行制度では，監査人が交代する場合には，金融商品取引法第24条の5第4項，及び企業内容等の開示に関する内閣府令第19条2項9号の4によって，被監査企業に対して，遅滞なく臨時報告書を提出することが求められ，東京証券取引所有価証券上場規程第402条⑴ aj 等においても，同様の規定が置かれ，適時開示が求められている。

　そこでは，異動に係る監査人の名称，異動年月日等のほか，「当該異動の決定又は当該異動に至った理由及び経緯」及び「上記理由及び経緯に対する監査報告書の記載に係る退任監査人の意見（意見を表明しない場合にはその旨及びその理由）」を記載することが求められている。

　しかしながら，実際に開示された交代理由としては，その多くが，「任期満了」と記載されている。

　他方，公認会計士・監査審査会「平成30年版 モニタリングレポート」(2018)によると，監査事務所の実質的な交代理由としては，以下のものが挙げられていることから，実質的な理由が開示されていないことは明らかである。

- ・監査報酬，監査人選定に関する方針（監査人の継続年数の長期化の見直し等）
- ・監査チームに対する不満（不正対応や過年度決算訂正等に関する監査人の

7）金融庁（2016），Ⅱ．会計監査の信頼性確保のための取組み・2．会計監査に関する情報の株主等への提供の充実。

対応や，監査チームの硬直的な対応，監査工数増加，経験の浅いスタッフが多く関与している等）
・企業側の業務の内容や規模の拡大，株主の異動や不正の発覚にともなう監査リスクの高まりを理由とする「監査人からの辞任等」
・期中交代の理由としては，企業側の不適切会計等による監査人側からの辞任等，監査人との見解相違等による企業側からの解約等

「報告書」では，「監査人の交代理由の開示についての考え方」として，以下の点が明記されている（14頁）。

> まず，監査人の任期が通常1年で終了することからすれば，「任期満了」との記載は，交代理由の開示として不適切である。
> また，「監査報酬や会計処理に関する見解の相違」といった実質的な交代理由があった場合に関しては，企業側と監査人側が具体的にどのような点で対立しているのか，できるだけ実質的な内容を開示することが求められる。
> その他の交代理由に関しても，少なくとも，公認会計士・監査審査会がモニタリングを通じて把握した内容（監査報酬，監査チームへの不満等の項目への該当の有無及びそれに係る具体的な説明）と同程度の実質的な情報価値を有する理由が開示されるべきである。

こうした実務の改善については，単に監査人に対してだけではなく，監査役等に対しても，「経営者に対し，臨時報告書における交代理由の開示の充実を促すことが求められる。また，監査人の交代に関する監査役等の意見を記載することも検討することが求められる」と「報告書」では述べている。

さらに，被監査企業との意見対立等があって，企業による開示内容が一方的で，監査上の懸念事項，監査品質に影響する事象やその背景事情について，財務諸表利用者に十分な情報を伝えていないと考えられる状況においては，「監査人が自ら，交代の理由・経緯に関し，必要な説明・情報提供を行うべきである」とし，会社法第345条1項，5項の規定に基づいて，会計監査人が，株主総会に出席し，自らの選任・解任・不再任・辞任について意見を述べることができるとする権限を行使することにも言及しているのである。

この監査人の交代の問題について，とくに留意すべきは，「報告書」の次の要請であろう（15頁）。

> 監査人の交代に関して臨時報告書により開示を行うのは企業であるが，監査人にも，交代の理由・経緯に関し，財務諸表利用者に対する十分な説明・情報提供を行うことが求められる。

　すなわち，臨時報告書を発行するのが企業側だからといって，監査人の交代にかかる説明や情報提供に消極的な姿勢をとらず，自ら説明を果たすべきだというのである。

　監査人の交代の理由と軽重が問える問題とは思われない。いずれも株主及び投資家にとって重要な事項である。さらに，「監査人・監査報酬問題研究会」による調査によれば，2017年度において，上場会社の監査人の交代は，126件あった（監査人・監査報酬問題研究会，2019）。監査人の交代は，決して「通常とは異なる」稀なケースではなく，日常的に実施される問題なのである。2014年会社法改正によって，監査役会等に会計監査人の選任権限が付与されたことを契機に，監査契約を何も検討しないままに継続することは適切ではないとして，監査役等による会計監査人の選任基準の策定や，監査契約の見直しが広く行われてきている。さらに，将来的に，万が一，監査法人のローテーション制が何らかの形で導入されることとなれば，EUの状況をみる限り，監査人の交代は，非常に大きな影響を及ぼす問題となるであろう。

　「報告書」においても，「公認会計士・監査審査会がモニタリングを通じて把握した内容（監査報酬，監査チームへの不満等の項目への該当の有無及びそれに係る具体的な説明）と同程度の実質的な情報価値を有する理由が開示されるべき」という要請が記載されたのである。

4．報告書を受けての対応と今後の課題

　本「報告書」は，先の「提言」とは異なって，関係各位に対して提言を行うものではないが，「報告書」の最後の「Ⅳ．おわりに」において，関係者――監査人，企業側，監査役等，及び金融庁，取引所，日本公認会計士協会を含む関係者―ごとに期待される今後の対応に言及している。特に，金融庁，取引所，日本公認会計士協会を含む関係者に対しては，「本とりまとめを踏まえ，必要な環境整備についての検討を速やかに開始することが期待される」としているのである。

第20章　監査人による情報提供の充実　**333**

　それを受けて，東京証券取引所では，「会社情報適時開示ガイドブック」の改訂を発表し，被監査企業たる上場会社に対して，適時開示の充実を要請している（東京証券取引所，2019）。

　また，日本公認会計士協会においても，「金融庁・会計監査についての情報提供の充実に関する懇談会報告『会計監査に関する情報提供の充実について』の公表を受けて」を公表した。そこでは，次のように「報告書」の要旨を整理して，会員に対して対応を要請しているのである。

　「懇談会の報告書には，資本市場の関係者からの指摘に対応するために，以下の２つの事柄が含まれています。

　・通常とは異なる監査意見（除外事項が付された限定付適正意見，意見不表明又は不適正意見）を表明する場合の対応（監査報告書における除外事項の記述の改善，株主総会等における監査人の意見陳述の機会の活用，守秘義務についての考え方等）

　・監査人の交代に関する説明・情報提供（臨時報告書又は適時開示における実質的な交代理由の開示の促進，交代に関する監査役等の意見の追加記載の検討，交代理由に関する監査人の意見の明瞭化並びに株主総会における監査人の意見陳述の機会の活用等）」

　本「報告書」の公表によって，「提言」において提示された監査規制の課題は，概ね対応が図られたということになる。今後は，これまでに採られたさまざまな施策の実務での適用が問題となると思われる。

参考文献

監査人・監査報酬問題研究会（2019）「監査報酬の実態調査結果について」，『会計・監査ジャーナル』763号，46-55頁。

金融庁（2016），会計監査の在り方に関する懇談会「提言─会計監査の信頼性確保のために─」，３月８日。

──（2019a），会計監査についての情報提供の充実に関する懇談会「会計監査に関する情報提供の充実について─通常とは異なる監査意見等に係る対応を中心として─」，１月22日。

──（2019b）「企業会計審議会総会・監査部会資料４　監査報告書の記載事項の見直しについて」，３月28日。

公認会計士・監査審査会（2018）「平成30年版 モニタリングレポート」，７月31日。

㈱東京証券取引所（2019），上場部長　林謙太郎『会計監査の情報提供の充実に関する懇談会』の報告等を踏まえた会社情報適時開示ガイドブックの改訂等について」，１月22日。

日本公認会計士協会（2019），副会長　高濱滋「金融庁・会計監査についての情報提供の充

実に関する懇談会報告『会計監査に関する情報提供の充実について』の公表を受けて」，
1月22日。＜https://jicpa.or.jp/news/information/files/5-99-0-2-20190122.pdf＞
町田祥弘（2018）『監査の品質―日本の現状と新たな規制―』，中央経済社。
弥永真生（2018）「連載 法的な観点から監査業務を考察する―【第3回】監査人の守秘義務―」，
『会計・監査ジャーナル』761号，54-61頁。

（町田 祥弘）

第 V 部

わが国の監査品質の課題

第21章

監査報酬に対する監査人の訴訟リスク等の影響

1．問題の背景

　監査報告書は，監査の結果として，財務諸表に対する監査人の意見を表明する手段であるとともに，監査人が自己の意見に関する責任を正式に認める手段と位置付けられている通り，誤った監査意見を含む監査報告書の付された虚偽表示のある財務諸表に依拠した利用者が，結果として損害を蒙った場合に，当該損害に対して責任を問うのは合理的である。このように，監査報告書の本質が財務諸表の信頼性の保証であり，監査人によるその作成と公表が事後的補償機能を負うことの対外的表明であるとすれば，その問題は，その補償機能を果たすために，どのようにして監査人が自らの収受する報酬に自らの保証リスクを還元するか，ということになる。本章では，監査報酬の決定がどのような要因に基づいて，いかにして決定されるかについて検討したい。

2．監査報酬決定における考慮要因

　通常，監査人は自らの負うリスクを監査資源の投入を増加させること——監査手続の選択・適用拡大——で最小化しようとする。この際の監査手続の選択・適用の拡大は，時間当たりコストとして監査報酬に含められてクライアントに請求できる部分である。つまり，監査人は監査基準や監査マニュアルに従ってクライアント固有の事情に応じて監査資源の投入を増加させるが，監査報酬にはこの部分が織り込まれている。この結果，この監査資源の投入増は，異常リスク（誤った財務諸表に依拠することで利用者が意思決定を誤り損害を蒙る確率）を正常リスク（正しい財務諸表に依拠したにもかかわらず利用者が意思決定を誤り被損する確率）へ変換させるのに貢献する部分として捉えられる。つまり監査は，自己責任の範囲で利用者が投資意思決定を行える環境を整備することに貢献している。

　このような監査手続の選択・適用を通して監査人が監査資源の投入を増加させることでは，監査に伴うリスクを十分にコントロールできないと知覚した場合には，将来自らが蒙るかもしれない損失の発生に備えて，リスク・プレミアムとしてそれを監査報酬に含めることを指向する。つまり監査人は，投資者の

図表21-1　監査報酬の構成要素

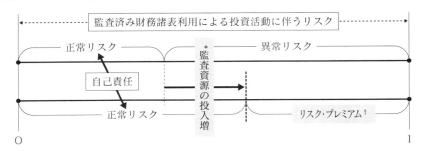

＊監査資源の追加投入量は，追加的な資源投入による限界コストと，それに伴うリスク・プレミアムの限界削減分が等しくなる点で決定される。
†リスク・プレミアム部分は，追加的な監査資源投入によって自らのリスクをコントロールできない場合に，付保で対応する範囲である。

損失を補償するための付保の範囲[1]で，監査報酬に異常リスク部分を賦課することになる。

したがって，監査人の報酬のあり方を考える場合，監査報酬の多寡，すなわち報酬への還元・増加が，監査資源の投入量の増加（監査手続の選択・適用を通じた異常リスクの正常リスクへの変換）によるものか，リスク・プレミアムとしての付保に帰するのかが峻別されねばならない。監査人が通常の監査手続を適用することでは監査に伴うリスクをコントロールできない，あるいは非常にコストがかかると看做した場合に，リスク・プレミアムは発生すると想定される。殊に追加的な監査資源の投入によっても，監査に伴うリスクを十分に減少させないと監査人が認識したときには，正常リスクに転換できない異常リスク部分（リスク・プレミアム）をカバーできるように付保する必要が生じる[2]。

図表21-1は監査が存在することを前提にして，投資者が想定する投資活動に伴うリスク範囲を表わしたものである。ここでは，投資者が負わねばならない異常リスクが，監査資源の投入増に伴って監査人に転嫁され，その範囲がより狭められることを示している。そして監査人によるこの追加的な資源投入分は，

---

[1] これら顕在化した異常リスクを回復するためには，投資者は監査人に対する損害賠償請求を通して，損失を回復する権利を裁判所から与えられなければならない。これは貸倒債権の回収のために担保権を行使する場合に，裁判所からの許可を取らねばならないのと同じである。
[2] 例えばMenon and Williams (1994) においても，リスク・プレミアムを付保の範囲で監査報酬に含めるべき旨が主張されている。

第21章　監査報酬に対する監査人の訴訟リスク等の影響　**339**

時間当たりの単価をもとに監査報酬の増額としてクライアントに請求される部分となる。加えて，上記のリスク・プレミアム部分も監査人側の付保という手段によって，投資者から監査人にそのリスクが転嫁される。

　この図表21-1を監査サービスの競争市場を前提にしてモデル化すると，以下のようになる（Simunic, 1980; Pratt and Stice, 1994）。

$$E(c) = cq + [E(d) \times E(r)]$$

　　E(c)：期待総コスト，すなわち監査報酬額
　　c：外部監査資源の1単位投入ごとのコスト（すべての機会コストを含む）
　　q：監査を実施する際に監査人が投入する資源量
　　E(d)：今期の財務諸表監査から生じ得る潜在的な損失の期待現在価値
　　E(r)：監査人が今期の財務諸表に関連する損失の責任を負わされる確率

　このモデルにおいて，監査報酬は正常利益を含んだうえで，監査の期待総コストをカバーするように設定される。ここで，cqは監査資源の投入コストに等しく，E(d)×E(r)は監査人にとってのリスク・プレミアムないしは監査人にとってのビジネス・リスクの期待コストに等しい。

　具体的には，監査人に次のようなプロセスで監査報酬の請求金額を決定すると考えられる。まず自らが，将来，当該企業の財務諸表監査に関連して損害を蒙るかもしれない確率に基づいた金額（期待値），すなわちE(d)×E(r)（リスク・プレミアム）を見積もる。次に監査資源を追加的に投入することによってもたらされるリスク・プレミアムの限界削減額と，投入する監査資源の限界コストが等しくなる点で監査資源の投入量qを決定する。この場合，財務諸表監査制度であれば，監査資源の投入の最低限は監査基準によって画されている。この結果，クライアントに請求する，あるいは許容できる監査報酬E(c)は，監査人の正常利益，cq（監査手続実施によるコスト），並びにリスク・プレミアムE(d)×E(r)（監査人にとっての将来損失の期待値）を考慮して決定される。

　このように考えてくると，監査サービスを提供することの監査人にとっての価値は，自らが将来蒙るかもしれない損失のリスクをどれだけ小さくできるか，に依存している。もし自らの期待総コストE(c)を賄える程度の監査報酬がクライアントから提供されないのであれば，当該契約から撤退することが監査人

にとっては最善の選択となろう。故に，監査人の最大のインセンティブである監査報酬金額を考慮する場合に決定的に重要なのは，リスク・プレミアムをどの程度に見積もるか，ということになり，その見積りの後に，監査人は，資源投入量qと許容できる監査報酬E(c)の2つについて意思決定することになる。

3．リスク・プレミアムの構成要素

⑴　異常リスク部分の監査報酬への反映

このリスク・プレミアムの評価に，もっとも大きな影響を与える要素が何か，という点を以下では検討したい。

異常リスクは，監査人側の追加的監査手続によって対応できるか否かによって，正常リスクへの転換部分とリスク・プレミアム部分に分けられる。図表21-1にみた異常リスクは，監査済み財務諸表上の虚偽の表示によって投資者が損失を蒙るかもしれない確率であるから，その不実記載の原因が追加的監査手続によって対応可能なものかどうか，が重要な問題となる。

通常，虚偽の表示の原因は，不正と誤謬に分けて議論される。誤謬については監査資源の投入増により対応できる可能性が高いが，不正については監査資源の増加では容易に摘発することはできない，といわれている。つまり，この不正こそがリスク・プレミアムE(d)×E(r)の主たる要因として考慮されなければならない。故に，リスク・アプローチを前提にして，監査契約の締結や監査計画の策定段階で虚偽表示のリスクを評価した際に，誤謬発生の可能性の高いクライアントについては，合理的な基礎を形成するのに十分になるように監査資源の投入量を計画し，それに見合った監査報酬（コスト）の増加が予定される。一方，不正が内在する可能性の高いクライアントについては，コントロール不能なリスク・プレミアムに見合った監査報酬設定をする必要がある。要するにクライアントの特性がリスク・プレミアム発生の重要な原因となることがわかる。

以上のような監査報酬を通じたリスク負担機能から，潜在的に監査人が責任を問われる範囲を想定すると，監査導入による直接効果部分も含めた監査手続の実施によって異常リスクを正常リスクに変換した部分と，不確実性に起因したリスク・プレミアムの部分ということになる。

これらリスク・プレミアムを監査人が見積もったうえでそれを監査報酬に還元しているとすると，わが国と他国との監査報酬の差はリスク・プレミアムを

いかに見積もるかに起因してくる。数々の監査の失敗に起因した監査基準の改訂に伴う監査手続の追加を促す措置は、須く図表21-1における異常リスク部分を、監査資源の追加投入により正常リスクに転換することを志向した部分と理解できる。この結果、投資者が負うことを予定できる正常リスク（自己責任）範囲は拡張され、市場の安全性や流動性が高まり、わが国の監査の価値も高まることになる[3]。このように監査基準改訂による監査手続の拡張により、立証すべき要証命題が標準化されたと理解すれば、監査報酬の１つの決定要素である監査資源のコストcqについて、もしそれでも監査人の間で差が存在する場合には、それはコスト競争力の相違と看做すことができる。

　これに対して、リスク・プレミアムの評価については、①クライアント特性（虚偽の表示に起因して投資者側に損害が発生する可能性に影響する）と、②訴訟環境（被損した投資者が賠償請求をする可能性とそれを法廷が認める可能性に影響する）の２つを考慮する必要がある[4]。したがって、もしわが国と他国との間で①クライアントの特性に相違がないとすれば、後はそれぞれの監査人が置かれた②訴訟環境の相違がリスク・プレミアム評価に差を生じさせ、結果として監査報酬の相違をもたらしていると考えられる。

(2)　訴訟環境の監査報酬への影響

　もう１つのリスク・プレミアムを構成要素である損害の期待現在価値については、以下のように生じ得る損害賠償の金額によって測定される。損害を蒙った被害者に英米法上、損害賠償請求が認められるために、図表21-2は、どのような訴因が法廷によって検討されるかをまとめている。損害賠償の金額は、原告に与えられる救済策レベルでの争点である。この場合、救済策には「特定履行」と「損害賠償」の２つがある。

　救済策における「特定履行」は、契約法に従い契約違反によって損害が生じた場合に、当該契約を完遂させることで損害の回復を図りその結果、被害者の救済を図るものであるが、監査済み財務諸表に依拠したために損害を蒙ってしまった利用者からの請求では採り得る措置ではない。このため、投資者等の被害者が救済されるための方法は、救済策のうちの損害賠償が原則となる。その

3）ただし正常リスクに転換できない場合は、リスク・プレミアムに含められる。いずれにしても投資者にとっての監査の効果は高まる。

4）この場合のリスク・プレミアム評価を定式化すると、$[E(d) \times E(r)] = E(d) \times [①（クライアント特性）\times ②（訴訟環境）]$ となる。

図表21-2　法的責任検討プロセス

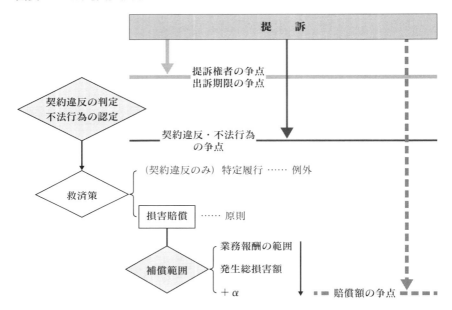

うえで，法廷による損害賠償の金額の範囲が次の争点となるが，わが国とアメリカでは大きな相違がある。

　英米法上でも18世紀から19世紀前半に至るまでの伝統的な考え方では，損害賠償額の上限は契約関係の取り消しによって生じる支払済み報酬の返済ないし実損額の回収，すなわち直接的損害の補償であり，監査報酬の枠内での賠償とされていた[5]。しかし20世紀に入り，危険（財政的）負担能力の比較衡量による被違反者を救済するという観点から，損害賠償額の範囲は付随的ないし派生的損害を加えた額にまで拡張される。このため，特に監査の失敗という不法行為に起因した訴訟においては，支払能力のより大きい危険負担者に他方当事者の損失を負担させることが志向された。このような考え方は，さらにアメリカにおける「懲罰的損害賠償」を認めさせることに至った。つまり，悪質な不法行為に関与した当事者に対して，実際に被害者が蒙った損害額に加えて一定額以上の賠償を科すことで，被告である加害者に制裁を加えつつ将来にわたって

5）詳細は，松本（1991）を参照されたい。

同種の行為を抑止するという発想を採っている。

　しかしながら，わが国では「制裁」は民事による救済の問題ではなく刑事の問題となり，罪刑法定主義の観点から刑罰として扱われることになる。このためわが国の損害賠償額は，実損額とそれに付随する損害額が上限とならざるをえない。

4．むすびにかえて

　本章で検討したように，アメリカのように民事責任の範囲に制裁的要素を含め損害賠償額の上限を設けない国に比して，わが国では被害者が蒙った損害額が上限となるという点で，訴訟環境のうちの量的側面[6]に大きな差がある。同時に訴訟提起によって賠償額が実損額よりも大きな額を得ることができる訴訟環境が，訴訟提起しやすい国民性を醸成しているという理解も成り立つため，質と量の問題は相互依存的な関係にあるといえる。この意味で，少なくとも上記のモデル式におけるE（d）×E（r）には日米で質量ともに相違が認められ，監査報酬に差が生じている１つの要因として理解される。

参考文献

Causey, D.Y., Jr. and S.A. Causey (1999), *Duties and Liabilities of Public Accountants 6th ed.* MS, Accountant's Press.

Menon, K. and D.D. Williams (1994), The Insurance Hypothesis and Market Prices, *The Accounting Review* 69 (2): 327-342.

Pratt, J. and J.D. Stice, (1994), The Effects of Client Characteristics on Auditor Litigation Risk Judgments, Required Audit Evidence, and Recommended Audit Fees, *The Accounting Review* 69 (4): 639-656.

Simunic, D. (1980), The Pricing of Audit Services: Theory and Evidence, *Journal of Accounting Research* 18 (Spring): 161-190.

松本祥尚（1991）「会計士のコモン・ロー責任をめぐる法律環境──契約法争点を中心に──」，『香川大学経済論叢』64巻２・３号，553-597頁。

（松本　祥尚）

---

6) ここでは国民性が訴訟に対して寛容か否かという訴訟環境の質的側面は扱っていない。

第**22**章

監査環境が監査の品質に及ぼす影響

1．問題意識

　本章では，監査環境の相違が監査の品質に及ぼす影響について若干の考察を試みる。この考察に当たり，日本公認会計士協会の監査基準委員会研究報告第4号『監査品質の枠組み』（日本公認会計士協会，2015）（以下，第4号）に示された監査品質の枠組みに依拠して議論を進めたい。

2．監査品質の枠組み

　第4号は，監査品質の継続的な改善に資するため，国際監査・保証基準審議会（International Auditing and Assurance Standards Board: IAASB）が2015年に公表した「監査品質のフレームワーク」（IAASB, 2014）を基に，日本において監査品質に影響を及ぼす要因を加味して体系的に取りまとめられたものである。

　第4号は，監査品質は，「多面的で複雑な主題であり，国際的にも確立した監査品質の定義は存在しない。」（4項）とする。その理由として，①監査が監査人の能力や資質に依存し，職業的専門家としての自己規律を前提とした業務であること，②監査済財務諸表における重要な虚偽表示の存在の有無は，監査品質の部分的側面しか表さないこと，③被監査会社の状況は様々であり，監査意見を裏付ける十分かつ適切な監査証拠を入手したかどうかの判断は，監査人に委ねられること，④外部者である財務諸表の利用者は，通常，監査品質を直接的に評価する情報を入手する機会はないこと，⑤監査品質に対する見方は，監査の利害関係者の立場によって様々であることが指摘されている（5項～7項）。

　このような考え方に基づき，第4号は，監査の品質とは何かを定義するのではなく，「有効で，かつ，適時に効率的に合理的な報酬で実施される監査の品質は高いと考えられる」（8項）と間接的に監査の品質を説明し，監査品質に影響を及ぼす要因を提示するというアプローチを採っている。また，「有効性」，「適時性」，「効率性」及び「報酬の合理性」の判断には主観が存在するとし（8項），監査の品質は評価主体によって異なり得ることを示唆している。どのような監査が有効であるかは明確にされていない。

3．監査品質に影響を及ぼす要因

　第4号は，監査品質に影響を及ぼす要因を以下のように分類している（14項）。
・インプット（監査人の価値観，倫理及び姿勢，並びに監査人の知識，技能，経験及び時間）
・プロセス（監査プロセスと品質管理手続）
・アウトプット（監査報告書，監査役等に対する報告，個々の監査業務に係る情報など）
・監査の利害関係者間（監査人，経営者，監査役等（監査役若しくは監査役会，監査等委員会又は監査委員会），財務諸表の利用者，及び規制当局など）の主な相互作用
・背景的要因

　これらのうち本章の考察の対象である監査環境に該当するのは「背景的要因」である。第4号は，背景的要因として，①商慣行及び商事法，②財務報告に関連する法令，③適用される財務報告の枠組み，④情報システム，⑤コーポレート・ガバナンス，⑥文化的要因，⑦監査に対する規制，⑧訴訟環境，⑨人材，及び⑩財務報告スケジュールを示している（76項）[1]。

4．監査環境としての背景的要因

⑴　監査品質の定義

　監査環境が監査の品質に及ぼす影響を議論するためには，どのような利害関係者の立場に立ち[2]，どのように監査品質を定義するかが重要となる。ここでは，町田（2018）の定義に依拠する。

　町田（2018）は，法定監査を念頭に置き，監査環境が及ぼす影響を前提として，監査の品質を「監査人が，監査手続によって，重要な虚偽の表示を発見すること，かつ，それについて，経営者に対して修正させることによって適正な財務報告を実現するか，あるいは，監査報告を通じてそのことを明らかにして不適正な財務報告によって利用者が誤導されることを防ぐことの程度」と定義

---

1) これら諸要因の関係については，本書第2章に図示されているので参照されたい。
2) 第4号7項に示されているように，監査済財務諸表の利用者と経営者とでは監査品質に対する見方が異なることがある。

346 第Ⅴ部 わが国の監査品質の課題

図表22-1 背景的要因が監査品質に及ぼす影響

背景的要因	具体例	留意点
①商慣行及び商事法	契約の文書化の程度	・法制度とも関連
	税法遵守の姿勢	
②財務報告に関連する法令	経営者の責任	・法令遵守の認識を徹底することは困難
	罰則	
	遵守に関する監視・是正	・経営者の心構えに及ぼす影響には限界あり
	監査への協力義務	
③適用される財務報告の枠組み	原則か規則か	・同じく国際財務報告基準を採用していても，日本企業と外国企業では相違あり
	財務情報の検証可能性	
	会計上の見積りの必要性	
④情報システム	有効性	・監査証拠の種類，時期及び範囲に影響
	信頼性	
	複雑性	・監査の効率性にも影響
	適用範囲	
⑤コーポレート・ガバナンス	有効性	・資金調達方法，所有構造，株主の意識などの影響
	監査役等の独立性	
	監査役等の監査の有効性	・会社組織の問題でもあり，文化的要因の影響大
	内部監査の有効性	
	経営者の監査に対する姿勢	
	監査報酬	
⑥文化的要因	階層・上下関係	・財務諸表監査は社会制度であることから，文化的要因の影響大
	不確実性回避の傾向	
	集団的行動への期待	
	透明性（情報開示の姿勢）	
	専門業務報酬への意識	
	性善説・性悪説	
⑦監査に対する規制	公認会計士試験制度	・人材確保にも関係
	監査の基準	・特にインプット及びプロセスに影響
	職業倫理規定	
	審査・検査	・厳格であれば品質が向上するとは限らない
	懲戒制度	
⑧訴訟環境	訴訟リスクの高低	・紛争解決手段として訴訟を用いるか否かは文化的要因

⑨人材	職業としての魅力	・適格性の高い監査人の確保
	社会的な認知度・地位	は，インプットとして監査
	労働環境	品質に直接影響
	試験・教育・訓練制度	・監査人の適格性の差は，他の要因と相まって，監査の品質に間接的に影響
⑩財務報告スケジュール	期末監査期間	・経営者の監査に対する理解
	株主総会開催時期	・決算短信の記載内容
	決算短信チェックへの期待	

出所：日本公認会計士協会（2015）及びIAASB（2014）を基礎として筆者作成。

している[3]。この定義は監査人の立場に立つもので，財務諸表に対する想定利用者の信頼性の程度を高めるという財務諸表監査の目的を念頭に置いていると考えられる。

⑵　背景的要因の分析

　図表22-1は，この定義を念頭に置き，背景的要因に関する第4号の説明（77項～110項）をもとに，各要因の具体例（あくまでも例示列挙）及び留意点の整理を試みたものである。

　この定義の下では，例えば，期末監査期間は長い方が望ましい（監査品質を向上させる方向に作用する）と考えられるが，財務諸表利用者は早期の決算報告を望む可能性がある。また，財務情報の信頼性よりも目的適合性を重視した主観的な財務情報の提供を拡大する傾向は監査の品質を低下させると考えられるが，財務諸表利用者がこの品質低下をどのように捉えているかは定かではない。

5．監査環境の複合的関係

　さて，ここまで第4号に依拠して，監査品質に影響を及ぼし得る環境要因を整理してきたが，上述の背景的要因が監査品質に影響を及ぼすことについては

3）日本における最近の監査品質の定義としては，日本公認会計士協会・品質管理を中心とした自主規制の在り方研究会の報告書（日本公認会計士協会，2018）による定義がある。それは，財務諸表利用者（投資家）の視点をとりわけ重視したものであり，「監査の品質とは，監査が一般に公正妥当と認められる監査の基準に準拠して実施され，かつ，社会から求められている監査人の役割が適切に遂行された程度である。」と定義されている。

議論の余地はないであろう。しかし，これらの環境要因がどのように監査品質に影響するか，また，その影響をどのように評価するかを具体的に議論するには困難さが伴う。それは，図表22-1から読み取れるように，背景的要因が監査品質に及ぼす影響は間接的であり，かつ他の要因と相まって影響することによる。また，訴訟リスクの高低や懲戒制度の厳格さのように，影響の方向性は状況依存的である要因も存在する。

　例えば，「監査人の知識，技能，経験及び時間」というインプットについて考えてみよう。「十分かつ適切な監査証拠を入手するのに十分な時間の確保」については，株主総会開催時期や決算短信チェックへの期待（⑩財務報告スケジュール）だけでなく，金商法監査と会社法監査の重複（②財務報告に関連する法令），監査の効率性を阻害する情報システムのIT化の遅れ（④情報システム），公認会計士・監査審査会と日本公認会計士協会による審査・検査等に対応するための監査調書の作成負担（⑦監査に対する規制）などが影響していると考えられる（括弧内はいずれも図表22-1に示した背景的要因，以下同じ）。また，「適切な能力を有した監査チームによる監査の実施」については，人材難，具体的には試験合格者不足と若手の離職率の高さ（⑦監査に対する規制及び⑨人材）とともに，必要な監査資源を投入するのに要する監査コストの制約という側面と，職業としての魅力や労働環境にかかわる側面を持つ監査報酬（⑤コーポレート・ガバナンス及び⑥文化的要因）が関係しているであろう。そして，同じ監査時間であっても，適切な能力を有し，適切な人数で構成された監査チームによって業務を実施するか否かで，監査品質に対する影響が異なることはいうまでもない。

　また，財務諸表監査は社会制度であることから，文化的要因の影響がきわめて大きいと考えられる。例えば，情報開示に対する消極的な姿勢は，財務諸表監査の意義・必要性に対する理解の乏しさ（⑤コーポレート・ガバナンス）と相まって，監査品質を押し下げる効果を有するであろうし，これらと高度な専門サービスに対する報酬への意識の低さが相まって監査報酬の低廉化を招き，そのことが職業としての公認会計士の魅力の低下や後継者育成・人材確保の困難さにつながり，ひいては監査品質に影響を及ぼしている可能性がある。

　なお，上述の例えば「情報開示に対する消極的な姿勢は，財務諸表監査の意義・必要性に対する理解の乏しさと相まって，監査品質を押し下げる効果を有する」のようないくつかの解釈は，仮説にとどまる。

6. むすびにかえて

　財務諸表監査は社会制度であり，監査品質に対する利害関係者のすべての要求を最大限満たすことは不可能であることから，関係者の利害を調整し，社会全体としてのバランスを取ることが必要不可欠である。このことに必要な判断材料を示すのが研究者の役目であり，われわれが取り組んでいる財務諸表監査の研究は，「監査品質」という用語を用いるか否かは別として，また程度の差こそあれ，直接間接に監査品質に関連すると捉えることができる。本章の議論に基づけば，とりわけ監査品質に焦点を合わせた研究では，まずは監査品質に影響を及ぼしている監査環境要因を具体的に洗い出し，それらの相互関係を明確化して，個々の要因が監査品質に及ぼす影響を考察することが必要であると考えられる。

参考文献

International Auditing and Assurance Standards Board (IAASB) (2014), A Framework for Audit Quality: Key Elements that Create an Environment for Audit Quality, IAASB.

日本公認会計士協会 (2015), 監査基準委員会, 監査基準委員会研究報告第4号「監査品質の枠組み」, 日本公認会計士協会。

――― (2018), 品質管理を中心とした自主規制の在り方研究会『品質管理を中心とした自主規制の在り方研究会報告書』, 日本公認会計士協会。

町田祥弘 (2018)『監査の品質―日本の現状と新たな規制―』中央経済社。

（林　隆敏）

第**23**章

被監査企業に対する監査人の交渉力

1．問題の所在

　国際監査・保証基準審議会（International Auditing and Assurance Standards Board: IAASB）の監査品質のフレームワーク（IAASB, 2014）においても，監査人と経営者の相互関係が監査の品質に影響を及ぼすことが指摘されている。本章では，監査人と被監査企業の関係，特に，「監査の品質は，監査人側の問題だけではなく，被監査企業と監査人の間の力関係によっても影響を受けるのではないか」という問題を取り上げたい。

　例えば，被監査企業が大規模で大きな監査報酬を期待できる場合や，被監査企業がグローバルな市場，わが国の経済界又は業界内においてリーディングカンパニーとして位置付けられており，当該企業を担当することが監査人の評判（reputation）に影響を及ぼす場合等には，監査人が企業に対して，交渉力が弱くなる可能性があるのではないか。あるいは逆に，小規模な被監査企業の場合，監査人にとって当該監査契約は相対的な重要性が低く，被監査企業に対して強い交渉力を持つ，すなわち，監査意見の表明や被監査企業に対する会計処理・開示の修正要求で強い立場での交渉が可能となるのではないか，という問題である。

　こうした問題について，本章では，先行研究に基づいて検討してみたい。

2．先行研究

　被監査企業に対する監査人の交渉力（bargaining power）については，古くから先行研究があり，多岐にわたる。

　直接的に交渉力を扱ったものとしては，例えば，DeAngelo（1981）が挙げられる。それによれば，監査法人の規模が大きいほど被監査企業に対する交渉力が強く，財務報告に自らの意向を反映させやすいという。

　同様の議論は，わが国においても確かめられており，岡部・松本（1997），松本（2004），乙政・浅野（2007）などがある。岡部・松本（1997）によれば，監査人側は，監査人による指導に従わないのであれば，批判的機能を発揮して不適正意見等を表明する権限を有しており，それによって被監査企業を上場廃

止に追い込むことができる。他方，被監査企業側は，当期の決算では監査人の意向に従わなければならないとしても，その後，当期をもって監査人との契約を終了させることができ，監査人にとっては収入の減少をもたらすこととなるであろう。これら2つの圧力の下で交渉が行われ，財務報告には監査人の意向が多かれ少なかれ反映される。岡部・松本（1997）では，監査人の意向が反映される程度は，監査人の独立性の程度，交渉力，及び会計方針変更の理由や影響額等に依存する，とされている[1]。

　こうした財務報告への影響を通じて，企業と監査人の交渉力を検討する他に，監査報酬という定量的な変数を用いて，企業と監査人の交渉力を検討する研究もある。

　例えば，Casterella et al.（2004）では，一般に，監査人の業種特化は，監査報酬を増加させる要因であるとされるが，被監査企業が大きい交渉力を有する場合には，監査報酬が低くなり，業種専門性による報酬プレミアムがみられなくなることを明らかにした。また，福川（2012）では，被監査企業が「日経優良企業ランキング1000」に含まれているかどうかを被監査企業の交渉力の代理変数として設定し，被監査企業が「日経優良企業ランキング1000」に含まれているかどうかによって 監査報酬の決定要因が監査報酬に与える影響に有意な差が生じていることを示している。

　監査報酬に与える影響は，当該企業の監査に投じることができる監査時間や監査実施者の人数や水準の低下を通じて，監査の品質に影響を及ぼすと考えられることから，監査報酬に関して被監査企業の交渉力が高い場合には，監査報酬の低下をもたらすことを通じて，間接的に監査の品質の低下につながる，と解することができよう。

　さらに，もう1つの研究類型として，ゲーム論を援用した研究を挙げておきたい。

　例えば，内部統制報告導入以前の状況をもとに，経営者と監査人の内部統制をめぐる交渉を検討したものとして，Caplan（1995）やMatsumura and Tucker（1992）などが挙げられる。これらは皆，経営者と監査人による二人

---

1) こうした議論の一部は，Basu（1997）を嚆矢とする条件付き保守主義の研究につながるものである。すなわち，Basu（1997）では，経済的利益を認識する場合よりも，経済的損失を認識する場合に，ヨリ高い程度の立証を求める監査人の傾向を保守主義と捉えている。監査人がそうした保守主義を抑制し，企業の財務報告に影響を与える点については，髙田・村宮（2013）を参照されたい。

当事者によるゲームの分析である。

　まず，Caplan（1995）では，経営者と監査人による監査ゲームにおいて，不正を行おうとする経営者は，内部統制が経営者不正を防ぐか否かにかかわらず，弱い内部統制を選好する。監査人は，日常の監査手続においては，不正と誤謬の差異を識別しないため，弱い内部統制の下では，監査人は誤謬の発見に注力することで不正の発見可能性が低下すると考えられるからである。このことは，監査人による内部統制改善提案に対して経営者との間に意見対立が生じる可能性を示唆しており，経営者と監査人の間に潜在的なコンフリクトの存在を指摘している。

　また，Matsumura and Tucker（1992）によれば，同様の監査ゲームにおいて，内部統制が強力な場合，監査人は取引についての詳細テストに比重を置き，経営者不正の発見の可能性も増加する。内部統制の条件を一定にして，そのような監査の実施を促進するには，監査人に対するペナルティを増加することや，監査報酬の増加を容認することが有効であるという。逆に，内部統制が脆弱である場合，監査人の経営者に対する影響力は低下することが指摘されている。

　これらの研究では，内部統制が経営者不正の発見に寄与することが前提とされており，その結果，被監査企業と監査人の交渉力に影響を与えたり，監査人の監査に直接的な影響を与えたりすることが指摘されている。

　さらに，Wallace（1992）では，金融機関にかかる内部統制報告制度の導入を踏まえた意識調査に基づく研究が行われ，内部統制報告を通じて，監査人が被監査企業との間でヨリ強い交渉力を有する状況が生み出されることが示されている。すなわち，監査人は，内部統制報告に先立つ事前の関与によって，内部統制を改善したり，企業の財務報告に一層関与したりすることで，報告実務における支配的な役割を担うことができるというのである。Wallace（1992）によれば，内部統制報告制度は，監査人に新たな業務領域をひらくと同時に，新たな指導的権限を与えるという。

3．監査の品質と交渉力

　以上のような先行研究の結果を踏まえて，被監査企業と監査人の間の交渉力の差異が監査の品質に対していかなる影響を及ぼすのかについて整理したい。

　第1に，直接的に監査人の指導的機能の発揮を，監査契約を継続しないことや監査報酬の減少を交渉材料として，抑制するケースが考えられる。

第23章　被監査企業に対する監査人の交渉力　**353**

　第2に，監査契約，特に監査報酬の交渉において被監査企業の交渉力が強く，監査報酬の低下が図られ，結果として，監査の品質に負の影響を及ぼすケースが考えられる。

　第3には，企業側の内部統制の有効性が高ければ，監査人の不正発見に投じる時間等の増加がもたらされ，一層監査人の交渉力が高まることが想定される。

　では，わが国の場合，こうした被監査企業と監査人の交渉力の決定要因となるのは何であろうか。

　1つは，監査人にとって報酬獲得の重要性が挙げられるであろう。大きな報酬を支払う企業は，監査人にとって大きな交渉力を有することとなる。この報酬には，わが国における監査証明報酬だけではなく，海外の子会社等においてネットワーク・ファームに支払われる報酬のすべてが含まれる。

　他方で，わが国の場合，海外に比べて監査報酬が相当程度低いことが指摘されている（監査人・監査報酬問題研究会（2018）など）。一部の企業が低いだけであれば，企業にとって交渉力の低下に繋がるかもしれないが，総じて低いことは，監査時間等の低下を通じて監査の品質の低下をもたらす一方，相対的に規模の大きい企業の交渉力を高める結果となっているものと解される。

　同時に，わが国の監査法人の収益構造においては，監査証明報酬への依存が大きいことから，監査報酬の低下の申し出や監査人の交代の申し出は，被監査企業における交渉力を高める効果をもつこととなる。

　また，企業の内部統制の有効性の高まりは，前述のように，監査人の交渉力や監査の品質を高めることになると解されるが，わが国の場合，内部統制報告制度の形骸化の影響もあって，内部統制報告制度を導入したにもかかわらず，内部統制を通じた監査人の交渉力の強化につながっていないようにも見受けられる。

　その他，第21章で指摘されている様々な監査環境要因が，監査人の交渉力を低下させているとも思われるのである。

　これらの問題が一朝一夕に解決するとは思われない。基本的には，それらの様々な環境要因についての認識を関係者のみならず，本来の監査の受益者である資本市場ないし社会全体においても共有し，漸進的に解決していくことが求められる。これまで述べてきたように，わが国の監査人が，被監査企業に対する交渉力の低い状態に置かれていることを問題であると認めるのであれば，Matsumura and Tucker（1992）の指摘するように，制度的な措置を図ること

も一案であろう。

かつて公開会社会計監督委員会（Public Company Accounting Oversight Board: PCAOB）の議長であったJames R. Doty氏は，監査報酬は被監査企業から支払われ，監査人にとっての出世とは，被監査企業を喜ばせ，監査法人のビジネスを拡大することを意味する場合もあることから，「監査人は被監査企業に媚びるプレッシャーに晒されている」とも述べている。かかる潜在的なリスクを低減することが，監査における「市場の失敗」を防ぐための必要な規制なのかもしれない。

参考文献

Basu, S. (1997), The Conservatism Principle and the Asymmetric Direction, Litigation Risk and Planned Audit Investment, *Journal of Accounting and Economics* 24: 3-37.

Caplan, D. H. (1995), *The Expectation Gap: Understanding Auditors' Efforts to Detect Fraud*, University of California, Berkeley.

Casterella, J.R., J.R. Francis, B.L. Lewis, and P.L. Walker (2004), Auditor industry specialization, client bargaining power, and audit pricing, *Auditing: A Journal of Practice & Theory* 23(1): 123-140.

DeAngelo, L. E. (1981), Auditor Size and Audit Quality, *Journal of Accounting and Economics* 3: 183-199.

International Auditing and Assurance Standards Board (IAASB) (2014), *A Framework for Audit Quality: Key Elements that Create an Environment for Audit Quality*, February.

Matsumura, E. M. and R. R. Tucker (1992), Fraud Detection: A Theoretical Foundation, *The Accounting Review* 67(4), Oct.: 753-782.

Wallace, W. A. (1992), Whose Power Prevail in Disclosure Practices?, *Auditing: A Journal of Practice & Theory* 11 (Supplement): 79-105.

岡部孝好・松本祥尚（1997）「財務変数に基づく監査意見の実証分析（一）・（二）」，『會計』152巻3号・4号，18-29頁・108-117頁。

監査人・監査報酬問題研究会（2018）「2018年版　上場企業監査人・監査報酬実態調査報告書」，3月31日。

乙政正太・浅野信博（2007）「第3章　会計操作と監査」，須田一幸・山本達司・乙政正太『会計操作――その実態と識別法，株価への影響』ダイヤモンド社，75-84頁。

髙田知実・村宮克彦（2013）「大手監査事務所の保守的行動に関する分析」，『国民経済雑誌』208巻4号，10月，53-68頁。

福川裕徳（2012）「第8章　わが国大手監査法人による価格およびコストの決定」，『監査判断の実証分析』国元書房，183-222頁。

松本祥尚（2004）「第11章　ディスクロージャーと監査情報の品質」，須田一幸［編著］『ディスクロージャー戦略と効果』森山書店，251-269頁。

（町田　祥弘）

第 VI 部

監査品質に関する個別研究

第**24**章

監査事務所のネットワークにおける監査の品質

1. 問題の所在と研究の目的

　企業の活動がグローバル化するのに対応して，そうした企業の監査業務もグローバル化が図られてきている。従来は，監査基準（第三 実施基準・四 他の監査人等の利用）において，「他の監査人によって行われた監査の結果を利用する場合」として規定されているように，海外の子会社等の監査を当該国の監査人を利用して行うことが想定されるのみであったが，近年では，若干，様相が異なってきている。

　昨今の監査規範において，従来の「他の監査人」の監査を超えた対応が図られてきた。国際監査基準では，2008年3月に，ISA600「特別な検討──グループ財務諸表の監査」（IAASB, 2008）を公表し，わが国においても，日本公認会計士協会が，2011年12月に，監査基準委員会報告書600「グループ監査」として，ほぼ同じ内容の実務指針を公表している。

　「グループ監査」とは，複数の構成単位からなるグループが作成する財務諸表に対する監査のことであり，連結財務諸表の監査がこれに該当する他，個別財務諸表が複数の構成単位から作成される場合（例えば，本店，支店でそれぞれ財務情報を作成している場合）も該当する。その上で，監査基準委員会報告600（8項（13），A5-A6項）では，グループ財務諸表の資産，負債，キャッシュ・フロー，利益又は売上高等の財務指標から適切と思われる指標を選定して，グループに対する個別の財務的重要性を有する構成単位を特定することを求めている。例えば，その指標に占める比率が15％超の構成単位を，個別の財務的重要性のある構成単位とする場合があり，かかる構成単位については，グループ監査チームから監査指示書を送付し，結果の報告を受け取らなければならないとされている。

　こうした厳格な対応が求められるのは，グローバル企業の事業展開によって，子会社の管理態勢の構築，複雑な経済取引の検討，会計基準の差異の対応など，対応すべき課題は多く，また，重要な会計不正が海外子会社で発生する事例が生じていることを背景としている。

　しかしながら，残された課題もある。すなわち，わが国の大手・準大手監査

法人は，すべてグローバルなネットワーク・ファームの傘下にある。中には，PwCやEYのように，法人名にネットワーク・ファーム名を明記する法人もある。それらの各監査法人は，監査マニュアルを含め，監査のリソースの多くをネットワークに依存し，ネットワークに対して拠出金を支払っている。

　実際，グループ監査において，監査人は，「他の監査人」として，自らの監査法人と関連のない監査事務所の監査を利用することは一般的ではなく，自らの監査法人が所属するグローバルなネットワークに属する監査事務所を利用することが通例である。これは，同一のネットワークに所属していれば，自らの監査法人の監査手法と共通の監査手法によって監査実務が行われることが期待できること，及び，同一ネットワークにおいては，自らの法人と同一の水準で監査業務の品質管理が行われていることが期待できるからであろう。「他の監査人」として同一ネットワーク外の監査事務所を利用するケースは，当該国・地域に，同一ネットワークの監査事務所が存在しないケース等の例外的な場合に限られるといえよう。

　監査法人の側から見れば，ネットワークに所属することのメリットとしては以下のものが挙げられる[1]。

　・監査関与先の海外向け財務諸表に対するグローバルなネットワークのブランド名称を用いた監査業務
　・ネットワーク内で開発された各種のシステムやデータベース等の利用
　・関与先の国際化・多国籍化による各種ニーズに対応する国際業務の推進
　・ネットワークのメンバー・ファーム相互の関与先の紹介

事業活動が多国間に及ぶグローバル企業に対する監査に関しては，各国における個々の監査事務所レベルでの監査の品質に対する国内規制だけでは，必ずしも十分な監査の質を一貫して確保することができない。

　親会社を中心とした個別企業の財務諸表監査の積み上げとなるグローバル企業の財務諸表監査について，どのようにその品質を向上させ，かつ各国監査の一貫性を確保するか，という問題は，ネットワークによる品質管理の問題に収斂されるともいえよう。

　しかしながら，これらのネットワークは，各国の監査規制の対象からは外れており，一種の規制のエアポケットの状態にあるようにも見受けられる。例え

1）例えば，EY新日本（2018）やあずさ（2018）で掲記されている。

第24章　監査事務所のネットワークにおける監査の品質　**359**

図表24-1　監査の基準におけるネットワーク問題への対応

品質管理 レベル	企業会計 審議会	会計士協会 （すべて未改訂）	IAASB[2]	争点
監査事務所 レベル	監査基準 品質管理基準	品管報1 ISQC2 相当なし	ISQC1 （改訂中） ISQC2 （新設予定）	ネットワークの影響
監査業務 レベル	監査基準	監基報（ISA）220	ISA220 （改訂中）	ネットワークの影響
		監基報（ISA）600	ISA600 （改訂予定）	従たる監査人の質
		監基報（ISA）620	ISA620 （改訂予定）	専門家の質

ば，単体の財務諸表監査に関しては，企業会計審議会，日本公認会計士協会，国際監査・保証基準審議会（International Auditing and Assurance Standards Board; IAASB）のそれぞれにおいて，図表24-1のような監査基準や実務指針が策定されているが，グローバルな視点での監査の質を確保するための規範とは，必ずしもなっていない。

　そこで本章では，グループ監査及びネットワークを通じた監査事務所の連携において，監査業務の品質管理が一定の保証水準を達成するために，どのように規制され，整備・運用されるべきか，を実態的かつ理論的に解明することを研究目的とする。

　グループ監査及びネットワークにおける監査の品質管理について，これまで，国内は元より海外においても，監査研究等によって明らかにされたことはなかったため，本研究の成果は，ネットワークに所属することが監査の質の向上に資するものであるとともに，ネットワーク及び事務所の実際のメリット等を明らかにできるものと考えている。

2．調査の概要

　本研究では，本研究部会に所属しているメンバーが属する監査法人，具体的には，有限責任あずさ監査法人（以下，あずさ），PwCあらた有限責任監査法人（以下，あらた），EY新日本有限責任監査法人（以下，新日本），有限責任監査法人トーマツ（以下，トーマツ），及び太陽有限責任監査法人（以下，太陽）の5法人を対象として，ヒアリング調査を実施した。わが国における大手監査

---

2)　2018年10月末時点。

360 第Ⅵ部　監査品質に関する個別研究

法人の4法人すべてが含まれ，また，準大手監査法人も1法人が対象となったことで，ネットワーク等に関する一定の知見が得られたものと考えられる。

　また，ヒアリングの目的としては，各監査事務所のネットワーク内でのグローバルな組織運営と品質管理を把握することにある。そこで，組織運営と品質管理に関する質問事項としては，主として以下の項目を中心に尋ねることとした。

（1）　ネットワーク全体の組織運営のための常設組織
　・監督機関の常設化
　・会議体の設置と運営の方法
　・サービス・ライン毎の組織構成
（2）　ネットワーク内での人材育成等の人事システム
　・共通の人事評価尺度・システムの導入により，ISA600の適用において，いかにして効果的な構成単位の監査人利用を行えるか
　・ISQC1に基づく監査チーム編成時の人員配置への適用
（3）　ネットワークとしての監査の品質を確保するための効果的かつ効率的な監査システム
　・シェアード・サービスとしてどのような仕組みを導入し，どう利用しているか
　・法人内品質管理のレビューとネットワークによるグローバルな品質管理レビューの実施の在り方
（4）　ネットワーク内での資金配分により，どのように効果的な組織運営が行われているか
　・サービスチャネル毎の資金収集と分配の在り方
　・クライアント毎の資源投入へのネットワークによる資金支援（例えば，ネットワークとしての上得意先向け資金の重点配分）

　調査の実施時期は，2018年2月9日から2月21日までであり，具体的な調査方法としては，各監査法人に事前に上記の質問項目を提示した上で，筆者（松本と町田）が各監査法人を訪問して質問事項について尋ねるという方法で実施した。

　ヒアリング対象者は，個人名等を挙げることはできないが，概ね各監査法人

とも，品質管理の責任者と，必要に応じてグローバル対応の責任者の方に対応していただいている。

3．調査結果の概要

　以下，(1)ガバナンス，(2)監査の品質管理，(3)人事・グループ監査・シェアード・サービスという3項目に分けて，調査結果の概要を示すこととする。なお，透明性報告書や監査の品質に関する報告書等の公表資料によるものについては，法人名を記載の上で，提示することとする。

　他方，ヒアリングによって得られた非公表の内容については，全体を通じての調査結果又は法人名を記載しない記載方法に留めることとする。

　なお，その際に，例示として，筆者（會田）の所属する新日本のケースを挙げている場合もある。

(1)　ガバナンス

　各監査法人ともに，グローバル・ネットワークのメンバー・ファームとなっている。提携関係及びネットワークのガバナンス体制は，以下の通りである。

①あずさ

　提携先のネットワークは，KPMGである。

　ネットワークを統括する組織としてKPMG International Cooperative（以下，KPMG International）がある。KPMG Internationalは，登記上の所在地はスイスのZugにあり，業務収入289.6億（米ドル），人員数約207,000名の協同組合であり，このKPMG Internationalは各メンバー・ファームとメンバーシップ契約を締結することでネットワークを統括している[3]。

　KPMG Internationalは，顧客に対して監査その他の業務の提供は行っておらず，また，メンバー・ファームからは，法律上，独立した別の組織体であって，「各メンバー・ファームは，KPMG Internationalまたは他のメンバー・ファームに対して，いかなる形態であれ，義務を負わせる権限を明示的，暗示的を問わず有していない」とされている。また，KPMG Internationalは，あくまでも登記上の組織であって，実態的な事務局機能を有しているわけではないとされる。

---

[3]　2019年1月1日現在。
　「KPMGインターナショナルについて」〈https://home.kpmg.com/jp/ja/home/about/kpmg.html〉

KPMG Internationalが公表している透明性報告書によれば，KPMGのネットワークのガバナンス構造は，Global Councilを頂点として，その下にGlobal Boardが置かれ，その下での執行機関としてGlobal Management Teamが設置されており，以下の通りとなっている（KPMG International, 2017, pp.34-38）。

まず，Global Councilは，58ヵ国すべてのメンバー・ファームから構成され，事業会社における株主総会に相当する。

次に，いわゆる取締役会に当たるGlobal Boardが，ネットワークの実際のガバナンス機構に相当し，Global Chairman，3つの地域（region）のChairman，及びその他のボード・メンバーからなる最大28名の会議体である。KPMGでは，メンバー・ファームをthe Americas, Asia Pacific（AsPac），及びEurope, the Middle East and Africa（EMA）の3つの地域制で区分されており，それぞれに地域のChairmanがいるということになる。日本は，AsPacに属している。

このGlobal Boardには，グローバル戦略やブランド戦略を扱うExecutive Committee，後継者の選定やManagement Teamの報酬決定を担うGovernance Committee，ネットワークのインフラ投資を扱うInvestment Committee，KPMG Internationalの経営や予算編成を担うOperation Committee，ネットワークとしての品質及びリスク管理を行うQuality and Risk Management Committee，並びに職業的専門家信用保険（Professional Integrity Insurance）を扱うPII Committeeの6つの委員会が設置されている。日本からは，Global BoardのメンバーかねInvestment Committee及びQuality and Risk Management Committeeのメンバーとして1名，PII Committeeのメンバーとして1名が参加している。

Global Boardの下で，Global Management Teamが実際の執行業務を行っている。当該Teamには，Global Chairmanが所属する他，Audit, Tax及びAdvisoryそれぞれの執行部（Heads），Quality and Risk Management, People, Performance and Culture, Sales and Markets, Strategy, Global COO, General Counselが含まれている。KPMGでは，サービス・ラインとしては，Audit, Tax及びAdvisoryの3つに区分しており，さらにそのサービス・ラインごとに，上記の3つの地域に区分されて管理されている。

最後に，あずさは，7つのメンバー・ファームからなる「KPMGジャパン」の1つの法人であり，KPMGジャパンとは，KPMG Internationalの日本にお

けるメンバー・ファームの総称である。ただし，あずさの場合に他の法人とやや様相が異なるのは，アドバイザリーはあずさの子会社となっている点であろう。したがって，KPMG Internationalにおけるアドバイザリーにかかる会議体についても，あずさからメンバーが参画しているのである。

②あらた

提携先のネットワークは，PwCである。

PwCネットワーク内のメンバー・ファームは，イギリスに所在地のあるPricewaterhouseCoopers International Limited（以下，PwCIL）との間で，PwCグローバル・ネットワークの共通のビジョン，価値，原則，目標，権限などを規定する包括的基本契約（Accession Agreement）を交わし，この基本契約の下に具体的業務遂行にかかわる契約（Firm Service Agreement）とPwCブランドを使用することにかかわる契約（Name License Agreement）を取り交すことで，PwCネットワークに所属して活動をすることができる（あらた，2017b）。このPwCILがPwC全体の戦略，ブランド，品質管理に関するポリシーを作成して適用を主導し，各メンバー・ファーム間の調整を行っている。ただし，KPMG Internationalと同様に，実態的な事務局を有しているわけではなく，グローバル・ネットワークの役職に就いている者の下で，事務局機能が担われ，会議が持ち回りで開催されているという。

PwCでは，ネットワークとしての透明性報告書を公表しておらず，ウェブサイトで年次報告を開示しているのみである[4]。PwCでは，各国及び地域において，それぞれに，透明性報告書，又は日本のようにそれに準じた「監査品質に関する報告書」（あらた，2017a）を公表している

そこで，PwCのネットワークにおけるガバナンス体制を把握するべく，インタビューで聴取し，その後，あらたを通じてPwCILの許可を得て，提供された図表が図表24-2である。

図表24-2について，あらた（2017a, 26-27頁）を基に概要を整理すると次のとおりである。

PwCILの中に含まれる，Global Boardは，メンバー・ファームから選出されたパートナーによって構成され，PwCILにおけるガバナンス及びネットワー

---

4) PwC's Global Annual Review 2017. 〈https://www.pwc.com/gx/en/about/global-annual-review-2017.html〉

364 第Ⅵ部　監査品質に関する個別研究

図表24-2　PwCグローバル・ネットワークの概要

PricewaterhouseCoopers International Limited（PwCIL）
・PwCグローバルネットワークファーム（＝PwCILのメンバー・ファーム）間の調整を行う場を提供している
・PwCIL自体は，監査その他のプロフェッショナルサービスを提供するものではない

Global Board of PwCIL
・世界各地域のメンバー・ファームから選出されたパートナーにより構成される
・PwCILにおけるガバナンス及びNLTの監視・監督について全体的な責任を負う

Network Leadership Team（NLT）
・PwCグローバルネットワーク会長及び4つの主要地域のリーダーにより構成される
・PwCグローバル・ネットワークに対しリーダーシップおよび戦略を提供する

Global Leadership Team（GLT）
・NLTの活動を支援し，PwCグローバル・ネットワーク内のコラボレーションを実現するための能力を提供する各分野のリーダーにより構成される

Strategy Council
・世界各地域のメンバー・ファームのリーダー等により構成される（2018年現在23名）
・PwCの戦略的方向性の合意及び戦略実行のアラインメントに積極的に関与する

Member Firms
・PwCの戦略を実行し，クライアントにサービスを提供する
・メンバー・ファームはそれぞれ別個の法的主体である

出所：PwC有限責任あらた監査法人より提供。

　ク内での監視・監督を行っている。日本からは，Global Boardのメンバーとして1名が参加している。

　Network Leadership Team（NLT）は，Global Boardの下で，実際にPwCのグローバル・ネットワークに関する戦略を策定し，また「メンバー・ファームが遵守すべき基準を策定する」という責任を負っている。NLTは，PwCグローバル・ネットワークのChairmanと，4つの地域（Asia Pacific and Greater China，PwC UK，PwC EU，及びUS）の代表者からなる。

　Strategy Councilは，このNLTに対して，「ネットワーク全体の戦略的方向性について同意を行い，戦略の遂行の整合性を促進」する役割を担っている。Strategy CouncilはPwCグローバル・ネットワークのChairman及び日本を含む世界各主要地域のメンバー・ファームのリーダー等により構成されている

（2018年現在23名）。

　一方，Global Leadership Teamは，NLTによって指名されたメンバーから構成され，NLTによって策定された戦略を遂行するために，PwCの業務にかかる様々な活動を調整するために組織されたチームを運営し，最終的に，NLTに対する報告責任を負っている。

　最後に，あらたは，「PwC Japanグループ」に属している。PwC Japanグループは，日本におけるPwCグローバル・ネットワークのメンバー・ファーム及びそれらの関連法人（主要法人数：12社）の総称である。PwC Japanグループには，あらたの他に，PwC京都監査法人も属していることから，同一グループに２つの法人が属しているという点で，日本の他の大規模監査法人とは異なる状況になっている。

③新日本
　ネットワークはErnst and Young（EY）である。

　イギリスの保証有限責任会社であるErnst & Young Global Limited（以下，EYG）の下でのグローバル・ネットワークであり，EYGとメンバーシップに関する契約（メンバーシップ契約）を締結している単体または複数のメンバー・ファームからなる。

　EYGと各メンバー・ファーム，及び各メンバー・ファーム間は，法的に独立した関係にある。メンバー・ファームの義務と責任は，EYGの規則及びその他の種々の契約の遵守によって果たされている。

　EYGは，世界中のメンバー・ファームの調整を行うとともに，ファーム間の連携を促進している。EYでは，全世界を南北アメリカ（Americas），欧州・中東・インド・アフリカ（EMEIA），アジア・パシフィック（APAC），及び日本からなる４つのareaに区分し，さらにそれを27のregionに分けて運営している。

　EYGで特徴的なのは，日本を重要拠点と位置付け，日本１国で日本areaを構成していることであり，このため新日本からは，EYの運営にエリア代表者を参画させることができている。

　EYのマネジメントとガバナンス体制を図示すると，図表24-3の通りである。

　図表24-3のうち，ネットワークのマネジメントは，主にGlobal Executiveが担っている。Global Executiveは，EYのリーダーシップ機能とサービス及び

図表24-3　EYのネットワークにおけるマネジメントとガバナンス体制

出所：EYG（2017）

　各地域を取りまとめる役割を担っており，グローバル組織目標の推進及び戦略，ポリシー，プランの策定，承認を行うとともに，必要に応じてそれらを実施する。

　Global Executiveは，EYGの会長兼CEOがその議長を務め，その他のメンバーには，クライアントサービス及びビジネス・オペレーションのGlobal Managing Partner，日本を含む4つのエリアのArea Managing Partner，人事，リスク管理及び財務のglobal function leader，各サービス・ライン（Assurance, Advisory, Tax, Transaction）のGlobal Leader, Public PolicyのGlobal Leader，及びEYGの各メンバー・ファームから交替制により選出されるパートナーが含まれている。

　次に，Global Governance Councilは，EYの4つのエリアに属するメンバー・ファームから選出される経営執行から独立したパートナー35名と，独立非執行役（Independent Non Executives: INEs）のメンバー3名の計38名で構成される。このGlobal Governance Councilは，EYのポリシー及び戦略等についてGlobal Executiveに対して助言を行う。また，組織に影響を与える可能性がある数多くの重要な事項にはGlobal Governance Councilによる承認が必要とされている。

また，INEsは，GGCにおいて，ステークホルダーとの対話を含む公益に関する事項を検討するPublic Interest 小委員会の過半数を占めている。

日本からはパートナー２名とINE１名の計３名がGGCに関与している。

なお，EYにおいて特徴的なのは，他のネットワークが，形式的に管理会社を登記しているとするのに対して，EYは，ロンドンにおいて，EYGがオフィスを構えて，実際に事務局機能を有しているという点であろう。

日本においては，「EY Japan」というメンバー・ファームの総称の下，EY新日本有限責任監査法人の他，EY税理士法人等の８つの事務所・法人が活動している。実際には，公認会計士法等の業法の影響のため，EY Japan合同会社の下で統括され，EY Japan株式会社が人事，経理，総務等の業務を担っている。

④トーマツ

ネットワークは，Deloitteである。

世界各国のメンバー・ファームは，イギリスの法令に基づいて登記されている保証有限責任会社であるDeloitte Touche Tohmatsu Limited（以下，DTTL）に加盟するが，それぞれ独立した事務所として位置付けられる。各メンバー・ファームは，Deloitteというブランドの下で，独立したファームとして，監査，コンサルティング，ファイナンシャル・アドバイザリー，リスク・マネジメント，税務，及びこれらに関連するサービスを提供している。

DTTL（2017, pp.44-45）を基に，そのガバナンス体制をまとめると次のとおりとなる。

まず，DTTLは，メンバー・ファームの代表者から構成され，その経営組織体制は，Board of Directors，Executive Committee，及びOperating Committeeの３つの会議体によってグローバル本部としての機能を担っている。

このうち，Board of Directorsは，最高意思決定機関に相当し，その中に，Governance Committeeその他の小委員会を内包している。Boardの下で，CEOが，Executive Committee及びその下で具体的な活動を担うOperating Committeeを統括している。メンバー・ファームはその統括下に位置付けられる。

Executive Committeeは，CEOの下，Senior Advisorの他，COO，人材，ブランド及びコミュニケーションにかかるGlobal Managing Principal（GMP），

顧客及び産業にかかるGMP，地域にかかるGMP，リスク及び規制にかかるGMP，General Counselを有するとともに，サービス機能ごとに，監査及び保証にかかるGMP，コンサルティングにかかるGMP，リスク・アドバイザリーにかかるGMP，財務アドバイザリーにかかるGMP，税及び法務にかかるGMPを備え，かつ，主要なメンバー・ファームのCEO11名が参加している。

なお，DTTLにおいては，Asia Pacific，Americas，及びEurope, the Middle East and Africa（EMEA）の3地域制をとっている。

トーマツにおいても，「デロイト トーマツ グループ」という，DTTLのメンバー・ファームの総称が用いられている。実際には，公認会計士法等の業法の問題から，1つの法人格で運営することができないため，デロイトトーマツ合同会社の下，トーマツを含め6つの法人・事務所が統括されている。

⑤太陽

太陽が属するのは，Grant Thorntonである。

イギリスの保証有限責任会社であるGrant Thornton International Ltd（以下，GTIL）に加盟するメンバー・ファームによって構成されている。

GTILは，グループの透明性報告書を公表している（GTIL, 2018）が，太陽を通じて，2018年7月時点のGTILのガバナンス体制の図表を得ることができた。図表24-4に掲げる3つの図表である。

GTILに特徴的なのは，6つの地域にRegional Headを設けて，それらを通じて，メンバー・ファームを統括する形をとっていることである。これは，他のネットワークが，ネットワーク・ファームに対するガバナンスの方針を有しており，グローバルのガバナンスと相似形のガバナンス組織を各メンバー・ファームにおいて設けることが要請されているのに対して，GTILでは，そうした方針はなく，各メンバー・ファームの自主性に任されていることによるものであると解される。

以上のように，各ネットワークは，それぞれに名称や形態に若干の差異が認められるものの，Boardを有し，その下でCEO又はChairmanがネットワークの運営に当たり，各種の委員会や会議体を通じて，ネットワークの業務を行っているのである。

たしかに，登記上の形式的な法人組織しか有しておらず，一部のネットワー

第24章　監査事務所のネットワークにおける監査の品質　369

図表24-4　GTILにおけるガバナンス体制

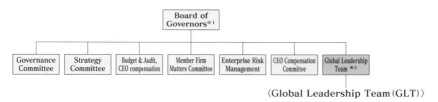

〈Global Leadership Team（GLT）〉

CEO & Executives / Service Lines Functions

注：※1　CEOの他，18名がBoard of Governorsのメンバーとなっている。
　　　　（Global Leadership TeamのメンバーはCEOを除き含まれない）
　　※2　CEOの他，7名がGlobal Leadership Teamのメンバーとなっている。
　　　　Global Leadership TeamではCEO以外の7名が以下の業務を分担している。
　　※3　各メンバーファームは左記の地域に所属している（太陽グラントソントンはAsia Pacificに属している）。

注：※1　各サービスラインは各地域に横断的にサービス提供を行っている
　　※2　各機能別のグループ/コミッティーがあり，各地域に横断的にサービス提供を行っている（各機能については次ページ参照）。

370 第Ⅵ部　監査品質に関する個別研究

Functions	
MCBD Committee（Marketing, Communications, BD committee）	・Strategy Committee Firmsのマーケティングおよび業務開発責任者で構成される（GLTのMarkets and Clients担当責任者が議長を務める） ・ウェブセミナーを使用して，各国のジュニアマーケティング担当者のための広範なマーケティンググループもある
P&C Strategic Advisers	・イギリス，アメリカ，スウェーデン，カナダの人材開発責任者で構成される（GLTのLeadership, People and Culture担当者が議長を務める）
GCG（General Counsel Group）	・Stategy Committee Firms（及びその他のメンバーファームの）社内弁護士で構成される
TCAC	・総収入上位国のCIOで構成される
ITSS（Information Technology Systems and Service）	・総収入上位国のCIOs及びビジネスパートナーで構成される
Audit Quality Group	・メンバーファームの監査品質管理部門の代表者で構成される（GLTの品質管理部門のトップが議長を務める）
IBCs	・クロスボーダービジネスを世界規模で促進する機関（インターナショナル・ビジネスのin-outの責任部署であり，各国におけるインターナショナル・ビジネスの窓口）
Industry Groups	・GTILが促進する，特定の産業に焦点をあてた市場開拓戦略について，メンバーファーム代表者で構成されたグループである ・それぞれのグループは，メンバーファームの専門家がリードしており，通常，ステアリンググループには，その産業に精通したメンバーファームの代表者が参加している

出所：太陽有限責任監査法人より提供。

クを除いて実際の事務局機能はなく会議は持ち回りであったとしても，これは明らかにネットワークとしての意思決定が行われ，一定の拠出金に基づく活動が行われ，民間企業のように，ガバナンス体制も構築されている。

　こうした状況にある以上，監査監督機関国際フォーラム（International Forum of Independent Audit Regulators: IFIAR）が，ネットワークに対する監督の必要性を提唱する（IFIAR, 2014）のも理由がないことではないと思われる。

⑵　監査の品質管理にかかる組織等

　各ネットワークにおける監査の品質管理については，3つの観点で調査を行った。第1に，ネットワークの組織と国内組織の関連性や相似性，第2に，ネットワークによるレビューや検査がいかなる効力を有しているのか，第3に，人事評価及び配置のネットワーク内での共通性やネットワークからの指示の有無である。

これらについては，各法人ごとではなく，筆者（會田）の属する新日本の例を基に，5つの監査法人及びその属するネットワークを総じて記載することとする。

新日本を例にとってネットワークにおける品質管理の状況を特定してみよう。

まず，EYにおいては，EYGに属することによって，EYのブランドの利用，及びEYGとの契約に基づくシステム使用料を支払いつつ，監査ツールの利用ができるという利点を享受している。

同時に，EYGが行っている監査品質を追求する世界共通のアプローチを共有することができている。それは，Sustainable Audit Quality（SAQ）と呼ばれるもので，経営トップの姿勢，人材，簡略化，トランスフォーメーションとイノベーション，監査品質に対する取組み，サポート，モニタリング，及び説明責任の6つの構成要素からなっている。新日本では，SAQの構成要素を取り入れて，監査品質の向上に努めており，新日本の「監査品質に関する報告書2017年10月」もその構成を強く反映している。

次に，品質管理の仕組みは，図表24-5に示すように，グローバルなネットワークの中に位置付けられている。

この図表に見られるように，Global Executiveの中に，Vice Chair（副会長）・Professional Practice Directors（PPD）が設けられ，その下に，各エリアにおけるエリアPPDが設置されている。

ネットワークにおける品質管理レビュー（Audit Quality Review: AQR）は，各地域のPPDの指揮下で行われる。AQRは，EYGが規定する品質管理レビューの基準に基づき，各PPDの指揮下で行われる。対象個別監査業務の選定は各PPDが行い，グローバルに展開するクライアント業務については，レビューアーとしてEYGによって指名された者が，各レビューアーと共同で実施する。

AQRの最終結果に関する決定権者はEYGではなく，各エリアPPDにある。ただし，regionごとに評点に異常値が生じないよう，PPD間で評価水準の整合性を取る作業が行われている。

これを受けて，新日本の中には，品質管理本部が設置され，監査マニュアルの整備やツールの開発，コンサルテーションや現場に適用した後のフォローを通じて，監査チームを指導しサポートする役割を担っている。さらにその下に，監査監理部（監査手法・支援ツール及び監査手続等の調査研究・助言・コンサルテーション等），会計監理部（日本の会計基準にかかる調査研究・助言・コ

図表24-5　EYにおける品質管理の仕組み

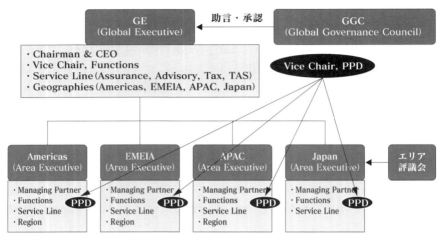

出所：EYG（2017）。

ンサルテーション等），IFRSデスク（IFRSにかかる調査研究・助言・コンサルテーション等），キャピタル・マーケッツ部（米国会計・監査基準等のコンサルテーション），不正リスク対策部（不正事案の検出前段階における監査上の対応の指導及び支援），AQR部（監査業務のモニタリング），契約審査部（監査業務の契約の受任及び締結），及び非監査契約審査部（非監査業務の契約の受任及び締結）が置かれている。

　この他に，監査を担う各事業部に監査品質管理委員会が設置されており，品質管理本部の指示の下，監査チームによる監査の実施状況を日常的にモニタリングし，専用のデータベースを利用して収集した情報を取りまとめ，品質管理本部に報告する。また品質管理本部の指示・伝達事項を事業部内の監査チームに周知・徹底する役割を担っている。モニタリングの過程において必要に応じチームに助言を行い，改善を促す指導的役割も果たしている。

　さらに，品質管理システムの定期的なモニタリングとしてAQRが実施されている。AQRは，品質管理レビューに関する規定に基づき，新日本の品質管理のシステムが適切に整備され，有効に運用されているか確かめるもので，日本及び世界における品質管理の基準やEYGが規定するレビューの基準にも準拠して行われる。

AQRは，新日本内だけでなく，EYGのAQRチームも毎年来日し，同様のレビューを実施することとなっている。かかるAQRは，法人レベルと個別業務レベルの品質管理レビューからなる。

AQRは，EYGにおける共通の指標によって3段階の評点が付けられた上で，この評点はregionごとに取りまとめられ，その結果はEY全パートナーに共有されている。EYGにおけるAQRの対象個別監査業務やレビューアーの選定，最終結果についての決定権者は，EYGではなく，エリアPPDにある点がEYGの特徴といえる。

以上のような品質管理の体制については，他の法人・ネットワークにおいても大きな差はないと思われる。

例えば，KPMGにおいても，すべてのKPMGメンバー・ファームが，KPMG共通の監査メソドロジー（KPMG Audit Methodology: KAM）とこれに関する各種の研修等，KPMGの品質管理のフレームワーク並びに監視の方法及び手続の遵守が求められることから，ネットワーク内での均質な監査水準の確保が期待されている。

品質管理に関しても，監査品質のモニタリング及びコンプライアンス・プログラムは，グローバル単位で管理され，内部検査の実施や結果の報告等，メンバー・ファーム間で一貫したアプローチがとられている。

あずさ（2017, 11頁）によれば，あずさにおいては，各パートナーが最低3年に1度，Audit Quality Performance Review（AQPR）を受けることとなっており，新日本同様に3段階（良好，要改善，不十分相当）での評価を受け，その結果は，KPMGに対しても報告が行われる。

他方，KPMGからは，Global Audit Quality Monitoring Program（GAQMP）が実施される。これはAQPRとは異なり，ネットワークからの直接的なレビューである。

その他，あずさ内での自己検証に当たるRisk Compliance Program（RCP）や，KPMGからのガバナンスと財務に関するレビューであるGlobal Compliance Review Program（GCRP）もある。

このように，ネットワークによるレビューとローカルなレビューが併存していることに共通点は見られるが，インタビューによって，以下のように，いくつかの違いも識別された。

・ネットワークの指揮の下で，各ローカルのレビューアーがレビューを行っ

ているケースと，あくまで独自にネットワークのレビューアーがレビュー
を行うケースとがある
・グローバルなレビューの結果を公認会計士・監査審査会に提供していると
いう法人とそれはグローバルの問題なので提供しないという法人とがある
・グローバルのレビューの対象の選定方法は，ネットワーク側で被監査企業
の重要性に応じてあらかじめ選定されているケースと，ローカル側で選定
し，レビューのカバー率の指定があるケースとがあった
・新規の契約の締結に関して，リスク・マネジメントの部門の管轄としてい
るネットワーク及び法人と，監査の業務部門に委ねられているネットワー
ク及び法人とが見受けられた
・被監査企業の一部をネットワークの基準で重要クライアントとして特定し
ているネットワークがあったのに対して，各国のメンバー・ファームのク
ライアントについては，ネットワークで管理することはない，とする回答
もあった
・ネットワークのメンバーシップ・アグリーメントは，どのネットワークで
も締結されているが，5つの法人のうち，同アグリーメントについては，
わが国の金融庁にも提出はしていない，とする法人があった
・それに関連して，アグリーメントに基づく拠出金については，各法人とも
公表はできない，としていたが，一部の法人は，有限責任監査法人に係る
公認会計士法の規定に基づいて作成・公表が義務付けられている「業務及
び財産の状況に関する説明書類」における「業務費用の明細」において，「グ
ループ分担金」という勘定科目で明記されて公表されている[5]

⑶　人事・グループ監査・シェアード・サービス

　最後に，人事，グループ監査，及びシェアード・サービスに関して，ネット
ワークの関与を見ていくこととしたい。
　まず，人事に関しては，インタビューを行った5つの法人のうち，1法人だ
けが，グローバルに共通の人事評価尺度を有していると回答した。多くの法人
は，評価の要素や項目はネットワークで共通であるが，実際の評価やランク付
けは各国に委ねられていると回答した。各法人とも，監査の非違事例は記録さ

---

5) 例えば，ある法人の場合，実に，グループ分担金（5,868百万円）は，業務費用合計額（95,161百万円）
の61.7％を占めるものであった。

れるものの，人事考課に当たって共通の尺度が用いられ，監査法人のシステムを通じて，個々のパートナーや会計士の人事評価の内容をグローバルに比較できるというのは，まだ例外的なのかもしれない。

また，人事評価に関して，Annual Goal Setting及びPerformance Reviews（上位者及び下位者のそれぞれからのFeedback）を実施している法人もあった。その際には，ネットワークの特定したValueとリンクして，ネットワークにおけるプロフェッショナルとして成功するには何が必要かを明確にすべくデザインされた基準によって評価が行われるとのことであった。

この点に関連して，下位者からのレビューの実施の有無や，コンプライアンスや監査品質の観点からの評価の実施については，すでに，以前から実施に移しているとする法人・ネットワークもあれば，まだはじめたばかり，あるいは，検討中とする法人・ネットワークもあるなど，今後の課題となっているのが現状のようである。

次に，グループ監査についてであるが，ネットワーク内の他の地域の監査事務所をコンポーネント監査人として利用する場合，一般に次のような手順が採られるであろう。

すなわち，被監査企業が所在する国の監査事務所がコンポーネント・チームを編成する。その編成は，当該チームのエンゲージメント・パートナーの責任により，職階別に経験や専門性，人事評価結果等に基づき人選が行われる。エンゲージメント・パートナーは，コンポーネント・チーム宛てに，指示書（instruction）を送付し監査を遂行させ，その回答を入手し監査手続や結果を確認する。また，現地往査時にコンポーネント・チームとのディスカッションを実施し，実施内容を確認する。

こうしたグループ監査の充実に向けて，コンポーネントないし構成単位，とくにアジア地域の監査人及び監査チームの支援，交流，人材育成を図るべく，地域内での人材交流や日本からのプロフェッショナルの海外派遣，メンバーファーム・プロフェッショナルの受入れを行っているというケースもあった。

何より，ネットワーク内で統一的な監査メソドロジーに基づく研修が行われていることが，グループ監査を支えているとする回答もあった。それに関連して，ネットワークでは，メンバー・ファームの代表者等による会議の場で，品質管理や研修に関して議論が行われているという回答もあった。

最後に，シェアード・サービスについては，以下の通りである。

376　第Ⅵ部　監査品質に関する個別研究

　トーマツのように,「監査イノベーション&デリバリー・センター」を2017年12月に幕張に新設したり,あずさのように,飯田橋にAZSA Delivery Centerを設けて確認状の発送や品質管理のチェックなどの業務を実施させるところがでてきている。

　しかしながら,EUやアメリカにおける監査事務所とは異なり,言語及び地理的遠隔性から,海外のインドや中国のシェアード・サービスを利用することは限定的なようである。

　一方,シェアード・サービスの代替策として,IT化やロボティクスの利用を挙げる回答もあった。監査業務はともかくとしても,間接業務では,すでにパイロット的な利用が開始されているという。

4．グループ監査特有の品質管理

　全体的なネットワークにおける品質管理の手法の下で,グループ監査人として,グループ監査を実施する過程で,ネットワークに所属していることによる品質管理上の効果及び現状の課題を確認するため,質問票による追加的質問を各監査事務所に対して行った。具体的には,監基報600(ISA 600)では,要求事項として,グループ監査人の義務は規定しているものの,コンポーネント監査人(監査事務所・監査チーム),さらには下位コンポーネント監査人の義務については規定していないため,ここにネットワーク所属の効果が現われると考えられる。そこで,実際のグループ監査の実務において一定以上の品質を確保するために,各監査事務所が,いかなる方法を採り,また現状の方法において,いかなる課題やリスク(懸念事項)があると考えているのか,を明らかにすることを目的とした。これら論点について,ネットワークに所属しているグループ監査人・コンポーネント監査人・下位コンポーネント監査人の3者の関係の中で,直接関与と間接関与がどのように想定できるか,を図示したものが図表24-6である。

⑴　ネットワーク内監査事務所がコンポーネント監査人である場合のグループ監査人の課題
①インストラクションのあり方
(ⅰ)　PwCあらた
　グループ監査人からコンポーネント監査人への直接的な関与方法として,グ

図表24-6　ネットワーク内グループ監査の形態

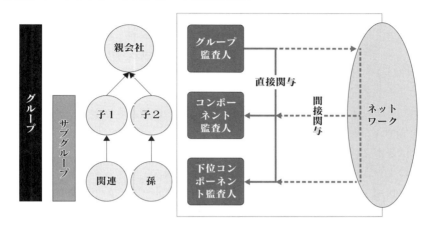

ループ監査人によるコンポーネント企業のリスク評価に基づいたインストラクションがコンポーネント監査人に出されるが，そのリスク評価と評価結果をどのように共有しているか，またその際の課題ないしリスクがどのようなものか，について質問した。

これに対し，PwCあらた監査法人からは，次のような回答が得られた。

監基報600やPwCネットワークが定める監査手順書（以下，PwC Audit Guide）に従い，コンポーネント企業の監査を担当する監査チーム（コンポーネント・チーム）へのインストラクションを作成し，インストラクションに対応したリスク評価結果や報告書などの成果物を受領する。この成果物を用いてグループ監査チームはコンポーネント・チームのリスク評価結果を識別する。

また，グループ監査チームの担当パートナーや担当マネージャーが集まり，リスク評価や監査上の課題を共有するミーティングを設け，集中的にリスク評価を含む監査計画を検討する機会（Audit Planning Workshop）を設ける場合もある。

さらに実務上，孫会社以下のサブグループのリスク評価については，通常インストラクションを直接送付するコンポーネント・チームの検討に含まれることになる。そのため，コンポーネント・チームが孫会社以下のサブグループに含まれる連結レベルの監査上のリスクを適切に識別しているかどうかコンポーネント・チームの検討状況を確認する。

378　第Ⅵ部　監査品質に関する個別研究

　一方，ネットワークを通して，グループ監査人がコンポーネント監査人に間接的に関与する方法として，ネットワーク共通の基準であるPwC Audit Guideにグループ監査に関する項目があり，グループ監査に関する監査手続の指針がある。この場合，グループ監査を支援する，Connect Audit Managerというネットワーク・オンラインツールがあり，グループ監査でのリスク評価や評価結果の共有が容易になっている。しかし，課題として，各テリトリー固有の規定があり，テリトリー固有のアラートといった規制情報はネットワークを通じては共有できないため，グループ監査チームからコンポーネント・チームへの適切な伝達が必要になる。

　このようなネットワーク内コンポーネント監査人に対するグループ監査人からの直接的・間接的関与の方法と課題は，サブグループ内の下位コンポーネントに対するグループ監査人からの関与も直接・間接，それぞれ同様のものが挙げられた。

　⒤　EY新日本

　グループ監査人によるコンポーネント企業のリスク評価とその結果をどのようにインストラクションに反映するかについて，グループ監査人からコンポーネント監査人への直接的な関与の方法として，EYG共通のEY向けインストラクションを用いて，識別しているリスクを含むグループの基礎情報，前年度からの繰越情報，当年度の監査スコープ，グループ監査チームへの各種報告書類及びそのタイミングや期限についてコンポーネント監査チームへ発信し，監査ツールEY CANVASを通じ，書面による回答を求めている。

　その結果，入手する書面には，コンポーネント企業の監査チームが識別したリスク及びその対応の記載を求めており，不明点，不足等があればメールやスカイプによりコンポーネント・チームへ質問し回答を得る。

　この直接的関与における課題ないしリスクとして，期末間際においてコンポーネント企業に懸案事項が生じ，追加手続の実施により期日どおりに回答が入手できないおそれがある。

　一方，ネットワークを介しての間接的にグループ監査人が関与する場合にも，基本的にグループ監査チームとコンポーネント監査チームとの間でやり取りが行われるが，コンポーネント企業とコンポーネント監査チームとの間の円滑なコミュニケーションのため，グループ監査チームの意向を受けたネットワーク（EYではJBS（ジャパン・ビジネス・サービス））が仲介することがある。こ

の場合の課題ないしリスクは，直接的関与の場合と同じである。

さらにサブグループ内の下位コンポーネントに対するグループ監査人の直接的・間接的関与の方法としては，グループ企業が直接連結を行っている場合には，上記のような直接的関与・間接的関与の場合と変わりがない。しかし，グループ企業がサブ連結を行っている場合には，グループ監査チームはサブグループ内の最上位企業に対しEYG共通のEY向けインストラクションを発信するため，サブグループ内の下位企業に対しては，サブグループ最上位企業を監査するEY事務所が，グループ監査チームからの連結スコープや重要項目・リスクに関する指示情報に基づき，EY向けインストラクションを下位コンポーネント監査チームへ発信・回答を入手する。

このようなサブグループ内の下位コンポーネントに対するグループ監査人の関与における課題ないしリスクは，グループ監査人がコンポーネント監査人に直接関与する場合と同じおそれに加えて，サブグループ最上位企業のコンポーネント監査チームがその下位コンポーネント監査チームからの監査上の検出事項を漏れなく拾い上げているかどうかが課題となるため，当該リスクに対応するために，情報聴取の方法として重要なコンポーネント・チームとの定期的なTV会議等のやり取りを行うためのガイドラインを定めている。

(ⅲ) トーマツ

グループ監査チームによる個々のコンポーネントのリスク評価及び評価結果の伝達，コンポーネント事務所によるコンポーネントの評価及び評価結果の伝達（基本的には書面及び書面の内容について電話会議，リージョナル・ミーティング，グローバル・ミーティング等適宜実施）が行われる。その際の課題は，グループ監査チームによる個々のコンポーネントの状況の理解が不足する事例が想定されることである。また，逆に，コンポーネント監査事務所がグループの状況に関する理解が不足する事例も想定される。

一方，間接的関与は，トーマツでは原則として行われず，個々のコンポーネント監査チームと直接やり取りする。

またサブグループの下位コンポーネント監査人への直接的関与は，状況に応じて実施する。例えば，下位のコンポーネントの質的・量的リスクが高く，かつ，その上位のコンポーネントと担当する監査チームが異なる場合では，上位のコンポーネント監査事務所と同様の対応を行う場合もある。その際の課題は，グループ監査チームかうコンポーネント監査事務所への直接的関与方法と同様

であるが，下位コンポーネントの状況の理解はその上位のコンポーネントの状況の理解よりも不足する事例がより想定される。

さらに下位コンポーネント監査人へのネットワークを介しての間接的関与は，コンポーネント監査人への対応と同じである。

⒤　**太陽**

グループ監査人からコンポーネント監査人への直接的な関与の方法は，インストラクションにより，グループ監査チームから，グループ監査人の認識しているコンポーネント監査事務所の作業に関連して，グループ財務諸表にかかる特別な検討を必要とするリスクをコンポーネント監査人に伝達する。また，コンポーネント監査事務所の行ったコンポーネント企業のリスク評価については，インストラクションへの回答として入手し，共有している。これら文書によるリスク評価に関するコミュニケーションのほか，必要に応じてE-mail，電話会議やコンポーネント監査事務所への訪問により，コミュニケーションを取ることとなっている。この場合に生じ得る課題としては，文書によるコミュニケーションが中心となり，共有されるリスク評価が端的なもの（例，収益認識に関する不正リスクなど）となりがちであり，深度あるコミュニケーションが行われにくい点が挙げられる。

グループ監査人からネットワークを経由してのコンポーネント監査人に対する間接的関与については，太陽（ネットワークを含む）では，このような関与方法は想定されていない。

またサブグループ内の下位コンポーネントに対するグループ監査人の直接的な関与も，コンポーネント監査人に対する直接的関与の方法と同様の方法が採られている。加えて，当該下位コンポーネント監査人に対する間接的関与は，太陽では実例がない。

②コンポーネント監査人からの情報聴取の方法と課題

⒤　**PwCあらた**

PwC Audit Guideでは，構成単位の財務情報に対する監査業務の進捗にともない，コンポーネント監査人は，グループ監査チームの作業に影響を及ぼす可能性があるか，グループ監査人が特別の注意を必要とする，重要な事項又は検出事項を，速やかに当該チームへ通知するよう求められている。また，コンポーネント監査人が，グループ監査チームが要求しているものに加えて又はそれ

とは異なる，法定の又はその他の報告責任を負うべき場合，もしくは各国の規制に従うべき場合，当該監査人はグループ監査チームにその旨を通知するように定められている。

実務上は，上記Audit Planning Workshopのみならず，定期的にグループ監査チームとコンポーネント・チームの間で電話会議やウェブ会議を開催し，情報共有している。また，グループ監査チームのパートナーやマネージャーが重要な構成単位の経営者とディスカッションして情報聴取することもある。

このような情報聴取の方法と課題は，サブグループ内の下位コンポーネントに対するグループ監査人からの関与でも，直接・間接，それぞれ同様のものが挙げられた。

(ii) **EY新日本**

ネットワーク内コンポーネント監査人に対するグループ監査人からの直接的な関与の方法として，主に(a)グループ・アカウント・ミーティング（計画時，期末前，クロージング時）を実施し，グループ監査チームより傘下のコンポーネント監査チームに対し，監査計画の概要，当年度の主要監査項目と要点，報告スケジュール，識別した問題事項とその対応及び結果等についての周知と質疑応答を行う。次に(b)インストラクションに対する回答と追加質問等を通じ情報聴取する。このような方法におけるリスクとしては，期末間際においてコンポーネント企業に懸案事項が生じ，追加手続の実施に関する情報が適時にグループ監査チームに上がってこないおそれがある。

一方，ネットワーク内コンポーネント監査人に対するグループ監査人からのネットワークを介しての間接的な関与の方法として，直接的関与の場合と同様の効果を得るために，(a)1つの方法としてJBSメンバーにも出席を求め，同等の情報を共有してもらう場合もある。また(b)インストラクションに対する追加質問でもうまく意思疎通が図れない場合等，あるいはコンポーネント企業とコンポーネント監査チーム間の円滑なコミュニケーションのため，JBSメンバーに仲介してもらう場合もある。この場合のリスクは，直接的関与の場合と同じである。

さらにサブグループ内の下位コンポーネントに対するグループ監査人の直接的関与は，基本的にはグループ監査人からコンポーネント監査人への直接関与の場合と同様である。しかし，グループ企業がサブ連結を行っている場合において，グループ監査チームがサブグループの下位コンポーネント監査チームと

直接のやり取りがない場合には，サブグループの最上位企業のコンポーネント監査チームによってその下位監査チームに対して情報聴取が行われ，その結果がコンポーネント監査人とグループ監査人との間のコミュニケーションにより，グループ監査チームに共有される。この場合，サブグループ最上位企業のコンポーネント監査チームがその下位コンポーネント監査チームからの監査上の検出事項を漏れなく拾い上げることが可能か，というリスクがある。

⒤　トーマツ

コンポーネント監査人に対する直接的関与は，書面，電話会議，リージョナル・ミーティング，グローバル・ミーティング等を通じて行う。その際の課題としては，書面による情報聴取できる時期が時として遅くなる場合がある点である。これは，コンポーネントが公開会社でない場合が多く，より期末に近いタイミングでの監査計画の立案等を行う傾向にあるためである。

一方，間接的関与としての情報聴取は，原則として行われず，コンポーネント監査チームとグループ監査人との間で直接やり取りされる。

さらに，サブグループ内の下位コンポーネント監査チームとの間では，状況に応じて情報聴取が実施される。例えば，下位のコンポーネントの質的・量的リスクが高く，かつ，その上位のコンポーネントと担当する監査チームが異なる場合では，上位のコンポーネント監査事務所と同様の対応を行う場合もある。その際の課題は，グループ監査チームからコンポーネント監査事務所への直接的関与方法と同様である。

また原則として，個々の下位コンポーネント監査事務所と直接，情報交換を行う。

⒤　太陽

ネットワーク内コンポーネント監査人に対するグループ監査人からの直接的な関与の方法は，インストラクションにより，コンポーネント監査事務所が監査の過程でグループ監査人に報告すべき事項（会計・監査上の問題，内部統制の不備，不正・違法行為等）がある場合には，速やかに報告するように要請している。また，監査上の重要事項（必要な場合には，重要な監査調書又はその要約を含む）についても，構成単位の監査人から報告を受けることとなっている。このような文書による情報聴取の他，必要に応じてE-mail，電話会議やコンポーネント監査事務所への訪問により，情報聴取を行っている。この場合の課題としては，コンポーネント監査事務所の所在地によっては，監査調書の

国外への持ち出しが禁止されている場合があり，監査事務所を訪問する以外に監査調書を閲覧できない点が挙げられる。

コンポーネント監査人に対する間接的関与でも，上記直接的関与と同様の方法を採りつつも，コンポーネント監査事務所のネットワーク内の品質管理レビューの結果については，ネットワークを通して入手することができる。

さらにサブグループ内の下位コンポーネントに対するグループ監査人の直接的関与は，コンポーネント監査人に対する直接的関与と同じ方法が採られる。また間接的関与でもコンポーネント監査人に対する場合と変わるところはない。

③追加インストラクションが生じた場合の対応

(i) PwCあらた

情報聴取によりリスク評価の改訂と追加手続の指示が必要になった場合の対応として，リスク評価の改訂や追加のリスクが識別された場合は，それにともなう監査手続の変更が生じ，受領する成果物も変更になるため，インストラクションを改訂し，再度コンポーネント監査チームに通知している。

(ii) EY新日本

直接的な関与としては，まず，量的重要性が増した，あるいは質的に重要な事象が生じた場合，グループ監査チームにおいて監査戦略の見直しを行い，リスク評価及び手続の追加をインストラクションに追加する形でコンポーネント監査チームに発信する。次に，期末前に行うグループ・アカウント・ミーティングの実施時に追加の指示事項についての伝達を行う。この場合のリスクとしては，当該変更が期末に近いタイミングで行われた場合，コンポーネント監査チームが追加手続を遂行するために必要な時間及びリソースの確保が可能かどうか，という問題がある。

一方，間接的関与として，追加インストラクションに対し，うまく意思疎通が図れない場合等，あるいは追加手続に関するコンポーネント企業とコンポーネント監査チーム間の円滑なコミュニケーションのため，JBSメンバーに仲介してもらう場合がある。この際に想定されるリスクも，直接的関与の場合と同じである。

またサブグループ内の下位コンポーネント監査人に対する直接的関与の形態として，直接連結の場合は，上記のコンポーネント監査人に対する直接的関与と変わるところはないが，グループ企業がサブ連結を行っている場合には，グ

ループ監査チームの意を受けたサブグループの最上位企業のコンポーネント監査チームよりその下位監査チームに対し，追加インストラクションが発送される。これらの場合に想定されるリスクも，コンポーネント監査人に対する直接的関与と同様である。

さらに，サブグループ内の下位コンポーネント監査人に対するネットワークを介しての間接的関与の場合は，上記コンポーネント監査人に対する間接的関与の方法並びにリスクと等しい。

(iii) トーマツ

追加のインストラクションが必要となった場合，最終的には書面にて実施する。ただし，書面を確定させる前に，E-mail，電話会議等で内容を確認しつつ進める。この場合の課題は，インストラクションと情報聴取の場合と同じである。

一方，間接的関与としてのインストラクション追加は，原則として行われず，コンポーネント監査チームと，また個々の下位コンポーネント監査事務所と，グループ監査人との間で直接やり取りされる。

さらに，サブグループ内の下位コンポーネント監査チームとの間では，状況に応じてインストラクションの追加が実施される。例えば，下位のコンポーネントの質的・量的リスクが高く，かつ，その上位のコンポーネントと担当する監査チームが異なる場合では，上位のコンポーネント監査事務所と同様の対応を行う場合もある。その際の課題は，グループ監査チームからコンポーネント監査事務所への直接的関与方法と同様である。

(iv) 太陽

ネットワーク内コンポーネント監査人に対する直接的関与としては，追加のインストラクションの送付により，リスク評価の改訂と追加手続の指示を行うこととなる。また，必要に応じて，E-mail，電話等により指示を出している。この方法で想定される課題は，当初のインストラクションの場合と同様に，コンポーネント監査事務所の所在地によっては，監査調書の国外への持ち出しが禁止されている場合があり，監査事務所を訪問する以外に監査調書を閲覧できない点が挙げられる。

一方，グループ監査人からネットワークを経由してのコンポーネント監査人に対する間接的関与については，太陽（ネットワークを含む）では，このような関与方法は想定されていない。

第24章　監査事務所のネットワークにおける監査の品質　**385**

またサブグループ内の下位コンポーネントに対するグループ監査人の直接的な関与も，コンポーネント監査人に対する直接的関与の方法と同様の方法が採られている。加えて，当該下位コンポーネント監査人に対する間接的関与は，太陽では実例がない。

④グループ監査人による往査に対するコンポーネント監査人と下位コンポーネント監査人の協力（監査調書の提供の有無）

（ｉ）　PwCあらた

コンポーネント監査人に対する直接的関与として，往査の必要がある場合には，コンポーネント・チームを通じて現地子会社とのコミュニケーションを行い実施する場合がある。監査調書の提供に関しては，ネットワークで手続が定められており，その手続を行うことで，コンポーネント・チームの監査調書も閲覧が可能になる。

一方，ネットワークを介しての間接的関与では，監査調書の提供に関して，ネットワークにおける手続が定められている。

さらにグループ監査人による往査に対する下位コンポーネント監査人の協力としては，直接インストラクションを送付するコンポーネント・チームを通じて実施することが多い。監査調書についても，コンポーネント監査人に対する間接的関与と同様，ネットワークにおける手続が定められている。

（ⅱ）　EY新日本

コンポーネント監査人に対する直接的関与の場合，EYメンバーファームは共通監査ツールEY CANVASを使用しており，コンポーネント監査チームのEY CANVASにアクセスすることにより，往査の如何にかかわらず，調書レビューと質問等をリアルタイムで実施することが可能である。このインフラを前提に，往査依頼書及び指示書の中で，あらかじめレビューした監査調書から摘出した問題点を質問し，往査時に質疑応答により回答を得ることができる。この方法のリスクは，中国等，法律で外国会計士の監査業務への関与が規制されている場合は，監査調書のレビュー等は実施できない点にある。

一方，間接的関与としては，必要に応じ，コンポーネント監査チーム及びコンポーネント企業との間の円滑なコミュニケーションのサポートをJBSから得る。この場合のリスクは，直接的関与の場合と同様である。

またサブグループ内の下位コンポーネント監査人に対する直接的関与と間接

的関与の形態として，サブ連結を実施している場合には，サブグループの最上位企業のコンポーネント監査チームがより下位の監査チームとのコミュニケーションを担うことから，サブグループの最上位企業のコンポーネント監査チームから往査の状況を確認する。さらに，往査計画に基づき，グループ監査チームが直接往査を実施する場合には，コンポーネント監査人に対する直接的・間接的関与と変わるところはないし，リスクも同様である。

　上記のような方法並びにリスクは，グループ監査人による往査に対する下位コンポーネント監査人の協力においても同じである。

　(iii)　トーマツ

　直接関与の場合，往査前に協力依頼の書面を送付する。協力してもらう内容としては，コンポーネントの概要理解（ビジネス，ガバナンス，内部統制（IT含む），会計方針等），コンポーネントの監査上の重要事項の把握，監査実施概要の把握，リスク評価及びリスク対応手続についての意見交換，監査調書のレビュー等を実施するのが一般的である。また，往査時には，コンポーネントのマネジメント及び経理担当者等とのディスカッションも実施する。その際の課題は，監査調書の提供を受けられない（査閲のみ可能）国がある点である。

　一方，間接関与の場合の往査時には，往査先のネットワークのJSG（Japanese Service Group）の担当者に地域の状況（経済情勢，税務・会計・監査にかかる法規制，監査実務）の理解に資する資料の提供・ディスカッションや，監査チームへの各種アレンジを依頼することもある。

　またサブグループの下位コンポーネント監査人からの協力については，基本的には，グループ監査チームからコンポーネント監査事務所への直接的関与方法と同様であるが，状況に応じて，上位コンポーネント監査チームの協力を仰ぐケースもある。

　さらに下位コンポーネント監査人への間接的な関与については，グループ監査チームからコンポーネント監査事務所への直接的関与方法と同様である。

　(iv)　太陽

　グループ監査人の往査へのコンポーネント監査人の協力と下位コンポーネント監査人の協力としては，往査先への同行・コミュニケーションへの参加（通訳を含む），監査調書の提供（閲覧又は監査調書の写しの提供）などが行われている。その際の課題は，最初のインストラクションの場合と同じく，文書によるコミュニケーションが中心となり，共有されるリスク評価が端的なものに

なりがちであり，深度あるコミュニケーションが行われにくい点や，コンポーネント監査事務所の所在地によっては，監査調書の国外への持ち出しが禁止されている場合があり，監査事務所を訪問する以外に監査調書を閲覧できない点が挙げられる。

また間接的関与については，太陽では想定されておらず，また実例も存在しない。

(2) ネットワーク外のコンポーネント監査人に対するグループ監査人の課題
①インストラクションのあり方
(i) PwCあらた

グループ監査人からのコンポーネント監査人に対する直接的な関与として，ネットワーク外の監査事務所が子会社を監査する場合には，リスク評価の方法やリスク評価結果が，グループ監査チームと同様の基準に準拠しているかや，PwCネットワークが定める方法と同水準の手続を実施しているかについて留意しなければならないとされており，この留意事項はサブグループ内の下位コンポーネント監査人に対するグループ監査人の関与の場合も同様とされる。

(ii) EY新日本

グループ監査人からの直接的な関与の方法として，基本的に，EY以外向けのインストラクションを用いる点を除けば，ネットワーク内のコンポーネント監査人に対する対応と変わる点はない。このEY以外向けインストラクションとEY向けのインストラクションとの間には，EY内部で使用している専門用語を別の用語や表現に言い換えている等の他は，大きな相違点はない。しかし，この用語や表現の言い換えによって，ファーム間のメソドロジーの違いからくる解釈のズレ，規模や能力・経験値の違いから期待ギャップが生じ得る可能性というリスクが存在している。このようなEY向け以外のインストラクションを用いることによる関与における対応及びリスクは，サブグループ内の下位コンポーネントに対するグループ監査人の関与においても変わるところはない。

(iii) トーマツ

ネットワーク外コンポーネント監査人に対する直接的関与方法としては，ネットワーク内の監査事務所がコンポーネント監査人である場合と基本的には同様である。ただし，リージョナル・ミーティング，グローバル・ミーティングにはネットワーク外の監査事務所は通常は参加しない。

サブグループ内コンポーネント監査人へのインストラクションは，ネットワーク内の監査事務所がコンポーネント監査人である場合と基本的には同様であるが，ネットワーク内の監査事務所と比較した場合，よりグループ監査チームが直接関与する傾向にあると考えられる。

　(iv)　太陽

ネットワーク外のコンポーネント監査人に対しても，下位コンポーネント監査人に対しても，その直接的関与としては，インストラクションにより，グループ監査チームから，グループ監査人の認識しているコンポーネント監査事務所の作業に関連するグループ財務諸表にかかる特別な検討を必要とするリスクを伝達している。また，コンポーネント監査事務所の行ったコンポーネント企業のリスク評価については，インストラクションへの回答を入手し，共有している。これら文書によるリスク評価に関するコミュニケーションの他，必要に応じてE-mail，電話会議やコンポーネント監査事務所への訪問により，コミュニケーションを取っている。

課題としては，文書によるコミュニケーションが中心となり，共有されるリスク評価が端的なもの（例，収益認識に関する不正リスクなど）となりがちであり，深度あるコミュニケーションが行われにくい点が挙げられる。

②コンポーネント監査人からの情報聴取の方法と課題

　(ⅰ)　PwCあらた

コンポーネント監査人に対しても，サブグループ内の下位コンポーネント監査人に対しても，グループ監査人として必要に応じて電話会議やウェブ会議等で情報交換を行う。

　(ⅱ)　EY新日本

ネットワーク外であるため，基本的に(a)グループ・アカウント・ミーティングの招集対象外になることから，(b)インストラクションに対する回答と追加質問等を通じ情報聴取する。(c)EY以外のインストラクションには，手続に関する詳細な質問書が用意されており，当該質問書の回答により情報聴取を行う。この場合のリスクとしては，期末間際においてコンポーネント企業に懸案事項が生じ，追加手続の実施に関する情報が適時にグループ監査チームに上がってこないおそれに加え，ファーム間のメソドロジーの違いからくる解釈のズレ，規模や能力・経験値の違いから期待ギャップが生じ得ることである。

第24章　監査事務所のネットワークにおける監査の品質　**389**

　一方，下位コンポーネント監査人に対しては，監査上の大きな懸案事項がない限り，グループ監査チームの直接関与はない。もしある場合は，その対応もリスクも，上記のコンポーネント監査人に対するものと同じである。

　⑷　**トーマツ**

　ネットワーク外のコンポーネント監査人からの情報聴取は，書面，電話会議等を通じて行う。その際の課題は，ネットワーク内の監査事務所がコンポーネント監査人である場合と同様である。

　下位コンポーネント監査人に対しても，ネットワーク内コンポーネント監査人への対応と同じであるが，グループ監査チームがヨリ直接関与する傾向にあると考えられる。

　⒤　**太陽**

　コンポーネント監査人に対しても，サブグループ内の下位コンポーネントに対しても，ネットワーク内コンポーネント監査人からの情報入手の方法を採るものの，ネットワーク外の監査事務所であるため，監査調書又はその要約の入手に関しては，ネットワーク内の監査事務所である場合と比較して，制限が加えられることがある。

③追加インストラクションが生じた場合の対応

　⒤　**PwCあらた**

　コンポーネント監査人に対しても，サブコンポーネント監査人に対しても，リスク評価の改訂や追加のリスクが識別された場合は，ネットワーク内のコンポーネントに追加のインストラクションを送付する場合と同様に，追加のインストラクションを送付する。

　⑵　**EY新日本**

　基本的に，ネットワーク内の場合と変わる点はない。またリスクも，ネットワーク内の場合に加え，ファーム間のメソドロジーの違いからくる解釈のズレ，規模や能力・経験値の違いから期待ギャップが生じ得る点にある。

　⑶　**トーマツ**

　追加インストラクションが生じた場合も，ネットワーク内の監査事務所がコンポーネント監査人である場合と同様である。

　⒤　**太陽**

　ネットワーク外のコンポーネント監査人に対しても下位コンポーネント監査

人に対しても，ネットワーク内と同様に，追加のインストラクションの送付により，リスク評価の改訂と追加手続の指示を行い，必要に応じて，E-mail，電話等により指示を行う。この場合の課題も，ネットワーク内の場合と同じである。

④グループ監査人による往査に対するコンポーネント監査人と下位コンポーネント監査人の協力（監査調書の提供の有無）

　(i)　PwCあらた

　コンポーネント監査人に対しても，下位コンポーネント監査人に対しても，監査調書の提供に関しては，コンポーネント監査事務所と個別に交渉を行う必要がある。

　(ii)　EY新日本

　コンポーネント監査人と下位コンポーネント監査人からの協力については，それらがネットワーク外にあるため，EYの場合と異なり，事前に監査調書のレビューができないことから，往査依頼書及び質問書を通じ，連結監査手続に必要な情報を網羅的に得られるよう準備する。実際の往査時は，事前依頼及び質問書を基にコンポーネント監査人への質疑応答により回答を得る。このような場合に想定されるリスクとして，事前の準備により得られる情報がEYの場合に比べ，圧倒的に不足すること，監査調書は基本的に英語で作成されているケースが多いものの，現地語で作成されているケースもあり，その場合は口頭による質疑応答に留まらざるを得ないことが挙げられる。また，ファーム間のメソドロジーの違いからくる解釈のズレ，規模や能力・経験値の違いから期待ギャップが生じ得る。

　(iii)　トーマツ

　コンポーネント監査人がネットワーク外であっても，ネットワーク内の監査事務所がコンポーネント監査人である場合と基本的には同様である。

　さらにネットワーク外の下位コンポーネント監査人については，ネットワーク内の監査事務所がコンポーネント監査人である場合と基本的には同様であるが，上位コンポーネント監査チームの協力を仰ぐケースは想定されない。

　(iv)　太陽

　グループ監査人の往査へのコンポーネント監査人の協力も，下位コンポーネント監査人の協力も，監査調書の提供（閲覧又は監査調書の写しの提供）など

が行われる。ただし，ネットワーク外の監査事務所であるため，監査調書又は
その要約の入手に関しては，ネットワーク内の監査事務所である場合と比較し
て，制限が加えられることがあり得る。また，コンポーネント監査事務所の所
在地によっては，監査調書の国外への持ち出しが禁止されている場合があり，
監査事務所を訪問する以外に監査調書を閲覧できない場合がある。

5．むすびにかえて

　本章では，大手監査法人４件及び準大手監査法人１件に対するインタビュー
調査，並びに追加調査によって，ネットワークに関する品質管理問題を検討し
てきた。

　今日，グループ監査の重要性が強調される中，グループ監査がネットワーク
に属するメンバー・ファーム間で実施されることが一般的である。また，ネッ
トワークがメンバー・ファームに対しても，ガバナンス構造，品質管理等につ
いてネットワークと相似のシステムを設けることを基本方針としており，ネッ
トワークにおける人事や会議を通じて，様々な形で統括してきていることは明
らかである。

　こうした中で，本章での調査は，ネットワーク内での監査に関する品質管理
がどのように確保されようとしているのか，に関するいったんを示すに留まっ
てはいるものの，これまでほとんど振り返られることのなかったネットワーク
内での品質管理について，研究の第１歩を踏んだものと考えたい。ことにネッ
トワークにおいて開発された監査ツールの共有，ネットワーク内レビュー，さ
らにはネットワークのブランド使用，さらにはネットワークのガバナンスへの
参加といったわが国監査事務所の享受する便益とそれらに対する義務としての
分担金の支払いといった内容は，それぞれの監査事務所によって異なっている
ことが明示された意義は大きいと考えている。監査の品質が合理的保証という
一定域での水準に収斂する以上，どのような品質管理が，単体での監査事務所
だけでなくネットワーク内で行われているかは，各事務所の品質を確保しよう
としているのかを客観的に捕捉するために必須の研究対象と考える。

　ネットワークによるレビューの具体的な状況や，品質管理にかかる会議体の
構成・運営，非違事例に対する対応，グループ監査における問題点のネットワー
クでの取り上げ方等々，さらなる調査が必要であると思われる。

参考文献

Deloitte Touche Tohmatsu Limited（DTTL）（2017），*2017 Global Impact Report: Are you ready?*.

Ernst & Young Global Limited（EYG）（2017），*Audit Quality: A Globally Sustainable Approach*.

Grant Thornton International Ltd（GTIL）（2018），*Global Transparency Report 2018: A focus on quality*, March 2018.

International Auditing and Assurance Standard Board（IAASB）（2008），International Standards on Auditing 600: Special Considerations—Audits of Group Financial Statements（Including the work of Component Auditors）.

――（2017），Agenda Item 6: Quality Management（Firm Level）: Considerations in Relation to the Draft Exposure Draft of Proposal ISQC 1（Revised），December.

International Forum of Independent Audit Regulators（IFIAR）（2014），*International Forum of Independent Audit Regulators Report on 2013 Survey of Inspection Findings*, April 10.

――（2015），*International Forum of Independent Audit Regulators Report on 2014 Survey of Inspection Findings*, March 3.

KPMG International Cooperative（2017），*Our relentless focus on quality: KPMG International 2017 Transparency Report*.

有限責任あずさ監査法人（2017）「AZSA Quality 2017―監査品質向上への取組」，9月。

――（2018）「第33期業務及び財産状況説明書」。

PwCあらた有限責任監査法人（2017a）「監査品質に関する報告書2017」。

――（2017b）「業務及び財産の状況に関する説明書類　第12期会計年度」。

新日本有限責任監査法人（2017）「監査品質に関する報告書」，10月。

EY新日本有限責任監査法人（2018）「第19期　業務及び財産の状況に関する説明書類」。

有限責任監査法人トーマツ（2017）「Tohmatsu Audit Quality Report 2017（監査品質に関する報告書 2017）」。

（松本 祥尚・町田 祥弘・會田 将之）

第**25**章

会計事務所のビジネス・モデル

1. 問題の所在

　ビジネス・モデルとは，どのような価値を創造し顧客に届けるかについて論理的に記述したものをいう（Osterwalder and Pingneur, 2010）[1]。本章の目的は，わが国の会計事務所が潜在的若しくは顕在的に構築するビジネス・モデルに違いがあるかについて解明を試みることである。会計事務所のビジネス・モデルは，Osterwalder and Pingneur（2010）に沿うならば，「会計事務所がどのような価値提案をどのような顧客セグメントに提供しているかについて論理的に記述すること」と定義できる。会計事務所がこれまでに提供してきた価値提案たる主要な3つの業務は，保証業務，税務業務，及びコンサルティング業務である。この3つの主要な業務に関して，いわゆるBig4（Deloitte, PwC, EY, KPMG）を中心とする大手会計事務所は，過去10年間にわたって大きな構造変化を経験してきた。すなわち，グローバルベースで捉えた場合，大手会計事務所は，3つの主要な業務のうち，特にコンサルティング業務[2]を急拡大させてきたのである。

　われわれは，このようなビジネス・モデルの大きな構造変化について考察するに当たり，まずは事実把握的証拠（fact findings）の入手・分析から着手する。

(1) 直近の大手会計事務所の勢力状況（グローバルベース）[3]

　わが国の会計事務所ごとにビジネス・モデルに違いが生じているのかを解明するに先立ち，われわれはまず，大手会計事務所の直近の勢力状況について示すことにしたい。図表25-1は，2017年度における，大手会計事務所の売上高ランキングトップ10（グローバルベース）を示したものである。図表25-1から明らかなように，2017年度においてはDeloitteが売上高ベースにおいて首位となったが，その主たる要因はコンサルティング業務の増加であるといわれている。

---

1) ビジネス・モデルについては，例えば，Magretta（2002），Afuah（2003）など様々な文献で定義されている。
2) ここでコンサルティング業務としているのは，便宜上，コンサルティングサービス及びアドバイザリーサービスを含んで称している。
3) 日本のメンバーファーム（ネットワークファーム）等に関する情報は，2018年6月末現在のものを使用しており，それ以降の名称の変更及び合併は考慮していない。

394 第Ⅵ部　監査品質に関する個別研究

図表25-1　2017年度グローバルベースの10大会計事務所の売上高

会計事務所名	日本のメンバーファーム	売上高
Deloitte	トーマツ	$38.9
PwC	PwCあらた，京都	$37.7
EY	EY新日本	$31.4
KPMG	あずさ	$26.4
BDO	東陽・三優	$7.6
Grant Thornton	太陽	$4.8
RSM	RSM清和	$4.6
Crowe Horwath International	優成	$3.7
Baker Tilly International	日本橋	$3.2
Nexia	仰星	$3.2

注：売上高の単位は10億ドル。
出所：The CA magazine, 5 December 2017, issued by ICASを基に筆者作成。

　また，Big4と他の6事務所は，売上高ベースで規模が大きく異なることから，ビジネス・モデルも大きく異なる可能性がある。そこで，本章では，特にBig4に焦点をあててコンサルティング業務の増加の状況をみていくこととする。

⑵　グローバルベースのBig4業務内容別の売上推移

　図表25-2は，過去7年間のBig4のセグメント別売上高の推移を示したものである。図表25-2から明らかなように，保証業務の増加ペースは微増にとどまる一方，コンサルティング業務は急激な成長を見せ，保証業務から主役の座を奪おうとしている。すなわち，コンサルティング業務は2014年度を除いて単調増加しており，保証業務とコンサルティング業務の差額は，2011年度の157.0億ドルから，2017年度の29.6億ドルへと急激に縮小しているのである。さらに，Big4それぞれについてセグメント別売上高の最近4年間の動向をみると図表25-3-1～-4のようになる。ここで特筆すべきは，図表25-3-1に示されるDeloitteにおけるセグメント別売上高の推移である。Deloitteは2015年度においてコンサルティング業務の売上高が保証業務の売上高を逆転しており，年度を経るごとにその差は広がる一方である。また，図表25-3-3及び図表25-3-4に目を転じると，EY及びKPMGにおける保証業務の売上高が停滞する一方，コンサルティング業務は単調増加していることがみてとれる。特に，2017年度におい

図表25-2　Big4におけるセグメント別売上高の推移

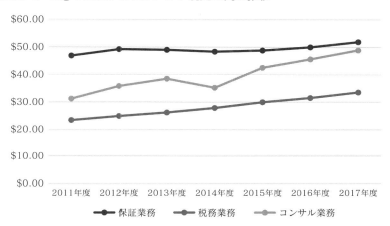

注：売上高の単位は10億ドル。
出所：各グローバルファームのTransparency Report及びAnnual Reviewを基に筆者作成。

図表25-3-1　Big4におけるセグメント別売上高の推移（Deloitte）

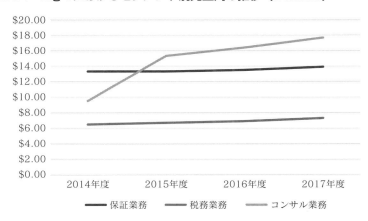

注：売上高の単位は10億ドル。
出所：Deloitte Transparency Reportを基に筆者作成。

てはコンサルティング業務の売上高と保証業務の売上高はほぼ拮抗しており，2018年度にはDeloitteと同様にコンサルティング業務の売上高が保証業務の売上高を上回るかもしれない。他方，図表25-3-2で示されるPwCの時系列売上

図表25-3-2　Big 4におけるセグメント別売上高の推移（PwC）

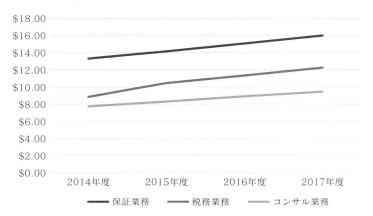

注：売上高の単位は10億ドル。
出所：PricewaterhouseCoopers Transparency Reportを基に筆者作成。

図表25-3-3　Big 4におけるセグメント別売上高の推移（EY）

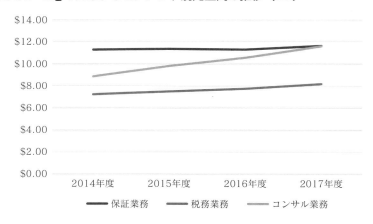

注：売上高の単位は10億ドル。
出所：EY Global Reviewを基に筆者作成。

高推移は，他の3つの事務所とは異なる様相を呈している。保証業務，税務業務，コンサルティング業務，すべてにおいて売上高が単調増加しており，保証業務の売上高とコンサルティング業務の売上高の差額をほぼ一定に保ったまま成長していることが図表25-3-2から読み取れるのである。

第25章　会計事務所のビジネス・モデル　**397**

図表25-3-4　Big４におけるセグメント別売上高の推移（KPMG）

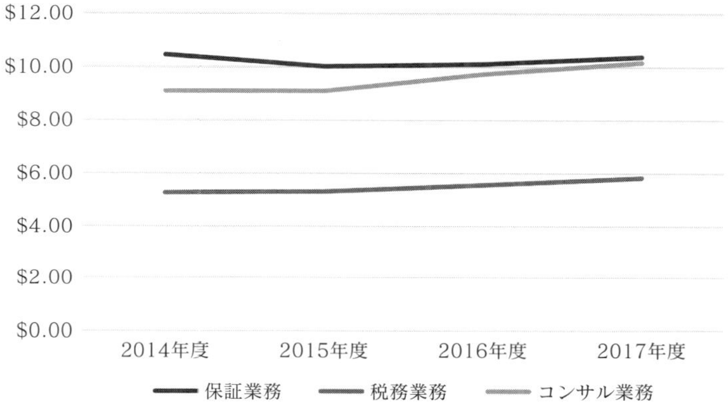

注：売上高の単位は10億ドル。
出所：KPMG Transparency Reportを基に筆者作成。

　このように，図表25-2及び図表25-3-1〜-4は，Big4全体ではコンサルティング業務が飛躍的に成長している一方，それぞれの会計事務所ごとにセグメント別売上高の推移は異なることを示している。このことは，Big4を形成するそれぞれの会計事務所ごとにビジネス・モデルが異なるかもしれないことを示唆するのである[4]。

⑶　会計事務所のビジネス・モデルの変化に対する規制当局の懸念

　前節で明らかになったように，会計事務所においてコンサルティング業務のウェイトが飛躍的に大きくなっていることから，会計事務所においてこれまでの監査を主体としたビジネス・モデルが大きく変容している可能性がある。このような状況を受け，2015年４月に台北で開催された監査監督機関国際フォーラム（International Forum of Independent Audit Regulators: IFIAR）の年次総会では，大手会計事務所のビジネス・モデルに関して，次のような懸念が指摘されている（IESBA CAG Meeting, 2015）。
　　・コンサルティング業務の増加により，保証業務の責任者は，グローバルとローカル・ネットワーク・レベルの双方において，会計事務所のガバナン

---

[4]　なお，Big4のビジネス・モデルを明確にする試みとして，われわれはOsterwalder and Pingneur（2010）に依拠して，ビジネス・モデル・キャンバスを作成して検討した。

スに対して重要な役割を果たすことが少なくなってきている可能性がある。そして，これは，（a）監査のサービス・ラインへの投資水準かつ/又は（b）独立性，客観性，及び職業的懐疑心の維持に関して，経営陣によって与えられる会計事務所の文化と価値に影響を与えているのではないかと思われる

・反面，コンサルティング業務を提供することに伴う事務所や職業専門家に対する投資は，保証業務に従事するスタッフに特別な技量などの知識に接する機会を与えることが考えられる。これにより，会計事務所の監査能力を向上させ，実務上の相乗効果を高めることが期待できるとも思われる

・コンサルティング業務からの売上によってもたらされた成長のペースを保つために，保証業務の部門も成長のプレッシャーを受けるのではないかと危惧する。その結果として，会計事務所は監査品質に悪影響を与えるような，監査経験がない若しくは経験が限定的である業種，又は，リスクの高いクライアントを新規に引き受けることとなる可能性がある

・コンサルティング業務の拡大は会計事務所を商業主義に走らせ，専門家としての意識を低め，取締役会，投資家及びその他の利害関係者を本来のクライアントと考えずに，企業の経営者を一義的なクライアントとして捉えるようになる可能性がある

・コンサルティング業務若しくは保証業務のいずれかを選択する必要が生じた場合，会計事務所は規制要件及び独立性要件，リスクの低さ，マージンの高さを考慮して，社会的意義を忘れ，監査契約の獲得よりコンサルティング契約の獲得を選択する可能性がある

・会計事務所は，コンサルティング，保証業務等，異なる部門間の給与・報酬や文化的課題を効果的に管理することができず，会計事務所の経営を不安定にし，企業の組織構造に重大かつ/又は破壊的な変化を引き起こす可能性がある

・コンサルティング業務が今以上に拡大し，収益の大部分を占めるようになると，会計事務所の経営陣や監査パートナーは，保証業務ではなく，コンサルティング業務に注力するようになるのではないかと思われる

このような7項目にわたる問題点（若しくは懸念）がIFIARより指摘され，IFIARの年次総会において，監査事務所のビジネス・モデルのあり方について

活発な議論が行われたのである。ビジネス・モデルに関するグローバルベースの動向を踏まえ，わが国の監査法人グループについてもIFIARの指摘と同様の問題点が生じているかどうかについて解明することは喫緊の課題であるとわれわれは考える。しかしながら，ビジネス・モデルのあり方を議論する前提である，わが国の監査法人の（実際の）組織体制がグローバルファームと一致しているという条件を満たさない可能性がある[5]。加えて，管理運営手法についてもグローバルファームと同様かどうかは不明である。この点を踏まえ，われわれは，わが国の監査法人の（実際の）組織体制及び管理運営手法に十分に注意を払いつつ，１）IFIARが指摘するような会計事務所のビジネス・モデルに関して問題とされている事項がわが国においても存在するのか，２）仮にそのような事項が存在する場合，わが国の監査法人はどのように対処しようとしているのかを解明していくことにしたい。

　本章の構成は以下のとおりである。第２節では，インタビュー調査に関するリサーチデザインを示す。続く第３節において，インタビュー調査によって得られた証拠を提示するとともにその解釈を行う。本章の結論は最後の第４節で示す。

２．リサーチデザイン

(1) インタビュー調査の目的

　われわれは，以下の２つの点を明らかにするために，インタビュー調査を実施した。

- ・国内大手監査法人及びそのグループのビジネス・モデルと提携先のグローバルファームのビジネス・モデルとは同一である
- ・IFIARの指摘事項に関して，法的形態や歴史の違いにより，わが国の大手監査法人にはそのような問題は現状生じていない

(2) インタビュー調査の対象及び日時

　インタビュー調査については，国内の監査法人のうち，５法人（新日本有限責任監査法人，有限責任監査法人トーマツ，有限責任あずさ監査法人，PwCあらた有限責任監査法人，太陽有限責任監査法人）を対象とし，各監査法人グ

---

5) 各法人のウェブサイトにおいては，監査法人グループの構成法人は，グローバルファームとほぼ同様の体制となっていることが示されている。

400 第Ⅵ部 監査品質に関する個別研究

ループの経営陣の一員をインタビュー対象者とした。インタビュー調査は，2018年6月26日から同年7月9日にかけて，われわれが各法人のオフィス（すべて東京）に伺う形式で順次行われた。各法人に対するインタビュー時間は，60分から90分の範囲であった。なお，われわれがインタビュー調査に当たって知りえた事項について守秘義務を負うことを5法人の各担当者に告知するとともに，その旨を記した誓約書を後日送付している。

(3) インタビューの手法

インタビュー調査を実施するに当たり，われわれは半構造化インタビュー（半構造化面接法）[6]という手法を採用した。半構造化インタビュー（semi-structured interview）とは，「何を質問すればよいかはある程度わかっているが，どのような回答がもどってくるか不明な場合に使用するのに適し」（鈴木，2005, 24頁）た面接手法であって，構造化インタビュー（structured interview）と非構造化インタビュー（unstructured interview）の「それぞれの利点をうまく取り入れた技法」（鈴木，2005, 25頁）である。半構造化インタビューには数多くのタイプが存在するが[7]，本章では，あらかじめ入念に吟味を重ねて様々な観点から質問項目を作成し，質問者サイドで録音機（ICレコーダー）やメモなどに記録しながら柔軟に質問を続けていく手法を採用することにした。なお，半構造化インタビューにおいては，構造化インタビューやアンケート調査といった手法によって生じるのとは異なった，固有の研究倫理上の問題[8]が生じる可能性がある。そこでわれわれは，録音されたすべての会話について"テープ起こし"を行い，その後，インタビュー対象者に不都合がないかどうか確認してもらうことによって研究倫理上の問題が極力生じないように対処した。

インタビュー調査は，われわれが作成した質問事項に基づき，各監査法人に対して実施された。インタビュー実施中に行われた会話はすべてICレコーダーに録音され，録音をもとに再現されたテープ起こし原稿は各監査法人のイン

---

[6] 半構造化インタビューの手法及び考え方については，鈴木（2005），Kvale（2007）に詳しい。インタビュー手法全般に関しては，原（2010）を参照されたい。

[7] Flick（1995, 邦訳94-121頁）によると，半構造化インタビューには，1）焦点インタビュー（focused interview），2）半標準化インタビュー（semi- standardized interview），3）問題中心インタビュー（problem-centerd interview），4）専門家インタビュー（expert interview），5）エスノグラフィック・インタビュー（ethnographic interview）などのタイプがある。

[8] 例えば，インタビューのコンテクストとは関係のない雑談等に秘匿すべき情報価値があり，それがインタビュー対象者に無断で研究論文として公表されてしまうといった問題が指摘できる。

タビュー対象者によって確認・承認といった手続きを経ている。

3．証拠の提示及び解釈

　われわれは，12項目からなる質問項目を作成したが，分析及び解釈に当たって，以下の7つの区分に集約した。その区分に従って，入手した回答を要約・分析・解釈すると次のようになる。なお，われわれは個別具体的な監査法人のビジネス・モデルに関心を有しているわけではなく，わが国の監査法人全体として1）ビジネス・モデルに違いがあるのかどうか，2）IFIARが指摘するようなビジネス・モデルに関する問題が生じているのかどうかについて関心を有する。守秘義務の観点からもわれわれの関心の観点からも，個々の証拠若しくは記述について，監査法人が特定されることは避けなければならない。よって，インタビュー調査によって得られた以下に示す証拠及びその解釈については，表現を抽象化している箇所がある点には留意されたい。

⑴　グローバル・ネットワークファームの運営形態と日本の監査法人グループ[9]における運営形態の差異

　グループ内の業務区分に関しては，単純に保証業務，税務業務及びコンサルティング業務の3区分に分けている監査法人グループばかりではない（例：保証業務，リスク・アドバイザリー，コンサルティング，フィナンシャル・アドバイザリー及び税務・法務の5区分）が，集約するとこの3区分となっており，基本的には，グローバルでの事業区分と同様[10]であった。しかしながら，1）わが国の法規制の関係で，監査法人，税理士法人，弁護士法人及びコンサルティング会社と区分されており，アメリカのように1つのパートナーシップの下に運営されているわけではないこと，及び，2）多くの監査法人グループは，サービス・商品の開発等に関してグローバルの事業部門ラインと密接な関係にはあるが，資本関係等あるいは支配従属関係等は存在しないことも判明している。

　アメリカにおいては1つのパートナーシップの中にこれらの業務が含まれて

9）日本の監査法人グループには，監査法人，税理士法人，弁護士法人，コンサルティング会社等の系列会社を含んでおり，親会社・子会社等の資本関係に基づく分類ではない。

10）ある監査法人グループでは，わが国に2つの監査法人が，同じグループに含まれており，それが，グローバルの組織形態とは異なるとの話があったが，これはわが国固有の歴史的背景が起因した特殊形態であると理解している。

402　第Ⅵ部　監査品質に関する個別研究

おり，利益の分配が行われている。しかしながら，わが国の監査法人グループにおいては，そのような利益配分は行われておらず，各法人内でのみ，各法人の獲得した利益を各法人内で配分を実施しているだけとの回答が概ねにおいて得られた。ただし，グループ内の共通した投資案件（IT投資等）については，意思決定を共同して行い，資金の拠出等は協力して実施している監査法人グループがあることも判明している。

　各監査法人グループは，グループの統括会社を所有するが，これは合同会社や社団法人の形態をとっており，その出資は，各法人の（代表）社員が実施しているとの回答が概ねにおいて得られた。しかしながら，その機能は，いわゆる持株会社や親会社のような機能を有しているのでもなく，また強力なガバナンス機能を有しているわけでもないことが判明している。具体的には，各法人が行う間接業務（総務，経理，人事）を集約したアウトソーシング的な機能を有し，必要とされる資金（負担させるべきコスト）を各法人に配分しているという回答の他，グループの統括会社は，グループ方針の調整に関する話し合いの場的な存在であり，各法人が当該機能にかかわる費用を負担しているにすぎない存在であるという回答も得られている。

　要約すると，わが国では，コンサルティング業務で獲得した利益の恩恵を監査法人が受けるというような形態とはなっておらず，アメリカのパートナーシップ形態のBig4とは運営形態がかなり異なることが判明したのである。

(2)　わが国の監査法人グループにおける業務別収益割合

　業務区分及び形態に関しては，上述のとおり，監査・保証業務，税務業務及びコンサルティング業務という大きく3つの区分で捉えることができるが，3

図表25-4　各グループの業務別収益割合

（単位：%）

グループ別	保証業務	税務業務	コンサルティング業務
A	60	15	25
B	55	10	35
C	60	12	28
D	40	10	50
E	70	10	20

出所：口頭での回答及び入手資料に基づき筆者作成。

つに区分された業務別収益割合については，図表25-4で示されるような証拠が得られている。各監査法人の成立過程はそれぞれ大きく異なり，監査の関与先が少ない法人が存在することから，監査・保証業務から得られる収益割合がコンサルティング業務を下回るグループも観察できる。しかしながら，図表25-4が示すように，概ねにおいて監査・保証業務から得られる業務収益の割合が高く，前述のグローバルベースにおけるような，コンサルティング業務から得られる業務収益が監査・保証業務から得られる業務収益を上回るような状態とはなっていない。

(3)　コンサルティング業務の拡大が監査の品質に与える影響

　わが国の監査法人グループにおける業務別収益割合について検討した結果，わが国の各監査法人グループについては，コンサルティング業務が大幅に増加しているとはいえ，保証業務を大幅に上回り，監査の品質にダイレクトかつ多大な影響を与えるほどまでには至っていないことを示す証拠が得られた。われわれが実施したインタビュー調査において，すべての監査法人グループより，コンサルティング業務が今後とも拡大し続ける旨の回答を得ている。このことは，将来的には，コンサルティング業務収益が保証業務収益を上回る監査法人グループが漸増することを示唆する。他方，1）業務の中核は，あくまでも保証業務であり，監査法人としての信頼性を傷付けるようなコンサルティング業務は行わせないようにしている，2）被監査クライアントに対する同時提供禁止業務等，独立性に抵触する懸念に十分に留意して，コンサルティング業務を提供するか否か個々に判断している，というように急激なコンサルティング業務拡大に対する一定の歯止めが重要であることを示す回答も得られている。

　わが国の監査法人グループにおいては，コンサルティング業務の提供に当たり，保証業務の品質に影響を与えないことを前提としているため，コンサルティング業務の自由な提供が行えないような様々な自発的制約（自主規制）を課している。このことは，潜在的に優秀な人材の流出懸念を生じさせる。時間とコストを費やして育成したコンサルタントの他社への流出懸念が，監査法人グループのビジネス・モデルにも大きな影響を与えることは否めないのである。われわれの実施したインタビュー調査によって，1）監査法人系ではない他のコンサルティング会社とは異なって，クライアントに対して何ら制約のない自由なサービス提供を行うことができないことを理由として，監査法人グループ

を辞めていくコンサルタントも少なくないこと，2）監査法人としては，グループ全体の信頼性の確保を目的とした，保証業務の品質に影響を与えないための様々な自発的制約は必要不可欠であることから，自ら育成したコンサルタントがある一定水準で辞めていくのはやむを得ないと考えていること，を示す証拠が得られている。

　他方，監査法人グループによるコンサルティング業務の拡大は，以下のようなベネフィットを生みだしているとする回答も目立つ。

・現在の保証業務は，監査法人グループ内の専門家の提供する業務に依拠する部分が多くなっている。この専門家には，ITC（IT Coordinator）や税務及び退職年金の数理計算の専門家が含まれる。彼らの技量の向上には，監査業務だけでなく，コンサルティング業務を通じてのクオリティの高いサービス業務への関与が不可欠である

・監査スタッフの多くは，いつまでも保証業務に従事するだけでは納得せず，モチベーションの維持・向上のためには，ファイナンシャル・サービスやその他コンサルティング業務の担当部署に異動できる機会を必要とする。この機会がないならば，リクルーティングも難しいのが現状である

　このように，わが国の監査法人グループは，あくまで保証業務をビジネス・モデルの中心においており，保証業務の品質に影響を与えるようなコンサルティング業務のやみくもな拡大は実施していないことを支持する証拠が，われわれのインタビュー調査から得られている。

⑷　保証業務に関するわが国市場の現状と成長可能性

　保証業務の市場の状況に関しては，内部統制監査の導入以降，この10年間，監査報酬は年を経るごとに増加している。しかしながら，わが国の監査報酬は英米の監査報酬に比べると未だ低水準にあることは否めない。この現状に鑑みるならば，わが国において監査報酬は今後ますます増加するのではないかと一般に考えられている。この点に関連して，われわれが実施したインタビュー調査からは，金融商品取引法に基づく監査クライアント数全体はそれほど増加するとは思えないが，企業の国際化の進展及びグループ監査の必要性の増加に伴い，大手監査法人については監査クライアントが増加する可能性が高い旨の回

第25章　会計事務所のビジネス・モデル　**405**

答が得られている[11]。この回答には，顧客志向の差別化戦略に基づく業務拡大に対する期待が反映されているのかもしれない。他方，シェアードサービスの利用や監査の機械化（Audit Data Analyticsの利用等）に伴い，監査の効率化が図られ，コスト削減も期待できる一方，規制当局の検査強化に伴い，検査対応コストの増加が利益の圧迫要因となる可能性がある点には注意しなければならない旨の回答も得られている[12]。

　以上のように，われわれは，各監査法人グループともに，保証業務の将来性について楽観的に捉えており，成長余地が十分に存在していることを示唆する証拠を得ている。

(5)　監査の品質の向上が与える監査報酬アップへの影響

　監査の品質と監査報酬との関係については，わが国及び諸外国で数多くの研究が蓄積されているにもかかわらず，証拠は多様であり様々な見解が存在する。この点に関連して，われわれの実施したインタビュー調査では，監査品質の指標（Audit Quality Indicators: AQI）や監査報告書における「監査上の主要な検討事項」（Key Audit Matters: KAM）の記載が，監査報酬のアップに直接つながるとは現時点では考えていない旨の回答が概ねにおいて得られた。ただし，監査の品質の意味する範囲を大きく捉え，関与先クライアント会社に対する「付加価値」の提供も含むと考えるならば，経営者とのコミュニケーション等を通じて監査に付加価値を付与することによって，監査報酬のアップに（間接的にではあれ）結び付けることができるのではないかとのポジティブな見解も同時に得られている。

　このように，われわれのインタビュー調査では，監査報酬と一般的に理解される監査の品質との間にはダイレクトな関係が存在するとの共通認識は得られていない一方で，監査の関与先クライアント会社の経営陣との緊密なコミュニケーションこそが（間接的に）監査報酬のアップに結び付くと考えていることを示唆する証拠が得られている。

11）インタビュー調査の結果，金融商品取引法監査のみならず，その他の保証業務（医療法人監査等）に成長の可能性を見出している監査法人も存在することが判明した。

12）新規上場を目指す会社に対する監査については，公共の利益のために，上場会社となるに十分な体制を整えていなくても監査を引き受けるべきとの考えを持つ法人と，上場会社としての十分な体制等を有しない会社は，監査を引き受けるべきではないとの考えを持つ法人の2種類があった。

406 第Ⅵ部　監査品質に関する個別研究

⑹　**監査法人が有する社会的信頼（ブランド）が与えるコンサルティング業務への影響**

　インタビュー調査の結果，監査法人に対する社会的信頼があるからこそ，コンサルティング業務を獲得する機会（若しくは競争力）が得られていることが，すべての監査法人グループによって強調されていた。加えて，監査法人に対する社会的信頼（若しくはブランド）がコンサルティング業務にプラスの影響を与えるということはグローバルベースでも同様であり，今日のコンサルティング業務の拡大の背景には，監査の長い歴史を通して勝ち得た信頼性を背景としたBig4のブランドがあるということが共通した認識であった。

　このように，わが国の監査法人グループは，保証業務を通じての信頼性の確保・維持こそがすべての前提であり，保証業務があってこそコンサルティング業務が成り立つとの認識が共有されていることを示す結果がインタビュー調査によって得られている。

⑺　**保証業務の保持よりコンサルティング業務の拡大を優先する可能性**

　わが国においては，保証業務の比率が高く，監査法人中心のグループ形態となっている。インタビュー調査の結果，わが国の監査法人グループは，監査法人やグローバル組織に対する信頼性（若しくはブランド）があってこそコンサルティング業務が成立すると考えており，保証業務よりコンサルティング業務を優先するような考えはない旨の回答が得られた。これはグローバル組織においても同じ考えであり，コンサルティング業務を優先するあまり，保証業務を減らすという考えや，当該業務から撤退する考えはない旨がすべての監査法人グループにおいて強調されていた。

4．結論

　われわれは，1）IFIARが指摘するような会計事務所のビジネス・モデルに関して問題とされている事項がわが国においても存在するのか，2）仮にそのような事項が存在する場合，わが国の監査法人はどのように対処しようとしているのかということを解明するために，国内の5つの監査法人グループの経営陣の一員を対象として半構造化インタビューを実施した。その結果，われわれは，1）国内大手監査法人及びそのグループのビジネス・モデルと提携先のグローバルファームのビジネス・モデルとの間には運営形態にかなり相違がある

とはいえ，全体的に捉えた場合にはそれほど大きな差異は存在しない，2）IFIARの指摘事項に関して，法的形態や歴史の違いにより，わが国の大手監査法人にはそのような問題は現状生じていない，ことを示唆する証拠が得られた。その根拠としては以下の解釈が考えられる。

わが国の監査法人グループのビジネス・モデルは基本的にグローバルファームのビジネス・モデルと同じである。しかしながら，わが国においては，法的形態の相違等により，アメリカのように一体として運営されているわけではない。また，コンサルティング業務の割合がグローバルファームに比べ低く，保証業務の占める割合が現状においては高水準である。したがって，保証業務に対する意識も高く，それを軽視するような考えは経営陣に存在せず，IFIARの問題とするような大手会計事務所のビジネス・モデルにおける懸念事項は現状においては存在しないのではないかと考えたのである。

最後に，われわれが実施したインタビュー調査について限界を示しておくことにしたい。今回のインタビュー調査は，監査法人グループの主要人物，すなわち，経営陣の一員に対して実施したものである。しかしながら，インタビュー対象者のすべてが監査法人出身者であり，かつ公認会計士であったことから深刻なセルフセレクション・バイアスが生じている可能性も否めない[13]。仮に，インタビュー対象者のすべて若しくは一部が監査法人グループのコンサルティングファーム出身者である場合には，インタビュー調査の結果として得られた証拠が異なるかもしれないのである。われわれは，今後，コンサルティングファーム出身者へのインタビュー等を行うことによって，より頑健な証拠の蓄積を図っていきたいと考えている。

参考文献

Afuah, A. (2003), *Business Models, a Strategic Management Approach*, McGraw Hill.

Flick, U. (1995), *Qualitative Forschung*, Rowohlt Taschenbuch Verlag GmbH.（小田博志・山本則子・春日常・宮地尚子［訳］『質的研究入門：＜人間の科学＞のための方法論』春秋社, 2002年。）

---

13) 今回のインタビュー対象者すべてが公認会計士であり，監査（の社会的役割）に対する理解が特に高いことから，証拠の解釈に当たってはセルフセレクション・バイアスを念頭におかなければならないことはいうまでもない。ただし，今回のインタビュー調査対象者はすべて，監査法人グループの中心的機能を担い，経営方針等に関して意思決定のできる立場にあることから，コンサルティング業務の重要性についても十分に理解して回答していると考えられ，この点においてセルフセレクション・バイアスは緩和されていると理解している。

IESBA CAG Meeting (2015), Agenda Item F-3, *Current Trends in the Audit Industry*, International Ethics Standards Board for Accountants.

International Forum of Independent Audit Regulators (IFIAR) (2015), *Report on Survey of Inspection Findings*.

Kvale, S. (2007), *Doing Interviews*, Sage Publications. (能智正博・徳田治子 [訳] 『質的研究のための「インター・ビュー」』新曜社, 2016年。)

Magretta, J. (2002), *What Management Is: How It Works, and Why It's Everyone's Business*, Free Press.

Osterwalder, A. and Y. Pingneur (2010), *Business Model Generation*, Wiley & Sons, Inc.

Working Group on Audit Firm Business Model and Incentives (2014), *Report from the Working Group on Audit Firm Business Model and Incentives*, PCAOB.

鈴木淳子 (2005) 『調査的面接の技法 (第 2 版)』ナカニシヤ出版。

原正紀 (2010) 『インタビューの教科書』同友館。

(小澤 義昭・浅野 信博)

第26章

監査事務所の組織文化と監査の品質
―アンケート調査に基づく検証―

1. 問題の所在

　2016年3月8日，会計監査の在り方に関する懇談会から，「提言―会計監査の信頼性確保のために―」が公表された。

　とりわけ会計監査の在り方に関する懇談会では，「監査法人のマネジメント」，すなわち"Tone at the top"（トップの姿勢）を含めた組織文化の問題が指摘されている。この背景として，昨今の不正会計に対して，監査事務所の経営陣によるマネジメントが，組織運営の複雑化に対応しきれず，その結果，監査の品質確保に問題を生じさせている原因のひとつとなったことが挙げられる。

　この提言をふまえ，監査法人のマネジメントの可視化を行うべく，2017年3月31日，「監査法人の組織的な運営に関する原則」（以下，監査法人のガバナンス・コード）が公表されることとなった[1]。

　さらに，こうした議論と並行して，昨今，監査の品質を可視化するための指標について，PCAOBをはじめ，日本[2]も含めた各国で検討されている[3]。こうして提案された監査の品質指標のひとつにも，トップの姿勢に関する事項がある[4],[5]。なお，このトップの姿勢と監査の品質については，監査法人のガバナンス・コードにも含まれており，各監査法人で対応している状況にある[6]。

　このように，日本において，組織文化も含めた監査事務所改革は始まったば

---

1) 監査法人のガバナンス・コードの目的は，監査法人の組織的な運営のためのプリンシプルの確立（職業的懐疑心の発揮を確保するためのリーダーシップの発揮，運営・監督体制，人材啓発，人事配置・評価等）である。そして，監査法人のガバナンス・コードの適用をつうじて，大手・準大手監査法人を中心に監査の品質の向上を目指している。監査法人のガバナンス・コードの特徴については，町田（2018）参照。
2) 日本の監査の品質指標については，日本公認会計士協会監査事務所情報開示検討プロジェクトチーム（2018）参照。
3) 監査の品質指標の詳細については，町田（2017）及び日本公認会計士協会監査事務所情報開示検討プロジェクトチーム（2018）参照。
4) この指標が提案された背景としては，これまでPOB（2000）などでも指摘されてきたように，トップの姿勢が監査の品質に強く影響していると指摘されてきたためであると解する。
5) なお日本公認会計士協会における監査の品質指標に対する検討は，監査法人のガバナンス・コードの公表を契機として行われている（高濱，2018）。
6) 監査法人のガバナンス・ニードに対する大手を中心とした各監査法人の具体的な対応については，監査の品質に関する研究会（2018）参照。

かりであるといえよう。

　他方，組織文化に関する研究は，近年，大量に生み出されているものの，監査事務所のような複雑な組織のためのインプリケーションは，ほとんど理解されていない（Meek, 1988）。くわえて日本における監査事務所の組織文化に関する研究も，限られた文献（大柳・永見, 2009; 鄭・竹内, 2017など）で検証されているのみであり，環境変化の著しい監査事務所の組織文化を改めて検討する価値があると考える。

　この組織文化を形成する要因の１つに，監査事務所の「トップの姿勢」が指摘されている（POB, 2000, para.4.2）。なぜなら，「トップの姿勢」が影響している監査事務所においては，「トップの姿勢」の違いによって，監査を資本市場における重要な役割を担うものとして扱うか，それとも監査をほとんど最低限の価値しかない商品として扱うかが決定されるからである（POB, 2000, para.4.2）。そのうえ組織文化は個人の価値観に影響し，価値観は専門職業家や監査判断に影響する（Patel et al., 2002）。こうしたことから，トップの姿勢，ひいては監査事務所の組織文化は，監査の品質にも影響するとも考えられる。

　その上，前述のように組織文化の１つであるトップの姿勢と監査の品質との関係は，昨今の改革（例えば監査法人のガバナンス・コードの導入など）で取り組まれている主要な内容である。そこで，この両者の関係について，組織間・組織内における認識を調査することは，改革を検証するうえで一つの証拠を提示するものと思われる。

　あわせて監査法人のマネジメントの強化，すなわち監査事務所の経営陣によるマネジメントの強化をめざし，昨今の改革の焦点となっている監査法人のガバナンス・コードが組織間あるいは組織内でどういった形で認知されているか，そして監査法人のガバナンス・コード導入後，監査の品質への取り組みが組織間や組織内でどの程度の認識の相違を生んでいるかを検証する必要があると考える。なぜなら監査事務所のマネジメントの強化を目指して導入された監査法人のガバナンス・コードではあるものの，はたして組織内での認識が一様であるか，あるいは監査法人のガバナンス・コードを導入しない監査事務所との間には，どういった違いがあるかについて調査することによって，さらなる制度への改善についての示唆を与えることができると考えられているからである。

　そこで本章では，そもそも監査事務所における組織文化とは何かという問題意識から，監査事務所に所属する公認会計士等に対するアンケート調査の実施

をつうじて，監査事務所の組織文化の要因を探る。同時に，トップの姿勢に関する監査法人のガバナンス・コードについて，どの程度，組織内部で情報を共有しているか，あるいは組織間で異なっているかという点を検証する。さらにトップの姿勢が監査の品質と関連付けられているかどうかに関して，組織間での認識の相違，あるいは組織内の職階級間での認識の相違があるかについて明らかにする。

　本章の構成は，以下のとおりである。まず次節では，組織文化に関する先行研究をサーベイする。つづく第3節では調査方法について記述し，第4節で実施したアンケート結果を概説し，最後に本章をまとめる。

　本章での検討が，監査事務所における組織文化の存在を明らかにするとともに，会計監査の在り方に関する懇談会の提言がどれだけ浸透しているかを示すことができれば幸いである。

2．先行研究

　組織文化に関する研究として，Hofstede（1991; 2001）がある。Hofstede（1991; 2001）は，2つの対立する概念から構成されている61のアンケート項目を作成し，その項目についてIBMの各国の支社で働く人々を対象にアンケートを実施した。その結果，4つの文化の指標（権力格差，集団主義か個人主義か，女性らしさか男性らしさか，不確実性の回避）により，それぞれの国々における文化の違いを表すことを可能にした。さらに組織には，トップの管理職から現場社員にいたるまで，階層ごとに異なる文化が存在する場合があることを指摘した。

　このHofstedeの指標をもとに，例えばPratt and Beaulieu（1992）は，アメリカ（シアトル，デンバー，シカゴ，サウスベンド，ニューヨーク）の会計事務所に対しアンケート調査を行い，規模や監査技術，職階級，機能別の異なる組織間（MASあるいはnon-MAS）において，権力の格差と不確実性の回避の観点からの相違を検証した。その結果，権力の格差の観点からは，すべての項目で両者の違いを実証したものの，不確実性の回避については，規模と機能別の組織においてのみ，両者の違いを析出した。

　同様に，日本の監査事務所を対象とした研究として，藤田（1990）がある。藤田（1990）は，国内の4監査法人を対象に，質問紙法による留置法を実施した。その結果，専門職業家を雇用する組織において，効率性重視，チーム・スピリッツ，配慮と支持，個人的モラル，規則重視，法と規範遵守という6つの

組織文化を識別した。

また大柳・永見（2009）は，日本の監査法人及び会計事務所を対象に，Hofstede（1991; 2001）やO'Reilly Ⅲ et al.（1991）で用いられた価値観を示すキーワードをリッカート・スケールで測定する方法によってアンケート調査を行った。その結果，社員と現場担当者間，大手と中小規模の監査法人間のいずれにおいても異なる組織文化があることを指摘した。

さらに鄭・竹内（2017）は，公認会計士の基本属性（所属組織の形態／組織での職位），組織並びに職業に対する帰属意識及び職務態度の関係について，公認会計士を対象に質問紙調査を実施した。その結果，大手監査法人に勤務する公認会計士は，大手以外の専門組織や一般事業組織に勤務する会計士に比べ，組織アイデンティフィケーション[7]が低い傾向にあることを明らかにした。特に，その傾向は，組織内の職位の低い会計士にみられることも示している。

他方，監査事務所の品質管理に関する研究として，朴・宮本（2012）がある。朴・宮本（2012）は，大手監査事務所と中小監査事務所の品質管理の実態を比較検討するため，日本公認会計士協会上場会社監査部会登録の195事務所の公認会計士292名に対し郵送調査により，監査事務所としての品質管理についてのアンケート調査を実施した。その結果，「業務従事者の成果評価，報酬，及び昇進に対する事務所の方針と手続は，監査品質が最優先されるように構築されている」という設問に対し，監査品質が最優先されるように構築されていると肯定的（72.0％）に受け止められていることを示した。しかし，中小監査事務所所属者の肯定意見の割合は，大手監査事務所所属者よりも約９ポイント高く，意識に有意な差異があることを明らかにした（朴・宮本，2012, 11頁）。

以上のように，先行研究から，監査事務所間あるいは監査事務所内において異なる監査の品質に対する認識や組織文化が形成されていることが明らかになっている。

3．調査方法

上述の研究目的を達成するため，日本の公認会計士（会計士補を含む）を対象としたインターネットを通じた質問紙調査（合計71問）を行った。具体的には，日本国内の監査事務所に勤務する15歳から89歳までの，現在，監査業務を

7）組織アイデンティフィケーションとは，直接的若しくは間接的な成功や失敗を含めた「所属する組織への一体化（oneness），若しくは帰属（belongingness）に関する認知」と定義される。

第26章　監査事務所の組織文化と監査の品質　**413**

図表26-1　属性（1）

	n	平均	標準偏差	中央値	最頻値	最小	最大
年齢	100	43.02	9.90	44	44	22	68
性別	100	1.20	0.40	1	1	1	2
監査業務の経験年数	100	13.75	8.44	12	10	1	40
監査事務所の規模	100	2.16	1.46	1	1	1	5
勤務年数	100	10.51	7.67	10	5	0	32
職階級	100	3.42	1.72	3	2	1	7
監査法人のガバナンス・コード	100	1.31	0.56	1	1	1	3

※性別は，1が男性，2が女性。監査事務所の規模は，1が大手監査法人，2が準大手監査法人，3が中小監査法人，4が共同事務所，5がその他個人事務所など。職階級は，1がシニアパートナー，2がパートナー，3がシニアマネージャー（アソシエイトパートナー，エグゼクティブディレクター，ディレクターなどを含む），4がマネージャー，5がシニアスタッフ，6がスタッフ，7がその他。監査法人のガバナンス・コードは，1が導入している，2が導入していない，3がわからない。

図表26-2　属性（2）

（単位：人）

性別	男性	80
	女性	20
監査事務所の規模	大手	52
	準大手	12
	その他	36
職位	パートナー	37
	マネージャー	36
	スタッフ	23
	その他	4
監査法人のガバナンス・コード	導入している	74
	導入していない	21
	わからない	5

※監査事務所の規模のその他は，中小監査法人，共同事務所，その他個人事務所をいう。職位のパートナーは，シニアパートナーとシニアマネージャー，マネージャーは，シニアマネージャーとマネージャー，スタッフはシニアスタッフとスタッフをいう。

行っている公認会計士（会計士補を含む）を対象とし，専門の調査会社による
インターネットを通じた質問票調査を2018年6月に実施した。

　質問内容は，(1)組織文化，(2)監査法人のガバナンス・コード，(3)監査の品
質指標の大きく3つに分けられる[8]。なお回答は，一部，自由記述（Q13監査
の品質に影響を与える要因にはどのようなものが考えられますか）を除き，「と
てもそう思う」を1，「全くそう思わない」を5とする5点スケール法によっ
て求めている。

　調査実施の手続きとして，まずオンライン調査会社に登録されているモニ
ターサンプルの中から(1)公認会計士（又は会計士補）の有資格者かつ(2)15歳か
ら89歳までの潜在的な対象者を抽出し，ウェブ上で回答可能な調査票を配信し
た。くわえて，調査票の中の設問で(3)現在，監査業務に従事していないと回
答した者は調査対象から除外した。その結果，100名から有効回答を得ること
ができた。回答者の属性については，図表26-1～26-2のとおりである。

4．結果

　本節では，(1)で質問項目ごとの回答結果に関する記述統計量を示す。さら
に(2)で，組織文化と監査事務所の規模や監査事務所内の職階級別，監査法人
のガバナンス・コードの有無に関するクロス集計表による分析を試み，(3)で
本節の内容をまとめる。

(1)　記述統計
①組織文化

　組織文化に関する質問については，O'Reilly Ⅲ et al.（1991）で用いられた
項目[9]を中心に，大柳・永見（2009）などを加味して，回答者の所属する組織
文化に該当する47項目の質問を作成した（1から47）。それぞれの質問項目ご
との結果については，図表26-3のとおりである。

---

8)　なお質問項目の詳細については，課題別研究部会報告「監査の品質に関する研究」（最終報告）の
　　付録（a26-a35頁）参照。
9)　O'Reilly Ⅲ et al.（1991）は，組織文化を量的に評価する方法を用いて，定量的に組織文化を検証し
　　た。O'Reilly Ⅲ et al.（1991）では，会計士やMBAの学生から得られたデータと会計事務所や政府
　　組織に勤務している雇用者から得られたデータを用い，組織文化プロファイル（OCP）を作成した。
　　その結果，「革新性」・「安定性」・「個人尊重」・「結果志向」・「細部への注意」・「チームワーク」・「攻
　　撃性」という7つの因子を抽出し，組織に対する個々の選好の次元と文化の存在を説明することがで
　　きることを示した。

図表26-3 組織文化の項目

番号	項目	平均	標準偏差	中央値	最頻値	最小	最大	n
1	柔軟である	2.33	1.04	2	2	1	5	100
2	適応的である	2.22	0.98	2	2	1	5	100
3	安定している	2.50	1.19	2	2	1	5	100
4	予測可能である	2.50	1.09	2	2	1	5	100
5	革新的である	2.71	1.20	3	3	1	5	100
6	機会を迅速に活かす	2.59	1.18	3	3	1	5	100
7	ナンバーワンを目指して行う	2.69	1.12	3	3	1	5	100
8	好んでリスクを冒すことを	3.33	1.24	3	4	1	5	100
9	注意深い傾向にある	2.15	0.97	2	2	1	5	100
10	自律的である	2.42	1.01	2	2	1	5	100
11	ルール志向である	2.11	0.94	2	2	1	5	100
12	分析的である	2.31	1.00	2	2	1	5	100
13	細部に注意する	2.21	1.01	2	2	1	5	100
14	正確である	2.30	0.97	2	2	1	5	100
15	チーム志向である	2.31	1.08	2	2	1	5	100
16	情報の自由な共有がある	2.35	1.07	2	3	1	5	100
17	ひとまとまりとして一貫した文化である	2.60	1.08	3	2	1	5	100
18	公平性がある	2.57	1.15	2	2	1	5	100
19	個々の権利を尊重する	2.31	1.02	2	2	1	5	100
20	寛大である	2.58	1.13	2	2	1	5	100
21	インフォーマルな傾向にある	2.77	1.07	3	3	1	5	100
22	穏やかである	2.38	0.97	2	2	1	5	100
23	協力的である	2.30	0.95	2	2	1	5	100
24	アグレッシブである	2.77	1.08	3	3	1	5	100
25	決断力がある	2.57	1.05	3	3	1	5	100
26	行動志向である	2.62	1.10	3	3	1	5	100

番号	項目	平均	標準偏差	中央値	最頻値	最小	最大	n
27	達成志向である	2.59	1.11	3	3	1	5	100
28	個人の責任を重視する	2.35	1.02	2	2	1	5	100
29	業績に対する高い期待をする	2.52	1.05	3	2	1	5	100
30	専門性を伸ばす機会がある	2.34	1.07	2	2	1	5	100
31	良い報酬を提供することに対して高い	2.63	1.05	3	3	1	5	100
32	雇用を保障する	2.62	1.06	3	3	1	5	100
33	良い評判を求めて称賛を	2.57	1.04	3	3	1	5	100
34	コンフリクトが乏しい	2.86	0.94	3	3	1	5	100
35	職務に対する情熱がある	2.63	1.04	3	3	1	5	100
36	長時間にわたって働く	2.27	0.97	2	2	1	5	100
37	ルールに縛られない	2.93	1.16	3	3	1	5	100
38	品質を重視する	2.14	0.97	2	2	1	5	100
39	良い評判を得る	2.36	0.97	2	2	1	5	100
40	社会的責任がある	1.90	0.78	2	2	1	4	100
41	結果志向である	2.27	0.97	2	2	1	5	100
42	哲学や指針が明確になる	2.53	0.98	3	3	1	5	100
43	競争的である	2.63	1.06	3	3	1	5	100
44	非常に組織化されている	2.75	1.17	3	3	1	5	100
45	積極的な議論・意見交換が行われている	2.55	1.06	3	3	1	5	100
46	行動が相互に啓発されている	2.65	1.04	3	3	1	5	100
47	開放的な組織である	2.51	1.08	3	2	1	5	100

図表26-3から,「8リスクを冒すことを好む」という項目の平均が3を超えている以外は,総じて「そう思う」の周辺の回答であった。また,今回の調査において着目すべき項目である「38品質を重視する」(平均2.14(中央値2))や「40社会的責任がある」(平均1.90(中央値2))という項目についても,同様の結果を得た。この結果は,公認会計士自らがプロフェッショナルな存在として,個々の存在意義を認識していると解釈することができる。つまり監査の品質を維持・向上させるという観点で評価できる回答を得たといえるであろう。

②監査法人のガバナンス・コード

監査法人のガバナンス・コードに関する質問(Q6からQ13)では,監査法人のガバナンス・コードに記載されている内容について,本文の趣旨を変えない範囲で修正した5項目を作成した。その5項目にくわえ,トップの姿勢と監査の品質との関係及びその関連質問について,あわせて2項目を作成した。それぞれの結果については,図表26-4のとおりである。

図表26-4の結果は,「そう思う」を中心とした回答であった。また「一般的に,監査事務所のトップの姿勢は監査の品質に影響すると思いますか」(Q11)については,「とてもそう思う」~「そう思う」という回答が多かった。

またQ11に対し,「とてもそう思う」~「そう思う」と回答した者に対し,追加的に「あなたの所属する組織では,監査の品質を向上させるためにトップの姿勢を変える必要があると考えますか」(Q12)という質問を行ったところ,最頻値が「とてもそう思う」で,中央値や平均値が「そう思う」という回答であった。

あわせてQ11に対し,「そう思わない」~「全くそう思わない」と回答した者を対象に,「監査の品質に影響を与える要因にはどのようなものが考えられますか」(Q13)という質問を追加したところ,「教育」や「新たな情報と専門知識の共有。また,コミュニケーション」という記述回答を得た。

この結果から,監査法人のガバナンス・コードに関して,公認会計士は比較的肯定的に受け入れていると解釈できる。

③監査の品質指標

監査の品質指標に関する質問(Q17からQ28)では,PCAOBあるいはCAQで提案されたトップの姿勢に関する指標についての記述内容について,本文の趣旨を変えない範囲で修正した12の質問項目を作成した。それぞれの結果については,図表26-5のとおりである。

図表26-4　監査法人のガバナンス・コード

	Q6 一般的に、監査事務所に共通に保持すべき価値観と、それを実践し、又、それらの考え方や行動にするための指針を明らかにすることによって、監査の品質は向上すると思いますか。	Q7 一般的に、所員に監査証明業務を行う意義、非監査業務による監査証明業務への影響を明らかにすることによって、監査の品質は向上すると思いますか。	Q8 一般的に、監査事務所内で、非監査業務による監査証明業務への影響を明らかにする（例えば、人材育成面におけるメリットや反面のデメリットを明らかにする）ことによって、監査証明業務の品質は向上すると思いますか。	Q9 一般的に、監査事務所内で経営のための部署を設け、組織的な運営によって、監査の品質は向上すると思いますか。	Q10 一般的に、幅広い知見や経験に基づいて、監査事務所内の人員を配置することは、監査の品質にプラスになると思いますか。	Q11 一般的に、監査事務所のトップの姿勢は監査の品質に影響すると思いますか。	Q12 あなたの所属する組織では、監査の品質を向上させるためにトップの姿勢を変える必要があると考えますか。
平均	2.13	2.36	2.46	2.43	2.02	1.83	2.28
標準偏差	0.91	1.04	1.04	1.02	0.95	0.80	1.16
中央値	2	2	2	2	2	2	2
最頻値	2	2	2	2	2	2	2
最小	1	1	1	1	1	1	1
最大	5	5	5	5	5	5	5
n	100	100	100	100	100	100	85

図表26-5　監査の品質指標

	Q17	Q18	Q19	Q20	Q21	Q22	Q23	Q24	Q25	Q26	Q27	Q28
平均	2.15	1.99	2.78	2.19	1.74	2.45	2.57	1.94	2.65	2.39	1.91	2.47
標準偏差	1.01	0.96	1.64	1.13	0.67	1.29	1.12	0.90	1.27	1.08	0.70	1.41
中央値	2	2	3	2	2	2	2	2	2	2	2	2
最頻値	2	2	1	2	2	2	2	2	2	2	2	2
最小	1	1	1	1	1	1	1	1	1	1	1	1
最大	5	5	5	5	4	5	5	4	5	5	4	5
n	100	71	9	100	72	11	100	54	23	100	66	15

図表26-5の結果は，おおむね「そう思う」を中心とした回答であった。ただし，「あなたが所属する監査事務所ではトップがリーダーシップを発揮する場面において監査の品質を強調していますか」（Q17）という質問に対する回答として，「そう思わない」～「全くそう思わない」と回答した者に対し，「トップがリーダーシップを発揮する場面において，監査の品質を強調し続けないことによって，監査の品質は低下すると考えますか」（Q19）と質問を追加したところ，回答者間のバラつきが大きく，「とてもそう思う」が最頻値であったものの，中央値や平均値が「どちらでもない」という結果であった。

同様に，「あなたが所属する監査事務所のトップがリーダーシップをとり，職業的懐疑心を発揮するための環境整備を促進していると感じますか」（Q23）という質問に対する回答として，「そう思わない」～「全くそう思わない」と回答した者に対し，「トップが職業的懐疑心を発揮するための環境整備を促進しないことによって，監査の品質は低下していると感じましたか」（Q25）と質問を追加したところ，中央値や最頻値が「そう思う」であったものの，平均値が「どちらでもない」に近いという結果であった。

この結果から，トップによる監査の品質を強調する姿勢，品質管理システムに対するトップの責任，トップによる研修への対応と比べ，職業的懐疑心を発揮するための環境整備についてのトップのかかわりが，やや消極的な状況であると解釈できる。

④組織文化の変化と監査の品質

さらに組織文化の変化と監査の品質との関係について質問（Q14からQ16）している。この設問の意図は，今回の制度改革において，組織文化を変えることで，監査の品質が高まるとされているため，この点を確認するべく調査を行った。それぞれの結果については，図表26-6のとおりである。

図表26-6から，「これまでのご自身の経験で，監査法人の組織文化・風土が変わったと感じられることがありましたか」（Q14）という質問に対し，中央値及び最頻値は，「そう思う」という回答であったものの，平均的には「そう思う」～「どちらともいえない」という回答であった。

さらにQ14に対し，「とてもそう思う」～「そう思う」と回答した者に対し，「組織文化・風土が変化したことによって，監査の品質は変化しましたか」（Q15）という質問をしたところ，おおむね「そう思う」を中心とした回答であった。

第26章　監査事務所の組織文化と監査の品質　**419**

図表26-6　組織文化の変化と監査の品質

	Q14 これまでのご自身の経験で，監査法人の組織文化・風土が変わったと感じられることがありましたか。	Q15 組織文化・風土が変化したことによって，監査の品質は変化しましたか。	Q16 監査の品質を向上させるために，組織文化・風土を変える必要があると思いますか。
平均	2.53	2.00	2.00
標準偏差	1.15	0.92	1.09
中央値	2	2	2
最頻値	2	2	1
最小	1	1	1
最大	5	5	5
n	100	58	23

逆にQ14に対し，「そう思わない～全くそう思わない」を選択した者に対し，「監査の品質を向上させるために，組織文化・風土を変える必要があると思いますか」（Q16）という質問をしたところ，中央値と平均値が「そう思う」で，最頻値が「とてもそう思う」とした回答であった。この結果から，組織文化が変わっていないという組織においても，組織文化を変革する必要性を認識している者もいると解釈できる。

⑵　クロス集計表[10]

　ここでは，組織文化の要因，トップの姿勢，組織文化の変化，監査法人のガバナンス・コードについて，監査事務所の規模，監査事務所内の職階級，監査法人のガバナンス・コード導入の有無の観点から，クロス集計表を作成し，分析する。あわせて監査法人のガバナンス・コードに関する質問と監査の品質指標に関する質問のクロス集計表も作成し，両者の関係について考察する。なおすべての項目についてχ^2独立性の検定，分散分析，Kruskal-Wallisの検定を行っている。結果については，紙幅の制約から，一部のみ記述することにする[11]。

---

10)　以下，本章で記述されている「そう思う」という区分は，アンケート調査における「とてもそう思う」及び「そう思う」という回答を，1つに集約したものである。また「そう思わない」という区分は，アンケート調査における「そう思わない」及び「全くそう思わない」という回答を，1つに集約したものである。

11)　以下，本章において，図表のP<0.01は，1％水準で有意（両側），P<0.05は，5％水準で有意（両側），P<0.1は，10％水準で有意（両側）を意味する。

420 第Ⅵ部　監査品質に関する個別研究

①組織文化の要因

（ⅰ）　組織文化と監査事務所の規模

　組織文化と監査事務所の規模との関係を示すために，組織文化の要因と監査事務所の規模（大手，準大手，その他[12]）とのクロス集計表を作成した。さらに，両者の関係について，χ^2独立性の検定を行い，両者に関連がないという帰無仮説を棄却した結果は，図表26-7のとおりである[13]。

　あわせて分散分析及びKruskal-Wallisの検定を行い，有意な結果であった項目について，その要因を分析したところ，「11ルール志向である」という項目については，準大手とその他で，「15チーム志向である」という項目については，大手と準大手，準大手とその他で，「43競争的である」，「44非常に組織化されている」という項目では，大手とその他で，「45積極的な議論・意見交換が行われている」という項目では，大手とその他・準大手とその他で有意な差を認めている。

　これらの結果から，その他と比較して，大手の組織文化は，非常に組織化され，競争的で，積極的な議論・意見交換が行われており，準大手の組織文化は，ルール志向で，チーム志向であり，積極的な議論・意見交換が行われていると解釈できる。

（ⅱ）　組織文化と監査事務所内の職階級

　組織文化と監査事務所内の職階級との関係を示すために，組織文化の要因と監査事務所内の職階級（パートナー[14]，マネージャー[15]，スタッフその他[16]）とのクロス集計表を作成した。さらに，両者の関係について，χ^2独立性の検定を行い，両者に関連がないという帰無仮説を棄却した結果は，図表26-8のとおりである[17]。また分散分析及びKruskal-Wallisの検定を行い，有意な結果で

---

12) 以下，本章で記述されている「その他」という区分は，アンケート調査における「中小監査法人」，「共同事務所」，「その他個人事務所など」をあわせたものをいう。

13) なお「品質を重視する」や「社会的責任がある」という項目については，監査事務所の規模との関係を支持する有意な結果を得ることができなかった。

14) 以下，本章で記述されている「パートナー」という区分は，アンケート調査における「シニアパートナー」と「パートナー」をあわせたものをいう。

15) 以下，本章で記述されている「マネージャー」という区分は，アンケート調査における「シニアマネージャー（アソシエイトパートナー，エグゼクティブディレクター，ディレクターなどを含む）」と「マネージャー」をあわせたものをいう。

16) 以下，本章で記述されている「スタッフその他」という区分は，アンケート調査における「シニアスタッフ」と「スタッフ」と「その他」をあわせたものをいう。

17) 「品質を重視する」や「社会的責任がある」という項目については，監査事務所内の職階級との関係を支持する有意な結果を得ることができなかった。

第26章　監査事務所の組織文化と監査の品質　**421**

図表26-7　組織文化と監査事務所の規模との関係

		大手	準大手	その他	合計
11ルール志向である	そう思わない	2	0	5	7
	そう思う	45	8	20	73
	合計	47	8	25	80
	P＜0.1				
15チーム志向である	そう思わない	7	0	7	14
	そう思う	37	10	15	62
	合計	44	10	22	76
	P＜0.1				
43競争的である	そう思わない	6	1	13	20
	そう思う	29	3	7	39
	合計	35	4	20	59
	P＜0.01				
44非常に組織化されている	そう思わない	11	1	13	25
	そう思う	28	4	9	41
	合計	39	5	22	66
	P＜0.05				
45積極的な議論・意見交換が行われている	そう思わない	8	0	8	16
	そう思う	31	7	11	49
	合計	39	7	19	65
	P＜0.1				

図表26-8　組織文化と監査事務所内の職階級との関係

		パートナー	マネージャー	スタッフ その他	合計
1 柔軟である	そう思わない	4	9	1	14
	そう思う	24	16	19	59
	合計	28	25	20	73
	P＜0.05				
43競争的である	そう思わない	9	3	8	20
	そう思う	13	18	8	39
	合計	22	21	16	59
	P＜0.1				

あった項目について，その要因を分析したところ，いずれもマネージャーとスタッフその他で有意な差を認めている。

　したがって，これらの結果から，マネージャーとスタッフその他の間において，異なる組織文化の存在があると解釈できる。

　⑶　**組織文化と監査法人のガバナンス・コード**

　組織文化と監査法人のガバナンス・コードとの関係を示すために，組織文化の要因と監査法人のガバナンス・コード（導入済，導入無）とのクロス集計表

422 第Ⅵ部　監査品質に関する個別研究

図表26-9　組織文化と監査法人のガバナンス・コード導入の有無との関係

		導入無	導入済	合計
7 イノベーションをすすんで行う	そう思わない	6	14	20
	そう思う	4	38	42
	合計	10	52	62
	P<0.05			
15 チーム志向である	そう思わない	5	9	14
	そう思う	6	52	58
	合計	11	61	72
	P<0.05			
28 個人の責任を重視する	そう思わない	5	7	12
	そう思う	12	50	62
	合計	17	57	74
	P<0.1			
42 明確な指針となる哲学がある	そう思わない	4	8	12
	そう思う	5	37	42
	合計	9	45	54
	P<0.1			
43 競争的である	そう思わない	7	13	20
	そう思う	0	37	37
	合計	7	50	57
	P<0.01			
44 非常に組織化されている	そう思わない	10	13	23
	そう思う	5	35	40
	合計	15	48	63
	P<0.01			

を作成した[18]。さらに，両者の関係について，χ^2独立性の検定を行い，両者に関連がないという帰無仮説を棄却した結果は，図表26-9のとおりである[19]。

　これらの結果から，監査法人のガバナンス・コードの導入をしていない事務所と比べて，監査法人のガバナンス・コードを導入した監査事務所は，イノベーションをすすんで行い，チーム志向で，個人の責任を重視し，明確な指針となる哲学があり，競争的で，非常に組織化されているという組織文化であると解釈できる。

②トップの姿勢

　ここでは，トップの姿勢に焦点を当て，トップの姿勢は監査の品質，品質管

18）なお，これらの項目について，Kruskal-Wallisの検定を行ったところ，いずれも有意な水準であった。

19）「38品質を重視する」や「40社会的責任がある」という項目については，監査法人のガバナンス・コードの導入の有無との関係を支持する有意な結果を得ることができなかった。

理システムに対する責任，職業的懐疑心，研修と関連しているかどうかを分析する。

（i）**監査の品質**

（a）**トップの姿勢と監査の品質の関係との一般的な認識**

「一般的に，監査事務所のトップの姿勢は監査の品質に影響すると思いますか」（Q11）という質問と監査事務所の規模別，監査事務所内の職階級別，監査法人のガバナンス・コード導入の有無とのクロス集計表を作成した（図表26-10-1）。図表26-10-1より，監査事務所の規模，監査事務所内の職階級，監査法人のガバナンス・コード導入の別にかかわらず，「そう思う」が大多数（96.8〜100％）を占める結果であった。

（b）**勤務先の事務所におけるトップの姿勢と監査の品質との関係に関する認識**

「あなたが所属する監査事務所ではトップがリーダーシップを発揮する場面において監査の品質を強調していますか」（Q17）という質問と監査事務所の規模別，監査事務所内の職階級別，監査法人のガバナンス・コード導入の有無とのクロス集計表を作成した（図表26-10-2）[20],[21]。図表26-10-2より，監査事務所の規模，監査事務所内の職階級，監査法人のガバナンス・コード導入の別にかかわらず，「そう思う」が多数（78.6〜100％）を占める結果であった。

（c）**Q11とQ17の比較**

トップの姿勢と監査の品質の関係について，Q11では，一般的な見解を質問しているのに対し，Q17では，勤務先の監査事務所における見解を質問している。では，両者には違いがあるのであろうか。

---

[20] 同様に，「あなたが所属する監査事務所ではトップがリーダーシップを発揮する場面において監査の品質を強調していますか」（Q17）という質問についても，「そう思う」という回答が多数（78.6〜100％）を占めている。さらにQ17の質問で，「そう思う」とした回答者に対し，「トップがリーダーシップを発揮する場面において，監査の品質を強調し続けることによって，監査の品質は高まると考えますか」（Q18）というトップの継続的な監査の品質に対する影響を質問したところ，「そう思う」という回答が多数（78.9〜100％）を占めた。さらに監査事務所内の職階級との関係について，分散分析及びKruskal-Wallisの検定を行ったところ，有意な関係を示した（マネージャーとその他のスタッフで有意な差を検出した）。

[21] 逆に，Q17の質問で，「そう思わない」とした回答者に対し，「トップがリーダーシップを発揮する場面において，監査の品質を強調し続けないことによって，監査の品質は低下すると考えますか」（Q19）という質問をしたところ，0〜80％と，意見が分かれる結果であった。あわせて，それぞれの区分について，Kruskal-Wallisの検定で監査事務所について有意な結果を得たものの，その他について分散分析及びKruskal-Wallisの検定を行ったところ，いずれも有意な差は検出されなかった。しかし監査事務所の規模の違いで，大手が「そう思わない」（100％）だったのに対し，「その他」が「そう思う」（80％）という回答だった点が特徴的である。

424 第Ⅵ部　監査品質に関する個別研究

図表26-10-1　トップの姿勢（Q11）と監査の品質の関係に関する一般的な認識

		大手	準大手	その他	合計	パートナー	マネージャー	スタッフその他	合計	導入無	導入有	合計
Q11　一般的に，監査事務所のトップの姿勢は監査の品質に影響すると思いますか。	そう思わない	1	0	1	2	1	1	0	2	0	2	2
	そう思う	42	12	31	85	31	31	23	85	19	61	80
	合　計	43	12	32	87	32	32	23	87	19	63	82

図表26-10-2　トップの姿勢（Q17）と監査の品質との関係に関する認識

		大手	準大手	その他	合計	パートナー	マネージャー	スタッフその他	合計	導入無	導入有	合計
Q17　あなたが所属する監査事務所ではトップがリーダーシップを発揮する場面において監査の品質を強調していますか。	そう思わない	4	0	5	9	1	5	3	9	3	5	8
	そう思う	39	9	23	71	26	26	19	71	11	57	68
	合　計	43	9	28	80	27	31	22	80	14	62	76

　そこで両者に対し，対応のあるt検定及びWilcoxonの符号付き順位検定を行ったところ，10％水準で有意（t値1.932；Z値1.897）であった。この結果は，一般的なトップの姿勢と監査の品質の関係についての認識に比べ，勤務先における両者の関係がネガティブであることを示している。すなわち，勤務先において感じているトップの姿勢と監査の品質の関係は，自らが認識している一般的なトップの姿勢と監査の品質の関係よりも低いと感じている割合が多いと解釈できる。

(ⅱ)　**品質管理システムに対するトップの責任と監査の品質**

　「あなたが所属する監査事務所のトップは，監査の品質管理システムに責任を負って対応していると思いますか」（Q20）という質問と監査事務所の規模別，監査事務所内の職階級別，監査法人のガバナンス・コード導入の有無とのクロス集計表を作成した。その結果については，図表26-11のとおりである。

　図表26-11から，回答者は，おおむね「そう思う」（80.6〜92.9％）と回答している。しかし，その結果を詳細に分析すると，10.1〜15.2％（規模別），9.5〜19.4％（職階別），7.1〜15.1％（監査法人のガバナンス・コード導入の有無）が「そう思わない」と回答している。そもそもトップが監査の品質管理システムに責任をもつことは当然の前提であるにもかかわらず，結果から，少なから

図表26-11　トップの品質管理システムに対する責任（Q20）と監査の品質

		大手	準大手	その他	合計	パートナー	マネージャー	スタッフその他	合計	導入無	導入済	合計
Q20　あなたが所属する監査事務所のトップは、監査の品質管理システムに責任を負って対応していると思いますか。	そう思わない	7	1	3	11	3	6	2	11	1	10	11
	そう思う	39	9	24	72	28	25	19	72	13	56	69
	合　計	46	10	27	83	31	31	21	83	14	66	80

図表26-12　職業懐疑心に対するトップの姿勢（Q23）と監査の品質

		大手	準大手	その他	合計	パートナー	マネージャー	スタッフその他	合計	導入無	導入済	合計
Q23　あなたが所属する監査事務所のトップがリーダーシップをとり、職業的懐疑心を発揮するための環境整備を促進していると感じますか。	そう思わない	14	0	9	23	6	13	4	23	4	17	21
	そう思う	28	5	21	54	20	16	18	54	10	43	53
	合　計	42	5	30	77	26	29	22	77	14	60	74

ずそのように認識していない監査事務所や監査事務所内における職階級があるといえる。

(iii)　職業懐疑心に対するトップの姿勢

「あなたが所属する監査事務所のトップがリーダーシップをとり、職業的懐疑心を発揮するための環境整備を促進していると感じますか」（Q23）という質問と監査事務所の規模別、監査事務所内の職階級別、監査法人のガバナンス・コード導入の有無とのクロス集計表を作成した（図表26-12）[22]。図表26-12より、監査事務所の規模、監査事務所内の職階級、監査法人のガバナンス・コード導入の別にかかわらず、「そう思う」が多数（55.2～100％）を占める結果であった。さらに監査事務所の職階級との関係について、分散分析及びKruskal-Wallisの検定を行い、有意な結果であった項目について、その要因を分析したところ、

---

[22]　Q23の質問で、「そう思わない」とした回答者に対し、「トップが職業的懐疑心を発揮するための環境整備を促進しないことによって、監査の品質は低下していると感じましたか」（Q25）という質問をしたところ、監査事務所及び監査事務所の職階級における「そう思う」という回答が多数（60.0～100％）を占めた。あわせて、監査法人のガバナンス・コード導入の有無との関係について、分散分析及びKruskal-Wallisの検定を行ったところ、いずれも有意な差を識別した。

426 第Ⅵ部　監査品質に関する個別研究

図表26-13　研修に対するトップの姿勢（Q26）と監査の品質

		大手	準大手	その他	合計	パートナー	マネージャー	スタッフその他	合計	導入無	導入済	合計
Q26　あなたが所属する監査事務所のトップは，監査業務に関する研修の品質の向上に対してリーダーシップを発揮し，監査業務に関する研修の品質について働きかけていますか。	そう思わない	10	0	5	15	4	9	2	15	2	13	15
	そう思う	33	11	22	66	26	21	19	66	14	50	64
	合　計	43	11	27	81	30	30	21	81	16	63	79

マネージャーとスタッフその他間で有意な関係を示した。

　このことは，事務所内でもトップの姿勢に関して，一貫した認識が行われていないことを示しており，組織の中間層への理解を求める必要があると考える。

　(iv)　**研修に対するトップの姿勢（Q26）と監査の品質**

　「あなたが所属する監査事務所のトップは，監査業務に関する研修の品質の向上に対してリーダーシップを発揮し，監査業務に関する研修の品質について働きかけていますか」（Q26）という質問と監査事務所の規模別，監査事務所内の職階級別，監査法人のガバナンス・コード導入の有無とのクロス集計表を作成した（図表26-13）[23), 24)]。図表26-13より，監査事務所の規模，監査事務所内の職階級，監査法人のガバナンス・コード導入の別にかかわらず，「そう思う」が多数（70.0～100％）を占める結果であった。

　この結果から，改革が行われた直後ということもあり，研修に対するトップの姿勢については，おおむね理解されているものと解する。

③組織文化の変化

　監査事務所を取り巻く状況や，あるいは監査法人のガバナンス・コードが導

---

23)　さらにQ26の質問で，「そう思う」とした回答者に対し，「トップが監査業務に関する研修の品質向上についてリーダーシップを発揮することによって，監査の品質は高まっていると感じましたか」（Q27）というトップの姿勢と監査の品質に関係を質問したところ，「そう思う」という回答が大多数（92.3～100％）を占めた。あわせて，それぞれの区分について，分散分析及びKruskal-Wallisの検定を行ったところ，いずれも有意な差は検出されなかった。

24)　逆に，Q26の質問で，「そう思わない」とした回答者に対し，「トップが監査業務に関する研修の品質向上についてリーダーシップを発揮しないことによって，監査の品質は低下していると感じましたか」（Q28）という質問をしたところ，「そう思う」という回答が，40.0～77.8％と，意見が分かれる結果であった。あわせて，それぞれの区分について，分散分析及びKruskal-Wallisの検定を行ったところ，いずれも有意な差は検出されなかった。

第26章　監査事務所の組織文化と監査の品質　**427**

図表26-14　組織文化の変化（Q14）

		大手	準大手	その他	合計	パートナー	マネージャー	スタッフその他	合計	導入無	導入済	合計
Q14　これまでのご自身の経験で，監査法人の組織文化・風土が変わったと感じられることがありましたか。	そう思わない	12	2	9	23	4	11	8	23	5	16	21
	そう思う	35	7	16	58	26	21	11	58	10	47	57
	合　計	47	9	25	81	30	32	19	81	15	63	78

P<0.1

入されることによって，組織文化に何らかの変化が生じている可能性もある。そこで組織文化の変化に関する質問を設け，その項目と監査事務所の規模別，監査事務所内の職階級別，監査法人のガバナンス・コード導入の有無とが関連しているかどうかを検証した。

　そこで「これまでのご自身の経験で，監査法人の組織文化・風土が変わったと感じられることがありましたか」（Q14）という質問と監査事務所の規模，監査事務所内の職階級別，監査法人のガバナンス・コード導入の有無とのクロス集計表を作成した[25]。その結果については，図表26-14のとおりである。また分散分析及びKruskal-Wallisの検定を行い，有意な結果であった項目について，その要因を分析したところ，パートナーとスタッフその他間で有意な差を認めている。

　この結果から，組織文化の変化に関する認識について，パートナーレベルでは認識しているものの，現場レベル（スタッフその他）にまで変化が浸透していない状況であると解する。

④監査法人のガバナンス・コード

　監査法人のガバナンス・コードに関する質問（Q6〜Q10）と監査事務所の規模別，監査事務所内の職階級別，監査法人のガバナンス・コード導入の有無とのクロス集計表を作成した。その結果については，図表26-15〜26-19のとおりである。

　図表26-15〜26-19より，監査事務所の規模，監査事務所内の職階級，監査法人のガバナンス・コード導入の別にかかわらず，「そう思う」が多数（70.0〜

---

[25]　Q14の質問で，「そう思う」とした回答者に対し，「組織文化・風土が変化したことによって，監査の品質は変化しましたか」（Q15）という組織文化と監査の品質の関係について質問したところ，「そう思う」という回答が過半数を占めた。さらに監査事務所の職階級との関係について，分散分析及びKruskal-Wallisの検定を行ったところ，パートナーとスタッフその他で有意な差を検出した。

428 第Ⅵ部　監査品質に関する個別研究

図表26-15　共通の価値観や指針の明確化（Q6）

		大手	準大手	その他	合計	パートナー	マネージャー	スタッフその他	合計	導入無	導入済	合計
Q6　一般的に，監査事務所内で共通に保持すべき価値観や，それを実践するための考え方や行動の指針を明らかにすることによって，監査の品質は向上すると思いますか。	そう思わない	4	3	0	7	1	5	1	7	0	6	6
	そう思う	38	7	27	72	30	22	20	72	15	57	72
	合計	42	10	27	79	31	27	21	79	15	63	78

P<0.05

図表26-16　非監査報酬の意義の明確化（Q7）

		大手	準大手	その他	合計	パートナー	マネージャー	スタッフその他	合計	導入無	導入済	合計
Q7　一般的に，監査事務所内で，非監査証明業務を行う意義（例えば人材育成におけるメリットか利益相反のデメリット）を明確にすることによって，監査証明業務の品質は向上すると思いますか。	そう思わない	7	1	5	13	4	7	2	13	2	11	13
	そう思う	32	7	21	60	26	20	14	60	12	47	59
	合計	39	8	26	73	30	27	16	73	14	58	72

図表26-17　非監査証明業務による監査証明業への明確化（Q8）

		大手	準大手	その他	合計	パートナー	マネージャー	スタッフその他	合計	導入無	導入済	合計
Q8　一般的に，監査事務所内で，非監査証明業務による監査証明業務への影響を明らかにすることによって，監査証明業務の品質は向上すると思いますか。	そう思わない	11	2	5	18	5	11	2	18	2	14	16
	そう思う	32	7	22	61	26	19	16	61	11	49	60
	合計	43	9	27	79	31	30	18	79	13	63	76

P<0.1

100％）を占めている[26]。また分散分析及びKruskal-Wallisの検定を行い，有意な結果であった項目について，その要因を分析したところ，大手と準大手，準大手とその他で有意な差を示した。

---

26) あわせて，それぞれの区分について，分散分析及びKruskal-Wallisの検定を行ったところ，一部を除き，有意な差は検出されなかった。

図表26-18　経営の実効性の確保・組織的な運営（Q9）

		大手	準大手	その他	合計	パートナー	マネージャー	スタッフその他	合計	導入無	導入済	合計
Q9　一般的に，監査事務所内で経営の実効性を確保するための部署を設け，組織的な運営によって，監査の品質は向上すると思いますか。	そう思わない	10	2	2	14	4	8	2	14	1	12	13
	そう思う	31	6	21	58	21	21	16	58	10	48	58
	合　計	41	8	23	72	25	29	18	72	11	60	71

図表26-19　幅広い知見や経験に基づく人員配置（Q10）

		大手	準大手	その他	合計	パートナー	マネージャー	スタッフその他	合計	導入無	導入済	合計
Q10　一般的に，幅広い知見や経験に基づいて，監査事務所内の人員を配置することは，監査の品質にプラスに影響すると思いますか。	そう思わない	4	1	3	8	5	2	1	8	3	4	7
	そう思う	38	9	29	76	28	29	19	76	15	60	75
	合　計	42	10	32	84	33	31	20	84	18	64	82

　こうした結果から，監査法人のガバナンス・コードと監査の品質に関係については，おおむね受け入れられていると解せる。しかし，監査事務所内の共通の価値観や指針の明確化と監査の品質の関係については，準大手とそれ以外とで認識の違いが認められた。

⑤監査法人のガバナンス・コードと監査の品質指標

　最後に，監査法人のガバナンス・コードと監査の品質指標に関する質問のクロス集計表を作成した。さらに，両者の関係について，χ^2独立性の検定を行い，両者に関連がないという帰無仮説を棄却した結果は，図表26-20のとおりである。図表26-20の結果は，監査法人のガバナンス・コードと監査の品質指標（監査の品質を強調（Q18），品質管理システムに対する責任（Q21），職業的懐疑心の環境整備（Q24），研修（Q26））の関連を示している。

⑶　小括

　このように，本章での検証結果から，監査事務所の規模の違いや監査事務所内における階級の違いによって，組織文化を構成する要因が異なる点や監査の品質に対する認識の相違がある点について指摘することができる。

図表26-20　監査法人のガバナンス・コードと監査の品質指標

		Q18 トップがリーダーシップを発揮する場面において，監査の品質を強調し続けることによって，監査の品質は高まると考えますか。			Q21 トップが監査の品質管理システムに責任を負うことによって，監査の品質は高まると思いますか。			Q24 トップが職業的懐疑心を発揮するための環境整備を促進することによって，監査の品質は高まっていると感じましたか。			Q26 あなたが所属する監査事務所のトップは，監査業務に関する研修の品質の向上に対してリーダーシップを発揮し，監査業務に関する研修の品質について働きかけていますか。		
		そう思わない	そう思う	合計	そう思わない	そう思う	合計	そう思わない	そう思う	合計	そう思わない	そう思う	合計
Q6 一般的に監査事務所内で共通に保持すべき価値観や，それを実践するための考え方や行動の指針を明らかにすることによって，監査の品質は向上すると思いますか。	そう思わない	3	1	4	1	3	4	4	1	5	3	4	7
	そう思う	2	48	50	0	53	53	13	47	60	9	54	63
	合計	5	49	54	1	56	57	17	48	65	12	58	70
		$P<0.01$			$P<0.1$			$P<0.05$			$P<0.1$		

		Q17 あなたが所属する監査事務所ではトップがリーダーシップを発揮する場面において監査の品質を強調していますか。			Q18 トップがリーダーシップを発揮する場面において，監査の品質を強調し続けることによって，監査の品質は高まると考えますか。			Q21 トップが監査の品質管理システムに責任を負うことによって，監査の品質は高まると思いますか。			Q24 トップが職業的懐疑心を発揮するための環境整備を促進することによって，監査の品質は高まっていると感じましたか。			Q26 あなたが所属する監査事務所のトップは，監査業務に関する研修の品質の向上に対してリーダーシップを発揮し，監査業務に関する研修の品質について働きかけていますか。		
		そう思わない	そう思う	合計	そう思わない	そう思う	合計	そう思わない	そう思う	合計	そう思わない	そう思う	合計	そう思わない	そう思う	合計
Q7 一般的に，監査事務所内で，非監査証明業務を行う意義（例えば人材育成におけるメリットか利益相反のデメリット）を明確にすることによって，監査証明業務の品質は向上すると思いますか。	そう思わない	4	6	10	3	2	5	5	6	11	6	3	9	6	3	9
	そう思う	5	48	53	2	39	41	5	48	53	11	40	51	7	47	54
	合計	9	54	63	5	41	46	10	54	64	17	43	60	13	50	63
		$P<0.05$			$P<0.01$			$P<0.01$			$P<0.05$			$P<0.01$		

第26章　監査事務所の組織文化と監査の品質　**431**

		Q17 あなたが所属する監査事務所ではトップがリーダーシップを発揮する場面において監査の品質を強調していますか。			Q18 トップがリーダーシップを発揮する場面において、監査の品質を強調し続けることによって、監査の品質は高まると考えますか。			Q21 トップが監査の品質管理システムに責任を負うことによって、監査の品質は高まると思いますか。			Q24 トップが職業的懐疑心を発揮するための環境整備を促進することによって、監査の品質は高まっていると感じましたか。		
		そう思わない	そう思う	合計	そう思わない	そう思う	合計	そう思わない	そう思う	合計	そう思わない	そう思う	合計
Q8 一般的に、監査事務所内で、非監査証明業務による監査証明業務への影響を明らかにすることによって、監査証明業務の品質は向上すると思いますか。	そう思わない	6	7	13	3	2	5	5	8	13	8	4	12
	そう思う	3	52	55	2	44	46	5	51	56	12	41	53
	合計	9	59	68	5	46	51	10	59	69	20	45	65
		P<0.01			P<0.01			P<0.05			P<0.01		

		Q17 あなたが所属する監査事務所ではトップがリーダーシップを発揮する場面において監査の品質を強調していますか。			Q18 監査の品質を強調し続けることによって、監査の品質は高まると考えますか。			Q21 トップが監査の品質管理システムに責任を負うことによって、監査の品質は高まると思いますか。			Q24 トップが職業的懐疑心を発揮するための環境整備を促進することによって、監査の品質は高まっていると感じましたか。			Q26 あなたが所属する監査事務所のトップは、監査業務に関する研修の品質の向上に対してリーダーシップを発揮し、監査業務に関する研修の品質について働きかけていますか。			Q27 トップが監査業務に関する研修の品質の向上に対してリーダーシップを発揮することによって、監査の品質は高まっていると感じましたか。		
		そう思わない	そう思う	合計	そう思わない	そう思う	合計	そう思わない	そう思う	合計	そう思わない	そう思う	合計	そう思わない	そう思う	合計	そう思わない	そう思う	合計
Q9 一般的に、監査事務所内で経営の実効性を確保するための部署を設け、組織的な運営によって、監査の品質は向上すると思いますか。	そう思わない	4	5	9	3	2	5	4	7	11	7	3	10	4	7	11	1	1	2
	そう思う	5	49	54	2	38	40	5	48	53	8	41	49	7	44	51	0	41	41
	合計	9	54	63	5	40	45	9	55	64	15	44	59	11	51	62	1	42	43
		P<0.05			P<0.01			P<0.05			P<0.01			P<0.1			P<0.05		

432 第Ⅵ部 監査品質に関する個別研究

		Q18 トップがリーダーシップを発揮する場面において，監査の品質を強調し続けることによって，監査の品質は高まると考えますか。			Q21 トップが監査の品質管理システムに責任を負うことによって，監査の品質は高まると思いますか。			Q24 トップが職業的懐疑心を発揮するための環境整備を促進することによって，監査の品質は高まっていると感じましたか。			Q26 あなたが所属する監査事務所のトップは，監査業務に関する研修の品質の向上に対してリーダーシップを発揮し，監査業務に関する研修の品質について働きかけていますか。		
		そう思わない	そう思う	合計	そう思わない	そう思う	合計	そう思わない	そう思う	合計	そう思わない	そう思う	合計
Q10 一般的に，幅広い知見や経験に基づいて，監査事務所内の人員を配置することは，監査の品質にプラスに影響すると思いますか。	そう思わない	2	2	4	1	2	3	5	3	8	3	3	6
	そう思う	3	44	47	0	55	55	14	46	60	10	56	66
	合計	5	46	51	1	57	58	19	49	68	13	59	72

P<0.05　　　P<0.1　　　P<0.05　　　P<0.1

		Q18 トップがリーダーシップを発揮する場面において，監査の品質を強調し続けることによって，監査の品質は高まると考えますか。			Q21 トップが監査の品質管理システムに責任を負うことによって，監査の品質は高まると思いますか。			Q24 トップが職業的懐疑心を発揮するための環境整備を促進することによって，監査の品質は高まっていると感じましたか。			Q26 あなたが所属する監査事務所のトップは，監査業務に関する研修の品質の向上に対してリーダーシップを発揮し，監査業務に関する研修の品質について働きかけていますか。		
		そう思わない	そう思う	合計	そう思わない	そう思う	合計	そう思わない	そう思う	合計	そう思わない	そう思う	合計
Q11 一般的に，監査事務所のトップの姿勢は監査の品質に影響すると思いますか。	そう思わない	1	0	1	2	0	2	2	0	2	2	0	2
	そう思う	4	50	54	7	67	74	19	50	69	10	63	73
	合計	5	50	55	9	67	76	21	50	71	12	63	75

P<0.1　　　P<0.05　　　P<0.1　　　P<0.05

		Q26 あなたが所属する監査事務所のトップは，監査業務に関する研修の品質の向上に対してリーダーシップを発揮し，監査業務に関する研修の品質について働きかけていますか。		
		そう思わない	そう思う	合計
Q12 あなたの所属する組織では，監査の品質を向上させるためにトップの姿勢を変える必要があると考えますか。	そう思わない	0	14	14
	そう思う	9	35	44
	合計	9	49	58

P<0.1

5．おわりに

　本章では，監査事務所の組織文化の要因を探るとともに，監査事務所の規模や監査事務所内の職階級，監査法人のガバナンス・コードの導入の有無による組織文化の違いや変化，トップの姿勢や監査の品質指標による監査の品質への影響に関する認識の相違を分析した。その結果，規模の異なる監査事務所ごと，あるいは職階級ごとに組織文化の異なる要因あるいはトップの姿勢への影響があることを指摘した。

　本章で検討課題とした組織文化に関する研究，さらには組織文化と監査の品質との関係を調査した研究は，ここ数年，あまり行われていなかった。くわえて監査法人のガバナンス・コードに対する認識，あるいは監査法人のガバナンス・コードと監査の品質との関係に関する調査についても，筆者らの知る限り，これまでの蓄積が乏しいように考えている。そこで筆者らは，これらの点に着目し，両者の関係を明らかにした。このことは，本章の貢献の1つである。

　とはいえ，本章の検証結果は，サンプル数の制約という限界がある。すなわち本章の検証は，日本の現状を表したサンプルによって実証されているかという問題である。したがって，本章のような限られたサンプル数から導き出された結論の解釈に当たっては，十分留意する必要がある。とはいえ，この点については，さらに拡張したサンプルを確保するなどの対応を図ることによって，問題点を緩和することが可能と考える。今後の検討課題としたい。

参考文献

Hofstede, G.（1991），*Cultures and Organizations : Software of the Mind,* McGraw-Hill International Limited.

――（2001），*Culture's Concequences, 2nd ed.,* Sage Publications.

Meek, V.L.（1988），Organizational Culture: Origins and Weaknesses, *Organization Studies* 9(4): 453-473.

O'Reilly III, C. A., J. Chatman and D. F. Caldwell（1991），People and Organizational Culture: A Profile Comparison Approach to Assessing Person-Organization Fit, *Academy of Management Journal* 34(3): 487-516.

Patel, C., G.L. Harrison, and J.L. McKinnon（2002），Cultural Influences on Judgments of Professional Accountants in Auditor-Client Conflict Resolution, *Journal of International Financial Management and Accounting* 13(1):1-31.

Pratt, J. and P. Beaulieu（1992），Organizational Culture in Public Accounting: Size, Technology, Rank, and, Functional Area, *Accounting Organizations and Society* 17(7): 667-684.

Public Oversight Board（POB）（2000），*The Panel on Audit Effectiveness Report and Recommendations.*（山浦久司監訳，児嶋隆・小澤康裕共訳『公認会計士監査　米国POB〈現状分析と公益性向上のための勧告〉』白桃書房，2001年。）

大柳康司・永見尊（2009）「組織文化から捉えたわが国監査法人の特質」，黒川行治［編］『実態分析　日本の会計社会　市場の質と利益の質』中央経済社，263-316頁。

監査の品質に関する研究会［編］（2018）『監査の現場からの声—監査品質を高めるために—』同文舘出版。

高濱滋（2018）『監査事務所情報開示検討プロジェクトチーム『監査品質の指標（AQI）に関する研究報告』の公表について』日本公認会計士協会。

鄭龍権・竹内規彦（2017）「日本の公認会計士における組織及び職業的アイデンティフィケーション：基本属性及び職務態度との関係に関する探索的研究」，『早稲田国際経営研究』48号，57-70頁。

日本公認会計士協会監査事務所情報開示検討プロジェクトチーム（2018）『監査品質の指標（AQI）に関する研究報告』。

朴大栄・宮本京子（2012）「監査事務所の品質管理とガバナンス」，『桃山学院大学総合研究所紀要』38巻1号，1-25頁。

藤田誠（1990）「専門職の管理と組織文化に関する実証分析」，『早稲田商学』342号，185-219頁。

町田祥弘（2018）『監査の品質—日本の現状と新たな規制—』中央経済社。

──［編著］（2017）『監査品質の指標（AQI）』同文舘出版。

（付記）本研究はJSPS科研費JP18K01938（佐久間）の助成を受けたものである。

（佐久間 義浩・那須 伸裕）

第**27**章

監査事務所の人事に関する意識調査

1．調査の目的

　「提言―会計監査の信頼性確保のために―」（会計監査の在り方に関する懇談会）（金融庁，2016）は，経営陣によるマネジメントが，監査法人の規模拡大と組織運営の複雑化に対応しきれていないことが，監査の品質確保に問題を生じさせている主な原因の一つであるとし，監査法人のマネジメントを強化するために，監査法人に対してガバナンス・コードを導入することを求めた。

　この提言を受けて公表された「監査法人の組織的な運営に関する原則」（監査法人のガバナンス・コード）（金融庁，2017）（以下，「コード」）では，組織体制に関する「原則2」及び「原則3」において，「法人の構成員の士気を高め，職業的専門家としての能力を保持・発揮させるための人材育成の環境や人事管理・評価等に係る体制の整備」（指針2−2）や経営機関の監督・評価機関による「法人の人材育成，人事管理・評価及び報酬に係る方針の策定への関与」（指針3−3）が，業務運営に関する「原則4」では，「監査法人は，法人の構成員の士気を高め，職業的専門家としての能力を保持・発揮させるために，法人における人材育成，人事管理・評価及び報酬に係る方針を策定し，運用すべきである。」（指針4−2）が，それぞれ示されている。また，アメリカの公開会社会計監督委員会（Public Company Accounting Oversight Board: 以下，PCAOB）が示した監査品質の指標（Audit Quality Indicators: AQI）には，監査主体である監査人に関する指標がいくつか提示されている（PCAOB, 2015）。

　このように，監査の品質には人事（採用，教育・訓練，評価，昇進・配置換え，報酬など）の問題が大きく関係する。しかし，この問題を論じようにも，公認会計士という職業的専門家及び監査事務所（監査法人を含む，本章において以下同じ）という専門家組織の人事に関する研究の蓄積は少ない。また，近年，監査事務所が積極的に公表している，いわゆる透明性報告書（「監査品質に関する報告書」や「監査品質向上への取組に関する報告書」）など）には人事に関する情報が記載されており，各事務所の人事に関する基本理念や体制その他の特徴を知ることはできるが，報告書を公表している事務所が少ないこと

436 第Ⅵ部 監査品質に関する個別研究

図表27-1 調査票の送付・回収概況

分類*	調査票			うち，「コード」適用事務所	
	送付数	回答数	回収率	送付数	回答数
大手	4	4	100.0%	4	4
準大手	6	6	100.0%	6	6
その他	126	68	54.0%	5	3
計	136	78	57.4%	15	13

＊監査事務所の分類は，公認会計士・監査審査会による定義に基づいている（金融庁，2018，4-5頁）。
大　手：大手監査法人。上場国内会社を概ね100社以上被監査会社として有し，かつ常勤の監査実施者が1,000名以上いる監査法人をいう。有限責任あずさ監査法人，PwCあらた有限責任監査法人，EY新日本有限責任監査法人及び有限責任監査法人トーマツが該当する。
準大手：準大手監査法人。大手監査法人に準ずる規模の監査法人をいう。PwC京都監査法人，仰星監査法人，三優監査法人，太陽有限責任監査法人，東陽監査法人及び優成監査法人が該当する。ただし，太陽有限責任監査法人と優成監査法人は2018年7月2日付で合併している。
その他：中小規模監査法人及び中小規模監査事務所。大手監査法人及び準大手監査法人以外の監査法人及び事務所をいう。

や開示情報にバラツキがあり比較が困難であることから，監査事務所全体としての現状や課題を把握することができない。そこで，監査事務所における人事の実態を明らかにすることを目的として，質問票調査を実施することとした。本章では，その調査結果を報告する。本章に示している図表はすべて，調査の内容及び結果に基づいて筆者が作成したものである。

2．調査の方法

調査票は，2018年2月末日時点で日本公認会計士協会の上場会社監査事務所名簿に掲載されていた126事務所及び準登録事務所名簿に掲載されていた10事務所の合計136事務所に郵送した。送付先の事務所区分や回収状況については，図表27-1を参照されたい。

3．全般的事項

⑴ 人事のあり方を見直す必要性の認識と実施状況

本章の冒頭で述べたとおり，「コード」では監査品質の観点から人事の重要性が認識されている。そこでまず【質問1】で人事（採用，教育・訓練，評価，昇進・配置換え，報酬など）のあり方（制度設計や具体的な内容など）を見直

第27章　監査事務所の人事に関する意識調査　**437**

図表27-2　人事のあり方を見直す必要性の認識

選択肢	回答数	割合（%）	回答数	割合（%）
0　必要ではない	8	10.3%		
1	5	6.4%	20	25.6%
2	7	9.0%		
3	22	28.2%	22	28.2%
4	21	26.9%		
5	10	12.8%	35	44.9%
6　必要である	4	5.1%		
無回答	1	1.3%	1	1.3%
合計	78	100.0%	78	100.0%

す必要性がどのように認識されているかを確認したところ（択一式），図表27-2のような回答が得られた。

　「0　必要ではない」から「6　必要である」までの7段階スケールで，4～6の回答が44.9％であるのに対して0～2は25.6％であり，人事のあり方を見直す必要があると考えている監査事務所の方が多い。近年は人材不足を嘆く声がよく聞かれることから，この結果は事前の予想と一致する。一方で，見直しの必要性を感じていない事務所も一定数存在する。回答を事務所規模別に集計したところ，「0～2」と回答しているのはほとんどが「その他」である（20事務所中18事務所）。少数の会計士によって，少数のクライアントの監査を行っている場合，従来の人事管理を変える必要性は乏しいのかもしれない。大手1事務所と準大手1事務所が「2」と回答しているのは意外であった。

　次に，【質問2】の2015年以降に人事のあり方の見直しを行ったかという問い（択一式）に対しては，「現在，見直しを行っている」及び「すでに見直しを終了した」がともに4件（5.1％）であり，「常時，継続的に見直しを行っている」は28件（35.9％），「見直しは今後の検討課題である」が27件（34.6％）であった。また，「見直しは行っておらず，見直しの予定もない」が10件（12.8％）あった。クロス集計の結果，【質問1】で人事のあり方を見直す必要があると回答した事務所のうち半数がまだ着手していない（着手できていない）と回答しており，改善の余地が大きいといえる。

438 第Ⅵ部　監査品質に関する個別研究

図表27-3　見直した領域と，見直し後も解決すべき課題が多い領域

(件数)

選択肢	見直された領域【質問4】				解決すべき課題領域【質問5】			
	大手	準大手	その他	計	大手	準大手	その他	計
3．教育・訓練	4	3	18	25	2	2	7	11
4．評価	4	5	14	23	3	2	7	12
6．報酬	3	1	13	17	1	1	4	6
1．優秀な人材の確保	2	3	10	15	3	4	19	26
2．適正規模の人員確保	2	3	10	15	3	3	14	20
5．昇進・配置換え	4	3	7	14	3	2	3	8
7．産休・育休・介護休暇等	1	2	5	8	2	0	2	4
8．退職給付	1	0	4	5	0	0	2	2
9．福利厚生施設	0	0	2	2	0	1	0	1
10．その他	3	0	0	3	2	1	2	5

(2)　**見直しのきっかけと内容**

　【質問2】で「現在，見直しを行っている」，「すでに見直しを終了した」又は「常時，継続的に見直しを行っている」を選択した事務所を対象として，見直しのきっかけと見直しの内容を質問した。

　人事のあり方を見直すきっかけ（【質問3】，択一式）については，「CPAAOB検査やJICPA品質管理レビューの結果」が12件（31.6％）と最も多く，「『監査法人の組織的な運営に関する原則』の公表」が5件（13.2％），「『会計監査の在り方に関する懇談会』提言の公表」と「過去の品質管理上の事故等の問題」が各1件（2.6％）であり，「東芝による粉飾決算事件を契機とする社会的批判の高まり」は選択されなかった。「その他」（19件，50.0％）の自由記述回答では，監査品質の向上，人事環境の変化（採用難，離職者増，若年層の意識の変化），人材の育成・確保などが示されている。

　図表27-3は，見直しが行われた領域（【質問4】，複数回答可）とこの見直しを前提として現在もなお解決すべき課題が多いと考える領域（【質問5】，複数回答可）を監査事務所の規模ごとに比較形式で示している。

　図表27-3の結果を単純に時系列で捉えれば，まず「教育・訓練」，「評価」及び「報酬」を見直し，その結果，人事管理上の次の課題領域として「優秀な人材の確保」及び「適正規模の人員確保」が浮上してきたと解釈できる。また，「優秀な人材の確保」については，見直した15事務所のうち14事務所が引き続き解

第27章　監査事務所の人事に関する意識調査　**439**

図表27-4　「優秀な人材の確保」及び「適正規模の人員確保」の具体的内容

優秀な人材の確保	
大手	・多様な価値観をもつ人材が社会の期待に応える会計プロフェッショナルとして成長できる法人であることの周知（法人ブランドの向上） ・グローバル対応能力のある人材の確保 ・公認会計士のキャリアが多様化し，必要とする人材確保の困難性は増しており，法人内のキャリアパスの充実，仕事のやりがいの充実，働き方や処遇の向上を進めていく必要あり
準大手	・所属する職員が従事する業務への満足度を高めることが優秀な人材の確保につながると考えているが，満足度を高める施策はさらに充実する必要あり
準大手	・適正な品質の管理・確保には優秀な人材確保を継続的に行う必要あり
準大手	・退職率は低下傾向であるがさらに退職者を減少させたい ・労務管理（残業時間等の減少，有給の確保）
その他	・売り手市場，人材の需給逼迫による求人難（大手志向が強い，中小事務所に対する認知が低い，地方に所在する事務所は避けられる）のため，必要な技量の人材が確保できない
適正規模の人員確保	
大手	・成長中の監査法人として適正な人員の確保は課題 ・監査品質確保に必要な要員保持とAI，ロボティクス活用開始後の人員数の見極め ・公認会計士の生産性や収益性を改善し，処遇向上にもつなげる
準大手	・試験合格者の採用に苦戦しており，法人規模の拡大に見合ったシステム監査人などを含む人員を増やすことが重要課題 ・公認会計士試験合格者の定期採用に苦戦している ・退職率は低下傾向であるがさらに退職者を減少させたい ・労務管理（残業時間等の減少，有給の確保）
その他	・採用環境が厳しいため，適正規模の人員確保ができない ・人員確保の困難さは，より働きやすい環境を整えることにはプラスに働くと考える ・常勤者を多くしたいが人材確保が困難 ・不足してはいないが，もう少し採用できれば業務拡大につなげられる

決すべき課題領域であると回答し，「適正規模の人員確保」については，見直した15事務所のうち12事務所が引き続き解決すべき課題領域であると回答している。このことは，人材不足という事象が監査事務所にとって管理不能なボトルネックとなっていることを示していると解釈できる。また課題領域に着目すると，福利厚生面ではなく人事の基礎的な要素となる採用・教育・報酬に課題を認識し，改善を行った事務所が多いが，それでもなお人材確保の課題を解決できていない傾向がみられる。

　なお，解決すべき課題領域の上位2つである「優秀な人材の確保」及び「適

440 第Ⅵ部　監査品質に関する個別研究

図表27-5　人事課題を解決するための工夫

大手	・働き方改革の推進，モチベーション向上努力 ・人事担当パートナー会議の開催（月次），人材育成パートナーの設置，人材開発企画部による施策，働き方改革推進プロジェクトの発足，優秀人材の育成プログラムの開発 ・業務の見直し（イノベーション＆アナリティクスを集中的に開発・実務化するチームの設置，定型作業の切り出しと集中センターでの処理，公認会計士のアシスタントの起用・監査業務以外の所内業務のシェアードサービス化） ・人事制度運営は組織運営の要であることから，部門の意思決定権者で構成する人財会議を月次で開催し，部門運営上の課題も共有しながら人事について議論している
準大手	・採用・教育・タレントマネジメントを一括で行う人事部を設置し，専担者を配置 ・受験生とのコミュニケーションの機会確保を検討 ・監査計画の早期策定，監査時間配分の年間を通じた平準化（期末偏重とならないように作業を実行） ・採用，教育・訓練，評価，昇進・配置換え，報酬などを本部（業務管理部）で一括管理
その他	・小規模事務所に対する誤解を解くため試用期間を設定 ・仕事内容や法人の雰囲気がわかるようにウェブサイトを作成 ・JICPAの募集サイトを利用 ・社員会で活発な議論を行い皆が納得できる人事を行う ・実務経験10年程度以上の有資格者を採用 ・研修内容の徹底とOJTとの融合 ・業務効率化のためのシステム作り ・魅力・活力のある職場作り，評価の仕組み作りが必要と考えているが，リソースが限られているため現実問題としては困難 ・特に優秀と認められる者への報奨金支給 ・非常勤者への研修の実施 ・業務の見える化（業務内容・工数）を実現できるシステムの導入 ・必要な場合には躊躇せず解雇，退職を求める

正規模の人員確保」の具体的内容に関する自由記述回答（抜粋）を，監査事務所の規模別に整理して図表27-4に示している。特にその他の監査事務所は採用でかなり苦労している様子が窺える。

　【質問6】では，監査事務所の人事課題を解決するために工夫をしていることについて自由記述を求めた。図表27-5はそれらを事務所規模ごとに筆者なりに整理したものである。事務所ごとに様々な工夫を凝らしているが，事務所の規模により，工夫の内容に一定のまとまりがみられる。

4．若手の公認会計士や公認会計士試験合格者等の退職問題

　監査事務所の人事課題として，以前に比べて若手の公認会計士や公認会計士

第27章　監査事務所の人事に関する意識調査　**441**

図表27-6　若手公認会計士や公認会計士試験合格者等の退職率に関する認識

(事務所)

選択肢	試験合格者				公認会計士資格取得後 1～2年目				公認会計士資格取得後 3年目以降			
	大手	準大手	その他	計	大手	準大手	その他	計	大手	準大手	その他	計
1. 退職率が高く支障があるので，改善したい	1	0	0	1	1	1	4	6	1	3	2	6
2. 退職率が高く支障はあるが，仕方のないことである	1	0	4	5	0	0	5	5	0	1	4	5
3. 退職率は高いが特に支障はない	1	1	1	3	1	0	3	4	0	0	2	2
4. 退職率は高くない	1	5	38	44	2	3	32	37	2	1	45	48
5. その他	0	0	17	17	1	2	18	21	2	2	8	12
無回答	0	0	13	13	0	1	11	12	0	0	10	10
計	4	6	73	83	5	7	73	85	5	7	71	83

試験合格者等が早期に退職するようになったという声を聞く。そこで，退職率についての認識を確認した（【質問7】，択一式）。しかし，全体としてみると退職率の高さを問題視している事務所は想定していたほどには多くなかったため，事務所規模別に集計して傾向を確認した。図表27-6を参照されたい（重複回答事務所あり）。

　退職率が高いことを問題視しているのは大手及び準大手ではないかと想定していたが，大手事務所は「試験合格者」の退職率が高いと認識しており，準大手は「公認会計士資格取得後3年目以降」の退職率が高いと認識している。大手では，勤務年数が経過するにつれて退職というかたちでの人の移動は少なくなっているのであろう。図表27-6から直接は導き出せないものの，直観的な理解として，試験合格者の大半は大手に就職し，一定の人数が公認会計士資格を取得した直後に退職し，そのことを大手監査法人もある程度は織り込み済みなのではないかと考えられる。

　その他の監査事務所については，「公認会計士資格取得後1～2年目」及び「公

認会計士資格取得後３年目以降」の退職率が高いと認識されている。その他の監査事務所はそもそも「試験合格者」を採用していない（採用できていない）ので，試験合格者の退職率は高くないと回答している可能性がある。あるいは，公認会計士資格を取得した後に（実務経験をある程度積んだ後に）退職する傾向があるのかもしれない。独立志向の高い試験合格者が，早くかつ多くの経験が積めそうだという理由で，その他の監査事務所に就職しているように思われる。本人が独立できるだけの知見を得たと感じる年次と整合的な結果といえよう。

【質問８】から【質問11】は，【質問７】で「退職率が高く支障があるので，改善したい」，「退職率が高く支障はあるが，仕方のないことである」及び「退職率は高いが特に支障はない」を選択した回答者に対する質問である。

【質問８】では，退職率が高いと認識している回答者が，若手の公認会計士や公認会計士試験合格者等が退職する理由をどのように捉えているかを質問したところ（当てはまるもの３つ），「良い転職先が見つかったため」（12事務所），「別の仕事，別の職場に移って，経験の幅を広げたかったため」（12事務所）及び「他に希望する仕事・職種があったため」（10事務所）という回答であった。選択肢「５」以降の内的要因よりも選択肢「１〜４」までの外的要因が多く選択されている。このことは，人事のあり方を改善する必要性を感じているにもかかわらず，内的要因を改善することで問題解決を図ろうとはしていないことを示唆するかもしれない。もしそうであれば，依然として人事に関する改善取組みが不十分であることを意味する。逆に，この回答のような認識が正しいとすれば，事務所の改善努力によって退職率を下げるのは難しいといえる。

巷間では，監査業務に魅力がないために（特に若手の）退職者が増えているといわれている。【質問９】では，若手の公認会計士や公認会計士試験合格者等が退職する原因として「監査業務に魅力がない」という可能性はどの程度あるかを「０ 可能性が低い」から「６ 可能性が高い」の７段階スケールで尋ねた（択一式）。一定数の監査事務所が監査業務の魅力のなさを原因と考えていると想定したが，「１〜３」を選択した回答者は14.8％であるのに対して「４〜６」を選択した回答者が51.9％であった。ただし，「４」を選択した回答者が29.6％と多いため，どちらかといえば可能性が高いという認識であると解釈するのが穏当であろう。

【質問10】では，【質問９】で「４〜６」を選択した回答者を対象として，監

第27章　監査事務所の人事に関する意識調査　**443**

図表27-7　監査業務の魅力のなさの要因

(件数)

選択肢	回答数
1．単純作業が多い	3
2．ルールベースの業務が多い	4
3．品質管理・検査対応の業務が多い	5
4．業務量が過多である	9
5．創造性がない	4
6．成功が評価されず，失敗ばかりが指摘される	3
7．やりがいを実感しにくい	8
8．キャリア形成につながりにくい	3
9．その他（具体的にご記入ください）	1

査業務の魅力のなさの原因を尋ねている（当てはまるもの3つ）。図表27-7を参照されたい。

「やりがいを実感しにくい」が多いことは想定していたが，「業務量が過多である」が最も多いのは予想外であった。ただし，他の選択肢も一定数選択されており，監査業務の魅力のなさは複合的な原因によるものと解釈できる。現時点での業界全体の状況が影響しているといえよう。

【質問11】では，若手の公認会計士や公認会計士試験合格者等の退職率を下げるために有効な法人全体としての施策や制度変更を問うている（当てはまるものすべて）。上位を占めたのは，「報酬を増やす」（11事務所），「労働時間を減らす」（10事務所），「単純作業をできるだけ自動化する」（10事務所），「希望に応じてコンサルティングや税務業務を担当できるようにする」（9事務所）であった。「退職給付制度を充実させる」，「福利厚生施設を充実させる」，「産休・育休・介護休暇を充実させる」などはあまり選択されなかった。

5．人事評価

⑴　経験年数と報酬・昇格との関係

【質問12】から【質問24】では，スタッフ（以下，S），シニアスタッフ（以下，SS），マネージャー・シニアマネージャー（以下，M／SM），及び社員（以下，P）という職階ごとの経験年数と報酬の関係，並びにSからSSへの昇格，SSからM／SMへの昇格，及びM／SMからPへの昇格のそれぞれについて，経

図表27-8-1　経験年数と報酬・昇格との関係

(事務所)

	質問	弱い 0〜2	中間 3	強い 4〜6	回答あり	無回答	合計
報酬	S	14	21	35	70	8	78
	【質問17】	20.0%	30.0%	50.0%	100.0%		
	SS	16	24	28	68	10	78
	【質問15】	23.5%	35.3%	41.2%	100.0%		
	M/SM	21	23	25	69	9	78
	【質問13】	30.4%	33.3%	36.2%	100.0%		
	P	28	25	21	74	4	78
	【質問12】	37.8%	33.8%	28.4%	100.0%		
昇格	S → SS	20	23	24	67	11	78
	【質問19】	29.9%	34.3%	35.8%	100.0%		
	SS → M/SM	24	24	20	68	10	78
	【質問21】	35.3%	35.3%	29.4%	100.0%		
	M/SM → P	35	20	15	70	8	78
	【質問23】	50.0%	28.6%	21.4%	100.0%		

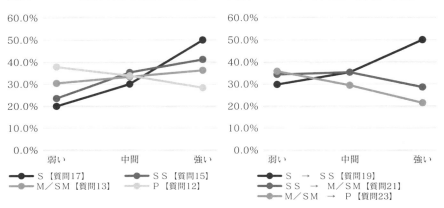

図表27-8-2　経験年数と報酬の関係　　図表27-8-3　経験年数と昇格の関係

験年数と昇格の関係を質問した。図表27-8-1から図表27-8-6を参照されたい。

「経験年数と報酬の関係」及び「経験年数と昇格の関係」はいずれも，職階があがるにつれて弱まっている。Sレベルでは，誰でも実施可能な業務が比較

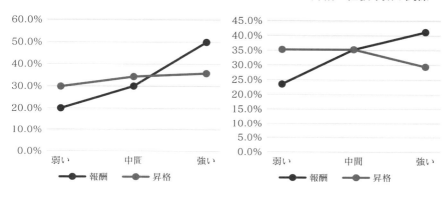

図表27-8-4 Sの報酬及びSからSSへの昇格と経験年数の関係

図表27-8-5 SSの報酬及びSSからM／SMへの昇格と経験年数の関係

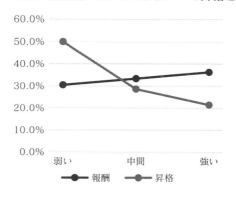

図表27-8-6 M／SMの報酬及びM／SMからPへの昇格と経験年数の関係

　的多いため，年数を反映させる傾向があると解釈できる。ただし，職階があがるにつれて仕事の内容は高度・複雑化し，年数という要素の影響は低下しているといえるが，能力主義で評価されるべきM／SM又はPであっても，年齢と報酬との関連性がある程度は認められている点が想定とは異なる。この結果は2つの解釈が可能であろう。1つは，M／SM又はPになっても，年齢が進むにつれて職業的専門家としての経験が増し，その結果として成果も上がるはずという解釈である。もう1つは，監査という業務の性質上，経験以外で評価すること自体に一定の困難性があるため，年齢を評価に反映せざるを得ないという解釈である。

446 第Ⅵ部 監査品質に関する個別研究

図表27-9-1 業績と報酬・昇格との関係

(事務所)

質問		弱い 0〜2	中間 3	強い 4〜6	回答あり	無回答	合計
報酬【質問25】	S	23	25	20	68	10	78
		33.8%	36.8%	29.4%	100.0%		
	SS	17	26	23	66	12	78
		25.8%	39.4%	34.8%	100.0%		
	M／SM	13	20	31	64	14	78
		20.3%	31.3%	48.4%	100.0%		
	P	12	23	35	70	8	78
		17.1%	32.9%	50.0%	100.0%		
昇格【質問26】	S → SS	21	26	18	65	13	78
		32.3%	40.0%	27.7%	100.0%		
	SS → M／SM	17	20	29	66	12	78
		25.8%	30.3%	43.9%	100.0%		
	M／SM → P	13	21	34	68	10	78
		19.1%	30.9%	50.0%	100.0%		

　また，S，SS，M／SMのいずれも，「経験年数と報酬の関係」の方が「経験年数と昇格の関係」よりも強い。年数が経過することによって，報酬はある程度上昇するが，年数によって昇格できるわけではない，という傾向がみられる。このように，同じ職階の中で年齢に応じて報酬が上がることは，想定内の結果である。しかし，いくら年齢（経験）が増しても，職階つまり報酬テーブルが変わる昇格については，比較的シビアにみる傾向が表れていると思われる。

　また，M／SMになると経験と昇格は明らかに関係ないことが示されている点は興味深い。これは，Pになるためのハードルは，SからSS及びSSからM／SMになるよりも高いことを示していると思われる。

(2) 業績と報酬・昇格との関係

　【質問25】は，S，SS，M／SM，及びPという職階ごとの業績と報酬の関係を，【質問26】ではSからSSへの昇格，SSからM／SMへの昇格，及びM／SMからPへの昇格のそれぞれについて，業績と昇格の関係を質問した。図表27-9-1から図表27-9-6を参照されたい。

第27章　監査事務所の人事に関する意識調査　**447**

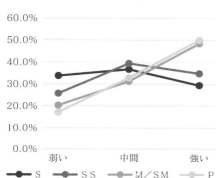

図表27-9-2　業績と報酬の関係

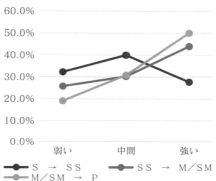

図表27-9-3　業績と昇格の関係

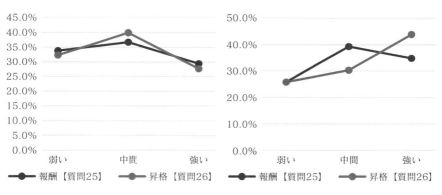

図表27-9-4　Sの報酬及びSからSSへの昇格と業績との関係

図表27-9-5　SSの報酬及びSSからM／SMへの昇格と業績との関係

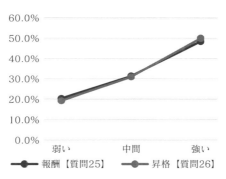

図表27-9-6　M／SMの報酬及びM／SMからPへの昇格と業績との関係

448 第Ⅵ部　監査品質に関する個別研究

図表27-10　自由記述回答から抽出した業績評価の手法

Pの業績評価手法

代表社員・上席者による評価（4），明確な評価システムなし（3），担当部門長・統括代表社員による全人評価，人事評価の査定表，目標管理・コンピテンシー評価・360度評価の組み合わせ，目標設定型の評価手法

M／SMの業績評価手法

社員・上席者による評価（4），明確な評価システムなし（2），人事評価の査定表（2），社員によるアンケート，目標管理・コンピテンシー評価・360度評価の組み合わせ，目標設定型の評価手法，監査従事時間・職務ポジション・人事評価指標に基づく定性的評価，面談

SSの業績評価手法

社員・上席者による評価（4），明確な評価システムなし（2），人事評価の査定表（2），上席者によるアンケート，目標管理・コンピテンシー評価の組み合わせ，監査従事時間・職務ポジション・人事評価指標に基づく定性的評価，面談

Sの業績評価手法

社員・上席者による評価（4），上席者によるアンケート（2），明確な評価システムなし，目標管理・コンピテンシー評価の組み合わせ，監査従事時間・職務ポジション・人事評価指標に基づく定性的評価，面談

注：括弧内の数値は回答数。括弧が付されていない手法は1事務所のみの回答。

　報酬及び昇格については「経験年数に依存する部分」と「業績に依存する部分」に分かれると予想して調査を行った。その予想に照らすと，先に確認した「経験年数と報酬・昇格」の関係と「業績と報酬・昇格」の関係は整合的であるはずである。

　「業績と報酬の関係」及び「業績と昇格の関係」はいずれも，職階があがるにつれて強まっている。この点は「経験年数と報酬・昇格の関係」での結果と整合的である。ただし，Pについて業績と報酬・昇格との関係が「強い」とする回答が50％にとどまっていることは，Pの業績評価がうまく機能していないことを示唆している。また，パートナーシップ制の下でのPへの昇格はハードルが高いことを示していると思われる。

　なお，S，SS及びM／SMのいずれも，「業績と報酬の関係」と「業績と昇格の関係」の間で明確な強弱関係はみられない。この点は「経験年数と報酬・昇格」での結果と必ずしも整合的ではない。

第27章　監査事務所の人事に関する意識調査　**449**

図表27-11　個別監査業務の監査品質に関する業績評価指標

(%)

	選択肢	P	M／SM	SS	S
上位3項目	1．職業的倫理観	7.5	7.4	8.8	10.1
	6．監査上の問題の判断・解決能力	7.5	－	－	－
	2．会計・監査に関する専門的知識	7.2	8.1	9.4	11.0
	8．監査チーム内における協調性やコミュニケーション能力	－	7.4	8.9	9.9
下位3項目	10．効果的・効率的な監査調書の作成能力	2.8	－	－	－
	14．監査の経験年数	2.8	－	－	－
	17．年間の監査時間数	2.7	2.3	－	－
	4．グループ監査等で必要となる語学能力	2.4	2.3	2.4	2.2
	15．担当する監査クライアント数	－	2.2	2.3	
	19．公認会計士・監査審査会による検査又は協会の品質管理レビューの結果	－	－	2.4	2.2
	11．監査チームが作成した監査調書のレビュー能力	－	－	－	1.4

注：他に提示した選択肢は，「3．会計・監査の周辺業務に関する専門的知識・技能」，「5．監査上の問題の発見・抽出能力」，「7．監査チーム内における指導力」，「9．監査チーム内における積極性や責任感のある行動力」，「12．監査クライアントに対する指導力や交渉力」，「13．クライアントからのフィードバック」，「16．担当する監査クライアントの難易度」，及び「18．法人内部の点検・検査の結果」である。

(3)　業績評価の手法と指標

①業績評価の指標

　【質問27】は，業績評価の手法に関する設問である。P，M／SM，SS及びSのそれぞれについて，業績評価の手法を尋ねた（択一式）。

　選択肢として目標管理，コンピテンシー評価及び360度評価の3つを示したが，すべての職階について360度評価が最も多く選択されている。多面的に評価する360度評価は近年注目されている評価手法であることも影響しているであろう。目標管理とコンピテンシー評価は，その他と同じような回答数である。「その他」（自由記述回答）に示された手法を整理したものが図表27-10である。

②個別監査業務の監査品質に関する業績評価指標

　次に，【質問28】は，職階別にどのようなことが期待され，評価の対象とな

450　第Ⅵ部　監査品質に関する個別研究

っているかを知るために，P，M／SM，SS及びSのそれぞれについて，個別監査業務の監査品質に関する業績評価に用いられている指標を質問した（複数回答可）。質問には「その他」を含めて20の選択肢を示した。図表27-11は，それぞれの職階について回答割合の上位３項目と下位３項目をまとめたものである。

「職業的倫理観」と「会計・監査に関する専門的知識」は職階にかかわらず共通に重要視されている。また，Pについては「監査上の問題の判断・解決能力」，M／SM以下の職階については「監査チーム内における協調性やコミュニケーション能力」が重要視されている。上位３項目はこれら４つの選択肢から選ばれており，個別監査業務の監査品質の観点からの業績評価指標には共通認識があるといってよいであろう。

下位３項目をみると，S及びSSについては「品質管理レビューの結果」，SSとS／MSについては「担当する監査クライアント数」のように当該職階には関係のない指標が並んでいる。いずれも当然のことと理解できる。また，すべての職階について「グループ監査等で必要となる語学能力」が含まれている。

③社員の業績評価指標

Pの業績として監査品質の維持・向上が重要であることは間違いないが，業務の拡大や収益面での貢献も評価すべき業績であると考えられる。【質問29】では，Pの業績評価について，監査品質の維持・向上を図るという観点からの評価指標以外の指標を質問した（当てはまるものすべて）。提示した選択肢は，「１．監査契約の獲得数や監査報酬」，「２．現在担当している監査クライアントの監査報酬」，「３．非監査業務契約の獲得数や業務報酬」及び「４．現在担当している非監査業務契約の契約数や業務報酬」である。

契約数と報酬額は直接的には監査品質に無関係であるため（法人の収益基盤を拡大し，品質管理に関する投資を可能とするという意味で間接的には関係があるが），収益や利益を追求する評価体系になっている事務所がどの程度存在するかという観点でみれば，どの選択肢も約13％〜23％しか選択されておらず，収益・利益を重視した評価体系を採用している事務所は多くないといえよう。評価指標を個別にみれば，「監査契約の獲得数や監査報酬」（22.8％）及び「現在担当している監査クライアントの監査報酬」（21.7％）を選択する事務所が多く，非監査業務の契約件数や業務報酬を大きく引き離している。

第27章　監査事務所の人事に関する意識調査　**451**

図表27-12　ファストトラック制度の採用の有無

(事務所)

選択肢	大手	準大手	その他	計
1．明示的に採用している	0	1	1	2
2．暗黙の了解として存在する	1	0	11	12
3．採用していない	3	5	51	59
無回答	0	0	5	5
計	4	6	68	78

図表27-13　ファストトラック制度の必要性に対する認識

(事務所)

選択肢	大手	準大手	その他	計
1．専門家組織として当然に必要である	1	1	18	20
2．望ましくはないが，人事管理上必要である	0	0	7	7
3．望ましくない	0	2	22	24
4．その他	3	2	8	13
無回答	0	1	13	14
計	4	6	68	78

図表27-14　ファストトラック制度の必要性に対する自由記述回答

大手	・評価に応じたプロモーションを実施することで対応が可能 ・将来の社員候補者は職員・社員の納得感を重視して選抜。人格や経験の質と量，それらから期待される潜在能力の高さなどを多角的に評価 ・順調に昇格する人は挑戦する価値を理解している人が多く，自然に昇格していく ・潜在能力などが高いにもかかわらず，声が小さいために用意された道筋を多少の不満を抱えながら昇格していく人が少なくなるようにモニタリングしたい ・ファストトラックも必要である一方で，多様な人材を多様な役割・キャリアパスで活用し，法人と構成員がWIN-WIN関係になることが重要

6．組織モデル

(1)　ファストトラック制度

　プロフェッショナル型組織の特徴として，ファストトラック（将来の社員候補者を早期に選抜するなどの特別なキャリアルート）制度や"Up or Out"（昇進できなければ退職させる）方針の採用が指摘されることがある。日本の監査

452　第Ⅵ部　監査品質に関する個別研究

図表27-15　【質問34】と【質問35】の回答のクロス集計表

(事務所)

選択肢		【質問34】			
		1．明示的に採用している	2．暗黙の了解として存在する	3．採用していない	計
【質問35】	1．専門家組織として当然に必要である	2	11	7	20
	2．望ましくはないが，人事管理上必要である	0	1	6	7
	3．望ましくない	0	0	24	24
	4．その他	0	0	13	13
	計	2	12	50	64

　事務所において，これらの制度が導入されているか否か，また，これらの制度がどのように捉えられているかについて確認した。

　【質問34】では，いわゆるファストトラック制度の採用の有無を問うている（択一式）。事務所区分ごとに回答をまとめたものが図表27-12である。

　準大手とその他でそれぞれ1事務所はファストトラック制度を明示的に採用しているが，大手でファストトラック制度を明示的に採用している法人はない。その他では「暗黙の了解として存在する」という回答が多くみられる。

　次に，【質問35】では，ファストトラック制度の必要性に対する認識を確認している（択一式）。図表27-13は事務所規模ごとの回答状況を示している。また，図表27-14は【質問35】の「その他」の自由記述回答である（抜粋）。準大手の自由記述回答は「考えられるが採用には至っていない。」及び「中立である。」の2件であり，その他の監査事務所からの自由記述回答はなかった。

　図表27-13からは，監査事務所の25.6％が専門家組織としてファストトラック制度は当然に必要と考えていることがわかる。しかし，その多くはその他の監査事務所であり，相対的に規模の大きな監査事務所にはファストトラック制度は受け入れられていない。事務所の組織構造，人員構成，社員の人数などが影響しているものと考えられる。図表27-14に示した自由記述回答にもその一端が表れているように思われる。

　なお，【質問34】でファストトラック制度は暗黙の了解として存在すると回

第27章　監査事務所の人事に関する意識調査　**453**

図表27-16　"Up or Out"方針の採用の有無

（事務所）

選択肢	大手	準大手	その他	計
1．明示的に採用している	0	0	1	1
2．暗黙の了解として存在する	0	0	2	2
3．採用していない	4	6	59	69
無回答	0	0	6	6
計	4	6	68	78

図表27-17　"Up or Out"方針の必要性に対する認識

（事務所）

選択肢	大手	準大手	その他	計
1．専門家組織として当然である	0	0	6	6
2．望ましくはないが，人事管理上必要である	1	0	14	15
3．望ましくない	0	4	36	40
4．その他	3	1	5	9
無回答	0	1	7	8
計	4	6	68	78

図表27-18　"Up or Out"方針の必要性に対する自由記述回答

大手	・方針は採用していないが，有資格者として個人の判断で退職も含めたキャリアパスを選択することが可能 ・今後，若年労働人口が減少していくことも踏まえ，環境変化に応じて適切な人事方針を継続して検討していくべき ・職員の活動状況を複数の目で評価し，本人の適性が他の場所でよりよく発揮できる場合には，本人とよく話し合って新しいキャリアへの挑戦を応援することがある。これには現在のポジションでの再挑戦も含まれる ・主として合格者を採用，育成し，監査業務に当たらせるビジネスモデルを採用し，現状の需給関係を前提とする場合には，Up or Outは日本では機能せず，むしろ育成した人材を法人内の多様な業務やキャリアで活用することが必要 ・パートナーになれない人材であっても法人に一定の貢献が継続的に可能な人材については，異なるキャリアパスや所内での期待役割を付与し，貢献していただく制度への切り替えを進めている
準大手	・人事管理上必要であると考えているが，制度化には至っていない

454　第Ⅵ部　監査品質に関する個別研究

図表27-19　【質問36】と【質問37】の回答のクロス集計表

(事務所)

選択肢		【質問36】			
		1．明示的に採用している	2．暗黙の了解として存在する	3．採用していない	計
【質問37】	1．専門家組織として当然に必要である	1	1	4	6
	2．望ましくはないが，人事管理上必要である	0	1	14	15
	3．望ましくない	0	0	40	40
	4．その他	0	0	9	9
	計	1	2	67	70

答した大手監査事務所は，【質問35】で「専門家組織として当然に必要である」と回答している。この法人はファストトラック制度について，大手の他の3法人とはかなり異なったスタンスをとっているように思われる。

　また，図表27-15は【質問34】と【質問35】の回答のクロス集計表である。図表27-15をみると，ファストトラック制度が「暗黙の了解として存在する」法人のほとんどは，「専門家組織として当然に必要である」と考えている。おそらくは明示的に採用することの弊害を考慮して，暗黙の了解という形をとっているのであろう。また，「採用していない」かつ「望ましくない」という回答が多いことは，監査事務所に限らず日本の組織における人事の基本的な考え方や方法に通じる傾向と解釈している。

(2)　Up or Out

　【質問36】では，いわゆる"Up or Out"方針の採用の有無を問うている（択一式）。事務所の規模ごとに回答をまとめたものが図表27-16である。

　大手・準大手はすべて「採用していない」と回答している。「明示的に採用している」及び「暗黙の了解として存在する」と回答した3事務所はいずれもその他の監査事務所である。この回答をみる限り，日本の監査事務所では"Up or Out"の方針は受け入れられていないと解釈してよいであろう。

　【質問37】では"Up or Out"方針の必要性に対する認識を確認した（択一式）。

図表27-17はその回答を事務所の規模ごとに示している。また，図表27-18は，【質問37】の「その他」の自由記述回答である（抜粋）。

【質問37】について，大手1事務所は「望ましくはないが，人事管理上必要である」と回答し，残り3事務所は「その他」と回答している。その自由記述回答をみる限り，2事務所は「望ましくはないが，人事管理上必要である」に近く，1事務所は「望ましくない」に近いと解釈できる。したがって，大手事務所は，明示的にも暗黙裏にも“Up or Out”の方針は採用していないが，そのような方針の必要性はある程度認識していると考えられる。

最後に，図表27-19は【質問36】と【質問37】の回答のクロス集計表である。

図表27-19をみると，“Up or Out”の方針を採用していない法人は，それを「望ましくない」と考えていることが多いが，「望ましくはないが，人事管理上必要である」と考えている法人も一定数存在する。「専門家組織として当然に必要である」，「望ましくはないが，人事管理上必要である」と回答した21事務所のうち，18事務所は採用していない。この状況を自由記述も併せて解釈すると，“Up or Out”の考え方は理解できるが日本の組織には馴染まないと考えていたり，“Up or Out”以外の方法を採用しているようである。前述のファストトラック制度と同じく，日本組織の特徴かもしれない。

7．AQI

【質問38】から【質問40】までは，PCAOBが提案している人事に関連するAQIの意義に関する質問である。【質問38】では，いわゆる「透明性報告書」等に各指標を開示することは法人就職希望者にとってどの程度の意義があるか，【質問39】では，各指標を把握することは法人構成員にとってどの程度の意義があるか，そして【質問40】では，各指標を把握することは法人の人事管理上どの程度の意義があるかをそれぞれ問うている。いずれの質問も，それぞれのAQIについて，「0　意義はない」から「6　意義がある」の7段階スケールを用いた（択一式）。

図表27-20は，【質問38】から【質問40】までの回答の加重平均値を示している。図表27-20の加重平均値は，同一の質問における同一のAQIについて属性の異なる回答者の回答を比較する場合（例：【質問38】のAQI1については，大手及びその他に較べて準大手の方が意義があると考えている），及び，同一のAQIに対する同一属性の回答者の回答を質問間で比較する場合（例：AQI1

456 第Ⅵ部　監査品質に関する個別研究

図表27-20　人事に関連するAQIの意義

AQI	法人区分	就職希望者にとっての意義【質問38】	構成員にとっての意義【質問39】	法人の人事管理上の意義【質問40】
1．評価，保険数理，フォレンジックなどの専門的な技術及び知識を有する者のチャージ時間	大手	2.00	2.75	3.00
	準大手	2.50	2.50	3.33
	その他	2.10	2.02	2.35
2．監査専門要員の監査業務従事年数や現在の職階の在任年数など	大手	2.50	2.75	3.75
	準大手	3.67	4.50	4.83
	その他	2.84	2.51	3.06
3．被監査会社が属する業種に関する監査専門要員の累積経験年数	大手	2.50	2.75	3.75
	準大手	2.33	3.17	4.17
	その他	2.65	2.49	2.89
4．監査専門要員の他チームへの異動及び退職の割合	大手	2.75	3.00	3.50
	準大手	3.50	4.00	4.83
	その他	2.00	2.03	2.57
5．監査専門要員1人当たりの研修時間	大手	3.50	3.00	3.75
	準大手	3.67	3.83	4.50
	その他	2.56	2.37	2.89
6．監査品質に対する業績評価が高い/低い監査専門要員の人数割合と個人の報酬・給与の増減	大手	2.00	3.00	4.00
	準大手	3.00	4.17	5.00
	その他	2.16	2.41	2.71
7．監査事務所による監査専門要員の専門能力の測定（テスト），測定結果の報告	大手	2.25	2.50	4.00
	準大手	2.33	3.00	4.17
	その他	2.05	2.27	2.73

について，大手は就職希望者（質問38）＜構成員（質問39）＜人事管理（質問40）の順で意義があると考えている）以外には利用できないことに留意されたい。

　図表27-20からは，【質問37】の指標3及び【質問39】の指標1を除いて，どの質問のいずれの指標も大手及び中小よりも準大手の方が相対的に意義があると考えている傾向が読み取れる。またすべての質問のすべての指標について，監査事務所の区別にかかわらず，就職希望者にとっての意義及び法人構成員にとっての意義よりも，法人の人事管理にとっての意義が高く評価されている。さらに，指標1，指標2，指標3及び指標5について，その他の監査事務所は，

就職希望者にとっての意義を構成員にとっての意義よりも高く評価している。

8．むすびにかえて

本章では，日本の監査事務所における人事について質問票調査の結果を報告した。一口に人事といっても非常に幅広い領域であり，現状認識や問題意識も様々であるため，対象領域や論点のすべてを網羅することはできなかったが，少なくとも以下のような実態が明らかになった。

・人事の在り方の見直しについては，大手・準大手を中心に必要があると考えている監査事務所の方が多い。見直しのきっかけには，人事環境の変化（採用難，離職者増，若年層の意識の変化）が含まれている。特に解決すべき課題領域は「優秀な人材の確保」及び「適正規模の人員確保」である

・若手の退職問題については，大手はある程度退職率が高いと認識しているが，準大手及びその他の監査事務所は，全般的にみれば「退職率は高くない」と捉えている。若手の退職理由は，「良い転職先が見つかったため」，「別の仕事，別の職場に移って，経験の幅を広げたかったため」などの外的要因であると考えられている

・監査業務に魅力がないために退職者が増えている可能性が高いと認識されている。その原因に主に「業務量が過多である」及び「やりがいを実感しにくい」であると考えられている。退職率を下げるための方策として，「単純作業をできるだけ自動化する」，「希望に応じてコンサルティングや税務業務を担当できるようにする」などが選ばれ，福利厚生関連の施策は選ばれなかった

・経験年数と報酬・昇格の関係はいずれも，職階があがるにつれて弱くなり，業績と報酬・昇格の関係はいずれも，職階があがるにつれて強くなる

・個別監査業務の監査品質に関しては，職業的倫理観と会計・監査に関する専門的知識は職階にかかわらず共通に重要視されている。また，Pについては「監査上の問題の判断・解決能力」，M／SM以下の職階については「監査チーム内における協調性やコミュニケーション能力」が重要視されている

・社員のその他の業績評価指標としては，監査契約の獲得数や監査報酬及び現在担当している監査クライアントの監査報酬を選択する事務所が多い

・準大手とその他の監査事務所はそれぞれ1事務所ずつファストトラック制

度を明示的に採用しているが，相対的に規模の大きな監査事務所にはファストトラック制度は受け入れられていない。おそらくは明示的に採用することの弊害を考慮して，暗黙の了解という形をとっていると考えられる
・日本の監査事務所では"Up or Out"の方針は受け入れられていない。"Up or Out"の考え方は理解できるが日本の組織には馴染まないと考えていたり，"Up or Out"以外の方法を採用しているようである

参考文献

Public Company Accounting Oversight Board（PCAOB）（2015）Concept Release: Audit Quality Indicators, PCAOB Release No. 2015-005, PCAOB.

金融庁（2016），会計監査のあり方に関する懇談会「提言―会計監査の信頼性確保のために―」，金融庁。

──（2017），監査法人のガバナンス・コードに関する有識者検討会「監査法人の組織的な運営に関する原則」（監査法人のガバナンス・コード），金融庁。

──（2018），公認会計士・監査審査会『平成30年版モニタリングレポート』，金融庁。

（林 隆敏・田村 威文・柴谷 哲朗）

第**28**章

監査チームにおける意思決定

1．問題提起

　公開会社会計監督委員会（Public Company Accounting Oversight Board: PCAOB）が提案している監査品質の指標（Audit Quality Indicators: AQI）は，その算定方法として，業務レベルと事務所レベルに分けて検討されている。監査はチームを組織して実施されるものであるため，各指標を業務レベルで算定する際，対象となるのは当該監査に関与した監査チームのメンバーということになる。本章では，業務レベルの監査品質を議論の対象とした場合に，それを左右する重要な要因である，監査チーム構造に固有の意思決定の問題を分析対象とする。

　会計学の分野で議論される問題について，人間の判断が学術的に議論されるようになって久しい（Libby, 1981）。しかし，少なくとも監査分野では，その分析対象は一人ひとりの監査人（公認会計士等の監査業務にかかわるプロフェッショナル）であることが多く，監査チームという形態を意識した研究は相対的に少ない。例えば，Trotman et al.（2015）は監査チームの意思決定に関する欧米諸国を中心とした先行研究のレビュー・ペーパーであり，先行研究で注目されてきた研究課題等を要約しているが，まだ取り組まれていない研究課題が多く残されていることにも言及している。Trotman et al.（2015）以降も，監査チームの意思決定に関する研究は公表されているが，いまだ取り組まれていない，あるいは十分に解明されていない課題は山積みである。翻って日本の研究状況をみると，監査チームに注目した研究はわずかである。例えば，Hossain et al.（2017）は，監査チームの規模が開示されているという他国にはない特徴に注目し，監査チームの規模と監査報酬や監査品質との関係を検証しており，Fukukawa et al.（2011）は，監査事務所から提供された情報を基に，クライアントのリスク状況と監査要員（時間）の配置との関係を分析している。これらの研究を除くと，実証研究という形で監査チームの問題を取り上げた研究はほとんど存在しない。

　以上の先行研究の状況に鑑みて，本章は，研究の蓄積が不足している日本の監査市場を対象にして，監査チームの意思決定問題に取り組む。また，監査チ

ームとしての意思決定に関する問題を解明することは，業務レベルでのAQIの開示を議論するに当たり，その基礎的な資料を提供することにもつながる。チームとしての意思決定に及ぼす影響を解明することができれば，それらの要因を制御あるいは促進するために，情報開示がどのような効果をもつかという観点で議論することができるからである。

　以下では，まず第2節で関連する先行研究をレビューしながら，本章での研究意識に対して，重要な分析サイトを検討する。次に，第3節で本研究の分析内容を具体的に説明し，分析結果を記述して解釈を述べる。最後に，第4節で本研究の結論と今後の課題を提示する。

2．先行研究のレビューと分析内容

　Trotman et al.（2015）のレビューによれば，監査チームの意思決定に関する研究は大きく次の3つに分かれるという。すなわち，①階層的な監査チーム構成（審査（レビュー）を含む）に固有の意思決定の問題，②チーム内での議論形式としてブレーンストーミングを行う場合の効果，③監査チーム内での公式/非公式な専門的な見解の問合せ（consultation）の実施である。監査チームの階層的な構成に関する論点は，監査チームについて特徴的かつ捉えやすい属性であり，これら3つの中でも研究が進展している。そこで，本章ではこの論点に注目し，特に，複数人がかかわる意思決定において典型的なmotivated reasoning問題の派生であるknown preferenceに着目する。具体的には，意思決定プロセスにおいて自分以外の主体の関与があった場合に，当該相手の選好（preference）を知ったとき，意思決定者の判断がその選好に誘導されるかを分析するものである。

　階層的な構造では，上位の職位に位置するメンバーの選好が，それよりも下位レベルに位置するメンバーの意思決定にどのような影響を及ぼすか，が論点となりやすい。また，現場の監査作業の監督を行う立場である主任（又はインチャージ）等の問題認識は，それがチームに共有されない場合にチームとしての適切な意思決定を行う機会を逸する可能性をもたらすという点で，影響が大きいといえる。そこで，本章では①監査チームにおいてクリティカルな意思決定を行う主体と②パートナーの関係性が重要であると考え，パートナーの選好が明かされた場合に，当該主体の意思決定に影響を及ぼすかを分析する。それに加えて，クライアント（経営者）の選好が明かされた場合についても条件を

加えて分析する。その理由は，本研究では議論の余地がある会計処理に関する判断をケースの題材とするためである。実務において，ある会計処理が適切であるか否かを判断するとき，当該情報の作成者であるクライアントがその会計処理に関する選好を明らかにしている場合は多いはずである。そのような実務の実態に即した形で，分析枠組みを構築する。また，意思決定に関する論点を扱う先行研究の一般的なアプローチと同様に，本研究では実験研究によってこの分析課題に取り組む。

　先行研究において，監査のプロセスに関与する主体の選好が監査チームの意思決定に及ぼす影響は，いくつかの視点で分析されてきた（Trotman et al., 2015）。具体的には，①異なる職位の監査チーム構成メンバー，②クライアント，③レビュー・パートナーのいずれか，又はその複数が監査チームの意思決定プロセスにおいて何らかの形で関与するため，意思決定者がこれらの主体以外であり，かつ自分以外の主体の選好が（1つ以上）わかっている場合に，彼（女）らの行う意思決定がどのような傾向をもつかが分析されてきたのである。本章では，（1）パートナーの選好と（2）クライアントの選好について条件を調整した実験を実施するため，以下では，これらの主体が分析対象となっている代表的な先行研究を検討する。

　Trotman et al.（2015）がknown preferenceとして議論した認知上の偏りに関する先行研究は，Kunda（1990）によるmotivated reasoningに関する研究成果に依拠している。Kunda（1990）は，「正解」のような目指す結論がある場合，人は意思決定プロセスにおいて，その結論に整合する情報を肯定的に，整合しない情報を否定的に処理する傾向があることを明らかにしている。監査分野においてknown preferenceとして議論されているのは，主体となる人物以外，つまり他者の選好である。そして，motivated reasoningの枠組みでは，他者の選好を知らされた場合，それが「目指す（べき）結論」として，主体の意思決定に影響を及ぼすか否かが分析されている。

　監査分野における先行研究では，クライアントや指導的立場にある者（例えばパートナーやマネージャー）の選好が判明している場合と判明していない場合に分け，known preferenceが監査人の意思決定に及ぼす影響が分析されている。そして実際，Peecher（1996）やSalterio and Koonce（1997）等初期の研究は，監査人の意思決定が，クライアントや指導的立場にある者の選好に影響を受けていることを明らかにした。その後も研究が蓄積され，どのような要

462 第Ⅵ部 監査品質に関する個別研究

因がknown preferenceの影響を促進又は抑止するかが分析されている。例えばCohen and Trompeter（1998）では，指導的立場にある者が，被験者の意思決定を後で確認することが被験者に伝えられると[1]，known preferenceの影響が顕著になることを明らかにしている。また，Kadous et al.（2003）では，クライアントの会計方針（の品質）を監査人が評価する際に，motivated reasoningが影響を及ぼすことを明らかにした。すなわち，クライアントの選択した会計方針の適否について，その他の代替的な方針と比較するよう監査人が求められる（クライアントの会計方針についての品質を評価する）状況では，その評価におけるベンチマークとすべき「望ましい」会計方針[2]を決定する際にクライアントによる選好が影響を及ぼしてしまい，結果的にクライアントが選択した会計方針をより受け入れることになってしまうのである。つまり，Kadous et al.（2003）は，クライアントの会計方針に関する品質の評価が徹底されるほど，クライアントの選好がmotivated reasoningとして強く作用し，監査人の意思決定に歪みをもたらすことを明らかにしているのである。

　以上のように，欧米諸国を中心とした先行研究では，known preferenceの存在を示す結果が蓄積されている。本章の分析は，これら先行研究の分析視点に従う形で，日本の監査市場でもknown preferenceの影響が観察されるか否かを検証する。ただし，ここでの分析では，その影響の正否までは踏み込まないことを留意点として述べておく。一人ひとりの会計士を議論の対象にし，独立の立場で職業的懐疑心を発揮することが望ましいという観点では，職位が上位メンバーの選好によって下位メンバーの意思決定に歪みをもたらすのは望ましくないかもしれない。しかし，より経験豊富な，又は高い専門的知識を有した上位メンバーによる教育という観点でみれば，チームにおいて下位にいるメンバーの意思決定が上位のメンバーの選好に影響を受けるのは合理的であ

---

1) この状況のことを，先行研究ではaccountabilityと称しているが，財務報告の枠組みにおけるaccountability（アカウンタビリティや説明責任等と訳される）との混同を避けるために，ここでは当該用語を用いていない。

2) どのような会計方針が望ましいかを決定することには不確実性を伴う。このような不確実性を伴う判断を求められる場合，提示されている情報（それが望ましいか否かを問わず）を受け入れる方向に意思決定が歪むことが先行研究で明らかにされており，それらの研究の蓄積がこの議論の背景にある。

る³⁾。このように，監査チームの意思決定における特定の傾向について，単純に正否を決めることは困難であるため，本章の分析では，どのような判断が「正しい」かには踏み込まず，次節で示す議論の余地がある会計処理に関するケースを用いて，分析課題を検証する。

3．分析の概要と結果

(1) 実験ケースの内容

　本章の分析対象は，監査チームにおいて，マネージャーの下でクリティカルな役割を果たす立場⁴⁾にある専門員の意思決定が，known preferenceによる影響を受けるか否かである。検証には，実際に監査業務に携わる公認会計士等を被験者とし，実験研究の手法を用いて分析を行う。被験者の職位や経験が異なるため，実務における同等の立場としての経験値は様々であることが予想されるが，実験のケースに取り組む際には，監査チームの中で，クリティカルな意思決定を求められる立場に身を置いているという想定で，意思決定を求めている。以下，実験の手順と被験者に与えられたシナリオの概要を説明する。

　実験のケースを作成するに当たり，選択の余地がある会計処理を複数検討し，早期割増退職金にかかる費用（損失）の計上に関する会計処理に着目した。早期割増退職金は，企業が早期退職者を募った際，志願者に支払われる割増退職金に対応する費用である。早期退職者の募集は，企業が実施するリストラクチャリング（リストラ）の一環として行われる傾向にあるが，リストラに関連する費用については，いわゆるビッグ・バス目的で過度に保守的あるいは早期に計上されることがあったり，実務での会計処理にばらつきがあるなど，議論の余地がある会計処理である。実際，企業会計基準委員会は，早期割増退職金を含むリストラ関係の費用にかかる会計処理について2014年に研究報告を公表し，会計基準の整備の必要性を検討している。

---

3) また，クライアントの選好は，その背後にある動機が問題になるのであり，特定の選好が明かされたとしても，それらがすべて機会主義的な動機に基づくとは限らない。情報提供的な動機をもったクライアントが会計処理についての選好を明らかにした場合，その選好を覆すことは会計情報の有用性を損なうことになる。さらに，判断の余地があるような会計処理が論点になる場合，「正しい判断」が何であるかを断定することは，事前的にも事後的にも不可能に近い。

4) 監査事務所によって，この立場の位置付けが異なる可能性があることに注意してほしい。具体的には，監査チームの階層的な構造において，パートナーの下位にマネージャーが主任等の肩書きで存在し，当該主任等の下位に，シニア等のうち，より経験豊富な要員が，主任の補佐的な役割で，やはりクリティカルな意思決定に関与するという形式があったり，マネージャーではないメンバーが主任等となり，単独でチームにおけるクリティカルな意思決定を行うという形式もあるという。

464 第Ⅵ部　監査品質に関する個別研究

　早期割増退職金にかかる費用は，退職給付に関する適用指針の第10項[5]が適用可能である。その規定内容は「従業員が早期退職金制度に応募し，かつ，当該金額が合理的に見積もられる時点で費用処理する」というものである。しかし，①機関決定が当期中に行われたものの，②従業員への周知や③募集期間の開始が翌期になった場合には，当該早期割増退職金を当期でどのように扱うかについて判断の余地が出てくる。適用指針の第10項を厳密に適用すれば開示後発事象として処理することが妥当かもしれないが，引当金に関する一般的な原則や保守主義の原則に基づけば，機関決定が行われた以上，当期の費用として計上する余地が出てくるからである。企業会計基準委員会が論点にしたのも，例示したような場合に，早期割増退職金にかかる費用の計上時点に実務でばらつきがあることに起因している。しかし，企業会計基準委員会の研究報告では，「引当金に関する一般的な原則にかかわる議論に及ぶことが考えられ，新規テーマとして取り上げた場合，基準開発が円滑に行われない可能性がある」と言及するにとどめられて会計基準の具体的な整備には至らず，早期割増退職金にかかる費用の処理については，判断の余地のある状況が継続している。

　当該会計処理について，私たちは，大手監査事務所に勤務経験がある人物や，準大手と大手の監査事務所で監査業務に携わる複数人（職位はシニアからパートナーまで様々）に対してインタビュー又はパイロット・テストを行った。早期割増退職金の処理に関して選択の余地がある状況，つまり①機関決定が当期中に行われたものの，②従業員への周知や③募集期間の開始が翌期になった場合，早期割増退職金にかかる費用の計上時点について，どのような判断がなされるかについて調査したのである。調査の結果，(1)保守主義や引当金に関する一般的な原則に基づき，当期の費用として計上することが適切と考えられる傾向があること，(2)しかし，類似の会計処理に関与した経験がある，又は退職給付の適用指針の第10項を知っている場合には，開示後発事象として処理する可能性を考慮するかもしれないことがわかった。これらの知見を踏まえて，「早期割増退職金制度が期中に機関決定され，その周知と募集期間が翌期に行われ

---

5)　企業会計基準適用指針第25号『退職給付に関する会計基準の適用指針』の第10項は早期割増退職金に関するものであり，「一時的に支払われる早期割増退職金は，勤務期間を通じた労働の提供に伴って発生した退職給付という性格を有しておらず，むしろ将来の勤務を放棄する代償，失業期間中の補償等の性格を有するものとして捉えることが妥当であるため，退職給付見込額の見積りには含めず，従業員が早期退職金制度に応募し，かつ，当該金額が合理的に見積もられる時点で費用処理する」とされている。

たケースについては，早期割増退職金にかかる費用を当期に計上する必要があると判断される可能性が高い」という前提を設定した。ただし，上記(2)の可能性を考慮し，「類似の会計処理に関与した経験」に関する質問項目を設定することで，その影響を事後的に把握できるようにした。

　以上の考察を踏まえて，ある上場企業による早期割増退職金に関する実際の開示事例を基礎として，補論に提示した実験ケースを作成した。そして，このケースについて4つのシナリオを準備した。上記に示した「予想される」回答とは反対の選好（つまり，早期割増退職金については開示後発事象として処理する）をパートナーかクライアント（又はその両方）が示した場合，意思決定者の判断がそれらの選好に誘導されるかが論点となる。シナリオが4通り存在するのは，操作した条件が2つ存在するためである。すなわち，(1)会計処理に関して，パートナーの選好がわかる場合とわからない場合，(2)同じ会計処理に関して，クライアントの選好がわかる場合とわからない場合という形で，2つの条件について2通りのシナリオを用意した。これにより，2×2の4通りのシナリオが準備されることになる。例示として，補論に提供した1つの実験シナリオは，(1)パートナーと(2)クライアントの選好がともにわかるというものになっている[6]。被験者は，4つのうち1つのシナリオが与えられ，その与えられた情報の範囲内で会計基準などの情報を参照せず独立に判断し，早期割増退職金の計上を①当期に行うか，②当期には行わないかのいずれかを選択する。後者の場合は，開示後発事象として注記等で開示することが想定される。分析の際，個人属性を含む要因を考慮できるよう，被験者には(a)類似した会計処理を経験したことがあるか，(b)性別，(c)職歴，(d)職位，(e)監査業務への従事年数，(f)年齢についても回答を求めている。また，減損などのその他の論点について考慮する必要がないことは，回答用紙に明記した。

(2)　実験の実施概要

　実験は，1つの大手監査事務所の協力をえて実施した。著者が実験のインストラクションを実施し，資料の配布や実験概要の説明，回答の回収までに関与した。実験は，監査法人の研修時間を利用し，40分から50分程度かけて実施した。所要時間に幅があるのは，被験者の数や事前の資料配布の準備状況などに依存している。被験者は，実験の趣旨が書かれたフェイス・シートと実験のシ

---

6)　パートナーの意見は，適用指針の第10項を踏まえた内容である。

466 第Ⅵ部　監査品質に関する個別研究

ナリオを読み，回答用紙に回答することが求められ，これら一連の作業時間は
最長で15分である。この時間枠以内で回答が終了した場合，被験者は退席が可
能である。回答の時間枠が終了した後，著者が実験の意図を説明し，実験は終
了する。回答は自由であることをフェイス・シートに記載しているため，実験
への参加を好まない場合は白紙の回答用紙が提出されている。また，フェイス・
シートには，個人が特定されないこと，情報の秘匿性は確保されること，学術
目的の研究でありより多くの回答が必要であることなどを記載した。さらに，
本研究の目的が「正解」とknown preferenceとの関係を分析することにない
点に即して，「正解のないケースである」旨を冒頭で説明した[7]。

　このような流れで，実験は2018年 7 月 5 日（57人），同月10日（28人）の 2
回にわたって実施した。実験日の括弧内は対象となった被験者の人数である。
実験シナリオは 4 種類であるが，シナリオがランダムに配布[8]されるよう配慮
した。すなわち，初回には 4 種類のシナリオを15セットずつ準備し，十分に混
ぜ合わせたうえで配布し，残部は翌回に残した。翌回では， 4 種類のシナリオ
を 7 セットずつ準備し，それに初回の残部を追加したうえで混ぜ合わせて配布
したのである。

⑶　実験の結果

　回収した回答のうち，白紙あるいは回答欄に 1 つでも空白のあるものは分析
対象から除外した。図表28-1に，シナリオのタイプごとに，実験の対象となっ
た被験者の数と分析に利用可能であった回答の数をPanel AとPanel Bにそれ
ぞれ示している。Panel AからPanel Bの変化でみると，パートナーとクライ
アントの両方の判断が提示されていない場合のサンプル数の変化が一番大きい
ことがわかる。このシナリオについて，特に回答が困難であったために回答が
得られていないのであれば，その影響をコントロールする必要があるかもしれ
ない。しかし，分析対象から除外した回答には，完全な白紙回答が 2 つ，個人
属性に関する質問項目に 1 つ空欄があることで不備として扱った回答が 2 つあ
るが，前者の完全な白紙回答（つまり，「回答を好まない」と判断できる被験者）
が特定のシナリオに集中しているということはなかった。そのため，以下では，

7）　なお，known preferenceの分析であることは冒頭で伝えていない。
8）　フェイス・シート，実験シナリオ，回答用紙を合わせて封筒に入れて配布している。なお，回答用
　　紙と封筒の裏面にシナリオごとに異なる目印を付けて封筒に入れて配布することで，事後的にシナ
　　リオの別を把握できるようにした。

第28章　監査チームにおける意思決定　**467**

図表28-1　シナリオ別の分布

Panel A. 被験者の分布

		クライアントの判断	
		なし	あり
パートナーの判断	なし	22	21
	あり	21	21

Panel B. 分析対象

		クライアントの判断	
		なし	あり
パートナーの判断	なし	19	21
	あり	20	21

回答をした被験者に特定の偏りはないという前提で分析を行う。

　まず，回答の傾向（非掲示）をみていく。早期割増退職金を計上するという回答は49であり全体の60.5％であった。これは，退職給付の適用指針第10項を適用するよりも，一般的な引当金や保守主義の考え方と整合する処理を選択する傾向にあることを示しており，事前の予想と整合している。一方，過去に類似の会計処理を経験した経験があるという被験者は7人いたが，その全員が計上を選択していた。これらの被験者は，他の被験者に比べて，退職給付の適用指針第10項に精通している可能性が高いが，それでも，計上を選択したところから判断すると，早期割増退職金の会計処理に関する判断は，第10項に関する知識によって影響を受けることはなさそうである。

　その他の属性について簡単にみていくと，女性は18人で全体の22.2％，職歴は10年未満という被験者が68人で全体の84.0％，監査業務の従事年数が7年以下という被験者が65人で全体の80.2％，年齢は30歳から34歳の被験者が41人でもっとも多く全体の半数以上（50.6％）を占めていた。また，被験者の職位は，シニアとその上位の職位であるアシスタントマネージャーの2つであり，それぞれ51人（62.9％）と30人（37.5％）である。

　図表28-2は，パートナーとクライアントの判断がある場合とない場合のそれぞれのシナリオと，早期割増退職金の計上という判断がなされるか否かの関係についての分割表による分析の結果である。Panel Aはパートナーの判断がある場合とない場合，Panel Bはクライアントの判断がある場合とない場合の結果となっている。これらの結果をみると，両方のパネルについて，判断が提供

468 第Ⅵ部 監査品質に関する個別研究

図表28-2 単一変量の結果

Panel A：パートナーの判断と損失計上に関する分割表				
		パートナーの判断		Total
		なし	あり	
計上	しない	15	17	32
	する	25	24	49
	Total	40	41	81

chi2 (1) = 0.1331 Pr = 0.715

Panel B：クライアントの判断と損失計上に関する分割表				
		クライアントの判断		Total
		なし	あり	
計上	しない	17	15	32
	する	22	27	49
	Total	39	42	81

chi2 (1) = 0.5248 Pr = 0.469

されることと計上の間に関連性があるとはいえない。両方の分割表について，独立性の検定も行ったが，それぞれ統計的に有意な水準ではない。つまり，単一変量では，パートナーやクライアントから会計処理に関する選好を聞く・聞かないという違いが，被験者の意思決定に影響を及ぼすという結果にはなっていないのである。ただし，傾向としてはパートナーの選好を聞いた場合には後発事象としての開示がより選ばれ，クライアントの選好を聞いた場合には損失計上がより選ばれるという傾向はうかがえる。

　また，図表28-3には，パートナーとクライアントからの会計処理に関する選好を聞く・聞かないという4通りの組み合わせについて，損失計上を行うという回答がなされた割合を提示した。図表28-3は，パートナー（クライアント）からの意向を聞いた場合には，注記開示（損失計上）を選択するという傾向を捉えているが，両者の組み合わせをみても，2本の直線の傾きが大きく異なるということはなく，複合的な作用はみられない。ただし，図表28-2と図表28-3でみた単一変量の分析では，被験者の様々な属性が判断に及ぼす影響をコントロールできていないという問題がある。そのため，次に被験者の属性を含めた多変量の分析を行う。

　図表28-4は，損失計上の要否に加えて，被験者に回答を求めた属性を変数と

図表28-3　パートナーとクライアントの選好と回答の確率

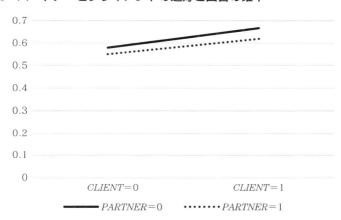

して含め，多変量分析を行った結果である。従属変数が2値変数であるため，ロジットモデルで回帰した[9]（各変数の定義は，図表下の脚注を参照）。Panel Aの右端のp値に基づいて統計的な有意性をみていくと，10％以上の水準で有意な結果となっている変数は$GENDER$と$TITLE$の2つで，両方とも負の値である。この結果は，女性又はアシスタントマネージャーの被験者である場合に，開示後発事象として扱うという判断を行う傾向にあることを意味している。一方，$PARTNER$は負の値，$CLIENT$は正の値をそれぞれ示しているが，両方とも統計的に有意な値ではない。つまり，いくつかの属性をコントロールしても，被験者の回答は，他者の選好に影響を受けているとはいえない。

しかし，Panel Aの結果から，職位の影響をコントロールすることで，異なる様相を呈する可能性があることがわかる。Panel Aの結果からわかるように，職位が異なると，同様のシナリオが与えられた場合でも，最終的な判断は異なるからである[10]。つまり，アシスタントマネージャーはシニアよりも，開示後発事象として扱う傾向にある。そのような関係を前提とすると，パートナーや

---

9) 類似の会計処理を経験したか否かの質問項目も設けているが，その回答のすべてが損失計上を選択していたため，この変数を分析に含めると，完全相関の問題が生じる。そのため，この変数は多変量分析で用いていない。なお，分析には，STATA 15を用い，標準偏差の対処にはvce（robust）を用いている。
10) 性別による峻別でも同様のことがいえるが，性別による影響をコントロールしてPanel Bと同様の分析を行っても，分析対象となる変数に特筆すべき傾向はなかった。

470 第Ⅵ部　監査品質に関する個別研究

図表28-4　分析結果

Panel A：主分析の結果				
	Coef.	Std. Err.	z	P>z
GENDER	-1.583	0.613	-2.580	0.010
WORK_EX	0.795	0.531	1.500	0.134
TITLE	-1.247	0.654	-1.910	0.057
AUDIT_EX	0.221	0.509	0.440	0.663
AGE	0.135	0.433	0.310	0.755
PARTNER	-0.213	0.513	-0.420	0.678
CLIENT	0.326	0.500	0.650	0.514
Constant	1.164	1.095	1.060	0.288

Pseudo R^2=0.0948

Panel B：追加分析の結果				
	Coef.	Std. Err.	z	P>z
GENDER	-1.685	0.635	-2.650	0.008
WORK_EX	0.635	0.562	1.130	0.258
TITLE	-2.002	1.183	-1.690	0.090
AUDIT_EX	0.218	0.510	0.430	0.670
AGE	0.257	0.446	0.580	0.565
PARTNER	1.043	1.009	1.030	0.301
CLIENT	0.311	0.934	0.330	0.739
SENIOR_PARTNER	-2.176	1.250	-1.740	0.082
SENIOR_CLIENT	0.491	1.170	0.420	0.675
Constant	2.228	1.658	1.340	0.179

Pseudo R^2=0.1325

注：変数の定義は次のとおり。*GENDER*（性別）：女性＝1，男性＝0；*WORK_EX*（最終学歴後の職歴）：5年未満＝0，5年以上10年未満＝1，10年以上15年未満＝2，15年以上＝3；*TITLE*（職位）：スタッフ＝0（ただし，今回の実験では該当者なし），シニア＝1，アシスタントマネージャー＝2；*AUDIT_EX*（監査業務従事年数）：3年以下＝0，4年以上7年以下＝1，8年以上11年以下＝2，12年以上＝3；*AGE*（年齢）：24歳以下＝0，25歳以上29歳以下＝1，30歳以上34歳以下＝2，35歳以上39歳以下＝3，40歳以上＝4；*PARTNER*（パートナーの選好）：聞く＝1，聞かない＝0；*CLIENT*（クライアントの選好）：聞く＝1，聞かない＝0；*SENIOR_PARTNER*：シニアが回答者である場合の*PARTNER*の値（それ以外はゼロ）；*SENIOR_CLIENT*：シニアが回答者である場合の*CLIENT*の値（それ以外はゼロ）。

クライアントが開示後発事象としての処理に対する選好が追加的に提供された場合，職位別の被験者の判断も異なるかもしれない。これは，職位の違いによって，相手の選好による影響を受ける程度が異なるか否かを分析することになり，経験や能力がknown preferenceの効果に及ぼす影響を捉えるという意味でも，分析の意義がある[11]。

　図表28-4のPanel Bは，職位による影響を捉えるための追加分析の結果である。ここでは，被験者がシニアである場合に1をとるダミー変数（SENIOR）を新たに設定し，PARTNERとCLIENTのそれぞれに掛け合わせた交差項を追加した。これにより，PARTNERとCLIENTは，パートナーとクライアントのknown preferenceがアシスタントマネージャーの判断に及ぼす影響のみを捉え，SENIOR_PARTNERとSENIOR_CLIENTはそれぞれ，アシスタントマネージャーによる判断に及ぼすknown preferenceの影響を前提とした場合の，シニアによる判断に及ぼす影響の増分を捉えることになる。結果をみると，PARTNER，CLIENT，SENIOR_CLIENTはすべて正の値で有意でないのに対し，SENIOR_PARTNERは負で10%の有意水準である。この結果は，シニアとアシスタントマネージャーでは，パートナーによる選好を聞いた後の判断が統計的に有意な水準で異なることを意味している[12]。シニアの方が，パートナーの選好に整合する判断を行いやすいのである。一方，クライアントの選好を聞いた場合の結果については，職位ごとの違いはみられない。

4．結論

　本章では，監査チームの階層的な構成に着目し，チームメンバーの意思決定に対するknown preferenceの影響を分析した。本章で分析対象としたknown preferenceについて論点となるのは，意思決定プロセスにおいて自分以外の主体の関与があり，当該相手の選好がわかった場合，意思決定者の判断がその選好と一致しやすいかである。

11）実験の機会をえた監査事務所では，シニアとアシスタントマネージャーという職位による職責の違いは，マネージャーとシニア又はアシスタントマネージャーとの差に比べ大きくないという情報をえている。そのため，Par.el Bの結果の違いが，本研究では質問の対象としなかったその他の個人属性（被験者自身の保守的な傾向や他者の意見に自分の意思決定が影響を受ける程度など）による影響を受けている可能性があることに留意されたい。

12）この結果は，「開示後発事象というパートナーの判断を聞いた場合に，シニアが開示後発として処理する傾向にある」という直接の関係を示しているわけではないことに注意されたい。あくまでも，アシスタントマネージャーの同様の傾向を前提とした場合の，シニアの傾向の増分である。

このような研究意識により，本研究では，ある大手監査事務所の協力をえて判断の余地がある会計処理についての判断を問う実験を実施した。被験者は，監査チームにおいて，マネージャーの下でクリティカルな意思決定を行う立場にあるという前提で回答を求めた。各被験者は，4種類の異なるシナリオのうちいずれかが与えられるが，それらのシナリオの違いは，クライアント又はパートナー（あるいはその両方）から，会計処理に関する選好が提供されているか否かである。分析の結果，被験者全体としてみた場合にはknown preferenceの影響が統計的に有意な水準では観察されないことがわかった。しかし，今回の実験で被験者となったシニアとアシスタントマネージャーという職位に分けてknown preferenceの効果を分析した結果，アシスタントマネージャーに比べて，それより下位のシニアの判断はパートナーの選好に影響を受けやすいことがわかった。なお，クライアントの選好に関しては，いずれの職位を対象とした場合でも有意な結果ではなかった。

以上の結果は，より低い職位の要員は，指導的立場にある者（パートナー等）の選好による影響を受けやすいことを示唆している。しかし，この結果はあくまで「職位間」での比較であり，低い職位の要員が，絶対レベルでパートナーの選好の影響を受けやすいことを意味しているのではない。全体としては，known preferenceの影響は観察されていないことに留意してほしい。

本章での分析結果は，監査人による意思決定上の歪みの問題や監査チーム特有の問題に関する分析があまり進んでいない日本の監査研究に対して，1つの証拠を提示することになり，貢献があると思われる。ただし，本章での実験が，1つの大手監査事務所の要員のみを対象としている点で，一般化可能性の問題がある。また，分析では十分に考慮できていない要因が，結果に影響を及ぼしているかもしれない。より深度ある議論のためには，本分野における今後の研究蓄積が必要であろう。

第28章　監査チームにおける意思決定　**473**

補論. ケースの例示

本ケースでは，2018年3月決算の会計処理について，判断していただきます。

【概要】

①A&K株式会社は，太陽光発電システムの販売施工，産業廃棄物由来のプラスチックを燃料とする資源循環型発電，一般家庭及び企業向け環境衛生に係る施工等を主に行うサービス業の企業である。A&K社は，売上の75％以上を太陽光発電システムの事業部門で得ているが，経営環境の急激な変化により，当該事業部門は前年度より不振に陥っている。また，2018年3月決算の当該部門のセグメントでは30億円程度の損失計上を見込んでいる。前期の実績，及び当期の決算見通しについて，主な業績指標は下記のとおりである。

②前年度より，A&K社は太陽光発電システムの事業部門において，希望退職者の募集等により固定費全般を削減し，収益構造の改善を図ってきた。しかし，今後も太陽光発電事業を取り巻く事業環境は厳しさを増す一方であることが予想されるため，事業基盤を強固にすることを目的とし，大規模な希望退職者を募集することを2018年3月15日の取締役会で決定した。

③希望退職者の募集の概要は以下のとおり。
(1) 募集対象者：全部門における全職種
(2) 募集人員：約400名（参考：2017年3月末社員数2,300名）
(3) 従業員への通知：2018年4月24日
(4) 募集期間：2018年5月16日から同年5月31日まで
(5) 退職日：2018年6月29日から同年7月30日まで
(6) 優遇措置：退職者に対して特別退職金を支給することに加え，希望者に対しては再就職支援会社を通じた再就職支援を行う

④2018年4月10日現在，クライアントはこの退職者の募集に係る早期割増退職金を2018年3月決算において計上せずに開示後発事象として注記開示する意向であり，この処理に関するチーム内での方針をディスカッションしている状況である。クライアントからの説明では，過去の希望退職者の応募状況から判断して，希望退職者は募集人員程度になる可能性が高く，この希望退職の募集に伴い発生する特別退職金等の一時的な費用は，150百万円になる見通しということである。企業からのこの説明は合理的であると考えられる。なお，この150百万円は重要性の基準値を超えている。

⑤パートナーの意見は，「早期割増退職金を今期は計上せず，開示後発事象として注記開示することが望ましいと思う。早期割増退職金は，将来の勤務を放棄する代償という属性があるから，退職給付見込額の見積りには含めなくても良いし，決算期末日までの取締役会で希望退職者の募集を決定しているけれど，従業員への通知及び募集期間は翌期となっているから，翌期の損失として計上する方が良いと感じる。開示後発事象として取り扱えば損失予想金額が公表されるので，いずれにしても，情報利用者の意思決定を損なうことはなく，問題ないと思う。」というものである。

474 第Ⅵ部　監査品質に関する個別研究

【A&K社の主な業績指標】

（単位：百万円）

	2017年3月実績	2018年3月見通し
総資産	49,220	31,348
総負債	41,689	28,518
売上高	81,358	56,800
経常利益（損失）	△3,501	△2,589
当期純利益（損失）	△3,252	△4,600

参考文献

Cohen, J. R. and G. M. Trompeter（1998）, An examination of factors affecting audit practice development, *Contemporary Accounting Research* 15(4): 481-504.

Fukukawa, H., T. J. Mock, and A. Wright（2011）, Client risk factors and audit resource allocation decisions, *Abacus* 47(1): 85-108

Hossain, S., K. Yazawa, and G. S. Monroe（2017）, The relationship between audit team composition, audit fees, and quality, *Auditing: A Journal of Practice & Theory* 36(3): 115-135.

Kadous, K. S., J. Kennedy, and M. E. Peecher（2003）, The effect of quality assessment and directional goal commitment on auditor's acceptance of client-preferred accounting methods, *The Accounting Review* 78(3): 759-778.

Kunda, Z.（1990）, The case for motivated reasoning, *Psychological Bulletin* 108(3): 480-498.

Libby, R.（1981）, *Accounting and human information processing: Theory and applications*, Prentice-Hall, Englewood Cliffs: NJ.

Peecher, M. E.（1996）, The influence of auditors' justification processes on their decisions: A cognitive model and experimental evidence, *Journal of Accounting Research* 34(1): 125-140.

Salterio, S. and L. Koonce（1997）, The persuasiveness of audit evidence: The case of accounting policy decisions, *Accounting, Organization and Society* 22(6): 573-587.

Trotman, K. T., T. D. Bauer, and K. A. Humphreys（2015）, Group judgment and decision making in auditing: Past and future research, *Accounting, Organization and Society* 47: 56-72.

（付記）本研究はJSPS科研費JP17H04783（髙田）の助成を受けたものである。

（髙田 知実・和久 友子）

第**29**章

監査判断のバイアス

1．問題の所在

　監査人には，判断のバイアスがあることが古くから知られている。例えば，2011年のエンロン事件の後には，Bazerman et al.（2002）の研究等が公表され，監査人によるコンサルティング業務の提供の問題を含め，監査人の判断の制約又は限界の議論が盛んに行われた。

　監査が，監査人個人の判断の積み重ねである以上，監査目標を立証するために，様々な情報を収集し，監査手続の代替案を検討し，選択・適用し，その結果得られた監査証拠を基に心証形成を行うというすべての過程で，無意識に，何らかの事項に影響された判断を行ってしまうおそれがある。監査判断が監査人という個人によって行われる以上，判断を行う者の経験，思考様式，行動による一定の影響を回避することは困難である。

　監査判断のバイアスが一定の限度を超えて，判断の誤りに繋がってしまった場合，監査の失敗をもたらす可能性がある。現在の国際監査基準（International Standards on Auditing: ISA）200においても，「職業的専門家としての判断」の項（IAASB, 2009, pars.16; A23）が設けられ，特に，「監査人に期待される職業的専門家としての判断の特徴は，その判断が，合理的な判断を行うために必要な能力の開発に役立つ研修，知識及び経験を有する監査人により行われているということである」（par.24）として，監査人による合理的な判断とそれを行うための研修等を要請する適用指針が設けられている。

　こうした監査判断のバイアスは，監査の品質に関する監査人個人の内的な問題として，職業的懐疑心とともに重要な影響を及ぼす可能性がある。職業的懐疑心については，監査規範の領域においても明示的に取り上げられてきているが，監査判断のバイアスについては，必ずしもそうではない。

　これは，1つには，職業的懐疑心が監査手続の問題に帰着する（松本，2000）と捉えられ，事後的に特定の監査手続を実施したかどうか，あるいは，一定以上のリスクや差異が認識されていた際に，追加的な監査計画に基づく手続きが実施されたかどうか，で判断されるのに対して，監査判断のバイアスは，監査人個人の心理的な問題に依拠しており，監査人自身も「気づかぬ」判断の

偏向という問題であるからと考えられる。すなわち，職業的懐疑心は「どうやれば見つけられたか」の議論に帰着するのに対して，監査判断のバイアスの議論は「どうしてそれでいいと思ったか」の違いとも解される。

　ただし，両者の間には密接な関係がある。監査手続の策定・選択・適用が監査人の判断に基づいて行われる以上，その背景には，監査判断のバイアスの問題が内在するからである。職業的懐疑心の問題が，監査計画上又は証拠の評価上，あるいは，監査法人又は監査チームレベルで，かなりの程度，明示的に監査手続の実施に結び付けられて検討されるのに対して，バイアスは，それらの背景として，あくまで個人のレベルで気づかぬうちに生じて，場合によっては，事後的にも，職業的懐疑心の問題に含めて議論される場合もあるように思われる。

　実際に，先行研究においても，職業的懐疑心の文脈で，監査判断バイアスの問題が取り上げられるケースも多い（Hurt（2010）など）。

　他方，監査判断のバイアスは，それがあることを認識することによって，かなりの程度，当該バイアスによる影響が抑制されることも先行研究から明らかになってきている。

　判断バイアスは，国や制度によって，あるいは，広く監査環境によって，多大な影響を受けるものと解される。すなわち，証拠の評価や，手続から得られる証拠の収集過程（例えば，質問の手続から何らかのリスクを識別する可能性等）についても，国柄，民族性，どのような制度の下で実施されている監査なのか，といった監査人を取り巻く環境が監査人の判断に影響していると考えられる。

　そこで，わが国における判断バイアスとして，いかなる要因が大きな影響を及ぼすもので，かつ，それを防ぐにはいかなる方法があるのか，という点を検討したい。

2．先行研究

　文献を渉猟する限り，当該領域の研究は，Butler（1986），Smith and Kida（1991），Ashton and Ashton（1995）などに始まると思われるが，この問題に大きな注目を集め，その後の研究領域を開いたとも解されるのが，Bazerman et al.（2002; 2004; 2008; 2011）であろう。Bazermanの一連の研究は，2001年に発覚したエンロン事件を受けて公表されたため，監査制度の見直しの動向と

ともに，その後の研究の進展の嚆矢ともいえる。

　他方，近年，金融危機の影響もあって，判断バイアスについて，公的機関が明示的に取り上げることが多くなってきた。

　Glover and Prawitt（2012）は，トレッドウェイ委員会支援組織委員会（Committee of Sponsoring Organizations of Treadway Commission: COSO）による不正問題に関する取組みの中で行われた委託研究であり，そこでは，以下のものを挙げている。

・Rush to Solve（性急に結論を得ようとする傾向）

・Framing（認識のフレームによる影響）

・Motivational Biases（監査人のモチベーションによる影響）

・Overconfidence（自信過剰の傾向）

・Confirmation（確証を求める傾向）

・Anchoring（アンカリングの傾向）

・意思決定者が容易に使える情報を利用しようとする傾向（Availability）

　あるいは，PCAOB（2011; 2012）では，個別のバイアスは取り上げていないが，監査人の職業的懐疑心を妨げる重要な要素として判断バイアスの問題を取り上げている。

　また，6大監査ネットワーク代表者会議（Global Public Policy Committee of the Large Accounting Networks: GPPC）から公表された報告書（Gliver and Prawitt, 2013）においては，バイアスを生じさせ職業的懐疑心を弱めることとなる共通の判断上の傾向として，以下の4つを取り上げている。

・Overconfidence

・Confirmation

・Anchoring

・Availability

　監査人における判断バイアスの存在やその増幅に寄与する要因の検討は，数多く行われており，例えば，Throne（2000）やわが国でも，確証バイアスに限っての研究ではあるが福川（2012）などがあるのに対して，現在の研究動向としては，いかにしてバイアスを防ぐ又は減少させるかという研究がみられるようになっている。

　例えば，Rebecca and Montague（2015）では，COSOが特定した以下の5つの判断バイアスについて取り上げたうえで，5つの対処方法を特定している。

478　第Ⅵ部　監査品質に関する個別研究

［判断バイアス］
・Availability
・Anchoring and Adjustment（アンカリング及び調整を図る傾向）
・Overconfidence
・Confirmation
・Rush to Solve
［対処方法］
• Take it all in: Don't jump to conclusion（初期のデータ収集段階ではより完全な情報が集まるのを待ち，結論に飛びつかない）
• Brainstorming: The rule of three（識別された予想外のデータについて，可能な説明を3つ考える）
• Flag it（自分が設定した仮説の根拠となったデータを同僚に見せて，同じ説明に至るかどうかをみる）
• Prove yourself wrong（当初の仮説の確証を得るような証拠を探す代わりに，矛盾する情報を積極的に探し出して考慮することにより自身の仮説を否定することを試す）
• Circle back（最初に戻ることと新しいデータを検証するときには新たな仮説を考慮することを忘れない）

　先行研究の多くは実験研究によっている。すなわち，被験者に対して，仮設状況において監査上の判断を求め，そのバイアスの程度を測定するとともに，いかなる方法によってそのバイアスが低減されるのかを検討する方法である。例えば，Nelson and Tan（2005），Bonner（2008），Hurtt（2010），Glover et al.（2011; 2012）などがある。
　わが国では，監査判断バイアスの研究はほとんど進められてこなかった。その背景には，第1に，定期的に社会問題化するような大きな粉飾決算と監査の失敗が発覚して，その後の制度対応に追われてきたこと，したがって，監査基準上いかなる手続を実施すれば，又はいかなる監査規制を実施すれば，同様の監査の失敗を防ぐことができるのか，という問題に焦点が当てられてきたこ

と[1]，第2に，監査判断バイアスの研究のために必須の監査実務家からの協力が得られなかったこと，それとも関連して，監査に関する実験研究的な手法をとる研究者が少なかったこと等が挙げられよう。

3．研究方法の概要

(1) 対象とするバイアス

本研究では，前述の様々なバイアスのうち，以下の6つのバイアスを対象として取り上げることとする。

I　Rush to Solve

監査人が，監査報告の予定又は期限が近いことによって，性急に結論を得ようとしてしまいがちである，というバイアスである。この場合，監査人は，制度上の財務報告の期限や監査報告書の提出予定日に近い段階や，期末日後に発覚した事象又は状況については，そうした予定又は期限による制約がない状況に比べて，必ずしも同様の監査計画を立てようとはしないというおそれがある。

II　Overconfidence

監査人が，自らの知識，能力，判断に対して，明確な根拠がないにもかかわらず，無意識に過剰な自信を持ってしまいがちである，というバイアスである。この場合，監査人は，無意識に，自分の知識，能力，判断は正しいと過信することによって，他の監査手続の選択肢を検討しなかったり，新たな監査証拠を入手しようとしなかったり，自ら下した評価や結論を過信したりしてしまうというおそれがある。

III　Confirmation

監査人が，無意識に自分の信念や考えなどを支持する情報だけを集め，反証する情報を無視して判断を下してしまいがちである，というバイアスである。この場合，監査人は，無意識に，予期せぬ状況が生じていてもそれを無視したり，経営者の説明と整合性のある証拠だけを収集したり，採用したりしてして

---

1) 2011年に発覚したオリンパス事件を受けて2013年に企業会計審議会から公表された「監査に関する不正リスク対応基準」までは，かかるアプローチが続いていたものの，その後，2015年の東芝事件以降は，監査規範又は監査規制の重層化の中で，基準や規制をいかにして実効性を持たせるか，という観点に重点が移動し，2016年3月公表の金融庁の「会計監査の在り方に関する懇談会」による提言では，監査法人のガバナンス・コードや監査法人のローテーション制のように，監査の組織や契約に働きかけて，懐疑心が発揮されやすい環境を作る，というアプローチが採られるようになったとも解される。

しまうおそれがある。

Ⅳ　Anchoring

監査人が，先に与えられた何らかの情報等をアンカー（錨）として，無意識にアンカーに近い評価又は結論を出してしまいがちである，というバイアスである。また，全く無関係な値もアンカーになり，そのアンカーが判断に影響を与えてしまうこともある。この場合，監査人は，このバイアスによって，無意識に，被監査会社から提供された未検証の情報をアンカーに見積りの評価をしたり，アンカーを根拠として他の証拠の適否の判断を下してしまうおそれがある。

Ⅴ　Availability

監査人が，無意識に，想起しやすい情報や検索しやすい情報を用いたり，より重要である又はより関連性があると捉えて判断を下してしまいがちである，というバイアスである。この場合，監査人は，無意識に，もっとも入手しやすい又はすでに入手済みの証拠を用いたり，過去の経験又は他の被監査会社での結論を援用して安易に結論を導いてしまうおそれがある。

Ⅵ　Self-Serving Bias

監査人が，無意識に自己に都合のよい判断を下してしまうおそれがある，というバイアスである。この場合，監査人は，自らの監査契約の維持のために，監査契約の委託者である被監査企業の経営者の意向を優先したり，経営者を満足させようとするおそれがある。

これらの選定基準は，次のとおりである。まず，GPPCの報告書（Gliver and Prawitt, 2013）で取り上げられている前掲の4つのバイアスを対象とする。

次に，COSOの委託研究（Glover and Prawitt, 2012）において取り上げられているバイアスの1つであり，わが国の場合，監査資源（人及び時間）の制約が大きいと考えられることから，Rush to Solveのバイアスの影響があるのではないかと想定されるため，これを追加する。

さらに，監査判断バイアスの研究の嚆矢であるBazarmanらの主張に鑑みて，Self-Serving Biasも追加し，計6件のバイアスを対象とすることとした。

(2)　仮説と方法

①仮説

本研究に当たっては，以下の仮説を設定した。

仮説１：　わが国の監査人においても，６件の監査判断バイアスがいずれも存在する

仮説２：　監査判断バイアスの程度は，監査事務所によって異なる

仮説３：　監査判断バイアスの存在を意識した被験者は，バイアスに対して抵抗力がある

②実験素材

実験素材については，いずれのバイアスについても，素材をCase Studyの形式（ストーリー［時系列的な内容を含む文章］と財務情報）で提供し，それを被験者に読ませ，最終的に，１つの判断を求める形式とする。例えば，図表29-1のような素材を提供している[2]。

実験素材は，すべて過去の粉飾決算等の事例を基にして作成し，当該不正を発見するのに必要な手続を選択肢の中に入れている（以下，想定した回答）。

③被験者

被験者として，４つの監査法人の監査業務を担当している公認会計士とする。各監査法人には，いずれも，パートナー30名，及びシニア（シニアになって３年以上の監査業務の経験を有する方）30名の参加を求めた。

実験の期間としては，2018年10月から2019年３月までであるが，各監査法人における実施は実験内容がまだ実験に臨んでいない方に伝わらないように，十分に実験内容の秘匿を求めるとともに，一法人での実施期間は短期間になるように留意した。

なお，実施に先立って，実験の精度を高めるために，2018年７月に，会計専門職大学院の大学院生及び修了生のうち，公認会計士試験の受験を目指している者24名（いずれも，必修科目の監査論は履修済み）を被験者として，パイロット・テストを実施して，実験素材及び実験の実施方法の調整を行っている。

④実験の実施手順

前述の３つの仮説を明らかにするために，図表29-2のような実験的方法を用いることとした。

---

2) 実験素材の作成に当たっては，PwCあらた有限責任監査法人の梅谷正樹氏，浅野智恒氏によるレビューとコメント等の協力を得た。ここに記して感謝申し上げたい。

482 第Ⅵ部　監査品質に関する個別研究

図表29-1　実験素材の例

ケースⅠ

＜状況説明＞
【ケース１】監査実施の責任者（監査報告書の署名者）
【ケース２】監査実施の補助者（主査でもない，監査チームのメンバー）
であるあなたは，上場企業かつ大会社であるA社の監査に関与しています。

1. A社は，小売業を営む３月決算会社で，あなたは同社の監査に関与して３年目の決算に当たります。
2. A社の期末監査に当たり，５月17日にA社の監査の状況報告会が開催され，同日に会計監査人の計算書類及び連結計算書類に対する監査報告書を交付する予定となっています。また，A社では，翌５月18日に監査役会の監査報告を得て同日に決算を承認する取締役会が開催され，株主総会の開催通知が印刷に回される予定とのことです。
3. A社においては，国内に200店舗，海外に30店舗と広く店舗を展開しているものの，これまでのところ，まだ撤退をしたケースはありませんが，一部の店舗で，店舗閉鎖のリスクが高まったことから，引当金の計上をしたことはありました。
4. 【ケースA：対照パターン】海外子会社X社の決算が４月26日にA社と監査人に届き，子会社X社では，現地で当期に営業を開始した店舗（固定資産の帳簿価額90百万円，耐用年数10年）の売上目標が，初年度は大幅に未達となり，営業損失を計上したことから，仕入先の変更や従業員の整理を始めたとのことでした。あなたは，A社に対して固定資産の減損の検討を含むより詳細な情報を依頼しました。
   【ケースB：バイアス介在パターン】例年，海外子会社からの連結データの集計は遅延する傾向がありましたが，本年度は，海外子会社X社の決算がやや遅れて，５月４日にA社と監査人に届きました。子会社X社では，現地で当期に営業を開始した店舗（固定資産の帳簿価額90百万円，耐用年数10年）の売上目標が，初年度は大幅に未達となり，営業損失を計上したことから，仕入先の変更や従業員の整理を始めたとのことでした。あなたは，A社に対して固定資産の減損の検討を含むより詳細な情報を依頼しました。
5. 【ケースA：対照パターン】５月７日に，現地の事業担当者からの文書での説明を受け取ったところ，当該店舗は，現地の近隣に予定されていた大型住宅の造成の遅れから，ここ２，３年は，営業的に苦しい期間が続くと思われるが，現地国の人口増加の傾向からみて，将来有望な市場を抱えており，将来的には売上の改善も見込まれる旨が述べられていました。
   【ケースB：バイアス介在パターン】５月15日に，現地の事業担当者からの文書での説明を受け取ったところ，当該店舗は，現地の近隣に予定されていた大型住宅の造成の遅れから，ここ２，３年は，営業的に苦しい期間が続くと思われるが，現地国の人口増加の傾向からみて，将来有望な市場を抱えており，将来的には売上の改善も見込まれる旨が述べられていました。
6. 同日，A社のCFOから，A社としては，当該店舗の撤退はもちろん，減損計上は考えておらず，本社からの監視も強化しつつ，営業のテコ入れをしていくこと，及び中期経営計画に変更はない旨の説明を受けました。

＜問い＞
監査人であるあなたは，A社の連結財務諸表監査において，子会社X社の当該店舗（固定資産の帳簿価額90百万円）に関して，いかなる手続をとりますか。

第29章　監査判断のバイアス　**483**

■選択肢：
①減損テストを実施して，当期に減損を計上する方向で対応する。
②当期については，引当金の計上に留め，次期において改めて当該店舗の営業活動の改善計画等の検討を行う。
③当期については，A社の減損不要という説明を受け入れ，次期において，現地視察を含め監査計画において対応することとする。

＜参考＞
・A社の主要な財務指標（連結売上高500億円，連結税金等調整前当期純利益40億円，連結総資産200億円）
・A社の連結の重要性の基準値200百万円
・七子会社Xの当該店舗の主な業績指標

（単位：百万円）

		X1年（当期）	X2年	X3年
売上高	実績	40	－	－
	予算	80	200	200
営業利益	実績	△20	－	－
	予算	5	20	20
固定資産	実績	90	－	－

ⅰ．被験者を以下の6つのグループに分ける。

　　ここで，各グループをPA，PB-1，PB-2，SA，SB-1，SB-2と称することとする。

　　PAとSAは，対照実験のために，バイアスが含まれていない素材を提供する。

　　PB-1及びSB-1は前半にケースⅠからⅢを実施し，後半にケースⅣからⅥを実施する。一方，SB-2及びPB-2は前半にケースⅣからⅥを実施し，後半にケースⅠからⅢを実施する。

　　被験者には，自分自身の取り組む素材にバイアスが含まれている又は含まれていないことの説明をせずに，実験を実施する。

ⅱ．前半と後半の間には，本実験が監査判断バイアスに関する調査であること，及び監査判断バイアスについての一般的な解説を行い，被験者が監査判断バイアスという問題に十分に留意するようなガイダンスを行う。

ⅲ．対照実験とバイアス実験のそれぞれの回答結果についてχ^2検定を行うとともに，説明前後での有意な差があるかどうかの検定を行う。

484 第Ⅵ部　監査品質に関する個別研究

図表29-2　被験者のグループ分け

	A	B-1	B-2
P：パートナー	バイアス無し	バイアス有り 前半にケースⅠからⅢを実施し，説明後にケースⅣからⅥを実施	バイアス有り 前半にケースⅣからⅥを実施し，説明後にケースⅠからⅢを実施
	10名	10名	10名
S：シニア	バイアス無し	バイアス有り 前半にケースⅠからⅢを実施し，説明後にケースⅣからⅥを実施	バイアス有り 前半にケースⅣからⅥを実施し，説明後にケースⅠからⅢを実施
	10名	10名	10名

4．調査結果

各監査法人における被験者の人数は，以下のとおりであった[3]。

A監査法人（大手監査法人）　　　パートナー：31名，シニア：32名
B監査法人（大手監査法人）　　　パートナー：30名，シニア：30名
C監査法人（準大手監査法人）　　パートナー：31名，シニア：32名

　まず，すべての被験者に関する結果は，図表29-3のとおりであった。

　図表29-3にみられるように，6つのバイアスのうち，Availabilityと Self-Serving Biasの2つについては，ケースを初見の段階でも，バイアスが見受けられない。

　それに対して，Overconfidence，Confirmation，及びAnchoringの3つについては，パートナーにおいてバイアスの存在が示されている。また，Confirmationについては，シニアにおいてもバイアスが見受けられる。

　また，それらの初見でバイアスが見受けられたものについて，監査判断バイアスの説明を行った後で実施した場合は，バイアスがみられなくなっていることがわかる。

　他方，Rush to Solveについては，シニアにのみ，10%有意水準ながらもバイアスが見受けられ，かつ，バイアスの説明後にも，その傾向は変化がなかった

---

3) 監査法人名を明らかにすることはできないが，本研究の意義をご理解賜り，ご協力いただいた3つの監査法人及びその被験者となって下さった監査人の方々に心より感謝申し上げる。

図表29-3　回答結果（全体）

	初見パートナー	初見シニア	説明後パートナー	説明後シニア
Rush to Solve	1.93	5.74†	2.97	4.13†
Overconfidence	8.64*	2.06	3.57	1.21
Confirmation	10.11**	6.44*	1.94	2.89
Anchoring	8.43*	2.24	4.01	3.95
Availability	0.22	1.28	0.48	1.15
Self-Serving Bias	2.89	3.67	2.02	2.54

注：**，*，†は，それぞれ，1%，5%，10%水準で有意であることを示す。

という結果となった。

　さらに，各監査法人の個別の状況を示せば，図表29-4のとおりである。

　図表29-4をみると，監査法人Aでは，他の法人に比べて明らかにバイアスが見受けられないことがわかる。先の図表29-3の結果は，全体の1/3を占める監査法人Aの結果に多分に影響されているものと解される。

　監査法人Aにおいてバイアスが出なかった理由としては，実験環境は全く同様であったことから，監査法人Aが置かれた環境，例えば，実験の直前に監査法人が全体として経験した監査に関する課題認識などによる影響があった可能性がある。いずれにしても，監査法人Aにおいては，実験当時，職階を問わず，被験者の間に慎重な判断を行おうとする傾向が強かったと考えざるを得ない。

　そこで，監査法人B及び監査法人Cにおける結果をみてみると，前述のとおり，Availabilityについては，バイアスが一切見受けられないものの，Self-Serving Biasについては，10%有意ではあるものの，一定のバイアスが検出されていることがわかる。

　なお，Availabilityについても，前述のように，大学院生を被験者としてパイロット・テストを実施しており，当該テストにおいては職業的専門家を対象としたテストと異なる結果が得られたことから単に実験に用いたケースに不備があったと解するのは早計かもしれない。

　また，Rush to Solveについては，監査法人B及び監査法人Cにおいても，シニアにしかバイアスがみられないこと，及びいずれの監査法人でも説明を受けた後でもバイアスが検出されたことが興味深い。

486　第Ⅵ部　監査品質に関する個別研究

図表29-4　回答結果（監査法人別）

監査法人	初見パートナー			初見シニア			説明後パートナー			説明後シニア		
	A	B	C	A	B	C	A	B	C	A	B	C
Rush to Solve	2.33	3.54	2.69	1.94	10.24**	4.78†	0.87	2.74	1.15	2.29	6.66*	4.70†
Overconfidence	6.75*	10.48**	13.97**	6.92*	3.33	4.96†	2.27	5.38†	3.58	3.15	0.33	4.99†
Confirmation	4.25	10.87**	7.24*	4.22	6.88*	15.52**	1.27	5.03†	4.30	3.45	3.07	7.22*
Anchoring	4.26	8.81*	9.11*	3.54	5.09†	5.77†	0.07	4.87	2.29	1.07	3.91	3.22
Availability	1.33	1.99	2.08	2.30	3.61	3.26	0.45	0.88	1.21	1.07	2.47	1.89
Self-Serving Bias	3.32	5.22†	4.18	4.50	4.95†	5.73†	2.08	3.66	2.22	3.04	4.11	5.17†

注：**，*，†は，それぞれ，1％，5％，10％水準で有意であることを示す。

　以上のことから，前述の仮説については，以下のようにまとめることができる。

　仮説1「わが国の監査人においても，6件の監査判断バイアスがいずれも存在する」については，Availabilityについては，バイアスが見受けられなかったが，他の5つのバイアスについては，バイアスが検出された。Availabilityについては，今後，さらなる検討を要するといえよう。現時点の結論として，仮説における「いずれも」という条件の下では仮説は否定されるが，総じて，わが国の監査法人においてもバイアスが存在しているものと解される。

　仮説2「監査判断バイアスの程度は，監査事務所によって異なる」については，図表29-4にみられるように，肯定的な結果が得られた。特に監査法人Aが，監査判断バイアスに対して反応が低かったことは，監査人が置かれた環境によって，監査判断バイアスが生じるか生じないかの程度が大きく影響されることを実証しているといえよう。

　仮説3「監査判断バイアスの存在を意識した被験者は，バイアスに対して抵抗力がある」についても，肯定的な結果が得られたといえよう。問題は，Rush to Solveに関する監査法人B及び監査法人Cのシニアの反応である。彼ら／彼女たちは，監査判断バイアスの説明をした後も，ほとんど変わりなく，バイアスを含む回答を行っている。

　これについては，2つの可能性があると思われる。1つには，設定したケー

スが，バイアスを読み取ることが難しいもので，バイアスを意識したとしても回答に変化がなかったというものである。これは一種の実験の失敗であって，別のケースで試すことによってその当否を確かめることができるであろう。他方，もう1つのケースもあり得る。Rush to Solveについては，シニアの業務状況において相当頑強なバイアスとなって身についており，いわば，それが「当然の判断」として身についてしまっているという場合である。われわれがRush to Solveをわが国の期末監査の集中状況に鑑みて実験の対象となるバイアスとして取り上げた考え方からすると，この可能性も簡単に否定することはできない。この点については，後日，改めて，確かめてみたいと考えている。

5．本研究の貢献と課題

　本研究は，監査判断バイアスについて，実際の監査業務に携わる監査人（パートナー及びシニア）を被験者として，また，複数の監査法人の協力を得て，実験研究によって検証を行った。

　かかる実験は，海外においても，学生や大学院生を被験者とすることがほとんどであり，ましてやわが国においては，先行研究もかなり限られていると思われる。いうまでもなく，学生等を被験者にするよりも，実際の監査人を被験者にできるのであれば，監査における実験研究としては，精度が高まるはずである。特に，監査判断バイアスのように，日頃の監査実務を背景として行使される監査判断にかかわるテーマである場合には，実際の監査人に対する実験こそが重要であると思われる。そうした意味で，本研究は，わが国のみならず，グローバルにみても，重要な実験研究の成果を提供するものと思われる。また，本研究で設定した仮説は，監査判断バイアスに関する基本的な事項にかかるものであることから，今後の研究の基礎を提供するものと考えている。

　本研究の結果としては，わが国の監査人においても，海外で識別されている監査判断バイアスが存在すると考えられること，監査判断バイアスの程度は，監査事務所によって異なること，及び監査判断バイアスの存在を意識した被験者は，バイアスに対して抵抗力があることが検証され，肯定されたといえる。さらに，Rush to Solveのバイアスについては，シニアにおいてのみ検出され，説明の後も変化がなかったことから，何らかの特異な事情がある可能性も識別された。

　いうまでもなく，本研究にはいくつかの限界がある。

488　第Ⅵ部　監査品質に関する個別研究

　まず，実験研究の限界でもあるが，回答数が少ないことから，（イェーツの補正を行っているものの）まだサンプルサイズの影響を受けている可能性がある。また，ケースに問題が残されている可能性もあり得る。

　こうした限界については，今後，さらなる実験調査を行うことで，サンプルサイズを拡大したり，Rush to Solve及びAvailabilityについては，本実験のケースの頑健性又は適切性を検討する必要があるであろう。

それらは，今後の課題としたい。

参考文献

Ashton, R. H. and A. H. Ashton (1995), Judgment and Decision-Making Research in Accounting and Auditing, Cambridge University Press.

Bazerman, Max H., George Loewenstein, Don A. Moore (2002), Why Good Accountants Do Bad Audits, *Harvard Business Review* 80.（平谷美枝子［訳］「善意の会計士が不正監査を犯す理由」『DIAMONND ハーバード・ビジネス・レビュー』2005年10月号。）

――and M. D. Wartkins (2004), *Predicable Surprises: The Disasters You Should Have Seen Coming and How to Prevent Them*, Harvard Business School Press.（奥村哲史［訳］『予測できた危機をなぜ防げなかったのか？―組織・リーダーが克服すべき３つの障壁―』東洋経済新報社，2011年）

――and Don A. Moore (2008), *Judgment in Managerial Decision Making*. 7th ed., Hoboken, NJ: John Wiley & Sons.（長瀬勝彦［訳］『行動意思決定論―バイアスの罠―』白桃書房，2011年。）

――and Ann E. Tenbrunsel (2011), *Blind Spots; Why We Fail to Do What's Right and What to Do about It*, Princeton University Press.（池村千秋［訳］『倫理の死角―なぜ人と企業は判断を誤るのか―』NTT出版，2013年。）

Bonner, S. E. (2008), *Judgment and Decision Making in Accounting*, Pearson Prentice-Hall.（田口聡志監［訳］『心理会計学―会計における判断と意思決定―』中央経済社，2012年。）

Butler, S. A. (1986), Anchoring in Judgmental Evaluation of Audit Samples, *The Accounting Review* 61(1): 101-111.

Glover, S. M. and D. F. Prawitt (2012), Enhancing Board Oversight: Avoiding Judgment Traps and Biases, COSO.

――(2013), Enhancing Auditor Professional Skepticism, the Global Public Policy Committee.

International Auditing and Assurance Board (IAASB) (2009), International Standards on Auditing (ISA) 200, *Overall Objective of the Independent Auditor, and the Conduct of an Audit in Accordance with International Standards on Auditing*, April.

Hurtt, R. K. (2010), Development of a Scale to Measure Professional Skepticism, *Auditing: A Journal of Practice & Theory* 29(1): 149-171.

Nelson, M. and H. T. Tan (2005), Judgment and Decision Making Research in Auditing: A

Task, Person and Interpersonal Interaction Perspective, *Auditing: A Journal of Practice & Theory* 24 (Supplement): 41-71.

Public Company Accounting Oversight Board (PCAOB) (2011), Release No.2011-006, *Concept Release on Auditor Independence and Audit Firm Rotation*. August 16.

——(2012), Staff Audit Practice Alert No. 10, Maintaining and applying Professional Skepticism in Audits, December 4.

Rebecca, Fay. and Norman R. Montague (2015), I'm Not Biased, Am I, *Journal of Accountancy*, February.

Smith, J. F. and T. Kida (1991), Heuristics and Biases: Expertise and Task Realism in Auditing, *Psychological Bulletin* 109(3): 472-489.

Thorne, L. (2000), The Development of Two Measures to Assess Accountants' Prescriptive and Deliberative Moral Reasoning, *Behavioral Research in Accounting*, 12: 139-169.

栗濱竜一郎（2011）『社会的存在としての財務諸表監査』中央経済社。

多賀谷 充（2017）「監査人のバイアスに関する制度的考察」,『会計プロフェッション』12号, 101-110頁。

平賀祐輔・前川佳一（2010）「会計監査上における無意識のバイアスに対する監査規制の意義と限界について」,『京都大学大学院経済学研究科WP』J76。

福川裕徳（2012）『監査判断の実証分析』国元書房。

（町田 祥弘・井野 貴章）

結論 —監査の品質の向上に向けて—

1．総括

　本書は，われわれが日本監査研究学会の課題別研究部会として2年間にわたって検討してきた「監査の品質に関する研究」の成果を取り纏めたものである。

　監査の品質には，様々な側面，論点があり，それに伴って多様な研究手法が想定できることから，本研究部会の研究がそれらの全てを尽くした包括的な研究であるというつもりはない。それどころか，本研究部会の研究は，必ずしも意識的ではなかったものの，結果としていくつかの側面に焦点を絞って進めてきたということができる。

　すなわち，第1に，本研究部会及びそれに先立って自主的に進めてきた研究会の活動が，2015年の東芝の粉飾決算事件と機を同じくして開始されたということの影響が挙げられる。このことによって，2015年10月に金融庁において設置された「会計監査の在り方に関する懇談会」が2016年3月に公表した「提言—会計監査の信頼性確保のために—」の内容の検討に大きなウェイトを置くこととなった。

　本研究部会では，そのうち，特に同「提言」が中心的な課題として論じている，監査法人のガバナンス・コード，監査法人のローテーション制，及び監査報告書の透明化の問題を取り上げ，本書でいえば，第Ⅱ部から第Ⅳ部の「監査品質規制の動向」（1）〜（3）において，かなり詳細に検討している。3つの問題のすべてについて，制度と，先行研究及び実態の研究を行うとともに，監査法人のガバナンス・コードについては上場企業の監査を担当する監査法人を対象とした意識調査を実施し，監査法人のローテーション制については，上場企業の監査役等，すなわち，会計監査人の選解任議案の決定権を有している監査役等を対象とした意識調査を実施した。また，監査報告書については，改訂監査基準において，先送りとされた「その他の情報」にかかる監査対応の問題，及び，2019年に改めて監査基準の改訂の議論の契機となった監査人による情報提供の充実の問題を検討している。

　これらの検討結果をここで再掲する紙幅はないものの，総じていえることは，これら3つの問題に限らず，上記の「提言」の内容を実施に移すことで，わが

国の監査規制及び監査法人の品質管理を含む，運営態勢の見直し等が，急速に進められており，かつ，第11章で論じた監査法人のガバナンス・コードへの対応にみられるとおり，各監査法人では，かかる監査規制の導入を好機と捉えて，組織や品質管理等の改善に乗り出している，ということである。

　本研究部会の研究が重きを置いた第2の点は，国際的な動向である。一般に，わが国の監査研究のうち，制度研究の多くは，諸外国の制度を各国ごとに検討することに重きを置いてきたといえよう。本研究部会においても，本書の第Ⅰ部において各国の監査品質に関する制度を取り上げているが，ここでいう国際的な動向というのは，そうした意味に限るものではない。すなわち，2008年の金融危機を契機として生じたグローバルな監査品質に関する取組みのことであり，具体的には，例えば，EU及びアメリカを中心に議論され，EUにおいては実際に導入された監査事務所のローテーション制の問題であり，アメリカにおいて検討され，その他の国々においてすでに実施に移されている監査品質の指標（Audit Quality Indicators: AQI）の問題等である。

　本研究部会では，まず，初年度において，アメリカの公開会社会計監督委員会（Public Company Accounting Oversight Board: PCAOB）によって提案された28件のAQIについて検討することから研究を開始した。それは，かかるAQIは，単に規制当局が思い付きで提案しているものではなく，学術的な背景をもって検討され，選別され，提案されているものであることから，われわれが学会の研究部会として取り組むべき問題であると認識したからである。同時に，AQIは，各国の財務報告制度やガバナンス制度等によって，その導入の効果や影響にも差異が出てくると考えられることから，単にPCAOBが提案しているとか，シンガポールではそのうちの何項目が実施されているとかいう制度上又は公表物の上での議論だけではなく，わが国の監査環境の観点から再検討する必要があると解されるからである。本研究部会によるAQIに関する検討の結果は，本研究部会の研究期間の初年度における成果として，すでに，書籍（町田，2017）として公表している。

　第3に，本研究部会では，主に研究期間の2年度目において，制度や基準によらない監査品質の問題を検討することに注力したといえる。このことは，上記の2つの点とは相反するように見受けられるかもしれないが，われわれにとっては，通底する問題意識がある。

　すなわち，前述の会計監査の在り方に関する懇談会の提言においても，不正

に対応するために監査基準に新たな規定を追加することは，2013年の監査における不正リスク対応基準の新設によってすでに限界に来ているとの認識が示されている。また，それに限らず，わが国の監査規範は，国際監査基準をほぼそのまま日本公認会計士協会の監査基準委員会報告書として取り入れているうえ，大手及び準大手の監査法人の監査マニュアルやシステムは，グローバルなネットワーク・ファームの中で共通化されており，かつて2002年の監査基準の改訂時に目指された「国際的に遜色のない」という水準には到達していると解される。問題は，そうした十全な監査規範の実務への適用，あるいは，監査実務において，監査規範や監査規制が実際に機能しているかという点にあるといえる。そうした問題意識に立った研究の一環として，本研究部会では，監査品質に関する各監査法人における取組み状況及び監査現場に立つ監査実務家による監査品質についての論稿等からなる書籍（監査の品質に関する研究会，2018）を上梓している。

　さらに，本研究部会では，本書の第Ⅵ部に所収している6篇の研究を行った。これらの研究は，単に制度や基準の検討ではなく，監査の現場を対象とする研究であり，われわれの中でも，研究者と実務家の共同研究として実施されたものである。さらにあえて付言するならば，こうした研究こそが，今後われわれが監査研究において取り組むべき課題であると思われる。ましてや，監査論のように，アーカイバル・データが必ずしも容易に得られない領域においては，ヨリ実務を対象とした研究が求められるのではないか，と考えたのである。

　以上のように，本研究部会の研究上，力を入れた点は総括することができるが，本書に示した内容はあくまでもその一部に過ぎない。

　たとえば，本研究部会では，主に，監査人の立場からの監査品質について検討してきたが，第2章に示したIAASBの監査品質のフレームワークにおいて取り上げられているように，監査品質は，監査人のみの努力によって高められるものではない。監査に関連する利害関係者，すなわち，経営者，ガバナンスに責任を有する者（わが国では監査役等とされる），財務諸表の利用者，規制当局等の行動や考え方によって大きな影響を受けるものである。

　また，同じくIAASBの枠組みで示されている背景的要因，言い換えれば，監査環境については，第22章において若干の検討を行ってはいるものの，決して十分なものとはいえないであろう。例えば，IAASBの枠組みで示されている背景的要因のうち，財務報告に関連する法令，財務報告の枠組み（いわゆる

GAAP），及び財務報告のスケジュール，コーポレート・ガバナンスや文化的要因，被監査企業及び監査人側の人材等といった点については，監査品質への影響が容易に想定される問題であろう。

　以上のような点については，本研究部会の研究活動の中では十分に検討することができなかった。こうした残された問題や本書の検討内容の不十分な点については，本研究部会のメンバー及びその他の監査研究者の今後の研究に期待したい。

2．今後の課題

　最後に，研究部会の代表として，監査品質に関する私見を述べて結びとしたい。

　監査品質を高めるには，利害関係者，特に被監査企業の体制整備と十分な協力が欠かせないし，わが国固有の制度等の枠組みの改善も含めて，監査人が監査品質を高めることができるような環境整備が必要であることは明らかであろう。

　しかしながら，理想的な条件が整うことを待つことはできない。経済活動や資本市場は止まることはなく，日々の業務として監査は続く。現場の監査人は，現状を所与として，今日もまた監査業務に取り組まなくてはならない。わが国の監査品質の水準は，個々の現場の監査人の実施した監査の結果の積重ねの総和であるともいえよう。

　監査人における監査品質の取組みには，個々の監査人の能力の向上や監査事務所の組織体制やツール等の整備，監査人として公共の利益（public interest）に資するプロフェッションとしての意識や矜持，さらには，それらを支える会計プロフェッション団体としての日本公認会計士協会の自主規制の実効性と発信力等々が欠かせないであろう。課題は多く，責務は重いように思われる。しかしながら，監査人自身が，public interestに貢献することを使命とする職業専門家として，そのときどきの条件下で，（仮にそれが必ずしも恵まれた環境ではなかったとしても）最善を尽くして監査に臨むことが「必要条件」であることに変わりはない。本書に示した実態調査の結果からみても，現在，監査の現場では，真摯な取組みが続けられていると思われる。

　そうした中で，われわれが監査研究の場において行うべきことは，その実態を明らかにすることであり，同時に，ときに劣後する品質の実務があれば，的

確にそれを指摘して改善の契機とすることであろう。例えばアメリカをはじめとする各国において導入又は提案されてきているAQIのように，そうした一連の研究成果を基礎として，制度上の取組みが行われたり，監査の制度や実務，あるいは監査環境に関連を有する関係者が，それぞれの立場で監査の品質について検討したりすることが可能となるのである。

　その際に，単に制度や文献，あるいは，アーカイバル・データのみに集中するのではなく，監査人たる会計プロフェッションとの間での良好な関係に基づく共同研究・調査等にも視野を広げる必要があるであろう。

　筆者は，今からちょうど20年前に，本部会と同様に，日本監査研究学会の課題別研究部会に初めて参加する機会を与えられたが，そのときに，監査実務の第一線で活躍する監査実務家の先生方と出会い，いわば実務家の知見や考え方，覚悟といったものに接することができた。そのことが，その後の筆者の研究活動のアプローチの大きな部分を規定していると考えている。

　本研究部会の代表者たる筆者が，同様に今回，そうした機会を提供できたかどうかは定かではないが，本研究部会では，多くの関係者のご協力を得て，わが国の学会において今後の監査研究を担うであろう若手の研究者と，各監査法人において今後の監査実務を担っていくと期待される実務家の先生方に参加いただくことができた。

　したがって，本研究部会の最後の課題は，かつて筆者がそうであったように，本研究部会での出会いを契機として，筆者を含む研究者が，それぞれの今後の研究活動において，実務との間に「唇歯輔車」の関係を構築していくことができるかどうか，という点にあると考えている。

　今後の監査の品質に関する研究への取組みを誓って本書の結びとしたい。

参考文献

監査の品質に関する研究会［編］(2018)『監査の現場からの声―監査品質を高めるために―』同文舘出版。

町田祥弘［編著］(2017)『監査品質の指標（AQI)』同文舘出版。

（町田　祥弘）

索　引

〔英数〕

AQI ·· 10, 455, 459
　──の開示枠組みの選好 ····················· 175
　──の現在の開示状況 ························· 172
　──の事務所群別の比較 ····················· 179
　──の情報開示の賛否 ························· 170
CPA Canada ····································· 83
CPAB ·· 77
EUにおける開示・監査制度 ················· 304
FRC ··· 63
　──による監査品質レビュー ··············· 70
IDW ··· 88, 94
ISAに基づく監査報告書 ····················· 264
ISAの改訂の経緯 ······························ 263
ISQM1 ·· 19
　──改訂への検討状況 ·························· 23
PCAOBによるAQI ····························· 165
　──と日本公認会計士協会の
　　AQIとの比較 ······························· 185
　──に対するコメントとの比較 ··········· 183
　──の検査 ······································· 53
　──の検査の結果 ······························ 57
　──の処分 ······································· 59
PIE
　──［イギリス］ ······························· 62
　──［ドイツ］ ·································· 91
　──［フランス］ ······························· 99
WPK ·· 87, 93

〔あ〕

イギリス及びオランダにおける
　監査事務所ガバナンス・コード ··········· 112

イギリスにおける開示・監査制度 ··········· 307
イタリアにおける監査事務所の
　ローテーション制度 ························· 205
インタビュー調査の目的 ····················· 399

英国財務報告評議会（FRC） ··············· 63

大手会計事務所の勢力状況 ················· 393
オランダの開示の実態 ······················· 291

〔か〕

会計監査についての情報提供の
　充実に関する懇談会 ························· 317
会計監査の在り方に関する
　懇談会 ································ 1, 317, 491
　──設置の趣旨 ································· 1
会計事務所のビジネス・モデル ············· 393
　──の変化に対する規制当局の懸念 ····· 397
会社法及び金融商品取引法における
　開示規定 ······································· 310
カナダ会計士協会（CPA Canada） ··········· 83
カナダ公共責任委員会（CPAB） ··········· 77
ガバナンス ······································· 361
　──に関する意識調査の結果の概要 ····· 162
監査・報告・ガバナンス庁設立の提案 ······· 68
監査環境 ·· 344
　──としての背景的要因が
　　監査品質に及ぼす影響 ··················· 346
　──としての背景的要因の分析 ··········· 347
「監査基準の改訂に関する意見書
　（2018年7月5日）」［企業会計審議会］ ··· 259
監査事務所検査結果事例集 ··················· 45
監査事務所等モニタリング基本計画 ········· 37

監査事務所等モニタリング基本方針
　（審査・検査基本方針）………………36
監査事務所のガバナンスに関する
　意識調査………………………………141
監査事務所のネットワークにおける
　監査の品質……………………………357
監査上の主要な検討事項………………271
　――の企業による開示との関係………275
　――の決定プロセス……………………272
　――の適用時期…………………………277
　――の適用範囲…………………………273
　――の無限定適正意見以外の場合の記載
　…………………………………………276
監査人監視機構
　（Abschlussprüferaufsichtsstelle: AOB,
　ドイツ語名APAS）……………………89
監査人の交渉力…………………………350
監査人の交代と監査報酬との関係に
　関する研究……………………………216
監査人の交代に関する説明・情報提供…330
監査人のローテーションが行われるケース
　…………………………………………244
監査人のローテーションに関する
　議論の推移……………………………194
監査制度の概要
　――［アメリカ］………………………49
　――［イギリス］………………………61
　――［カナダ］…………………………76
　――［ドイツ］…………………………86
　――［日本］……………………………31
　――［フランス］………………………97
監査チーム………………………………459
　――の意思決定における実験ケース
　　の内容………………………………463
　――の意思決定に関する先行研究……460
監査の基準におけるネットワーク問題
　への対応………………………………359
監査の固有の限界…………………………6
監査の失敗……………………………2, 6, 193

監査の目的…………………………………2
監査判断のバイアス……………………475
監査判断バイアスの研究手法の概要……479
監査（の）品質………………………2, 192
　――管理にかかる組織等………………370
　――と交渉力……………………………352
　――に関する報告………………………47
　――の代理変数（サロゲート）…………3
　――の定義…………………………3, 345
　――に関するアンケートの概要………168
　『――の指標（AQI）』…………………492
　――の指標（AQI）……10, 164, 416, 455, 459
　――に関する研究報告…………………166
　「――のフレームワーク」［IAASB］
　…………………………………15, 18, 344
　「――フレームワーク（The Audit
　　Quality Framework）」［FRC］………16
　――に関するフレームワーク（"Concept
　　Release on Audit Quality
　　Indicators"）［PCAOB］………………166
監査報告書の拡充………………………259
　――に関する先行研究及び実態………287
　――に向けての関係者の課題…………281
　――の意義………………………………266
　――モデル………………………………267
監査報告書の透明化等…………………268
「『監査報告書の透明化』について」
　［金融庁］………………………………269
監査報酬…………………………………337
　――の構成要素…………………………338
「監査法人の組織的な運営に関する原則
　（監査法人のガバナンス・コード）」
　…………………9, 109, 409, 416, 427, 491
　――と監査の品質指標…………………429
　――に関する先行研究…………………132
　――に関する有識者検討会……………115
　――の内容，特徴及び課題……………115
　――の原則１：監査法人が果たすべき
　　役割…………………………………118

——の原則2：組織体制（経営機能）… 119
——の原則3：組織体制（監督・評価
　機能）…………………………………… 121
——の原則4：業務運営 ……………… 122
——の原則5：透明性の確保 ………… 124
——の採用状況とその理由の調査
　結果の概要 ………………………… 143
——を採用した監査事務所の意識 …… 151
——を採用していない監査事務所の
　意識の調査結果の概要 …………… 145
監査法人のマネジメント ……………… 409
監査法人（事務所）のローテーション制（度）
　……………………………… 8, 191, 239
　　——導入の影響 …………………… 204
　　——の導入に関する意識調査 …… 214
　　——に関する先行研究 … 201, 216, 240
　　——に関する先行調査 …………… 214
監査リスク ………………………………… 6

強制的入札制度 ………………… 239, 241
　　——があるケース ………………… 248
金融危機による影響 …………………… 261
金融庁 …………………………………… 34

グループ監査及びネットワークにおける
　監査の品質管理についての調査の概要 … 359
グローバル・ネットワークファームの
　運営形態と日本の監査法人グループ
　における運営形態の差異 ………… 401

継続監査期間の長さと監査の品質
　に関する研究 ……………………… 217

公共の利益（public interest）…………… 494
公認会計士・監査審査会 …………… 34, 35
　　——の実施する検査に関する基本指針 … 39
国際品質管理基準第1号（ISQM1）………… 19

〔さ〕

守秘義務 ………………………………… 326
諸外国の監査事務所のローテーション
　制度の導入状況 …………………… 202
職業的懐疑心 ……………………… 6-8, 475
人事・グループ監査・シェアード・
　サービス …………………………… 374
人事のあり方の見直しのきっかけと内容 … 438
　　——を見直す必要性 ……………… 436
人事評価 ………………………………… 443

組織文化 …………………………… 409, 414
　　——に関する先行研究 …………… 411
　　——の調査方法 …………………… 412
　　——の変化 ………………………… 426
　　——の変化と監査の品質 ………… 418
　　——の要因 ………………………… 420
組織モデル ……………………………… 451
訴訟環境の監査報酬への影響 ………… 341
「その他の情報」
　　——への対応の問題 ……………… 280
　　——に対する監査規定 ……… 307, 312
　　——に対する監査人（国際監査基準
　　第720号）………………………… 301
　　——に対する監査報告 …………… 301
　　——に対するわが国の課題 ……… 315

〔た〕

追加的な説明 …………………………… 322
通常とは異なる監査意見等についての
　説明・情報提供 …………………… 318

「提言—会計監査の信頼性確保のために—」
　［会計監査の在り方に関する懇談会］
　………………… 109, 191, 268, 435, 317

ドイツ経済監査士会議所（WPK）……… 87, 93
ドイツ経済監査士協会（IDW）………… 88, 94

ドイツの品質保証レビュー ················ 93
透明性報告書等に関する意識 ············ 158
トップの姿勢 ···························· 422

〔な〕

日本，イギリス及びオランダのコード
　の比較 ···························· 117
日本公認会計士協会 ···················· 35
　――の品質管理レビュー制度 ·········· 39
日本におけるガバナンス・コードの
　適用実態 ·························· 134
日本における透明性報告書の
　AQI開示実態 ························ 136

ネットワーク外のコンポーネント監査人
　に対するグループ監査人の課題 ········ 387
ネットワーク内監査事務所がコンポーネ
　ント監査人である場合のグループ監査人
　の課題 ···························· 376

〔は〕

判断バイアスに関する先行研究 ·········· 476

（ネットワークに関する）ヒアリングの
　目的と質問事項 ······················ 360

ピア・レビュー ························ 52
　――の結果 ·························· 56
標準監査報告書 ························ 260
品質管理アプローチ（Quality
　Management Approach）············ 19
品質管理委員会年次報告書 ·············· 46
品質管理制度
　――［アメリカ］···················· 49
　――［イギリス］···················· 64
　――［カナダ］······················ 77
　――［ドイツ］······················ 89
　――［日本］························ 32
　――［フランス］·············· 101, 105

フランスの共同監査制度 ················ 100
フランスの品質管理の検査のプロセス ···· 102

〔ら〕

「倫理規則」第6条8項················ 326

〔わ〕

わが国における監査報告書の拡充の議論 ··· 268
若手の公認会計士や公認会計士試験
　合格者等の退職問題 ·················· 440

【執筆者紹介】 （編著者以降五十音順， †は執筆代表）

町田　祥弘 ［第 1 章，第11章，第15章†，第16章，17章，第20章，第23章，第24章，第29章†，第30章］
（編著者紹介を参照）

會田　将之 ［第 7 章，第24章］
EY新日本有限責任監査法人　シニアパートナー

浅野　信博 ［第15章，第25章］
大阪市立大学大学院経営学研究科　准教授

井野　貴章 ［第29章］
PwCあらた有限責任監査法人　常務執行役

小澤　義昭 ［第 2 章，第 4 章，第25章†］
桃山学院大学経営学部　教授

佐久間義浩 ［第14章，第26章†］
東北学院大学経営学部　教授

柴谷　哲朗 ［第 8 章，第27章］
太陽有限責任監査法人 シニアパートナー

髙田　知実 ［第10章，第12章，第28章†］
神戸大学大学院経営学研究科　准教授

田村　威文 ［第16章†，第27章］
中央大学経済学部　教授

永山　晴子 ［第 5 章，第19章］
有限責任監査法人トーマツ　パートナー

那須　伸裕 ［第 3 章，第 6 章、第26章］
PwCあらた有限責任監査法人　パートナー

林　隆敏 ［第 9 章，第22章，第27章†］
関西学院大学商学部　教授

松本　祥尚 ［第13章，第15章，第21章，第24章†］
関西大学大学院会計研究科　教授

宮本　京子 ［第18章，第19章†］
関西大学商学部　教授

和久　友子 ［第28章］
有限責任あずさ監査法人　パートナー

【編著者紹介】

町田　祥弘（まちだ　よしひろ）

　青山学院大学大学院会計プロフェッション研究科　教授
　博士（商学）（早稲田大学）

　早稲田大学商学部卒業，早稲田大学大学院商学研究科博士後期課程単位取得退学
　東京経済大学経営学部専任講師，助教授を経て2005年より現職。Warwick University（英国）客員研究員（2002〜2003年）。国際会計研究学会監事，日本内部統制研究学会理事，日本経済会計学会常務理事，企業会計審議会臨時委員（監査部会）。
　主な著書に『わが国監査規制の新潮流』（青山学院大学総合研究所叢書）編著（同文舘出版，2019年），『監査の現場からの声―監査品質を高めるために―』共著（同文舘出版，2018年），『監査の品質―日本の現状と新たな課題―』（中央経済社，2018年），『監査品質の指標（AQI）』編著（同文舘出版，2017年），『公認会計士の将来像』共著（同文舘出版，2015年），『内部統制の知識』（日本経済新聞出版社），『会計プロフェッションと内部統制』（税務経理協会，2004年）がある。

2019年7月31日　　初版発行	（検印省略） 略称：監査品質研究

監査の品質に関する研究

編 著 者	ⓒ	町　田　祥　弘
発 行 者		中　島　治　久

発行所　**同 文 舘 出 版 株 式 会 社**
　　　　東京都千代田区神田神保町1-41　　　〒101-0051
　　　　営業（03）3294-1801　　　編集（03）3294-1803
　　　　振替 00100-8-42935　　　http://www.dobunkan.co.jp

Printed in Japan 2019　　　　　　　　製版　一企画
　　　　　　　　　　　　　　　　　　印刷・製本　萩原印刷
　　　　　　ISBN978-4-495-20971-1

JCOPY〈出版者著作権管理機構 委託出版物〉
本書の無断複製は著作権法上での例外を除き禁じられています。複製される場合は，そのつど事前に，出版者著作権管理機構（電話 03-5244-5088，FAX 03-5244-5089，e-mail: info@jcopy.or.jp）の許諾を得てください。

日本監査研究学会叢書

〔研究シリーズ叢書〕

第1号 『情報システム監査の課題と展開』第一法規出版，1988年6月。

第2号 『中小会社監査』第一法規出版，1989年7月。

第3号 『監査法人』第一法規出版，1990年6月。

第4号 『地方自治体監査』第一法規出版，1991年6月。

第5号 『新監査基準・準則』第一法規出版，1992年6月。

第6号 『サンプリング・テスト』第一法規出版，1992年6月。

第7号 『監査役監査』第一法規出版，1993年6月。

第8号 『公認会計士試験制度』第一法規出版，1993年6月。

第9号 『海外監査実務』第一法規出版，1994年2月。

第10号 『国際監査基準』第一法規出版，1996年10月。

第11号 『EUにおける会計・監査制度の調和化』中央経済社，1998年5月。

第12号 『コーポレートガバナンスと内部監査機能』中央経済社，1999年11月。

第13号 『会計士情報保証論』中央経済社，2000年11月。

第14号 『ゴーイング・コンサーン情報の開示と監査』中央経済社，2001年11月。

第15号 『監査問題と特記事項』中央経済社，2002年5月。

〔リサーチ・シリーズ〕

第Ⅰ号 『監査のコスト・パフォーマンス』同文舘出版，2003年10月。

第Ⅱ号 『現代監査への道』同文舘出版，2004年9月。

第Ⅲ号 『政府監査基準の構造』同文舘出版，2005年5月。

第Ⅳ号 『環境報告書の保証』同文舘出版，2006年5月。

第Ⅴ号 『将来予測情報の監査』同文舘出版，2007年4月。

第Ⅵ号 『会社法におけるコーポレート・ガバナンスと監査』同文舘出版，2008年4月。

第Ⅶ号 『ITのリスク・統制・監査』同文舘出版，2009年9月。

第Ⅷ号 『財務諸表外情報の開示と保証』同文舘出版，2010年10月。

第Ⅸ号 『実証的監査理論の構築』同文舘出版，2012年1月。

第Ⅹ号 『会計プロフェッションの職業倫理—教育・研修の充実を目指して—』同文舘出版，2012年4月。

第Ⅺ号 『アカウンティング・プロフェッション論』同文舘出版，2013年10月。

第Ⅻ号 『監査報告書の新展開』同文舘出版，2014年9月。

第ⅩⅢ号 『監査人の職業的懐疑心』同文舘出版，2015年4月。

第ⅩⅣ号 『監査役監査と公認会計士監査との連携のあり方』同文舘出版，2016年8月。

第ⅩⅤ号 『中小企業の会計監査制度の探究—特別目的の財務諸表に対する保証業務—』同文舘出版，2017年7月。

第ⅩⅥ号 『会計不正事例と監査』同文舘出版，2018年8月。

※バックナンバーをお求めの方は，各出版社へ直接お問い合わせ下さい。

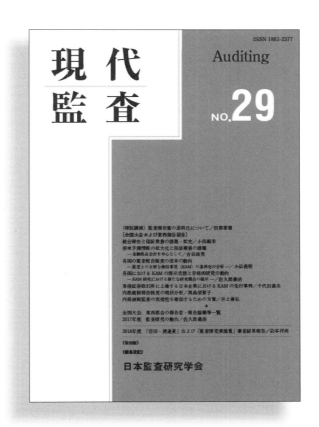

発行：日本監査研究学会
Ｂ５判
頒価：1,600円

※『現代監査』バックナンバーについて
本機関誌は書店ではお求めになれません。バックナンバーをお求めの方は、同文舘出版内 日本監査研究学会事務連絡所（FAX：03-3294-1806, E-mail：audit@dobunkan.co.jp　URL：http://www.dobunkan.co.jp/audit）までお問い合わせ下さい。